赵常庆 著

赵常庆文集

中国社会科学出版社

图书在版编目（CIP）数据

赵常庆文集/赵常庆著.—北京：中国社会科学出版社，2019.12
ISBN 978-7-5203-5719-7

Ⅰ.①赵… Ⅱ.①赵… Ⅲ.①国际关系—中亚—文集 Ⅳ.①D836-53

中国版本图书馆CIP数据核字（2019）第271447号

出 版 人	赵剑英
责任编辑	喻 苗
责任校对	胡新芳
责任印制	王 超
出　　版	中国社会科学出版社
社　　址	北京鼓楼西大街甲158号
邮　　编	100720
网　　址	http://www.csspw.cn
发 行 部	010-84083685
门 市 部	010-84029450
经　　销	新华书店及其他书店
印刷装订	北京君升印刷有限公司
版　　次	2019年12月第1版
印　　次	2019年12月第1次印刷
开　　本	710×1000 1/16
印　　张	30
插　　页	2
字　　数	477千字
定　　价	139.00元

凡购买中国社会科学出版社图书，如有质量问题请与本社营销中心联系调换
电话：010-84083683
版权所有　侵权必究

作者自序

时间过得真快，当编辑这本文集时，我已经是耄耋老者。回想55年来，如果从大学毕业来到北京算起直到编辑本文集时为止，除一段特殊时期没有从事科研工作外，几乎毕生都跟科研工作打交道，而且绝大多数时间是在同一个研究所度过的。我这一生做过资料员、图书馆员，更多时间从事研究工作，从助理研究员直到研究员，还有幸当过研究室主任。

多年来，我所从事研究的领域主要有两个：一个是苏联民族问题，这主要是在苏联解体前后；另一个是当代中亚研究，绝大部分精力用在这方面。这后一项研究与1991年底苏联解体和中亚国家独立有关。中亚国家成为独立主权国家后，也使我所在的研究所面临新的情况。根据形势的变化和国内的需要，中国社会科学院俄罗斯东欧中亚研究所将原来的研究以专业设室改为以国别设室，这就形成在原有的苏联政治、苏联经济等研究室的基础上，重组为俄罗斯、中亚等研究室。我从1992年起担任了重组后的中亚研究室首任室主任，没想到一干就是十多年。从俄罗斯东欧中亚研究所退休后，我又在国务院发展研究中心欧亚社会发展研究所担任副所长兼中亚研究室主任，继续从事当代中亚研究工作。这就使得我的研究成果绝大多数与中亚有关。

在数十年间，我除撰写、主编以及参与一些专著、工具书的写作外，还撰写了400多篇论文、文章、研究报告、国际问题杂文，翻译成果不在此详列。现今奉献给读者的文集就是从这400多篇文章中筛选出来的。由于这些著述发表在不同时期，刊载在不同书刊，涉及的内容广泛，再加上本文集还有字数限制，收集和筛选也有一定难度。

我选择收录文集的标准是：(1) 论文；(2) 公开发表的或已经超过保密期的；(3) 学术性较强，且观点明确的；(4) 新近发表的要多于早期发表的；(5) 覆盖面尽量广泛，能反映研究对象各方面情况的；(6) 以研究中亚总体情况为主，国别只占很小部分；(7) 对我国研究和实际工作有所帮助或具有参考价值的。个人认为，没有入选的文章中有些还是不错的，但限于篇幅，只能忍痛割爱了。

本文集的文章写于不同时期，从 20 世纪 90 年代到 2019 年，其内容反映了文章发表时我对研究问题的看法。今天看来有些观点可能不够准确或已经过时，但个人认为大部分观点今天仍适用。好在时间是检验真理的唯一标准，也是检验我们的研究是否符合实际、是否经得起时间检验的尺子。读者可以用时间这把尺子对发表在一二十年前的文章加以衡量和检验。

为了读者阅读和查找方便，文集中的文章没有按发表时间先后排列，而是分七个专题列出，每个专题选 3—8 篇有代表性的文章。专题划分是个人看法，不一定十分准确，仅供参考。

本文集得以出版，应该感谢中国社会科学院俄罗斯东欧中亚研究所的领导以及中亚研究室的同事，是他们为我这个痴迷于研究工作的人提供了出版文集的可能，这反映了研究所和研究室富有远见卓识，通过文集的出版为相关领域的研究以及研究所的建设留下一点印记，以供后人前行时参考。同时也反映了他们对老一辈研究工作者的关心。

再次感谢所领导和中亚室的同事。希望我的文集不是俄欧亚所为研究人员（退休者或在职者）出版文集的唯一一部，以后会有其他人的文集跟进。如果说到创新，这恐怕也是俄欧亚所一个大胆的也是值得肯定和推广的尝试和创新。

最后，对出版社和编辑为本书出版付出的辛勤劳动表示衷心感谢！

赵常庆
2019 年 2 月 24 日

目 录

一 中亚综论

习近平外交思想有关周边外交理论与中亚 …………………… (3)
评中亚五国独立10年 ………………………………………… (15)
简谈中亚和平与发展的几个问题 …………………………… (27)
友好二十年　合作共发展 …………………………………… (37)
中亚五国的社会变化与社会发展模式 ……………………… (53)

二 中亚政治

中亚五国政治体制及其评价 ………………………………… (71)
中亚民族国家建设中的民族因素问题 ……………………… (83)
关于"颜色革命"的若干问题 ……………………………… (91)
从中亚国家"颜色革命"看加强执政能力建设的重要性 …… (102)
哈萨克斯坦独立以来的民族关系及其民族问题的解决 …… (135)

三 中亚经济

中亚五国经济体制与发展模式探讨 ………………………… (149)
中亚油气工业与中国发展对外合作 ………………………… (164)
经济全球化与中亚五国 ……………………………………… (175)

国际金融危机与中亚国家 …………………………………………（183）
哈萨克斯坦经济发展遇到暂时困难 ……………………………（192）
2017年哈萨克斯坦打出深化改革组合拳 ………………………（202）
"丝绸之路经济带"建设五年给中亚带来六大积极变化…………（213）
基础设施联通助推中亚国家加速地区一体化和参与
　经济全球化 ………………………………………………………（225）

四　外交、地区形势与国家安全

中亚国家：国际战略、外交政策与国家安全 ……………………（237）
中亚地区陡然升温及其原因 ………………………………………（250）
论中亚地区安全格局的变化与稳定 ………………………………（264）
关注世界未来发展　直击世界金融货币体系弊端
　——评哈总统新著《国际社会全面革新战略与
　　文明合作》 ……………………………………………………（274）
中亚国家进入新的选择期 …………………………………………（285）
在中亚合作是中俄两国战略协作的重要方面 ……………………（294）
论影响中国与中亚以及中俄关系的"俄罗斯因素"
　与"中亚因素" …………………………………………………（304）
中亚国家一体化有望重启 …………………………………………（314）

五　中国与中亚五国

与邻为善　以邻为伴　平等互利　共同发展
　——学习十六大报告中关于"国际形势和
　　对外工作"的体会 ……………………………………………（327）
睦邻友好是促进中哈两国共同发展的必要条件
　——在阿拉木图关于纳扎尔巴耶夫总统《哈萨克斯坦—2030年》
　　国情咨文国际研讨会上的发言 ………………………………（337）
中亚五国与中国西部大开发 ………………………………………（344）
评中国与中亚国家的经济关系 ……………………………………（350）

中国与中亚国家安全战略异同与20年合作绩效评价 ………… (358)
加强人文交流　构建和谐中亚 ……………………………… (371)
中亚国家与中国周边外交新政 ……………………………… (375)
中国与中亚国家关系的发展与思考 ………………………… (385)

六　上海合作组织与亚信

国际金融危机与上海合作组织 ……………………………… (399)
2017年上海合作组织新形势与新问题 ……………………… (410)
增强互信是提升经济合作水平的关键 ……………………… (415)
上海合作组织成员国关注民生问题 ………………………… (420)
上合、亚信与亚洲安全 ……………………………………… (431)
习主席的"亚洲安全观"与纳扎尔巴耶夫总统的倡议 ………… (440)

七　苏联问题

苏联民族工作的理论与实践 ………………………………… (453)
十月革命与苏联民族关系 …………………………………… (464)

一　中亚综论

习近平外交思想有关周边外交理论与中亚
评中亚五国独立10年
简谈中亚和平与发展的几个问题
友好二十年　合作共发展
中亚五国的社会变化与社会发展模式

习近平外交思想有关周边外交理论与中亚

【内容提要】 习近平新时代中国特色社会主义思想包括习近平外交思想，有关周边外交理论是习近平新时代外交思想的重要组成部分，其核心要义是：着力打造睦邻友好关系；力争建立和平稳定周边环境；经济方面与周边国家互利共赢，共同发展；努力缔造"人类命运共同体"。在这一思想指导下，中国在大发展大变革大调整的世界中能够游刃有余地处理好与周边国家的关系，为实现"两个一百年"奋斗目标和中华民族伟大复兴的中国梦创造有利的外部环境。本文强调，习近平外交思想有关周边外交理论并不是以往中国周边外交思想的简单重复，而是在继承的基础上有很大的发展，在中亚的实践充分展示其正确性和有效性，是今后中国对中亚国家外交工作的长期指导方针。

中共十八大以来，以习近平为核心的党中央为中国外交指明了方向，使中国在大发展大变革大调整的当代世界中开创了外交新局面，与包括周边国家在内的很多国家建立了良好的伙伴关系，成功应对来自各方的挑战，为国家发展和实现"两个一百年"的奋斗目标与中华民族伟大复兴的中国梦创造了有利的外部环境。中共十九大对中国外交做出新的规定，2018年6月22日习近平在中央外事工作会议上的讲话，使十九大方针政策进一步具体化，形成了完整的习近平外交思想，成为我国对外工作的根本遵循和行动指南。

中共十九大确定的习近平外交思想的基本要义是："高举和平、发展、合作、共赢的旗帜,恪守维护世界和平、促进共同发展的外交政策宗旨,坚定不移在和平共处五项原则基础上发展同各国的友好合作,推动建设相互尊重、公平正义、合作共赢的新型国际关系。"① 另外还强调,世界各国人民要"同心协力,缔造人类命运共同体,建设持久和平、普遍安全、共同繁荣、开放包容、清洁美丽的世界"②,将"推动人类命运共同体建设,共同创造人类的美好未来"③ 作为外交工作的目标和任务。可以看到,中共十九大确立的习近平外交方向是:维护世界和平,促进各国共同发展繁荣,构建新型大国关系和缔造人类命运共同体。

在 2018 年 6 月 22 日召开的中央外事工作会议上,习近平对十八大以来的外事工作做了系统的梳理和总结,对中国外交政策提出了 10 个"坚持",将十九大做出的外交方针政策更加理论化,具有更强的指导意义。习主席要求外事工作者要准确把握当前中国外部环境的基本特征,利用"三观"思维,统筹国内外工作两个大局,将外交工作与国内需要联系起来考虑,从维护国家主权、安全和发展利益出发开展对外工作,努力开创中国大国外交新局面。

习主席提出的中国外交 10 个"坚持"的主要思想是,必须坚持党对对外工作的统一领导,外交工作要为中华民族实现伟大复兴服务,要将构建人类命运共同体、实现"一带一路"建设、实现世界和平发展、打造全球伙伴关系、引领全球治理体系改革作为自己的使命,强调外交工作要坚持服务于维护国家核心利益,国家主权、安全、发展利益,中国外交要体现自己的特点和风范。习近平在中共十九大报告和 2018 年 6 月 22 日外交工作会议上的讲话是习近平外交思想的集中体现,特别是 6 月 22—23 日外事工作会议确立了习近平外交思想对中国外交工作的指导地位。

本文论及的习近平有关周边外交的论述源自习近平外交思想,是习近平外交思想的重要组成部分。其在中共十九大报告、6 月 22 日讲话和

---

① 习近平:《决胜建成全面小康社会,夺取新时代中国特色社会主义伟大胜利》,载《中国共产党第十九次全国代表大会文件汇编》,人民出版社 2017 年版,第 45 页。
② 同上书,第 47 页。
③ 同上书,第 48 页。

其他有关讲话中都有所论述，但更集中体现在习近平2013年10月25日在中央召开的研究周边外交工作会议的重要讲话中。习近平在中共十九大报告中明确表示，中国要"按照亲诚惠容理念和与邻为善以邻为伴周边外交方针深化同周边国家的关系"，在6月22日讲话中多次提到周边外交问题。他说："要做好周边外交工作，推动周边环境更加友好、更加有利"，"要深化同发展中国家团结合作，推动形成携手共进、共同发展新局面。广大发展中国家是我国在国际事务中的天然同盟军，要坚持正确义利观，做好同发展中国家团结合作的大文章"。须知，中国周边国家除个别国家外基本上都是发展中国家。此外，关于构建人类命运共同体和"一带一路"建设等论述都与周边国家有重要关系。

习近平外交思想有关周边外交的论述是从中国外交实践，特别是十八大以来外交实践中总结出来的，是以我国一贯执行的外交方针政策为根据。可以将习近平自中共十八大以来关于周边外交理论，以及在此基础上形成的周边外交方针政策归纳为以下几点：

第一，在坚持和平发展的基础上，与周边国家建立睦邻友好关系。中国有句谚语："远亲不如近邻。"居家关系是如此，国家关系也是这样。推动周边环境更加友好，可以做到国家安宁、经济发展、人民能够友好往来和提升福祉，对各国都有利。因此，习近平强调："与邻为善、以邻为伴，坚持睦邻、安邻、富邻，突出体现亲诚惠容的理念。发展同周边国家睦邻友好关系是我国周边外交的一贯方针。"[1] 习近平不仅表明了中国周边外交方针政策，还指出了打造睦邻友好关系的方法。他说："守望相助；讲平等、重感情；常见面，多走动；多做得人心、暖人心的事，使周边国家对我们更友善、更亲近、更认同、更支持，增强亲和力、感召力、影响力。"[2] 习近平告诉我们，与邻国既要勤交往、多走动，还要有诚意，要心胸坦荡、充满善意，使它们能与我们结为真正的朋友和伙伴。迄今，中国已经与许多周边国家建立战略伙伴关系或全面战略伙伴关系，这是在习近平外交思想指导下，中国取得的周边外交工作的巨大成就。

---

[1] 习近平：《在周边国家外交工作座谈会上的讲话》，2013年10月25日，新华网。
[2] 同上。

第二,努力维护周边和平稳定的大局。目前世界处在大发展大变革大调整时期,既充满希望,也充满挑战。中国周边国家是世界的一部分,各国形势尽管与世界形势大体相似,但由于它们皆位于21世纪蓬勃发展的亚洲,其形势多少还有些不同。如何看待这些国家的形势,对于中国采取的政策相当重要。习近平乐观评价周边国家的形势及其与中国的关系。他说:"我国周边充满生机活力,有明显发展优势和潜力,我国周边环境总体上是稳定的,睦邻友好、互利合作是周边国家对华关系的主流。"① 习近平的判断是正确的、实事求是的和符合实际的。这与有些人过于夸大中国周边形势的严峻有很大的不同。实际情况正如习近平所说的,周边国家大多数是与中国友好的,而且随着中国的发展,友好关系会越来越巩固和深化。与此同时,习近平也指出了我国周边并非没有任何问题,也存在风险和挑战。

对于如何做好同周边国家的工作,习近平强调:"要从战略高度分析和处理问题,提高驾驭全局、统筹谋划、操作实施能力,全面推进周边外交。"② 中共十九大确定了实现"两个一百年"宏伟目标和中华民族伟大复兴的中国梦的任务,这就需要有稳定的国内环境和周边环境加以保证。维护周边和平稳定是实现我党确定的战略目标的需要,自然应该成为中国周边外交的重要任务。

我们知道,中国是世界上周边国家最多的国家之一,也是由于历史和现实原因周边形势较为复杂的国家。在中国周边国家中,有联合国安理会常任理事国俄罗斯,发达西方国家日本,但更多的是发展中国家。近年来,中国与这些邻国大多保持良好的关系。不过,由于中国邻国中属于世界热点地区和存在热点问题的国家不少,同时存在大国博弈的影子,特别是美国是很多冲突和对峙的直接参与者或者是幕后推手;美国为遏制中国的发展,对中国不断施加威胁与挑衅,包括在中国周边国家和地区活动频频,美国除直接在阿富汗参战以及支持日本等国在钓鱼岛和南海对中国发出武力威胁外,还在中国周边一些国家,例如在中亚国家、柬埔寨等策动"颜色革命";因此,中国周边外交除要做好与周边国

---

① 习近平:《在周边国家外交工作座谈会上的讲话》,2013年10月25日,新华网。
② 同上。

家的工作外,还要应对美国的挑战。这就使得中国周边外交工作面临艰巨复杂的任务,具有挑战性。

周边国家欲保持和平稳定的局面与安全问题息息相关。安全方面除传统安全威胁外,还存在非传统安全威胁,包括"三股势力"、来自阿富汗和金三角的毒品、不良网络传播、走私、非法移民等。针对这些问题,习近平指出:"我国同周边国家毗邻而居,开展安全合作是共同需要。要坚持互信、互利、平等、协作的新安全观,倡导全面安全、共同安全、合作安全理念,推进同周边国家的安全合作,主动参与区域和次区域安全合作,深化有关合作机制,增进战略互信。"[①] 2014年5月21日,习近平在亚洲相互协作与信任措施会议第四次峰会上提出的"亚洲安全观",即"共同安全、综合安全、合作安全、可持续安全",完全适用于中国周边国家,是打造中国与周边国家安全大厦的基石。

第三,推动形成携手共进、共同发展的新局面,是中国周边外交方针的重要方面。习近平指出:"要本着互惠互利的原则同周边国家开展合作,编织更加紧密的共同利益网络,把双方利益融合提升到更高水平,让周边国家得益于我国发展,使我国也从周边国家共同发展中获得裨益和助力。"[②] 中国一贯视与邻国的经济合作是相互帮助,而非单向的。这种合作要有利于互利共赢、共同发展。中国不做以邻为壑的事情,也不像美国特朗普政府那样奉行本国利益第一政策,为了本国利益肆意撕毁国际协议,破坏国际秩序,践踏国际关系准则,置不少国家于困境。中国倡导对待周边国家要有包容性,以更加开放的胸怀和更加积极的态度促进地区合作。这是中国遵循的理念和行为准则。

第四,努力与周边国家缔造"人类命运共同体"。谋求和平安定的生存空间,拥有美好富裕的生活、清洁美丽的家园和环境,是包括中国和周边国家在内的各个国家的共同愿望。中国有实现中华民族伟大复兴的中国梦,周边国家也有本国的发展目标和美好梦想。习近平说:"把中国梦同周边各国人民过上美好生活的愿望、同地区发展前景对接起来,让

---

① 习近平:《在周边国家外交工作座谈会上的讲话》,2013年10月25日,新华网。
② 同上。

命运共同体意识在周边国家落地生根。"① 中共十九大把"推动人类命运共同体建设"写入大会报告中，2018年6月22日的讲话也把"坚持以维护世界和平、促进共同发展为宗旨推动构建人类命运共同体"作为中国外交的重要指导方针和历史使命，这也是习近平外交思想的重要组成部分，而且是更为重要的组成部分。

我们知道，中国周边外交政策提法经历了从"睦邻、安邻、富邻""与邻为善，以邻为伴"，再到习近平提出的"亲诚惠容"的变化。这种变化不是中国周边外交政策的简单重复，而是在继承基础上有很大的发展，赋予了中国周边外交思想新的更加丰富的内涵。

中国周边外交政策前两种提法突出的是"睦"与"善"，而习近平新时代周边外交政策在肯定"睦"与"善"的同时，更加突出"亲"与"诚"。这种变化表明，中国不仅要与邻国友好，善意对待它们，而且要更亲近，更具有诚意，是诚心诚意与邻国和睦相处，所打造的不仅是伙伴关系，而要成为更加亲密的"亲戚"关系。在中国，亲戚关系要比伙伴关系更密切，具有血肉相连、血溶于水的关系，也就是真诚要比善意更上一个台阶。

"惠"既代表给对方好处，也表明"互惠"关系。这意味着，中国视与周边国家的经济关系不是单向施舍，而是相互帮助。中国不因对周边国家有所帮助扬扬自得，而同样对周边国家给予中国的帮助时刻铭记在心。

习近平外交思想有关周边外交的论述的更大发展表现在更加注重与周边国家共同安全、缔造"人类命运共同体"，以及更加强调包容性方面。"亲诚惠容"四字方针中的"容"就是指包容。包容意味着不同社会制度的国家可以和平共处，经济发展模式不同的国家可以共存，文化不同的国家可以互鉴。国家不分大小、强弱一律平等。偌大的太平洋能够容下中美两个大国，偌大的亚太地区可以容下包括中国周边国家在内的亚太国家。习近平有关周边外交理论的论述中的"容"，凝聚了"和平共处五项原则"精神，是集"和平共处五项原则"之大成。包容是与周边国家缔造"人类命运共同体"的必要条件，是中国作为一个大国对待邻

---

① 习近平:《在周边国家外交工作座谈会上的讲话》，2013年10月25日，新华网。

国必须具有的博大胸怀。

为落实习近平关于周边外交理论的论述,中国政府制定了一系列政策和措施加以保证。在国际合作方面,通过上海合作组织加强与俄罗斯和中亚国家的关系,通过澜沧江—湄公河合作领导人会议机制深化与相关国家的友好合作,通过中国与东盟的"10＋1"对话机制发展与有关国家的关系等。还有最为重要的合作途径就是推进"一带一路"建设。中国的这项倡议是在哈萨克斯坦和印度尼西亚提出的,也就是在中国周边国家提出的,包括实现"政策沟通、设施联通、贸易畅通、资金融通、民心相通"等内容,通过参与国"共商、共建、共享",达到互利共赢、共同发展的目的。这项倡议提出后,首先受到周边国家的普遍欢迎,它们都表示要积极参与和推动"一带一路"建设。倡议提出五年来实践已经证明,周边国家是"一带一路"倡议的最为积极的拥护者和参与者,"一带一路"建设的早期成果也最早出现在周边国家,例如,中国—巴基斯坦经济走廊建设,中国经哈萨克斯坦通往欧洲和伊朗的道路联通,中泰和中国印尼高铁项目等。亚洲基础设施投资银行和"丝路基金"的建立都是有助于中国与周边国家经济合作的重要举措。中国还通过举办经济博览会和区域论坛等方式加强与周边国家的经济和人文合作。中国与周边国家实现货币互换也是打破美元垄断和发展金融合作的一种有效方式,受到周边国家的欢迎。

中国政府在周边外交实践中,积极和认真地践行习近平关于周边外交理论的论述,例如在下面谈到的与中亚国家的外交实践就充分体现出来。

习近平指出,为做好周边外交工作,"要着力加强对周边国家的宣传工作、公共外交、民间外交、人文交流,巩固和扩大我国同周边国家关系长远发展的社会和民意基础。关系亲不亲,关键在民心。要全方位推进人文交流,深入开展旅游、科教、地方合作等友好交往,广交朋友,广结善缘。要对外介绍好我国的内外方针政策,讲好中国故事,传播好中国声音"[①]。近年来,中国在与周边国家开展人文合作和民间交流方面不断加大力度,推出新的举措,对周边国家深入了解中国有很大帮助,

---

① 习近平:《在周边国家外交工作座谈会上的讲话》,2013年10月25日,新华网。

收到很好的效果，有助于民心相通的形成。

下面谈谈习近平有关周边外交理论的论述在中亚的实践。

其正确性和远见卓识在中亚得到最好的印证，这些年睦邻友好关系得到进一步提升，突出表现为：

（1）在政治方面，伙伴关系不断升级，成为全球伙伴关系中的牢固的高端链条。

中国与中亚国家的政治关系的新的升级基本发生在习近平新时代时期。

继2011年6月13日中哈建立全面战略伙伴关系之后，2013年6月7日习近平访哈期间与哈签署了两国联合宣言，明确表明将全面战略伙伴关系进一步深化，赋予更充实的内涵。

中国与乌兹别克斯坦在2012年建立战略伙伴关系之后，2016年6月22日在习近平访乌时，两国关系升格为全面战略伙伴关系。

中国与塔吉克斯坦于2013年5月建立战略伙伴关系。2017年9月1日升格为全面战略伙伴关系。

中吉在2013年建立战略伙伴关系，2018年6月升格为全面战略伙伴关系。

中土两国于2013年9月4日建立战略伙伴关系。

彼此关系定位的提升，不是彼此关系提法的简单变化，而是标志着彼此关系在政治、经济、安全、人文等领域的互信与合作进一步提升，表明习近平周边外交思想所包含的睦邻友好、合作共赢的理念得到中亚国家的认同，使中国与它们的关系朝更加密切深化的方向发展。

彼此关系发展还表现在领导人经常见面，共商大事，共叙友谊。在中国外交中很少有国家像中国与中亚国家领导人那样频繁会晤。他们每年都会在上海合作组织成员国峰会见面。此外，彼此还在一些重大场合，如：参加重大庆典、纪念活动、重大项目竣工、重要国际会议等中见面。2013—2018年习近平主席与纳扎尔巴耶夫总统就会见了14次。2017年，哈、乌、吉三国总统参加了在中国举行的"一带一路"国际高峰论坛，塔吉克斯坦总统参加了在中国举行的金砖国家峰会。2018年5月，中亚四国总统参加了上海合作组织青岛峰会。

近年来地方政府、民间团体和个人往来频繁，这同样有助于深化睦邻友好关系，以润物细无声的方式构筑民意基础。

中亚国家对于领导人频繁交往在增进国家睦邻友好方面发挥的作用给予高度评价。哈萨克斯坦总统纳扎尔巴耶夫针对2013年6月习近平访哈一事就说过："习近平主席这次访问沿承了两国领导人密切交往的好传统。哈中高度信任、相互支持、真诚合作。哈中关系是睦邻友好的例证。"①

（2）在安全领域：构筑对彼此都有利的和平、安全与稳定的地区环境。

习近平对于周边外交理论的论述重要内容之一就是通过与周边国家建立睦邻友好关系，共铸和平安全稳定的地区环境。这种环境是彼此都希望和需要的，有利于各国。在共同应对传统安全威胁和非传统安全威胁，应对气候变化和自然灾害等方面在不断加强合作。自中共十八大以来，中国与中亚国家始终将维护地区安全合作作为外交工作的重点。在习近平与中亚国家领导人的会晤中，安全合作是不可缺少的会谈内容。近年来，中国与中亚国家多次举行反恐演习。中国支持中亚国家维护本国安全采取的举措和对阿富汗问题的立场，并在道义上和物质上给予帮助。中国还通过上海合作组织反恐怖机构加强与中亚国家在应对安全威胁方面的合作。中亚国家成为中国周边安全带的重要组成部分。

（3）在经济合作和"丝绸之路经济带"建设方面取得合作共赢。

2008年世界金融危机给世界很多国家经济带来巨大的冲击，中亚国家也未能幸免，正如哈萨克斯坦总统纳扎尔巴耶夫所说："2012年，全球还没有摆脱危机，世界各国仍处在水深火热之中，困难重重。"② 此后几年，中亚国家经济在缓慢恢复。然而，世界经济不景气带来的大宗商品价格下降，再次给以生产能源和原材料为主的中亚国家经济造成重创。面对这种情况，2013年6月7日习近平在哈萨克斯坦提出的"丝绸之路经济带"倡议成为"帮助它们（中亚国家）摆脱危机的良策"③。习近平说："要本着互惠互利的原则同周边国家开展合作，编织更加紧密的共同利益网络，把双方利益融合提升到更高水平，让周边国家得益于我国发

---

① 《习近平同纳扎尔巴耶夫会谈》，《北京日报》2013年6月8日。
② 《哈总统纳扎尔巴耶夫谈中哈经贸合作》，2018年2月15日，俄罗斯中文网站。
③ 同上。

展,使我国也从周边国家共同发展中获得裨益和助力。"① 中国力所能及地给予中亚国家以帮助,通过投资、优质产能转移等,为中亚国家缓解经济困难、促进经济发展和提升彼此经济合作水平提供了动力。

"丝绸之路经济带"建设是对习近平有关周边外交理论论述的具体落实,符合中亚国家的需求和利益,因此受到中亚国家的普遍欢迎。该倡议倡导的"共商、共建、共享"原则使参与国具有平等感和获得感,可以充分将本国发展规划与倡议对接,更重要的是有利于参与国互利共赢,共同发展。

中亚地区是中国提出的"一带一路"经济走廊建设的必经之地,"丝绸之路经济带"倡议的"五通"主张已经在中亚国家取得早期收获,其中以设施联通最为明显。如今由中国发出通往欧洲和中西亚的货运专列大多都要经过哈萨克斯坦,已经常态化和制度化。道路联通给哈萨克斯坦带来巨大的红利,仅年过境费即达 50 亿美元。除铁路外,经哈萨克斯坦通往欧洲的"双西公路"、中吉乌国际公路基本建成,有力地促进了跨国运输和物流业在中亚国家的发展。

除铁路和公路运输外,还要提到输油输气管道的联通。中哈输油管道从 2006 年至 2018 年已经向中国输油 1.1 亿吨,西起土库曼斯坦东至中国的中亚—中国输气管道共由 A、B、C、D 四条管线组成,分别通过中亚五个国家。土库曼斯坦丰富的天然气,还有乌、哈两国的天然气,可以通过这些管道输送到中国。中亚五国,特别是缺乏天然气的吉尔吉斯斯坦和塔吉克斯坦都可从中受益。什么是"互联互通""合作共赢",中亚—中国天然气管道项目就是最好的例证。

在工业项目建设、金融、物流、电子商务等领域也在开展广泛的合作。

在工业项目建设方面,一些示范性的、甚至堪称中亚或者是项目所在国之最的大项目,如:乌兹别克斯坦的甘姆奇克隧道、2017 年 3 月 3 日竣工的哈最大铜选矿厂——东哈州阿克托盖铜选矿厂、技术先进的奇姆肯特石油炼制厂二期工程等已经建成,这些都是中国与中亚国家合作的属于"丝绸之路经济带"建设框架下的示范项目。2017 年中国与哈萨

---

① 习近平:《在周边国家外交工作座谈会上的讲话》,2013 年 10 月 25 日,新华网。

克斯坦签署的总值达270亿美元的51个项目有的已经完成,有的即将启动。中国优质产能项目在中亚国家落地的还有在塔吉克斯坦建设的发电厂和水泥厂,吉尔吉斯斯坦的天山陶瓷厂等。这些项目不仅满足了塔、吉两国的需求,还有能力出口。在"一带一路"倡议带动下,酝酿多年的中吉乌铁路建设也有望启动。

在金融融通方面也取得很大进展。资金不足是制约中亚国家发展的难题之一,各国都在通过各种办法破解这个难题。除从国际金融机构和一些国家获得贷款外,"一带一路"建设发挥的融资职能也对各国有所帮助。中亚国家均加入了亚投行,这不仅反映出中亚国家对中国倡议的支持,也意味着,该银行的建立有利于发展与中国的金融合作。由中国倡导建立的"丝路基金"也在为中国与中亚国家合作项目提供资金支持,受到中亚国家的欢迎。哈萨克斯坦阿斯塔纳国际金融中心在组建和运营中均得到中国的帮助,在为中亚国家经济发展和将本国经济发展战略与"丝绸之路经济带"对接方面发挥了重要作用。人民币国际化在中亚国家得到体现,在哈萨克斯坦的中国银行成为中亚地区人民币清算行,在哈、乌、塔等国开展了与本币的互换与结算业务。

各国通过深化人文合作为民心相通助力。人们注意到,在"一带一路"倡议提出后,中国与中亚国家间的人文合作在原有合作的基础上迅速扩大和深化。这种合作不仅在国家层面,也深入到地方层面。目前中亚国家在华留学生数量成倍增加,仅哈萨克斯坦就有1.4万人,塔吉克斯坦有2000多人,留学生层次也在提高,有不少学生在攻读硕士和博士学位。除教育外,"丝绸之路经济带"建设还推动了中亚国家了解和研究中国的升温,也推动了中国对中亚国家研究的深入。目前中国拥有的中亚研究机构不下十多家,仅哈萨克斯坦研究中心就有5个。中国在中亚国家开办了孔子学院13所和孔子课堂22个。教育、文化、科学、媒体等部门也在"丝绸之路经济带"建设热潮中纷纷与中亚国家相关部门展开合作。哈萨克斯坦广播电视总公司与中国中央电视台、哈通社与中国新华社签署了合作协议。

缔造"人类命运共同体"是中国重大外交工作之一。应该说,中国与中亚国家在这个问题上具备多个有利条件,这是指:中国与中亚国家有相似的历史记忆和命运;在维护国家独立和主权以及发展经济方面存在相当多的相同诉求和语言；中国与中亚国家邻国或近邻，很多问题例如水资源利用和环境保护方面需要共同应对；中国与中亚国家经济存在很强的互补性；中国与中亚国家关系很好，互为全面战略合作伙伴关系或战略合作伙伴关系，不存在尚未解决的影响彼此关系的重大问题，对地区和国际问题存在相同或相似的立场；中国和四个中亚国家是上海合作组织的成员，土库曼斯坦也经常以客人身份参会，沟通渠道便利；中国与中亚地国家都有使国家尽快发展的梦想，并将本国发展战略与中国提出的"丝绸之路经济带"倡议对接；中国与中亚国家都希望本地区成为和平安全与稳定的、有利于发展经济和改善人民福祉的地区；都希望有清洁美丽的生存环境和美丽的家园等。更为重要的是中国国家主席习近平愿与中亚国家领导人一道为"丝绸之路经济带"建设和缔造"人类命运共同体"掌舵领航。这一切决定了中国与中亚国家在缔造"人类命运共同体"上具备有利条件。也正因如此，在上海合作组织发表的宣言中将缔造"人类命运共同体"写入其中，作为共同奋斗目标。中国与中亚国家有理由和有条件结成"人类命运共同体"，或者是"周边命运共同体"，朝所期盼的目标一道努力，而且要先行一步。

我们在中亚除看到有利条件和取得的成就外，还要看到仍面临一些挑战。例如，习近平在中国周边外交座谈会讲话中要求在经济合作方面尽快建立自贸区，但迄今中国没有与任何一个中亚国家做到这一点。还有如何提升国家间的相互认知，真正做到民心相通，仍有很多工作要做。特别是当今世界大变局对中亚国家会产生影响。中亚国家又是一些大国觊觎的对象，本身也面临外交抉择。在这种情况下，即使对各国都有利的事情也未必能够一蹴而就，中国与中亚国家间的一些合作往往要经过好事多磨的过程，最终方能修成正果。好在习近平周边外交思想为中国周边外交指明了方向，为中国与中亚国家合作领航，在中国与中亚国家共同努力下，各方面合作的道路会不断加宽，越走越顺，缔造"人类命运共同体"的目标会在可预见的将来，在中国与中亚国家共同努力下实现。

——原载李凤林主编《欧亚发展研究（2019）》，中国发展出版社2019年版

评中亚五国独立 10 年

【内容提要】 简介中亚五国独立 10 年来在政治、经济、社会、对外关系等方面发生的巨大变化，指出中亚国家并没有西化，也没有伊斯兰化，而是从本国国情出发制定了符合自身的政策，保持了国家的基本稳定，并得到国民的认同。中亚五国在转型中也遇到很多困难，总的来看具有发展中国家和转型国家的特点，对中亚国家的考察借助阐述发展中国家的理论更贴切和更适用。

时光荏苒，转眼间中亚五国独立已近 10 年。10 年，对人类历史而言只是短暂的一瞬，但对一个国家来说，也并非无足轻重。戈尔巴乔夫执政不到 7 年，泱泱大国苏联就解体了，两极世界也随之消逝了。中国从 1978 年召开中共十一届三中全会到 1989 年的 10 年间，国内生产总值翻了一番，再过 10 年又翻了一番。中亚五国从 1991 年独立开始，至今已走过了 10 年的历程，其间有喜有忧，有成绩有问题，有经验也有教训。本文拟对中亚五国 10 年变化略加评论，不妥之处，恳请指正。

一

中亚五国独立 10 年最大成就莫过于保持了国内政治和社会的稳定，各族民众没有遭受战乱之苦，国家也逐渐得到了他们的认同。

中亚国家独立初期，无论是在中亚各国国内，还是在国际社会，普遍存在一种忧虑，即这些国家能否保持国家的稳定，顺利度过"襁褓期"。这种忧虑并非空穴来风。当时，塔吉克斯坦内战硝烟已起，哈萨克斯坦民族关系紧张，各国经济急剧恶化，人民生活水平急剧下降，党派斗争不止，大国频频插手中亚事务。由于独立来得过于匆忙，国内各民族对新国家，包括其制度、国家意识形态、国民属性等尚缺乏认同。在哈萨克斯坦，哈、俄两大民族之间曾就国籍和语言问题展开激烈争论，在不少国家存在以主体民族的意识形态还是全体国民的意识形态作为国家意识形态之争。对各国确立的政治经济体制也存在不同的看法，想进一步西化者有之，想恢复苏联体制者也有之。独立初期，各国出现的争论既有民族的背景，也存在意识形态之争，因为这些国家都是多民族国家，曾是原苏联的一部分，它们走过相当长一段社会主义道路，共产党在这些国家中的影响依然存在。

10年后的今天，中亚国家的现实表明，这些国家并没有出现人们担心的政治和社会混乱。中亚国家除塔吉克斯坦外是独联体国家中政治和社会形势最稳定的国家集团。稳定的政治形势保证了各国人民免受战乱之苦，使经济避免陷入更大的困境。中亚国家也并非丝毫未变，它们的政治体制已发生变化，各国基本上接受了被西方国家作为衡量"民主"尺度的议会民主、多党制、公开选举、言论自由等政治要素，并将其写进了本国宪法。媒体可以批评政府，总统差额选举，反对党可以公开存在，这些过去不可思议的事情，今天在哈、吉等国都可以看到。国门对外开放了，本国公民出国也比过去容易得多。与独立前相比，中亚五国的变化有目共睹，尽管各国变化的程度有所不同。但中亚国家也并没有因此而西方化，各国政治体制特别是在运行方面仍有自己的特点。例如，各国都以不同方式使开国总统继续当政，尽管宪法中有不得连任两届的规定。有的国家甚至以法律形式确立终身总统。因此，中亚国家也常被西方媒体指责为"不民主"。

对中亚国家的政治变化评论应该客观。首先，应该看到中亚国家独立后在朝政治民主化方向所做的努力并有所成就这一基本事实。与本国历史相比，民主的形式和内容有所增多，这是应该承认的。西方国家往往用自己的标准来衡量发展中国家或者转型国家的民主。西方国家是经过数百年的努力才达到今日的状况，并且有强大的物质基础做后盾。而中亚国家本身没有经过资本主义阶段，广大人民群众对资产阶级的民主十分陌生。独立仅10年就要求它们达到西方的标准，这是不实际的，何况，西方民主并不是世界公认的楷模。"民众化是哈萨克斯坦族际和谐的条件，只是条件，而不是保证"，"只能将民主理解为一种原则，纯粹的民主从来就不存在"，哈萨克斯坦总统纳扎尔巴耶夫如是说。[1] 这种民主观在中亚国家中具有一定的代表性。其次，中亚国家有自己的历史，有自己的民族传统和风俗习惯，对民主的理解和表达方式有自己的特点。例如，土库曼斯坦的长老会在社会生活中发挥着相当重要的作用，这是西方国家不存在甚至是不可理解的事情。历史使中亚国家保留了浓厚的宗法思想，尤其是在农村。哈萨克斯坦一项社会调查（载 1999 年 9 月 22 日哈《全景报》）提供了这样的数字：73.3% 的被问卷人认为本国政治文化类型是宗法式的。调查人认为，哈独立后这些年中上述情况没有多大的变化，而且在未来两三年情况也不会发生多大的变化。哈萨克斯坦是中亚国家中城市人口最多，民主化程度较高的国家。在该国宗法思想都占上风，更何况其他中亚国家。这说明，中亚国家采用现行政治制度有广泛的群众基础。各国采用全民公决方式延长总统任期并很容易通过，如果了解哈萨克斯坦的政治文化，对这种现象也就不难理解了。西方对中亚国家的指责起码可看作是它们对这些国家的国情知之甚少。再次，中亚国家现行政治体制基本上保证了国家的稳定。这对进行改革、发展经济和使人民避免战乱之苦有利。中亚国家总统连任也常常成为西方媒体批评的对象。然而，中亚国家人士有自己的解释。乌兹别克斯坦总统战略研究所所长赛富林认为，原独联体国家往往因为领导人更换，导致政治路线改变，因此不惜代价保持现有领导人的连续性非常必要。[2] 从中亚各国国情出发，乌学者的看法不无道理。从目前实际出发，中亚国家总统继续当政，确实对维护中亚各国和地区的稳定有利。为追求西方民主而不顾国内稳定大局，这只是少数人的想法，符合少数人的利益，并不为多数人接受。如果说民主是多数人意志的体现，那么，中亚国家的选举也好，全民公决也好，应该说符合民主的起码标准。当然，笔者也不认为中亚国家政治体制运行中没有问题，如在这些国家中裙带关系盛行，腐败严重，人治大于法治，法律不健全或有法不依等发展中国家普

---

[1] 《哈萨克斯坦真理报》2000 年 12 月 16 日。
[2] 对到访乌总统所属战略研究所的笔者的谈话。

遍存在的病症，在这些国家中同样存在。解决上述问题需要时间，也需要其他要素如经济发展、人民观念的转换等相配合。

各国宪法均肯定了国家发展的世俗性，10年事实表明，中亚国家没有伊斯兰化。但这并不是说，宗教形势在这些国家中没有变化。独立10年来，中亚伊斯兰教在国家宽松的环境下得到迅速的发展，出现了教民、宗教团体、清真寺及祈祷点的数目猛增，大量开办经文学校，教民争相赴麦加朝觐的情况，在一些国家中已形成较浓厚的宗教氛围。在这种背景下，从1997年起情况发生变化。伴随伊斯兰教复兴，宗教极端势力开始凸显，并向世俗国家政权发起挑战。同时，出现了伊斯兰极端势力与民族分裂势力和国际恐怖势力相结合的趋势。这几年，在中亚国家陆续发生宗教极端分子从事暴力活动的事件，甚至公然谋杀总统。境外宗教极端势力窜入吉、乌等国，阴谋建立"伊斯兰国家"。就连一向说本国没有宗教激进主义的哈萨克斯坦，官方也不得不承认，该国"存在宗教极端势力问题，而且逐年严重"[1]。

中亚国家独立10年的最大成就还表现于各国人民基本上已对自己国家的认同。这与各国为巩固国家独立而做的大量工作有关，如制定新宪法，发行本国货币，组建自己的军队，建立海关等。如果说各国独立初期还有人认为自己是"苏联人"，或根据自己的民族属性而声称是某一国人，那么今日，凡生活在某一国家而取得国籍的人，不管其民族属性如何，都已承认自己是该国公民。这种变化不仅是情感的变化，也是国家在人们心目中地位的变化，是对国家独立的认同。

二

中亚国家的经济10年间也发生了很大的变化，这表现在经济形势、经济体制、人们的心态等诸方面。

苏联解体前有一种说法，认为中亚国家离开俄罗斯等国将难于生存。10年情况表明，苏联解体造成的经济联系中断确实给中亚国家带来很大的困难，各国经济都陷入了危机，人民生活水平明显下降。危机持续的

---

[1] ［哈］《全景报》1999年10月22日。

时间相当长，至今仍未完全克服。例如，1999年与1991年相比，国内总产值：哈萨克斯坦为70.4%，吉尔吉斯斯坦为68.5%，塔吉克斯坦为53.4%（1992年），乌兹别克斯坦为95.2%；工业产值：哈为50%，吉为49%，塔为8%，乌为115%；农业产值：哈为71%，吉为99%，塔为65%，乌为99%；固定资产投资：哈为18%，吉为41%，乌为77%。[1]这就是说，除乌兹别克斯坦工业产值外，其余各项指标均未达到独立前水平。经济危机是事实，也是中亚国家10年经济变化的写照。但这并不意味着，中亚国家离开俄罗斯就不能生存。事实上，苏联解体后俄罗斯和乌克兰等欧洲国家的日子并不比中亚国家好过。同期，即1999年与1991年相比，国内总产值：俄罗斯为62.7%，乌克兰为44.6%；工业产值：俄罗斯为54%，乌克兰为54%；农业产值：俄罗斯为60%，乌克兰为57%；固定资产投资：俄罗斯为27%，乌克兰为22%。[2]上述数据说明，苏联解体对原苏联各加盟共和国的经济影响是一样的，数据同样显示，中亚国家经济状况并不比俄罗斯和乌克兰差。2000年中亚国家经济形势进一步好转。各国基本上度过了独立后最困难的时期，10年经济工作的曲折为今后经济发展和人民生活改善提供了丰富的经验和教训。

　　10年来中亚国家在经济体制改革方面做了很多工作，初步奠定了市场经济所必需的法律基础，由过去的封闭性转向开放性。所有制、金融、外贸、农业等方面的改革给人留下深刻的印象，各国也都在想方设法走向世界。当然，各国距市场经济的要求还相差甚远，还称不上是合格的市场经济国家。如果考虑中国改革20年才达到今日的水平，那么，对独立才10年的中亚国家要求过高也不合情理。中亚国家经济方面存在的问题确实不少，这方面国内外都有大量报道。各国的情况也不完全相同。但各国都把发展市场经济作为目标，并为此在不懈努力，这一点是相同的。对中亚国家10年经济方面发生的变化还要提到一点，这就是人们的观念发生了变化。如果说独立初期各国都对市场经济知之甚少，有相当多的人对市场经济持有异议，甚至公开反对，那么，今日反对者明显减少，市场经济开始深入人心。当然，在这方面中亚五国的情况也不完全

---

[1] 《独联体国家主要宏观经济指标统计手册》，莫斯科2000年版，第12、19—21页。
[2] 同上书，第12、19—22页。

相同。与独立初期匮乏的市场相比，今日各国市场上商品的基本满足和多样化，是改变人们观念的重要原因之一。

中亚国家经济方面的变化还表现在各国领导人对本国国情有了更明确的认识。独立初期中亚国家领导人对本国经济发展水平普遍估计过高，甚至有人不承认自己的国家是发展中国家。回顾当时他们制定的国家发展设想，可看到，他们对困难估计明显不足，还提出一些不切实际的目标。10年来，这些国家领导人多次出访，到过许多国家，看到了本国与发达国家甚至与新兴工业化国家之间的明显差距，因此，对国家的发展纲领和措施的制定则明显理智些和实际些。目前，他们对本国属于发展中国家已无异议，都把新兴工业化国家作为追赶的目标。

10年间中亚国家经济都有所变化，但变化结果明显不同。中亚国家独立后大体上按两种模式进行改革。哈、吉基本上采用"休克疗法"，乌、土采用渐进式。相比之下，采用渐进改革方式的乌兹别克斯坦的情况要好些，这一点已为包括俄罗斯和哈萨克斯坦在内的许多国家所公认。塔吉克斯坦的经济则因内战和基础差远远落在其他国家后面。该国的经济前景并不令人乐观，很可能在经济全球化的大潮中被边缘化。

三

中亚五国的社会变化大体上与转型国家相似。这种变化表现在社会阶级结构的变化、社会文化的变化、社会保障制度的变化、社会组织的变化、社会生活方式的变化，以及新形势下教科文卫事业面临困境和不同程度地出现了失业人员增加、犯罪数量居高不下、人民生活贫困等问题上。

社会领域变化最大的当数社会阶级结构的变化，因为它的变化会影响到社会的方方面面。正如有的学者所指出："在阶级社会里，阶级分层是最根本、最重要的社会分层，它对其他社会分层起着重要的制约作用，人类社会的社会结构的总体特征和运行规律首先是由社会阶级关系决定的。"[1]

---

[1] 吴增基等主编：《现代社会学》，上海人民出版社1997年版，第192页。

苏联时期，中亚各国在苏联建立"无阶级社会"政策的长期推动下，20世纪30年代消灭了地主、富农和资本家，后来，连个体劳动者也变得凤毛麟角了。到80年代末，苏联解体前夕，中亚各国和整个苏联一样，基本上剩下了两个阶级、一个阶层，即工人阶级、农民阶级和知识分子阶层。阶级结构在中亚各共和国之间没有很大的区别，但各阶级人数构成有些不同。哈萨克斯坦的工人和知识分子在1979年已占到93.5%，农民和合作手工业者只占6.5%，土库曼斯坦等国的农民和合作手工业者占33.4%。[①] 独立后，情况发生了变化。由于国策的变化，各国都不再把扩大"无产者"队伍作为己任，而是把形成有产者阶层，特别是中产阶级作为战略目标，并把它作为稳定社会的基础。各国通过推行"非国有化和私有化"政策，把原有的国有资产变卖给个人，甚至无偿转让给个人，努力制造有产者。另外，在社会变迁过程中也有人以不同的方式成为巨富。目前，各国中产阶级在人口中占多大比重，暴富者又有多少，尚缺乏具体统计数字。哈萨克斯坦学者认为，本国最富有者仅占全国人口总数的1%—2%，但却控制着国内绝大多数的财政资金和自然资源。穷人约占人口总数的70%。[②] 这意味着，哈中产阶级或者说不属于穷人范畴的人占人口总数的20%—30%。这个数字可作为研究中亚国家社会阶级结构的参考。目前各国已形成新的有产阶级是不争的事实。随着外国合资和独资企业的建立，一批为这类企业工作的职工群体应运而生。农民成分本身也发生了变化。如果说，独立前的农民基本是国营农场职工和集体农庄农民，那么，目前在吉、乌、塔等国，多数农民已实现个体化。"两阶级、一阶层"的社会阶级结构已成为过去，新的社会阶级结构正在形成之中。

目前，在中亚国家出现了"新富阶层"。"新富阶层"系指"私人企业家阶层""厂长经理阶层""外企代理和高管阶层"等。这种人在俄罗斯被称作"新俄罗斯人"，在哈萨克斯坦被称作"新哈萨克斯坦人"。与此相应地也出现了"新困阶层"。"新困阶层"包括养老金领取者、残疾人、多子女家庭、青年学生、失业人员、虽然在编却被放"长假"的人

[①] 《1922—1982年苏联国民经济统计年鉴》，第81—82页。
[②] [哈]《思想》1999年第1期，第3、4页。

员以及低收入的个人、农民和职员。如果说"新富阶层"人数不多,那么,"新困阶层"则占各国人口的绝大多数。社会阶级结构的如此变化势必对国家政治和经济生活以及社会政策产生影响。哈学者认为,社会阶级结构的变化导致社会出现新的矛盾,因为"贫困者不甘于自己的贫困状况,正在为自己,为正常的生存而斗争"[①]。

作为社会阶级结构变化一部分的城乡人口的变化,最近10年中亚国家普遍出现城市人口减少,农村人口增加的情况。这与各国经济形势恶化,城市新建企业不多,进入劳动年龄的青年人增多有关。

10年来社会文化的变化也非常明显。独立前俄罗斯文化是各国文化的主流。独立后各国采用各种方式复兴主体民族文化。确定主体民族语言为国语,重新撰写本国历史,弘扬主体民族名人,恢复民族传统节日,给伊斯兰教以体面地位,甚至鼓励穿戴民族服饰等,都可看作是复兴民族文化的具体举措。俄罗斯文化在中亚国家的地位明显下降,各国也有人表现出对突厥文化和伊斯兰文化的认同。与此同时,西方文化则大举进入各国,对年轻人的影响越来越大。突厥文化、伊斯兰文化、俄罗斯文化、西方文化甚至东方文化都在争夺中亚国家。从文化角度来看,西方文化和伊斯兰文化在加强,都在争夺民众,特别是年轻人。思想文化会对政治和社会运转起到影响,会制约人的头脑和人的活动。鉴于只弘扬主体民族文化会在其他民族中引起不良反应,不利于民族团结,最近哈萨克斯坦提出建立以主体民族文化为核心,包括伊斯兰文化、突厥文化和俄罗斯文化构成的"统一文化"的主张。应该说,这也是社会文化方面的变化,10年文化发展的轨迹是:俄罗斯文化—主体民族文化—"统一文化"。

在社会变化方面还要提及社会观念的变化。在苏联时期,苏共要求人们要"用高度思想性……自觉地对待劳动与社会财富的精神来教育劳动人民……"[②]。因此,当时的社会价值观是国家和集体的利益至上。

独立后,随着各国意识形态的变化,世界观和价值观也开始变化。

---

① [哈]《思想》1999年第1期,第4页。
② 《苏联共产党第二十七次代表大会主要文件汇编》,人民出版社1987年版,第371—372页。

哈萨克斯坦学者这样描述独立后国内社会观念的变化:"随着转向市场和转向观念多元化,在人们的意识中开始重新评价价值,以往的意识形态公式正在被打破,无论是个人还是公众的意识正在转型。这特别明显地表现在人们的行为、生活方式和道德上,总之,反映在精神方面。在苏联制度下和马克思主义意识形态占统治时期,曾形成了一定的个人和公众的意识类型、道德观和价值观、生活方式。这些东西目前正处在危机之中。在社会中已经涌现出作为新的意识形态和道德观价值观载体的社会集团和阶级。一部分居民(主要是中老年人)很难适应新的价值观,甚至完全不接受它们,仍坚持共产主义意识形态。今天25—30岁以下的年轻人大多数正在接受西方的道德观和价值观,对他们来说,不存在任何问题。大众传媒正在向人们的意识灌输市场社会的信条,诸如自我中心论、人的个性论、个人主动精神、进取精神、经营理念和其他价值观。"① 哈萨克斯坦学者对年轻人所做的社会调查也反映了这一点。调查者说:"目前青年已处于思想迷茫的状态,正在经历精神价值的危机,急需新的哲学和意识形态。应该承认,国家利益是社会意识的主流的时代已经过去。今日人们首先追求的是自己的目的、个人的福利。青年首先从物质上而不是从精神上适应今天的生活形势。"② 哈萨克斯坦的情况基本上反映了中亚各国意识形态变化的实际。

中亚各国的社会政策也发生很大变化。上面已提到变建"无阶级社会"到"有阶级社会"的政策转变。另外还有:在社会保障方面改变了过去平均主义的做法,而实行有针对性的社会救护政策;变社会事业由国家大包大揽的做法,改为国家、社会、个人共同来办;等等。如果说独立初期一些人受思维定式的影响,加上不愿意承认独立后的经济和社会状况不如独立之前这个事实,因此,各国都在财政极度困难的情况下极力维持原有的一些社会政策,特别是社会保障措施;但迫于国内经济状况的恶化的压力,各国也不得不从实际出发对原有的社会政策进行调整和改革。

关于各国普遍存在且日趋严重的社会问题已有不少报道。中亚国家

---

① [哈]《思想》1999年第1期,第6页。
② [哈]《政治》1998年第11期,第72页。

最主要的社会问题有：失业问题、贫困问题、犯罪问题、民族宗教问题等。与独立初期相比，这些问题越发严重。近几年，走私、贩毒问题也日趋猖獗，这是中亚各国独立后出现的新问题。据报道，阿富汗生产的毒品中65%通过中亚输往欧洲。[1] 因此，与吸毒和贩毒有关的案件急剧增加，与毒品斗争的任务相当艰巨。

在中亚各国教科文卫事业因资金短缺，都出现了不同程度的萎缩。这些曾使中亚五国引以为自豪的领域，目前已呈现危机。

四

中亚五国外交是可圈可点的10年。这项事业是从零开始的。独立10年各国获得世界上绝大多数国家的承认，被主要国际组织和金融机构所接纳，平稳地进入国际社会，这是外交工作的成绩。各国在风云变幻的国际形势下能够维护来之不易的独立，确保国家的安全与领土完整，为经济发展创造较好的外部环境，引进国家急需的资金，这些也都与外交工作分不开。中亚国家在外交方面也有一些引以为自豪的亮点：土库曼斯坦继瑞士和奥地利之后，成为世界上第三个永久中立国；吉尔吉斯斯坦在独联体国家中第一个加入世贸组织；哈萨克斯坦成为"亚信会议"发起国，担起促进亚洲集体安全的重任；塔吉克斯坦也通过外交活动结束了持续5年多的内战，对立两派达成和解。

中亚国家作为新独立的国家和国力不强的小国，其外交表现出"实用外交""经济外交""总统外交"的特点。在大国夹缝中求生存的它们，采取这种外交方针是可以理解的。实践证明，各国采取的外交战略基本上是正确的，效果也是好的。

在评论中亚五国外交10年时，不能不提及它们与中国的关系。10年来，中国与中亚国家的关系越来越好。如果说，中亚五国独立初期还对中国存有疑虑，彼此之间还存在领土纠纷等问题，经贸水平也不高，那么，目前情况已发生很大的变化。"上海五国"峰会机制使彼此信任度明显提高，领土问题基本上解决，经贸合作取得长足的进展。1992年中国

---

[1] ［哈］《全景报》2000年6月23日。

与中亚五国外贸总额只有 4.59 亿美元，到 2000 年已增加到 18.02 亿美元，10 年间增长近 3 倍。

中国与中亚五国之间的关系由当年彼此戒备、疏于往来到成为"好邻居、好朋友、好伙伴"，这是令人高兴的变化，是中国与中亚五国共同努力的结果。第六届"上海五国"峰会将于 2001 年 6 月在中国上海举行，可以相信，它必将把中国与中亚五国的关系提升到一个崭新的高度。

五

对中亚五国 10 年变化和今后发展前景可做如下小结和展望：

政治方面：表现为两个"基本平稳"和两个"没有"。两个"基本平稳"系指国内政局基本平稳和政治体制转换基本平稳，这两方面都没有发生大的问题。两个"没有"系指没有西方化，也没有伊斯兰化。各国从形式上接受了西方的模式，但在运行中却具有自己的特点。土库曼斯坦总统尼亚佐夫说："不管西方怎样说，我们都将按自己的方式走向文明社会。"这种看法在中亚国家中很有代表性，也是中亚五国 10 年政治变化的写照。

但中亚五国政治方面也存在不稳定因素。这是指：政治中的腐败、"三股势力"对合法政权的挑战，以及总统权力过于集中。中亚国家总统一旦发生变故，就可能导致政局动荡。因此，人们在预测现总统当政政局不会发生大的动荡的同时，也对中亚政局的前景存在某种担心。

经济方面：对 10 年变化应有三点认识：一是各国独立 10 年至今尚未彻底摆脱危机，目前各国经济的发展仍是恢复性发展，经济困难还不少；二是各国经济体制改革取得很大进展，尽管仍存在许多不尽如人意之处。各国选择了社会市场经济体制，明确了发展方向，正在探索适于本国国情的发展模式，这为各国今后的发展奠定了基础；三是各国经济发展前景会有所不同。由于国情不同，中亚各国今后不会像苏联时期那样同步发展，结果会不同。有的国家可能发展快些，可能在一二十年后进入新兴工业化国家的行列。有的国家困难较多，搞不好，则可能退到最不发达国家的行列。独立 10 年的事实还证明，中亚五国是发展中国家，而且是经济发展不排在发展中国家前列的国家。今后各国经济在很长时间内将会遵循发展中国家的规律前进，新兴工业化国家的经验和教训可供它们吸取。

社会方面：失业问题、贫困问题、犯罪问题、生态问题，还有人口问题、民族宗教问题等，10年在困扰而且今后仍将继续困扰中亚五国。目前，中亚国家已出现"有产者"阶级，国内已出现两极分化。尽管中亚国家执行的是社会市场经济体制，国家在加大宏观调控的力度，但从中亚国家现实来看，分化过程尚未完结，由此带来的社会问题很难解决。这一点符合中亚国家作为发展中国家的特点。另外还要指出，如果社会问题得不到及时解决，越积越多，将可能诱发政治危机。许多发展中国家的动乱都是由于社会矛盾激化引起的。如果考虑到中亚国家目前的政治腐败、人民生活的贫困和外部影响，不能排除社会矛盾会引发政局动荡的可能性。

外交方面：这是10年成绩卓著的领域，也是对其未来发展最易预测的领域。从目前国际形势和中亚五国国内现实来看，外交方面将不会出现大的变化。

综观中亚五国10年变化，可以说，它们具有发展中国家的特点，其变化也是沿着发展中国家的轨迹前进。诚然，中亚五国也是转型国家，它们在转型过程中也具有转型国家的特点，尤其是在人们的思维方面。但无论是在政治方面，还是在经济方面，中亚国家都不能与同为转型国家的东欧国家相比，甚至也与俄罗斯有很大的不同。笔者认为，对中亚国家的考察借助阐述发展中国家的理论要比借助转型国家的理论更贴切和更适用。

10年变化，又涉及五国，用区区数千字实难完全表述清楚。本文权当是引玉之砖，以求教于各位同人。

——原载《兰州大学学报》（哲学社会科学版）2001年第3期

简谈中亚和平与发展的几个问题

【内容提要】 和平与发展是当今时代的主题，也是中亚国家的主题。本文论述四个与中亚国家和平与发展息息相关的问题：中亚一体化、世界经济波动对中亚国家的影响、目前大国对中亚的争夺态势以及阿富汗与中亚安全。文中指出，缺乏信任是影响中亚一体化进程的关键原因之一，不解决该问题，中亚一体化没有出路。文中介绍了当前世界经济波动对中亚国家的不同影响，并与1997年中亚国家的经历做了比较，指出中亚国家作为发展中国家，无论形势如何，都要对经济全球化的后果有所认识和应对。认为目前大国在中亚的争夺处于胶着状态，但不会长久如此，"平静"后面必有新的争斗。在分析阿富汗与中亚安全关系时，认为美军和北约军队如不撤走，塔利班难于一统阿富汗天下，从军事角度威胁中亚安全有限，而影响中亚安全的最大问题是毒品。然而，只要阿富汗国内不稳定、政令不统一，毒品问题就难于解决。

和平与发展是当今时代的主题，在中亚地区也不例外。中亚是相当复杂的地区，在这里和平与发展都不容易，也不顺利，受到多种因素的制约。这里发生的很多事件与进程都引起国际社会的关注，同时也对国际局势和周边国家产生一定的影响。本文主要论及中亚地区发生的与地区和平与发展有关的几件大事，观点是否正确，论述是否到位，愿聆听评说。

一 中亚一体化进程缘何如此艰难

经济一体化问题对国际社会并不陌生，因为经济全球化和区域经济一体化已经讲了多年，并在世界各地有广泛的实践，在一些地区也取得明显的成效。20世纪90年代初，刚刚获得独立的中亚国家，尽管对区域经济一体化仍处于认识朦胧和实践探索阶段，但作为苏联时期加盟共和国，由于长期实行"劳动分工"政策，也深知通过取长补短、发展经济合作带来的好处。只是由于独立后的中亚各国对主权的过度敏感，对市场经济条件下的经济规律尚不熟悉，对国家安全的片面理解，以及由于不时发生经济利益冲突，一些国家还存在领导人的个人意志至上等因素，致使全新意义的也就是市场经济条件下的区域经济一体化没有建立起来，而且连原有的一些经济联系也遭到破坏。结果，在中亚地区搞经济一体化变成了口号和追求的目标，而不是人们期望的现实。

是中亚国家领导人没有认识到区域经济一体化的重要性吗？不是。例如，哈萨克斯坦总统纳扎尔巴耶夫就说过："我们生活在日益增长的全球化和相互依赖的时代，强大的外部力量将不可避免地在决定我们的未来时起重大的作用"[①]，"21世纪的哈萨克斯坦是世界经济和政治空间的一部分。我们已经尝到全球化的成果，其他国家发生的经济危机同样沉重地打击了哈萨克斯坦。世界的方向逐渐成为国家的方向。今天与世隔绝等于失败，对哈萨克斯坦尤其如此。经济开放和与强大世界经济区实行一体化，这是我们民族和国家赖以生存的唯一手段"[②]。乌兹别克斯坦总统卡里莫夫同样认为："我们赋予一体化进程和市场改造的发展、中亚地区共同市场的形成以特殊的意义。只有那种不为封闭的民族框框所肢解的市场，才有能力吸引大规模的外国投资，以保证该地区的稳定发展与繁荣。"[③] 实际上中亚国家在区域经济一体化方面也曾做过不少探索和

[①]《哈萨克斯坦真理报》1999年12月15日。
[②] 同上。
[③] [乌兹别克斯坦] 伊斯拉姆·卡里莫夫：《乌兹别克斯坦人民从来不依赖任何人》，时事出版社2006年版，第17页。

努力。人们记得，早在1993年，哈、乌两国就准备实行经济一体化，1994年哈、乌、吉三国签订了建立统一经济空间条约。1998年塔吉克斯坦加入。并将该条约更名为"中亚经济共同体"。2002年2月28日，中亚经济共同体更名为"中亚合作组织"，将合作范围由经济扩大到政治、安全和人文等各领域。2004年10月，俄罗斯加入，直到2005年中亚合作组织与欧亚经济共同体合并。在中亚国家建立一体化组织的十多年间，由于种种原因，一体化进程十分缓慢，成果有限。中亚五个国家仍处于市场分割、各行其是的状态。欧亚经济共同体由于是俄罗斯主导的组织，更为关注包括俄罗斯在内的欧洲国家的事情，从而导致哈萨克斯坦总统纳扎尔巴耶夫考虑如何通过加强中亚国家一体化解决与中亚国家利益更为攸关的事情。于是，他在2005年总统国情咨文中首次正式提出建立"中亚国家联盟"问题，接着在2007年的总统国情咨文中再次强调要大力推进中亚一体化。

应该说，中亚五国从地缘、经济、传统等方面来看，有实行经济一体化的客观条件，同时也存在实行经济一体化的现实需要。可是，对于纳扎尔巴耶夫总统的设想，除吉尔吉斯斯坦有所响应外，其他中亚国家均不积极，有的国家甚至暗中掣肘。为什么经济学家普遍认为对地区和各国经济发展有利的事情却得不到各方支持呢？笔者认为，原因有四：一是各国都过分强调本国的利益，对别国的需求考虑不多，甚至不考虑。例如，乌兹别克斯坦总统卡里莫夫说："我国对外政策的主要目的、本质和内容——除了乌兹别克斯坦的利益还是乌兹别克斯坦的利益。"[①] 本国利益固然重要，但是区域经济一体化本身就要求相关国家在利益和彼此诉求问题上能相互关照，通过平等协商和互谅互让达到彼此相容，取得双赢的结果。我们看到，乌兹别克斯坦在乌塔两国跨境河流水资源的使用问题上过分强调本国利益，坚决反对塔吉克斯坦修建水电站，结果损害了塔吉克斯坦的利益，造成两国关系紧张，从长远来看，对本国的发展也未必有利。这种做法如何能做到地区经济一体化？二是缺乏必要的经济基础。经济一体化需要一定的物质条件。笔者记得，纳扎尔巴耶夫

[①] ［乌兹别克斯坦］伊斯拉姆·卡里莫夫：《乌兹别克斯坦人民从来不依赖任何人》，时事出版社2006年版，第17页。

总统在分析独联体经济一体化进展不大的原因时指出,"一体化中心应当由基础设施类型和生活水平相当接近的国家组成。目前谁都不准备拨出大量资金解决社会经济破裂问题。内部问题很多,目前大量拨款'拉扯落后国家'简直是不可能的。但是,我们还必须想办法解决这一任务"[①]。这番话是在1996年说的。事过10多年,独联体各国形势已经发生很大的变化,有的国家已经开始富裕,但一体化进程仍举步维艰。可见,解决一体化并不是一件容易的事情。当年中亚经济共同体搞不下去,其重要原因之一就是缺乏必要的经济基础。如今中亚国家之间的经济差距不是缩小了,而是进一步拉大了,有的国家如哈萨克斯坦开始富裕了,而有的国家如塔吉克斯坦仍很贫困。在这种情况下,富裕的国家能拿出多少钱拉扯贫困的国家呢?而且是否会无条件地拉扯呢?应该说,哈萨克斯坦只是稍微富裕一些,并不具备满足中亚国家需求的能力,这也是深知哈实力的中亚国家对纳扎尔巴耶夫总统倡议反应冷淡的原因之一。三是纳扎尔巴耶夫总统倡议的动机还没有为所有中亚国家所接受。哈总统强调,建立中亚国家联盟是为了发展经济,促进经济一体化。可是,有的国家在考虑,在已经存在欧亚经济共同体的情况下,哈此举是否还有其他考虑。联想到,在中亚地区长期存在"谁是地区领袖"之争,就不难理解,为什么有的中亚国家不接受哈总统的倡议。四是俄罗斯反应消极。上面提到,目前已经存在由俄罗斯主导的欧亚经济共同体,照理说,这也是致力于经济一体化的组织,而且覆盖的范围更大。哈萨克斯坦要拉中亚国家建立新的"联盟",无疑是拆欧亚经济共同体的台,俄罗斯肯定不高兴,对哈总统的建议不会支持。中亚国家对俄罗斯的立场不会置之不顾,这也是有的中亚国家反应不积极的原因之一。

中亚区域经济一体化讲了多年、做了多年,但成绩有限。但是由于区域经济一体化符合时代潮流,真的实行会对中亚国家有利,无疑应该努力推动这一进程。在众多障碍因素中,目前首先需要解决的是彼此信任问题,其次才是阻碍进程发展的其他问题。缺乏彼此信任,任何事情都是做不好的。笔者认为,中亚区域经济一体化,仍处在好事多磨阶段,

---

① [哈]努尔苏丹·纳扎尔巴耶夫:《站在21世纪的门槛上》,时事出版社1997年版,第81页。

前途是光明的，但道路相当曲折。东盟已经将实现一体化的时间表定在2015年，而国家数量只相当东盟二分之一的中亚国家，其实现一体化的时间会与东盟同步吗？恐怕不仅是笔者，可能有相当多的人对此缺乏信心。

二 面对世界经济波动，中亚国家感受不同

2008年世界经济形势发生很大的变化，经济衰退和通货膨胀覆盖世界大部分地区，石油、原料和粮食价格暴涨令很多国家叫苦不迭。经济下滑导致人民生活水平出现不同程度的下降。这次席卷世界多数国家和地区的经济波动（暂且不叫经济危机），其原因很多，作为世界第一大经济体的美国难辞其咎。美国经济不景气和美元疲软，对世界经济产生了重大的负面影响。

已经逐渐走上世界舞台、经济开始与世界经济接轨的中亚国家，其经济也不能不受到世界经济形势变化的影响。不过，由于这次经济波动与1997年中亚国家经历的经济危机有所不同，各国的感受也存在较大的差异，不像1997年中亚各国都难于幸免，而这次是有人欢乐有人愁。

回顾1997年中亚国家经历的经济危机，是受东南亚经济危机和俄罗斯金融危机双重打击的结果。1997年经济危机有一个突出的特点，即能源和原材料价格大幅度下降。当时石油价格低到每桶不到10美元。这使以能源和原材料出口为主的一些中亚国家财政收入锐减，经济蒙受重大损失。1997年和1998年两年，中亚五国经济增长明显受挫，例如国内生产总值相当于上年：哈萨克斯坦为101.7%和97.5%；吉尔吉斯斯坦为109.9%和101.8%；塔吉克斯坦为101.7%和105.3%；土库曼斯坦为103%和105%；乌兹别克斯坦为105.2%和104.4%。[1] 当时经济受到影响最大的是能源和原材料生产大国哈萨克斯坦，经济没有增长，反而倒退。1997年经济危机使刚刚复苏的中亚国家经济遭受严重打击，使本已很差的中亚国家人民生活水平再次下降。

---

[1] 张森主编：《1998年俄罗斯和东欧中亚国家年鉴》，当代世界出版社2000年版，第243、247、250、254、258页。

2008年发生的世界经济波动对中亚国家的影响则不能用一句话来概括，因为中亚国家的国情已经呈现很大的不同，特别是能源和粮食生产国与能源和粮食进口国的感觉已经截然不同。作为石油和粮食生产国的哈萨克斯坦，其境况与1997年时完全相反，石油和粮食的高价位使该国外汇滚滚而来，使该国人均国内生产总值年增长以千美元计算。尽管该国也出现了严重的通货膨胀问题，但性质已经不能与20世纪90年代初期发生的恶性通货膨胀同日而语。如今工资增长超过通胀率，人民的心态平和，国内仍很稳定。土库曼斯坦的情况也大致相似。而既需要进口能源，又需要进口粮食的塔吉克斯坦和吉尔吉斯斯坦，经济则遇到很大的困难。能源和粮食价格的上涨使国内居民叫苦不迭。2008年初的雪灾和后来发生的蝗灾使塔吉克斯坦经济更加雪上加霜，从而导致该国相对稳定的政局发生新的动荡。乌兹别克斯坦虽然是能源生产国，但出口数量有限。石油能够自给避免了因石油价格上涨给经济带来的压力，但出口有限也从价格上涨中受惠不多。黄金价格的上涨使盛产黄金的乌兹别克斯坦受益匪浅。不过，粮食不能自给增加了经济的压力，致使国内食品价格猛涨，面对物价上涨50%—100%，而工资仅上浮5%—50%的情况，人民的生活水平明显下降。

应该看到，今日中亚国家与20世纪90年代时的中亚国家已经有很大的不同。它们的经济活动已经超越独联体范畴，正在与世界越来越多的国家发生联系，自觉不自觉地走上与世界经济一体化的道路。然而，中亚五国作为发展中国家，而且是不够发达的发展中国家，经济的单一性使得它们经济的发展如履薄冰。其国家经济命运受外部形势变化的影响很大，难于自己把握。

这次经济波动为一些从中受益的中亚国家提供了改造经济结构的历史性机遇。例如，哈萨克斯坦在最近几年的总统国情咨文中就提出了跻身世界最具竞争力的50个国家战略，以及实现社会现代化和国家经济创新发展的目标，并为此确立了一项"30个领军企业"计划。的确，如何使用滚滚而来的石油美元是值得一些中亚国家认真考虑的问题。另外，国家美元增多并不等于所有人口袋中的美元增多，少数人会从中聚敛大量财富，多数人仍在贫困中度日，社会差距甚至会因此扩大。对一些中亚国家来说，如何在新的经济形势下利用突然增加的美元解决复杂的社会问题，也是一个值得认真考虑的课题。

世界经济的这次波动再次教育了世界各国也包括中亚国家人民，不要只看到经济全球化带来的好处，也要对经济全球化带来的风险有清醒的认识。中亚国家曾一度存在盲目乐观情绪。不少人认为，一旦国家独立，经济模式转换，经济与西方接轨之后，国家就会很快富起来。事实说明，并非完全如此。即使国家经济开始腾飞，也会遇到预料不到的问题。因此，维护国家经济安全成为各国关注的问题。中亚学者提出了防范外部因素对国内经济的负面影响的种种途径，有的也值得我们借鉴。

三 处于胶着状态的大国争夺

2001—2005年中亚在国际社会曾热了一阵子，这与两个事件有关，一个是2001年发生的"9·11"事件，另一个是2005年发生的所谓"颜色革命"。那时，"中亚"字样不时见诸报端，自然少不了对大国争夺中亚的议论。

不过，最近一两年媒体关于"中亚"的报道可用凤毛麟角来表述，关于大国对中亚争夺一类文章只是偶见于少数学术类刊物。为什么会发生这样的变化？是大国对中亚的争夺停止了吗，还是争夺出现了新的变化？笔者认为，说大国争夺停止是没有根据的，说出现了新变化是可以接受的。下面就谈谈这些新变化。

新变化之一，是争夺中亚的主角之一美国的态度发生变化。2001—2004年是美国最为得意的年份。"9·11"事件的发生使它在以往从未染指过的中亚地区建立了军事基地，轻松打赢了阿富汗战争，轻而易举地攻下了伊拉克，在独联体国家掀起"颜色革命"，等等。美国在世界各地到处伸手，而且都有所斩获，似乎美国在世界上无所不能。

可是，此一时彼一时，从2005年下半年起形势发生了变化。美国的日子越来越不好过，单边主义越来越不灵，靠武力解决问题的药方也在失效，美国在世界各地处处碰壁。特别是在伊拉克深陷困境，在阿富汗战事也不顺利，国内对下一步如何行动争吵不休。此外还有巴以问题、伊核问题等，加上国内经济很不景气，又面临大选，2008年的美国已经不是2001年攻打阿富汗和2003年攻打伊拉克时春风得意的美国。与其相反的是，2008年的俄罗斯也不是2001年的俄罗斯，随着国内政局的日益稳定和经济的复兴，对美国的所作所为毫不买账。俄美关系的变化是近两年国际关系的突出变化之一，这对中亚地区大国争夺态势产生重大的影响。

新变化之二是，自乌兹别克斯坦"安集延事件"后，"颜色革命"在独联体国家已经形不成气候。美国原指望发生的"颜色革命"会形成多米诺骨牌效应，使独联体国家转到美国一边，但这样的局面并没有出现。相反，在中亚地区，乌美关系恶化，曾作为美国战略合作伙伴的乌兹别克斯坦转瞬间变成了俄罗斯的战略合作伙伴，美国在乌兹别克斯坦的军事基地也随之丧失。在吉尔吉斯斯坦，吉新政权非但没有背离俄罗斯完全转向美国，还利用美国不想放弃中亚军事基地的心理，要美国付出比原租金多达百倍的费用。美国国内对于2006年后美国在中亚的处境均表示失望。美国中亚问题专家玛莎·奥尔考特在美国国会做证说："在当今的中亚，任何将'颜色革命'浪漫化的做法都是错误的。该地区一次和平的（或非和平的）获得民众支持的政权更迭并不必然产生民主成果。"[1] 在美国国内掀起的关于对外政策的辩论中，不少人对布什政府推行的"输出民主"做法提出质疑，主流派提醒政府，在输出民主价值观时，必须"讲究策略性和灵活性。强加的民主徒增对象国的反感，由此调动起来的民族主义又会伤及美国自身"，"民主制度并无统一模式，也不应该是单一的模式，一味要求对方接受自己的民主模式并不现实"。[2] 也正是出于上述原因，美国对中亚的政策做了调整，将改造中亚国家政权的目标由急迫改为长远，由以变更政权性质为主改为"反恐、能源利益、推进民主"三者并重。虽然它提出了"大中亚计划"，但并没有刻意推动。总体上美国在中亚处于政策调整期和观察等待期。在麻烦缠身、力不从心的情况下，美国已经不将中亚作为本国对外政策的重点。当然，目前美国改变的只是对中亚国家的策略，而不是放弃了演变中亚国家的战略，使中亚国家远离俄罗斯、接受"美式民主"仍是美国的一项长期国策。

---

[1] 《现代国际关系》2007年第5期，第35页。
[2] 张敏谦：《美国对外政策反思与指向》，《现代国际关系》2007年第12期，第19页。

友好二十年　合作共发展

【内容提要】2011年中亚国家独立20年，2012年中国与中亚国家建交20年。20年间双方相向而行，建立了友好关系，成为好邻居、好朋友、好伙伴。本文从中国角度总结形成友好合作关系的若干经验，也提到存在的问题，旨在推动彼此友好关系能进一步深化。

2011年中亚国家独立20年，2012年中国与中亚国家建交20年。20年间，在中国与中亚国家相向而行的共同推动下，双方形成了前所未有的友好关系，已经成为"好邻居、好朋友、好伙伴"，并誓言"世代友好，永不为敌"。经济合作发展迅速，贸易额由1992年的4.6亿美元增长到2010年的300亿美元，中国对中亚投资有100多亿美元。双方在维护地区安全、打击"三股势力"以及人文合作方面也取得丰硕的成绩。在国际和地区事务方面存在相同或相似的看法，还共同组建了上海合作组织。这些成就都给国际社会留下深刻的印象。2011年6月，胡锦涛主席在访问哈萨克斯坦的讲话中指出："中哈关系之所以能够大踏步前进并不断取得新成果，是因为双方始终坚持睦邻友好、平等互信的原则，始终坚持互利双赢、共同发展的目标，始终坚持与时俱进、开拓创新的精神。这些宝贵经验是两国关系继续前行的强大动力。"[1] 胡主席的讲话并非单指中哈两国关系，也适用于其他中亚国家。胡主席的讲话高度概括了中国与中亚国家发展友好合作的经验，具有重要指导意义。本文则对中国与中亚国家友好合作20年的具体外交实践谈点看法，也希望借此能对今

---

[1] 《人民日报》2011年6月15日。

后深化合作有所帮助。

一 正确对待中亚国家的体制变化，尊重各国人民的自主选择，坚定发展友好合作的信念与决心

中亚国家独立后，政治取向发生很大的变化。各国领导人放弃了曾任党内高官的共产党，放弃了共产主义目标和社会主义制度，对执行多年的政治经济体制进行大刀阔斧的改革。各国基本延续了戈尔巴乔夫时期遗留下来的政治遗产：多党制、三权分立、议会民主，在执行中也对这些舶来品根据本国国情予以改造，增加了本国的元素，即总统长期不变并高度专权，政府和议会基本按总统的旨意行事。有的国家例如土库曼斯坦不搞多党制。在经济体制方面，中亚国家都放弃了多年执行的计划经济体制，改行市场经济体制，大方向基本一致，但具体做法上有所不同。有的国家采用激进方式，如哈萨克斯坦，有的国家采用渐进方式，如乌兹别克斯坦。独立20年间，各国国内局势不完全相同，有的国家如吉尔吉斯斯坦发生两次非正常政权更迭，有的国家如乌兹别克斯坦和塔吉克斯坦被西方称作"最封闭"和"信息最不透明"的国家。

如何对待这些政治取向变化、与我国价值观已经不同且不断受到西方责难的新独立国家，考验着我国领导人的智慧和我国的外交方针政策。回忆20年前苏联解体时的情景，中国政府迅速做出了承认中亚国家独立的决定，并很快与它们建立了大使级外交关系。中国迅速果断的外交举动受到中亚国家的欢迎和好评。中国与中亚国家在建交公报中确认了以"和平共处五项原则"作为发展彼此关系的基础，中国特别强调尊重中亚国家人民的选择。这种不以意识形态画线对待中亚国家，能平等相待的态度，再次感动了中亚人。众所周知，中国曾长时间将国家关系与意识形态捆绑在一起，这次在对待中亚国家独立问题上将两者分开，是对新中国成立初期特别是"文革"时期外交政策的重大修正。中亚国家独立后，各国共产党都丧失了执政地位，执政的是不以建设共产主义和社会主义为取向的政党。针对苏联解体后世界政党形势的变化，中国共产党提出了党际关系四原则，即"独立自主、完全平等、互相尊重、互不干

涉内部事务"①，并将其运用于同中亚国家的政党关系实践。党际四原则肯定了发展国家关系是第一位的，发展党际关系是第二位的，后者要服从前者。这同样为处理中国与中亚国家关系指明了方向。将国家关系、党际关系与意识形态分开，是中国对外政策的重大变化，走出这一步，迎来了中国政府外交和非政府外交的春天。

在对待中亚国家的政治体制特别是政治取向上，中国与西方大国明显不同。尽管中亚国家在体制问题上已经照西方体制这个"猫"画了虎，但还是不时受到西方的指责，甚至通过策动"颜色革命"制造亲西政权。但"颜色革命"适得其反，西方国家并没有建立起亲西政权，倒是使中亚国家增强了对西方的戒心。中国的做法真正践行了"不干涉内政"的基本原则。

中亚国家独立20年间，国内事务并非一帆风顺，有时甚至处境艰难。例如，2005年乌兹别克斯坦因"安集延事件"受到西方制裁，当时中国政府不理会西方的"提醒"，照常接待了该国总统卡里莫夫的访问，并对乌当局采取的维护本国稳定的行动表示支持，这是在对方最困难的时候给予的支持，使乌兹别克斯坦感到中国是真正的朋友。

中国对待中亚国家的外交方针是"与邻为善，以邻为伴""睦邻、安邻、富邻"。中国与中亚国家发展合作时突出"善"字，体现了中国外交的传统理念和追求世界和平的本质。

在经济合作方面，中国坚持"互利共赢"的方针。与中国相比，中亚国家较为弱小，在国家独立之初，百废待兴，急需外国的帮助。中国虽然不算富国，但毕竟是个大国，改革开放使国家实力有所增强，能对发展中国家提供力所能及的帮助，其中包括对中亚国家。当它们面临困境或需要帮助时，中国每次都能伸出援手，而且不附加任何政治条件。这也是中国与中亚国家能够做到关系和谐、合作顺利的重要原因之一。

当然，关系很好没有疑问，存在一些问题也不足为奇。这些问题不是中国政府方针政策存在问题，而是地方、具体部门或企业个人在与中亚国家交往中产生的问题。例如，它们在经济合作中过于追求经济利益，有时也表现出大国主义，对对方诉求关注不够，对合作伙伴尊重不够；

---

① 《中国共产党第十五次全国代表大会文件汇编》，人民出版社1997年版，第45页。

少数人遵纪守法观念淡薄，利用中亚国家体制转轨的漏洞从事非法牟利活动；在采取与跨境民族有关的外交举动时对对方的诉求有所忽视等。这些问题如不引起重视、加以改正，将会影响合作的质量和合作的深入。

二 平等协商、互谅互让，克服大国主义，是赢得中亚国家信任的重要原因

中亚国家是新独立国家，对国家主权较为敏感，很在乎别国尤其是大国如何看待和对待它们。中国作为中亚国家的邻国，也是大国，在与中亚国家交往时，特别是在解决存在争议的问题时，持何种态度会直接影响关系的走向。中国与中亚国家建交伊始就申明与中亚国家的关系是平等的关系，对存在争议的问题要通过平等协商、互谅互让加以解决，这首先涉及与哈、吉、塔三国间的边界划分问题。该问题是作为大国的中国与相对弱小的中亚国家之间存在的棘手问题，能否通过平等协商、互谅互让解决，是检验中国中亚外交实践的试金石。

众所周知，边界问题或者说领土纠纷问题，是世界上不少国家迄今仍然存在的问题，由于这类问题对当事国具有很强的政治敏感性，极易牵动国民的神经，成为诱发国内政治斗争和国家间战争的导火索，因此，解决起来都很困难。在世界上不乏领土争端长期得不到解决的事例。

中国与中亚国家的边界问题是历史遗留给双方的问题，即使在中国与苏联相当友好的 20 世纪 50 年代，中亚国家当时还是苏联的加盟共和国，与中国的边界问题也没有解决。在中苏对立时期，两国甚至在边界地区发生过军事冲突。苏联解体后，中国与俄、哈、吉、塔四国就存在的边界问题举行谈判。谈判是以中国为一方，俄、哈、吉、塔为另一方进行的。这种谈判谈的是双边国界问题，却因历史原因以多边谈判形式进行，但最终完成边界谈判和边界划定工作的还是通过双边方式完成的。

经过不到 10 年的谈判，边界划分问题得到圆满的解决。哈萨克斯坦是最早与中国解决边界问题的国家，接着是吉尔吉斯斯坦，最后是塔吉克斯坦。

中国与中亚国家解决边界划分问题是国家关系特别是政治关系中非常重大的事件。在世界上不少国家频受边界纠纷困扰的时候，中国与中

亚国家的国界能够最终解决和划定，是有关国家本着睦邻友好精神，通过平等协商和互谅互让而取得的令各方满意的结果。不妨举一个例子。中塔两国边界争议地段约2.8万平方公里，最终划给中国的不到1000平方公里。中哈两国争议地段约1000平方公里，划分结果使哈萨克斯坦得到的部分略多于中国。中国在划界问题上充分考虑到对方的实际情况，体现出大国的气度和风范。事实上，划分国界进程并不是一帆风顺的。各国都存在对划界协定有异议的人，有的国家例如吉尔吉斯斯坦反对派竟借此闹事，一度引发国内局势的动荡。但由于各国领导人从大局出发，积极引导，使国界协定为各国议会所批准，使各项国界协定成为永载史册的重要文件。

中国与中亚国家边界问题的成功解决，使中亚国家看到中国与大国主义划清了界限，也消除了影响彼此关系顺利发展的隐患，赢得中亚国家对中国的信任，为建立永久睦邻友好国家关系奠定了坚实的基础。

三 关注国际形势和地区形势变化，趋利避害，化对合作的不利为有利

20年间，国际形势与中亚地区形势发生很大变化，对中国与中亚国家的合作产生较大的影响。

国际形势与中亚地区形势变化可概括为以下几点：

第一，俄美争夺中亚不止，但近几年攻防角色发生转换。

对中亚形势影响最大的是俄美两国。"冷战"结束后，美国成为世界唯一超级大国，气势汹汹，到处伸手，不可一世。欧洲一些大国也乘势而上，与美国遥相呼应。它们趁一些原苏联加盟共和国独立之初百废待举之机加紧渗透。在不断抢占中亚国家的资源特别是能源资源的同时，大力推行"民主改造"政策，寻找代理人，并伺机推翻合法政权，建立亲西政权。"9·11"事件后美国以"反恐"为名在中亚建立了军事基地。2005年美国与欧盟一道在吉尔吉斯斯坦等国策动了"颜色革命"，中亚地区曾一度风生水起，似有"革命"席卷中亚全境之势。这是美国作为攻手在中亚大施拳脚的时期，也是它在中亚最为得意的时期。

然而，受国内外多种因素的影响，最近几年美国被迫调整中亚政策，

将改造中亚国家政权的目标由急迫改为长远，由以变更政权性质为主改为"反恐、能源利益、民主改造"三者并重。通过加大在教育、禁毒、经援上的投入，多做年轻人的工作，立足于长远，立足于中亚国家现当政者之后的变化。① 美国对外战略重心也有所变化，目前中亚已经不是美国对外政策的重点，但将中亚国家纳入自己势力范围的战略目标没有改变。

俄罗斯是美国在中亚最大的竞争对手。独立初期，俄罗斯受国内因素制约曾一度想放弃中亚。1995年后改变想法。普京执政后俄罗斯国内形势明显好转，对外政策尤其是对美政策趋于强硬，对中亚由声言不放弃到实际不放弃。在俄罗斯看来，保持中亚地区稳定，不只是中亚国家自己的事情，也同俄罗斯的国家利益息息相关。如专家指出的："美国所鼓动和支持的'颜色革命'由于触及了俄罗斯的核心利益，超越了俄罗斯对美妥协政策的底线，迫使普京政府开始调整对美政策，着手谋划在中亚地区的外交反击。"②

近几年俄罗斯对中亚国家的政策既灵活，又务实，以确保中亚为自己的"后院"作为处理中亚事务的底线。俄罗斯国力由弱转强，在中亚也由守转攻。俄美角色的转换对中国与中亚国家的合作产生一定的影响。

第二，世界经济形势剧烈变化，能源粮食价格飞涨，严重打击了中亚国家。

近20年，世界经济剧烈动荡、变化无常，经济全球化和区域经济一体化既给发展中国家带来了机遇，也带来了挑战，增加了国家治理的难度。刚刚独立不久的中亚国家无法摆脱世界经济变化大势的影响。1998年发生的俄罗斯金融危机和2008年发生的世界金融危机都重挫了中亚国家经济，世界能源和粮食价格的变化使哈萨克斯坦等国获利，也使缺乏能源和粮食的吉尔吉斯斯坦和塔吉克斯坦本来就困难的经济雪上加霜。

第三，区域经济合作步履艰难，寻求区域外合作以摆脱困境。

近20年，区域经济一体化也是一股潮流，总的来看对攸关方经济发

---

① 关于这方面论述参见赵华胜《中国的中亚外交》，时事出版社2009年版；赵常庆主编《"颜色革命"在中亚》，社会科学文献出版社2010年版等著作。
② 郑羽：《"颜色革命"与中俄美三角关系》，《和平与发展》2007年第4期，第13页。

展有利。然而，国际社会注意到，中亚国家与区域外国家的合作尚可，但区域内国家之间的合作存在很多问题。尽管中亚国家都认同加强合作有助于经济发展，各国领导人并不公开反对区域合作，也曾多次尝试建立地区经济合作机制，但实践表明，中亚国家与地区经济一体化渐行渐远。

第四，安全问题是合作各方，尤其是令投资方必须考虑的问题。

投资安全与经营环境安全是发展合作的必不可少的条件。中亚地区在安全方面仍存在"三股势力"、毒品走私、有组织犯罪、阿富汗和巴基斯坦反恐战争，以及吉尔吉斯斯坦国内局势动荡等问题，对合作方也产生了一定的影响。

第五，"第三种力量"也在觊觎中亚，多边竞争空前激烈。

所谓"第三种力量"系指除美、俄、欧盟之外的国家、国际组织与金融机构，如土耳其、伊朗、韩国、日本、印度等以及亚洲开发银行、联合国开发计划署等。这些国家和组织带着不同的诉求进入中亚，有的为帮助中亚国家发展，有的追求经济利益，有的是经济利益和政治诉求兼而有之，例如，日本和印度除谋求经济利益外，还希望中亚国家支持它们成为联合国安理会常任理事国，土耳其利用历史渊源、宗教和语言优势，通过"突厥语国家元首会晤"这个平台扩大自己的影响。

中国与中亚国家的合作就是在上述复杂的国际和地区形势变化中进行的，因此，不能不受来自各方面的影响。这种影响有的是积极的，有的是消极的，如何趋利避害，化不利为有利，便成为中国政府与中亚国家合作的一大课题。

首先，俄美争夺中亚的攻防角色互换，对中国与中亚国家合作有利有弊，利多弊少。

美国在中亚暂居守势有利于中亚地区的稳定和中国的西部安全。近几年中亚国家总统、议会选举相对平静，与美欧插手较少有直接的关系。美国暂不扩大在吉军事基地的功能，也没有在其他中亚国家建立新的军事基地，不仅使中国受到来自美国的军事压力减轻，也使中国与中亚国家的合作中消除了一个影响彼此关系的消极因素。俄罗斯加强在中亚的军事存在有利于中亚地区的稳定和震慑"三股势力"，中国不担心西部安全会因俄军强势进驻中亚而受到威胁。稳定的中亚无疑有助于彼此的合作，这是积极方面。

俄罗斯扩大在中亚的影响力，通过建立关税同盟整合本国与中亚国家的能源和其他经济部门，增强与外国企业的竞争力，通过税收和限制外国进口商品种类等手段挤压中国在中亚国家的经济利益。这无疑会影响中国与中亚国家的经济合作。目前虽然只有哈萨克斯坦一国加入了关税同盟，但该国是与中国经济合作规模最大的国家，如果以后塔、吉两国再加入，其影响会更大。

世界经济形势变化，特别是几次对中亚国家影响很大的金融危机，使中亚国家对中国发展经济的经验深感兴趣，对中国能在它们身陷困境时伸出援手表示感谢，使它们增强了与中国发展合作的信心和决心。"金砖国家"的崛起和在建立世界政治经济新秩序方面发挥着越来越大的作用，对它们也是一个鼓舞，这有利于它们加强与包括中国在内的"金砖国家"的合作。中国解决粮食问题的经验也为缺粮的中亚国家所重视，从而加快了相互之间在农业领域的合作。

在谈到中国与中亚国家合作时不能不提到中亚国家之间的不和对合作的影响。乌兹别克斯坦和塔吉克斯坦在修建大型水电站问题上的严重对立，使中国难于出手相助，乌吉两国在修建中吉乌铁路上的意见分歧也使该项目迟迟不能上马。中国希望中亚经济能实现一体化，使中亚各国能尽快富裕起来，富裕的中亚国家无疑会提升与中国发展合作的水平，中哈两国经济合作的快速发展，例如，两国计划在2015年将贸易额提升到400亿美元，就是一个鲜明的例证。①

对于"第三种力量"进入中亚，对中国与中亚国家的合作是挑战，也是推动。中亚国家是独立主权国家，执行全方位外交政策，与世界各种力量交往是维护国家安全与发展的需要。应该理解中亚国家的对外政策，也要理解"第三种力量"进入中亚也是出于本国发展的需要。中国与"第三种力量"在中亚的关系既存在竞争关系，也存在合作的可能性。例如，在能源问题上，印度、日本、韩国都存在与中国的竞争关系，也存在制成品市场方面的竞争。但是，这种竞争并非完全无序。在中亚国家独立初期，在家用电器和日用消费品市场上，中国销售的商品基本属

---

① 《人民日报》2011年6月15日。

于低端产品，日本为高端产品，土耳其、韩国则为中端产品，彼此交叉较少。近年来，随着中国商品质量的提高，特别是中国已经拥有很多属于科技前沿的技术，如在无线电通信领域，交叉越来越多，竞争较前激烈。激烈的竞争迫使中国企业必须改进商品质量、降低成本，做好售后服务等。

中国与"第三种力量"开展合作的也不少。例如，中国与亚洲开发银行在推动中亚国家基础设施建设和减贫方面就有很好的合作。

四 深入研究中亚国家的国内外政策变化，做到知己知彼，使合作更有针对性和适应性

20年来，中亚国家国内外政策发生了不同的变化。这种变化是由国内外形势决定的，世界上任何国家都会根据形势变化调整国内外政策，中亚国家也不例外，只是由于经验不足，变化可能较一些制度和管理成熟的国家多些。中国企业家有时抱怨中亚国家"政策多变"就是由此而来。这种情况要求中国企业家与中亚国家发展合作时要认真研究各国的政策，评估经营与投资风险，投资要适应对方的需要而不可自以为是，盲目进行。中亚国家独立初期对外国投资来者不拒，甚至中国一些小企业在那里建面条厂、暖水瓶厂都受到欢迎，也有利可图。后来中国大企业进入中亚，开始从事能源和资源开发，同样受到欢迎。然而，近几年中亚国家普遍要求中国能向非资源领域投资。这就使国内形势发生变化，政策也随之发生变化。因此，中国企业在走向中亚时要了解对方的政策，而且要了解最新的政策，避免按老办法、老经验办事。如果盲目投入，扎堆在某一个领域，容易形成中国企业的恶性竞争，也不受对方欢迎，其合作效果肯定不好。"知己知彼，百战不殆"，这条中国古训至今仍可作为指导中国与中亚国家合作的一个法宝。

五 抓住合作的最主要方面，以此带动合作的全面发展

在中国与中亚国家20年的合作中，人们会提到多种合作：政治合作、经济合作、安全合作、军事合作、人文合作、教育合作、文化合作、

地方合作、企业合作……在这么多合作中，哪种合作是最重要的合作，或者是牵一发而动全身的合作？回顾近几十年中国与中亚国家的交往史不难发现，政治合作是最重要的合作。

中亚国家独立后，中国与它们首先建立了良好的政治关系，为发展其他关系奠定了政治基础，经济合作与军事安全合作也随之展开。在政治互信不断深化和经济合作广泛开展的情况下，人文交流也被提上合作日程，迎来了教育、文化等领域合作的春天。因此我们说，政治领域的合作，提高政治互信的水平，是中国与中亚国家合作的大脑和神经，一旦它出了问题，就会直接影响其他领域的合作。而经济合作、安全合作等犹如人的肌体，受制于大脑，然而健康的肌体会有助于大脑的健康和更好地发挥作用。人文合作如同人的腿和足，有强壮的下肢才会站得稳立得牢。这种比喻未免机械一些，笔者无非是想表明，各种关系对彼此合作都很重要，但政治关系还是最重要的。我们与中亚国家签订睦邻友好合作条约，彼此承诺"世代友好，永不为敌"，这反映了彼此政治关系已经处于很高的境界。因此，为保证中国与中亚国家全方位合作的顺利进行，首先要做到的就是像爱护自己的眼睛一样保护彼此友好的政治关系，其他方面的合作都要以不伤害彼此政治友好合作为前提。还应注意的是，经济、安全、军事、人文、教育、文化、地方、企业等领域产生的问题虽然也不利于双方关系的发展，但相对而言，这类问题产生的影响往往是局部的，带来的负面后果有限，在政治关系良好的情况下，可以通过友好协商、互谅互让加以解决。而政治关系则不同。一旦这种关系出了问题，会牵一发而动全身，直接影响到其他领域的合作。有必要使全国从上到下，从中央到地方，从行政部门到企事业单位，特别是与中亚国家存在密切关系的地方政府、企业、智库以及个人，都要认识到维护良好政治关系的重要性，且莫为谋求局部、小团体或个人的利益影响到中国与中亚国家关系的大局。在这方面，中央的政策是明确的，与中亚国家加强睦邻友好与合作的态度是坚决的，关键在于与中亚国家直接接触的单位与个人必须清楚这一点，并付诸实践。

六　应注意到中亚国家原有的和新产生的差异，制定共同的和带有区别性的政策

在谈到中亚主体时，人们一般都以中亚国家或中亚五国相称，有时更简便地用"中亚"代替。从中亚五个国家的历史、文化、宗教、语言和经济状况来看，它们确有相似之处。如果从全球角度看问题，简称中亚未尝不可，如同人们习惯使用西亚、中东、北非、东欧一样。然而在研究中国与中亚国家的关系、与它们开展合作时，要认真分析中亚国家的共同点和不同点，根据各国存在的共同性和差异性采取更加细致的政策，也就是说，需要制定共同的和带有区别性的政策。

中亚国家的共同点很多，可以想到的有：

它们都有悠久的历史，都被沙俄所征服，也同作为加盟共和国在苏联度过70年的共同时光，有相同或相似的历史记忆，为谋求独立曾采取过共同的行动。

它们都是独立20年的国家，正处在政治、经济、社会、文化转型阶段，面临的问题和挑战具有相似性。

它们都是发展中国家，其经济规模都不大，经济结构呈现单一性，资金不足决定它们必须发展对外经济合作，依靠国外资金和技术以求发展。

它们都是内陆国家，陆路交通都要经过第三国，且交通通信设施欠发达，走向世界是共同愿望，地理位置是共同的短板。

独立20年间，维护安全与稳定是各国面临的重大课题，恐怖势力和极端势力是它们面临的最大威胁，毒品走私和有组织犯罪也在困扰各国。

然而，除共同方面外，中亚国家也存在许多不同方面：

各国的政治体制和国家治理方式不同，政治方面，多数国家采用总统制，吉尔吉斯斯坦采用议会制；经济方面，哈萨克斯坦等国改革采用激进式，乌兹别克斯坦改革采用渐进式，由此导致各国对外开放的速度和程度不同，哈萨克斯坦的国门开得快些大些，乌兹别克斯坦则开得慢些小些。

各国自然禀赋不同，拥有丰富石油天然气资源的哈萨克斯坦和土库

曼斯坦，凭借自然资源广泛招商，吸引了大量外资，推动本国经济较快发展；而缺乏国际社会广泛需求的自然资源的塔吉克斯坦和吉尔吉斯斯坦，则招商不易，这两国水力资源虽然丰富，但受各种因素的制约得不到充分利用。飙升的石油天然气价格给哈、土两国带来大量外汇，人均国内生产总值快速提升；塔、吉等国大宗资源不多，加工产品也很少，致使财政拮据，经济困难。

各国的稳定性也存在差异。近20年，哈萨克斯坦、土库曼斯坦、乌兹别克斯坦较为稳定，吉尔吉斯斯坦则发生两次非正常政权更迭，迄今国内形势仍然不稳。塔吉克斯坦独立初期曾发生过五年内战，后实现民族和解，但内战后遗症至今仍依稀可见。

各国外交风格和外交侧重点不同。哈萨克斯坦外交活跃，不时通过举办大型国际会议展示自己，在实行全方位外交的同时，与俄罗斯的关系更为密切。乌兹别克斯坦外交则相对保守，外交重点不时摇摆在俄美两国之间，缺乏定势，通常视国家利益需要而定。土库曼斯则奉行"积极中立"政策，广交友，不树敌，退出独联体后不再加入具有政治倾向的国际组织。

中国对待中亚国家的政策十分明确：总方针是"与邻为善，以邻为伴""睦邻、安邻、富邻"；政治方面奉行"不干涉内部事务，尊重各国人民的自主选择"；经济方面执行"优势互补，互利共赢"；安全方面为"世代友好，永不为敌"。这些方针政策对待中亚国家是共同的，不存在区别对待问题。我们所说的共同的带有区别的政策，也不同于世界上正在进行的关于"减排"问题的谈判，那是针对发达国家和发展中国家本质不同的国家集团而言，中国对中亚国家的立场不存在本质上的不同，这里所说的带有区别的政策是指对待各国不同的国情和遇到的不同问题，制定和实行不同的政策。例如，这些年中国在与哈萨克斯坦采油合作方面取得很大的成就，既解决了哈方资金不足和原油销路问题，也部分解决了中国石油短缺问题，可以说是取得"互利双赢"的结果。最近，哈方表示，中国在哈采油的份额已经不少，希望中国能对非资源领域投资。中国政府十分重视哈方的诉求，正引导中国企业更多考虑在机械、化工、交通、通信、农业、环保等领域与哈方合作。而塔吉克斯坦等国并不反对中国投资资源开发领域，中国政府就鼓励本国企业参与该国资源的开发。这就是政策方面的区别。又如，中国与中亚国家的贸易合作如同与其他国家一样，尽量争取做到进出口平衡。近20年这种努力在哈萨克斯坦等国已经初见成效。但是，中国对吉尔吉斯斯坦的贸易呈现近20倍的顺差，中国想缩小顺差都很困难，因为吉尔吉斯斯坦进口大量中国商品并非为了国内需求，而是转销到其他国家。据了解，吉国实行的这种"转口贸易"政策养活了本国数十万人。如果中国一味追求贸易平衡，并不利于吉国。因此，在对待像吉尔吉斯斯坦这样的国家，可以采用不同的贸易政策，不必刻意追求贸易平衡。2010年哈萨克斯坦人均国内生产总值达到9000美元，而塔、吉两国仅为1000美元左右，这种情况自然导致中国政府在对中亚国家援助或贷款问题上不能采用同一个标准，事实上，中亚国家在使用中国为上海合作组织成员国提供的低息贷款问题上确实态度也不同。

中国对待中亚国家的基本政策是刚性，但在具体问题上政策呈柔性，政策的柔性即灵活性是以保证彼此关系不受破坏，特别是有利于对方为前提。通常所说的"没有区别就没有政策"，这一点在中国处理与中亚国家的具体问题上也完全适用。因此，避免教条主义和政策划一也是处理好与中亚国家关系的经验之一。同时为做到政策有区别，还需要进一步了解中亚国家区别之所在。例如我们常说"要照顾彼此的重大利益关切"，为做到这一点，就必须了解中亚各国并非相同的"重大利益关切"所在，这样才能做出有区别性的回应，收到理想的合作效果。

七 加强国内各方面力量的协调，集全国之力搞好与中亚国家的合作

20年来，中国与中亚国家关系发展很快。双方建交初期，除高层和外交、商务部门接触外，前往中亚的多为小企业和个体户，大企业很少光顾中亚，非经商人士来中亚的也寥若晨星。然而，随着友好关系的不断发展，自1997年中国石油天然气总公司进入哈萨克斯坦阿克纠宾斯克油田之后，中国大企业，无论是国营的还是民营的，都陆续走进中亚，可以提到的如中国陆桥公司、中兴公司、华为公司、中国五矿集团、紫金矿业等。新疆的一些大型企业进入中亚的更多。除各类企业外，中国中央党政军部门、

人大政协、地方政府、科研机构、文化团体、新闻媒体、高等学校等都陆续与中亚国家对口单位建立了交流关系，每年前往访问和公干的团组络绎不绝。中国在国内也接待了大批中亚来访者。各级交流频繁，往来人员如织，反映了双边关系的友好，也说明中国对与中亚国家发展合作的重视。特别是上海合作组织成立以后，随着各种部长级会议的机制化和相关专家工作组的成立，以及中央做出了"走出去"和"利用国内国外两个市场和两种资源"的战略决策后，中国走向中亚的单位和个人呈鱼贯之势。

访问中亚、走向中亚、了解中亚、亲近中亚，这是好事，值得欢迎和提倡。因为每一次互访、每达成一项合作协议，每上一个项目，都是为构筑友好关系大厦添砖加瓦。

不过，随着访问、考察、签约、会议的增多，也出现了出访目的雷同、出访效果平平、赠款达不到预期目的的情况。特别是有些企业在情况不明的情况下盲目投资，对资源性项目大中小企业不顾自身条件和国际影响蜂拥而上，为谋求企业私利恶性竞争，凡此种种，都对中国国家形象和促进彼此关系深化产生了不利的影响。因此，在发展与中亚国家的合作问题上，需要国家协调、统筹规划、有序进行。要做到活而不乱，统而不死。在出访国别上要照顾到所有中亚国家，不要过于集中某国，在经济合作方面要充分考虑对方的诉求，切莫自以为是，引起合作方的反感。国家在发展与中亚国家的关系时应加强人文交流工作，这是较为薄弱的环节。与中国在中亚国家的政治经济合作相比，软实力的合作应该进一步加强。这一点国家也要领导和管理，能将其置于与政治、经济合作同等重要的地位。

在与中亚国家发展人文合作时，要解决中国出访团组过多、中亚国家来华团组过少的问题，避免出现交流单向化的倾向，以免为"中国威胁论"鼓吹者提供攻击中国的口实。另外，不要过高估计中国在中亚的"软实力"，迄今中国只是在推进汉语教学方面取得了一些成绩，其他能力仍有限。须知，要使自己的国家被他国人民所认识，需要很长时间并做大量的工作。中国政府有必要提醒有关部门不要急功近利，更不要将蚂蚁说成大象，要为促进中国与中亚国家的友好合作多做实事，要一步一个脚印地进行。

中国改革开放 30 多年，不断总结经验，调整政策，放权地方政府走出国门是其中之一。就与中亚国家关系而言，新疆维吾尔自治区、北京、广东等省市区的企业，尤其是新疆企业走向中亚的很多。这就要求地方政府严格遵守中国对中亚国家的各项方针政策，在对外活动中树立良好的形象。须知，在国内有省市自治区之分，在国外都代表中国。出访团组的表现、进入中亚企业的活动，都会被所在国当局和民众看作是中国的形象。中国中央政府和地方政府应该协同努力维护国家的良好形象，要求从单位和个人做起，从具体合作项目做起。

八　上海合作组织是中国与中亚国家开展友好合作的重要平台，要使它健康发展，越办越好

上海合作组织成立于2001年6月15日，迄今已有10年历史。该组织是以维护中亚地区安全、发展经济合作为己任，以"互信、互利、平等、协商，尊重多样文明，谋求共同发展"的"上海精神"作为处理彼此关系的准则。10年来，中国与中亚国家关系基本按"上海精神"办事，建立了"永久睦邻友好关系"，彼此携手同行10载，地区和平与稳定得到维护，政治互信不断加强，经济合作不断深入，人文交流广泛开展，在国际和地区重大问题上形成广泛的共识，这些都与上海合作组织的存在与工作分不开。

迄今上海合作组织已经形成从成员国元首会晤、政府首脑会晤、联络员会议、有关职能部门首长和军队主官会议到专家组会议等完整的组织架构和工作机制。这就为中国与中亚国家建立了除双边关系以外的又一个联系与交流平台。这些会晤机制根据"上海精神"达成的共识和制定的会议文件，具有普惠成员国诉求和利益的特点，收到了互利多赢的效果。

在上海合作组织框架内进行的安全与军事合作，对于打击和震慑"三股势力"，维护地区安全发挥了重要作用。2008年北京奥运会和2010年上海世博会的成功举办，与上海合作组织成员国在安保方面的配合分不开。各成员国对中国维护西藏和新疆的稳定所采取措施的支持，是彼此友好与信任的具体表现。同样中国也对中亚国家在维护国家稳定、打击"三股势力"、禁毒和遏制有组织犯罪方面所做的工作给予了支持。

近年，在上海合作组织成员国间出现了一些跨国网络型建设项目，如通信、输气管道、公路等。这是上海合作组织框架内进行的多边合作的产物。目前项目还不多，相信将来随着逐渐消除中亚国家一体化进程中的障碍，这项工作还会取得更大的进展。至于贸易和投资便利化工作取得的初步成效已经在具体工作中有所体现。

更令人欣喜的是，近年人文合作取得的成果可圈可点。社会团体、教科文卫单位、体育团组、个人之间的往来不仅数量多了，而且手续也简便多了，各成员国为人文交流开绿灯，是政治互信不断提升的表现与结果。

总之，上海合作组织的成立和正常运作对中国与中亚国家的关系，特别是安全与经济合作，以及增进交流与信任，发挥了其他机制无可替代的作用。

当然，像一切新生事物一样，上海合作组织在成长的过程中也会存在不足和需要各方努力不断完善的地方。例如，中国与中亚国家的经济合作还是双边多于多边，已经确定的合作项目迟迟不能上马，投资与贸易活动由于存在一些壁垒还不够顺畅，一些不了解中国真实情况或别有用心的人相信和有意散布"中国威胁论"等。这些影响彼此关系的问题尽管不是彼此关系中的主流，但也会成为影响关系深入发展的障碍，需要各方努力克服。

——原载《俄罗斯中亚东欧研究》2011 年第 6 期

中亚五国的社会变化与
社会发展模式

【内容提要】 中亚五国独立后社会领域发生很大变化，包括社会阶级结构的变化、社会文化的变化、社会保障制度的变化和近年来凸显的社会问题，本文对上述变化做了介绍，同时就中亚五国的社会发展战略、社会政策和社会发展模式做简要的论述和探讨。

中亚五国的社会和经济一样，独立后发生了很大的变化，经历了复杂的进程。本文研究的社会变化包括中亚国家社会阶级结构的变化、社会文化的变化、社会保障制度的变化和近年来凸显的社会问题，同时就中亚五国的社会发展战略、社会政策和社会发展模式做简要的介绍和探讨。

一 社会领域成为政治斗争的舞台

苏联 70 年间，中亚各国和整个苏联一样，社会领域发生了很大变化，特别是社会结构发生了重大变化。各共和国之间在阶级结构方面没有太大的区别，社会文化发生质的变化，城市人口和受教育人口数量迅速增加，社会福利事业有很大的改善。当时社会领域各项事业的突出特点是国家化，即从社会阶层的形成、居民的就业到居民的社会保障都由国家统管，教科文卫事业更是由国家包办。当时在人们的观念中，凡是与社会领域有关的事务都是国家的事务。这种看法一直延伸到各国独立后的最初几年。这种看法不仅在普通百姓中根深蒂固，在社会精英中也是如此，尤其是在那些对昔日苏联一往情深的人中。正因如此，在各国独立后，与社会保障和社会领域有关的事务常常成为各种政治势力影响人民群众的工具。有些人还试图借此达到自己的政治目的。这就使社会领域既成为国家上层政治斗争的舞台，也成为改革进程中非常敏感同时又是非常困难的领域，因为它涉及千家万户，涉及每个人的切身利益，此事处理的好坏会直接影响到国家的政治稳定和经济发展。

二 苏联解体和体制转轨给社会领域带来的变化

苏联解体和中亚五国体制转轨导致各国政治和经济形势都发生了重大的变化。特别是各国经济体制的转轨和由此带来经济政策和经济形势的变化，使社会政策、社会形势也随之变化，社会问题也明显增多。社会领域的变化主要表现在社会阶级结构、社会文化、社会保障制度、社会生活方式、社会组织的变化上。

（一）社会阶级结构的变化

社会阶级结构包括阶级结构、城乡人口结构、脑体劳动者结构等内容。社会阶级结构的变化是国家变化的重要组成部分，是国家经济变化的晴雨表。社会阶级结构的变化是经济变化和社会政策变化作用的结果，同时也为制定新的社会政策提供了前提和基础。

1. 阶级结构的变化

社会学把社会阶级结构问题放在社会分层中加以研究。如《现代社会学》一书中所说："在阶级社会里，阶级分层是最根本、最重要的社会分层，它对其他社会分层起着重要的制约作用，人类社会的社会结构的总体特征和运行规律首先是由社会阶级关系决定的。"[1]

苏联时期，中亚各国和整个苏联一样，阶级结构发生了很大的变化。如果说20世纪20年代以前中亚地区以农牧民为主，主要是个体劳动者，工人和知识分子很少，还有地主、富农和资本家存在，那么，在苏联建立"无阶级社会"政策的长期推动下，30年代消灭了地主、富农和资本

---

[1] 吴增基等主编：《现代社会学》，上海人民出版社1997年版，第192页。

家，后来，连个体劳动者也通过"集体化"逐渐消失了。到80年代末，苏联解体前夕，中亚各国都和整个苏联一样，只剩下了两个阶级、一个阶层，即工人阶级、农民阶级和知识分子阶层。阶级结构在中亚各加盟共和国之间没有很大的区别，但各阶级人数有所不同。哈萨克斯坦的工人和知识分子占社会人口的绝大多数，塔吉克斯坦等国的农民比重大些。独立后，情况发生了变化。首先，各国都把形成中产阶级作为一个战略目标。各国通过推行"非国有化和私有化"政策，把原有的国有资产变卖给个人，甚至无偿转让给个人，努力制造有产者。另外，在社会变迁过程中也有人成为暴发户。目前，各国中产阶级在人口中占多大比重，暴富者又有多少，尚缺乏具体统计数字。但各国已形成新的有产阶级这是不争的事实。随着外国合资和独资企业的建立，一批为这类企业工作的员工群体应运而生。农民成分本身也发生了变化。如果说，独立前的农民基本是集体农民，是集体农庄成员，那么，目前在吉、乌、塔等国，多数农民已实现个体化。"两阶级、一阶层"的社会阶级结构已成为过去式，新的社会阶级结构正在形成之中。

在探讨中亚国家阶级结构变化时，还要关注那里新出现的社会分层问题。这是指近年来出现的"新富阶层"问题。"新富阶层"系指"私人企业家阶层""厂长经理阶层""外企代理和高级职员阶层"等。这种人在俄罗斯被称作"新俄罗斯人"，在哈萨克斯坦被称作"新哈萨克斯坦人"。与此相应地，也出现了"新困阶层"。如果说"新富阶层"人数不多，那么，"新困阶层"则占各国人口相当的比重。社会阶级结构的如此变化势必对国家政治和经济生活以及社会政策产生影响。

2. 城乡人口结构变化

城市化，即农村人口向城市流动，是经济和社会发展的必然结果。如果这一进程合理进行，则具有进步意义。苏联70年间，随着大量工业企业在中亚共和国的修建，城市人口逐渐增加。20世纪20年代，中亚地区城市人口很少。城市人口较多的哈萨克斯坦，1922年城市人口也只占9%。[1] 可是，到1991年，即苏联解体时，中亚各国城乡人口结构已发生重大变化。哈萨克斯坦城市人口已占到57%、乌兹别克斯坦占40%，吉

---

[1]《1996年哈萨克斯坦国民经济统计年鉴》，第5页。

尔吉斯斯坦占38%,塔吉克斯坦占31%,土库曼斯坦占45%。与发达国家相比,它们的城市人口比重不算高,仍具有发展中国家的特点,但与本国10年前相比,城市人口比重有所提高。1982年哈萨克斯坦城市人口占55.5%,乌兹别克斯坦占42%,吉尔吉斯斯坦占39%,塔吉克斯坦占34%,土库曼斯坦占47.5%。10年间,中亚各共和国城市人口分别增长了1—2个百分点,反映了城市化进程较快的状况,尽管这一时期苏联经济已呈现"停滞"。然而独立后,由于城市人口中较多的斯拉夫人大量移居国外和经济危机所致,城市化进程受阻,甚至出现相反的趋势。1998年,哈萨克斯坦城市人口占56%。独立九年城市人口非但没有增长,反而较1991年下降了一个百分点。

(二) 社会文化的变化

社会学认为,每一个民族都有自己的文化。作为多民族组成的国家同时存在多种文化。但每一个国家在存在多种文化的同时都有一种主文化,并辅之一种或几种亚文化。苏联时期,中亚各共和国的主文化并非本民族的文化,尽管苏联政府说存在各民族文化的繁荣,实际上当时在中亚一些共和国,如哈萨克斯坦、吉尔吉斯斯坦的主文化实际上是俄罗斯文化,本民族文化已成为亚文化。在乌兹别克斯坦、塔吉克斯坦等国本民族文化保留得多些,但俄罗斯文化也正在取而代之,特别是在城市中。中亚共和国已经或正在俄罗斯化是对当时文化状况的写照。

独立后,各国在巩固国家独立的同时,采用各种方式复兴民族文化。确定本民族语言为国语,重新撰写本国历史,弘扬本民族名人,恢复民族传统节日,给伊斯兰教以体面地位等,都可看作是复兴民族文化的具体举措。目前俄罗斯文化在中亚国家的地位明显下降,但在中老年人仍有较大的影响。各国不同程度地表现出对突厥文化和伊斯兰文化的认同。与此同时,西方文化则大举进入各国,对年轻人的影响越来越大。突厥文化、伊斯兰文化、俄罗斯文化、西方文化都在争夺中亚国家。社会文化的转变是政治制度转变的衍生物,反之对政治法律制度和人们的思想观念也起到制约作用。例如,中亚国家都声称要做"民主、法制"国家,可是,人民中存在的根深蒂固的宗法思想就制约着民主政治的形成。从文化角度来看,西方文化和伊斯兰文化在加强,都在争夺民众,特别是年轻人。社会学理论认为,思想文化会对政治和社会运转起到影响,这种影响表现在人们的理想、信仰对社会的稳定与整合所起的重要作用上,文化会制约人的头脑和人的活动。① 这一发展趋势及其可能产生的后果很值得关注。

(三) 社会保障制度的变化

社会学认为,"社会保障是指国家在国民收入的分配与再分配基础上,通过立法来保证全体社会成员的基本生活权利,达到调适人们社会关系的一种制度"②。社会保障的主体是国家和政府,社会保障的客体是社会的全体成员,国家以立法形式,通过对国民收入的再分配来调解社会关系,以达到社会的稳定,促进社会发展。世界各国的社会保障水平可大体分成三类:高福利型、过渡型、发展型。社会保障水平与经济发达程度有密切的关系。社会学家将那些高度发达的、人均国民生产总值在4000美元以上的工业化国家归于第一类,人均国民生产总值在1000—4000美元的中等发达国家归于第二类。人均国民生产总值在1000美元以下的国家归于第三类。③ 根据上述标准,原苏联属于第二类。作为苏联一部分的中亚国家也曾属于这一类。苏联时期,中亚国家执行联盟统一的社会保障制度。当时苏联政府对医疗、养老、伤残、多子女家庭等的保障都有规定。社会保障最初在城市机关、企业中执行,20世纪50—60年代后开始覆盖农村。苏联社会保障制度的特点为低水平、全覆盖、国家化。当时在社会保障方面虽然已存在不公平的现象,但低水平的社会保障还是基本上有保证。中亚国家也基本上是这种情况。由于苏联在全国实行"拉平"政策,落后的中亚地区的社会保障资金仅靠自身力量是难于保证的,不足部分常常由联盟中央补贴。因此,仅从社会保障程度来看,落后的中亚和发达的俄罗斯之间没有太大的区别,中亚国家许多家庭为多子女家庭,因此,许多人是苏联社会保障制度的受益者。

中亚国家独立后,多数国家仍有一段时间执行这种与自身经济实力

---

① 参见吴增基等主编《现代社会学》,上海人民出版社1997年版,第92页。
② 同上书,第348页。
③ 参见刘佐、章俗《发展社会学教程》,黑龙江教育出版社1992年版,第158—161页。

不相称的社会保障制度。特别是由于它们声称执行"社会市场经济模式",把发达的西欧国家例如德国作为学习的榜样,因此,将社会保障事业置于非常重要的地位。但是,各国经济水平不高,独立后始料未及的经济危机使各国国家财政出现很大的困难,经济转轨后企业所有制形式的变化给劳动者的社会保障带来的变化,特别是市场经济给劳动者带来的风险,苏联解体后分布在各国的养老金领取者与原单位关系的复杂性等,都给中亚各国社会保障工作带来许多新问题。这使各国不但达不到苏联时期的社会保障水平,还出现了许多新问题。例如,在苏联时期较少发生的拖欠养老金发放问题,目前在中亚国家中普遍存在。在苏联"不存在"的失业问题,目前也成为困扰各国政府的重大问题之一。至于苏联时期职工享受的带薪休假制度,在多数国家已不再实行。社会分化导致贫困阶层人群的剧增,从而进一步加重了政府的财政负担。国家财政收入的减少,导致对医疗机构拨款的减少,人们获得的医疗救护的质量下降。在一些国家中又出现了儿童辍学的现象。这些新问题的出现迫使各国不得不对原有的社会保障模式进行改革,根据本国国情制定新的社会保障制度。从目前中亚国家的经济实力来看,它们已不具备中等发达国家所具有的社会保障能力,应将它们的社会保障归于发展型社会保障国家之列。可是,受人们的思维定式影响,特别是一些人不愿意承认独立后的经济和社会状况不如独立之前,因此,各国都在财政极度困难的情况下极力支撑原有的一些社会保障措施。不过,有的国家迫于国内经济状况的压力,也不得不对原有的社会保障制度做出修改。

(四) 教科文卫事业的变化

苏联时期的"拉平"政策给中亚国家教科文卫事业打下很好的基础。中亚国家领导人常以自己国家教育水平与发达国家相似而自豪。可是,由于独立后国家经济立即陷入危机,国家收入急剧减少,那些靠国家财政过活的教育、文化、科学、卫生部门遇到了近几十年来不曾遇到的困难。科学、文化事业萎缩,人才大量流失,在许多地方出现了儿童辍学的情况。例如,在哈萨克斯坦,1996年有14%的6—13岁儿童没有在学校学习。① 由于资金不足，设备更新困难，药品短缺，一些原已罕见的流行病再度在各国肆虐，医务界也感到十分为难。科技工作因资金不足也不能顺利开展。在这种情况下，改革原有的社会保障制度和社会发展模式已势在必行。

（五）新形势下的社会问题

社会在运行中会出现各种矛盾，也会出现各类问题。社会问题通常可分成以下几类：第一类是由于社会基本构成要素相互关系的失调引起的社会问题，如人口问题、妇女问题、贫困问题、民族问题、生态问题等；第二类是由于人们的社会关系失调以及人的社会生活发生障碍引起的问题，如家庭婚姻问题、残疾人问题、老年人问题、独生子女问题、多子女家庭问题、青少年犯罪问题等；第三类是由于制度和体制失调引起的问题，如失业问题、住房问题、教育问题等。② 在中亚国家中上述社会问题有许多早就存在，有些是独立后变得突出。目前最为严重的社会问题有：失业问题、贫困问题、犯罪问题、民族宗教问题等。

失业问题。这是各国独立后凸显的问题。各国公布的1998年的失业率是：哈萨克斯坦3.7%、乌兹别克斯坦0.4%、吉尔吉斯斯坦3.1%、塔吉克斯坦2.9%。③ 上述数字仅是正式登记的失业者的数字。实际上失业者远多于这个数字。哈萨克斯坦学者认为，哈失业率为11%—13%。西方认为，乌失业率约为6%，吉失业率约为10%。

如此高的失业率是多种原因造成的。一是经济体制的转变使原有的"隐性失业"变成公开失业；二是苏联解体造成的经济联系中断，使许多企业停产或破产；三是农村人口向城市的无序流动；四是各国经济危机导致的投资减少，新增工作岗位有限；五是一些国家人口增长过快。失业大军的存在不仅影响失业者家庭的生活质量，也成为影响国家稳定的社会动因。

---

① 《1997年哈萨克斯坦人权发展报告》，哈萨克斯坦发展研究所、阿拉木图1997年版，第61页。
② 参见吴基增等主编《现代社会学》，上海人民出版社1997年版，第345页。
③ 《1998年独联体统计手册》，第117页。

贫困问题。这是发展中国家普遍存在的问题，也是苏联解体后许多新独立国家普遍存在的问题。就整个国家而言，由于原有国力不强和独立后出现的经济危机，中亚国家已跌入穷国的行列。就全国居民而言并非如此。独立以来，各国均出现了"新富阶层"，包括中高级以上官员、企业高管、富商等，他们的收入和生活水平远远高于独立以前。但是，生活水平下降者却占绝大多数。如果对独立前后生活在贫困线以下人群做一下比较，就可以看出这一点。生活在贫困线以下的人口：1987—1988年，哈萨克斯坦为5%，吉尔吉斯斯坦为12%，土库曼斯坦为12%，乌兹别克斯坦为24%。1993—1994年，哈萨克斯坦为50%，吉尔吉斯斯坦为84%，土库曼斯坦为57%，乌兹别克斯坦为47%。[①] 人们的生活质量下降也可从食物结构变化中反映出来。以哈萨克斯坦为例，该国1991年人均消费肉70.5公斤，1997年下降到50公斤。而粮食制品消费量却增加。1991年消费粮食147公斤，1997年为200公斤。[②] 构成贫困阶层主体的是失业者、养老金领取者、残疾人、多子女家庭、青年学生。因此，上述人群往往成为社会保障的主要对象。

犯罪问题。这个问题并非中亚国家独立后才出现的问题，但在独立后变得严重。犯罪的数量明显增加，犯罪形式也较前多样化。以谋取钱财为目标的犯罪数量增加最快。在一些国家中出现了黑手党式的犯罪团伙。蓄意杀人和雇凶杀人的案件也明显增加。

近几年，走私、贩毒问题也日趋猖獗，这是中亚各国独立后出现的新问题。

犯罪加剧与国内经济恶化、财富分配不公、贫富差距拉大、大量失业人员存在、吸毒者增多，与国内消费环境改变、西方生活方式传入有关。在一些国家中因民族、宗教和政治原因，还出现了以攻击政府官员和执法人员为主要目标的恐怖事件。犯罪形势恶化不仅对国内稳定构成重大威胁，而且影响到国家形象，并因此影响到对外经济关系。外国投资者往往因中亚国家投资环境不好而不愿意前往投资，犯罪问题严重就

---

① 乌兹别克斯坦经济中心编：《1999年乌兹别克斯坦人权发展报告》，第26页。
② 《1994年独联体经济简明手册》，第85页；《1997年哈萨克斯坦简明统计手册》，第38页。

是构成"投资环境不好"的重要因素之一。

民族、宗教问题。民族问题在苏联时期就存在，20世纪90年代初在费尔干纳谷地曾发生民族间流血冲突。中亚国家独立后虽然没有发生大规模民族冲突事件，但民族关系问题仍然是困扰各国的重大问题之一。

中亚民族问题分两类。一类是中亚本地民族之间的矛盾，如哈萨克人与乌兹别克人的矛盾，乌兹别克人与塔吉克人的矛盾等。这类问题与历史上的边界变动、当前土地和水资源的利用有关，也与各国表现出的大民族主义有关。这类矛盾通常给一些小民族带来物质和精神上的损害。目前，这类矛盾在各国都存在，但与乌兹别克人有关的较多，包括乌兹别克人与塔吉克人的矛盾、乌兹别克人与吉尔吉斯人的矛盾、乌兹别克人与哈萨克人的矛盾。问题多发地区有：费尔干纳谷地（包括吉尔吉斯斯坦的奥什州、塔吉克斯坦的苦盏州、乌兹别克斯坦的安集延州等）、南哈萨克斯坦州、撒马尔罕州和布哈拉州等。

另一类问题是中亚本地民族与外来民族的矛盾，主要是与俄罗斯人的矛盾，以及与高加索人的矛盾等。

与俄罗斯人的矛盾与苏联长期推行的大俄罗斯沙文主义民族政策，以及与苏联解体有关。这涉及由于各民族在社会变迁中地位的变化而导致的利益变化。由于新独立的中亚国家推行民族复兴的政策，强化主体民族的地位，由此带来了国籍、语言、干部使用、就业等一系列涉及民族利益的问题，外来民族在不满现实和生活困难的情况下，出现大规模向俄罗斯、德国移民的情况。在个别国家如哈萨克斯坦也出现了非主体民族谋求分立的问题。

宗教问题主要是指宗教极端势力觊觎世俗政权。宗教激进主义分子为达到其目的，在国内制造恐怖事件，并与国外势力勾结，严重威胁国内稳定。目前这类问题已遍及中亚五国，其中以塔吉克斯坦、乌兹别克斯坦最为突出。

三　社会发展战略与社会政策

独立初期，中亚各国领导人都十分谨慎地对待各种社会问题。各国宪法中都有对居民实施社会保护的内容。哈萨克斯坦宪法甚至规定，该国要建立"民主、世俗、法制、社会的国家",把"社会"与"民主""世俗""法制"并列,反映了该国对社会问题的重视。中亚各国在经济转轨时皆声称由计划经济模式转向社会市场经济模式,说明各国已注意要建立完善的社会保障体系,因为完善的社会保障体系是社会市场经济的一项重要内容。

(一) 社会发展战略

各国在独立之初都以不同的方式阐述自己的社会发展战略。

1992年5月,哈萨克斯坦总统纳扎尔巴耶夫即对该国社会发展战略做出如下表述:

——使人们的生活达到近似于发达国家消费标准。

——对养老金领取者、残疾人、多子女家庭、儿童和青年,以及其他缺乏保障的公民实行国家社会保护政策。

——形成哈萨克斯坦的经营者社会阶层(占有劳动能力人口的10%—15%),这是实施经济和社会改造、形成市场经济、使经济稳定和发展的关键性因素。

——靠形成青年一代的市场意识来改变社会的价值取向。

——靠扩大就业和使人真正获得经营自由,为居民的真正社会流动创造条件。

——发展各种保险制度,作为社会保护的补偿措施。

——靠社会基金拨款和经营优惠去提高国内落后地区的发展水平。

纳扎尔巴耶夫总统设想社会改革要经过3个阶段:一是社会分化;二是新的社会结构对市场形势的适应;三是社会机构的整合与彼此间的合理作用。哈萨克斯坦政府将借鉴联邦德国战后复兴的经验,同时力争做到使社会在收入水平上出现的分化差距保持在合理的最低限度之内,为此需要运用必要的经济方法。①

乌兹别克斯坦总统卡里莫夫是这样阐述该国的社会发展战略的:

——社会政策在于为国家的社会政治稳定、国内和平与民族和谐提

---

① 《主权国家哈萨克斯坦的建设与发展战略》,《哈萨克斯坦真理报》1992年5月16日增刊。

供可靠的保证。

——进一步加强社会公正原则，为最为需要的居民阶层（老人、残疾人、孤儿、多子女家庭、青年学生）建立提供社会保护的强大机制。

——通过将补助金与其他支付统一化，并同居民的实际收入联系起来，加强社会援助的针对性和目的性，提高其可行性。

——在解决对最需要的居民阶层实行社会保护方面，提升公民自治机构、马哈里亚委员会的作用。创造条件使社会支持贫困居民阶层的专门委员会的活动活跃起来。

——推进建立劳动市场和实施积极的就业政策。在国家劳动力剩余地区，鼓励优先发展中小企业，以创造新的就业机会。

——发展和革新教育和文化，提高知识潜力和精神潜力，是社会政策贯彻始终的重点。

卡里莫夫认为："建立生产经济本身不是目的，一切改革：经济改革、民主改革、政治改革，其最终目的乃是为人的生活与活动创造最优越的条件。"[①]

土库曼斯坦总统尼亚佐夫提出的社会战略口号是："要通过每个家庭的顺遂来达到国家的顺遂"，并认为这一口号是实行所有政治改革和经济改革的基础。[②] 因此，该国通过国家机器加大社会保障的力度，国家实施无偿提供天然气、电、水、盐，对生活必需品实行定量低价供应，对住房实行低租金来减轻人民的负担。

从上述各国总统的讲话中可以看出，中亚国家的社会战略包括改变人们的意识、改造社会结构、解决地区社会发展差距、社会保障措施多样化等内容，当然也包括教育、文化、科学、卫生等需要大量资金投入的社会领域的发展问题。中亚国家在制定社会发展模式时既考虑了原有的做法、国家和民族传统，也借鉴了外国如德国的经验。但在具体做法上，各国有很大的不同。

[①] ［乌兹别克斯坦］伊·卡里莫夫：《乌兹别克斯坦沿着深化经济改革的道路前进》，国际文化出版公司1996年版，第81页。

[②] ［土库曼斯坦］萨·尼亚佐夫：《永久中立 世代安宁》，东方出版社1996年版，第16页。

(二) 社会政策与实践

中亚国家的实践表明，与政治、经济、外交等领域相比，社会领域的转轨更困难一些。这既与人们的观念有关，也与这些国家的国情以及国家经济对社会保障和社会部门的支持力度不够有关。

首先，苏联 70 年的福利政策在相当一部分人中特别是低收入阶层中影响深远。尽管一些人也抱怨当时福利水平低，存在不公平现象，可是，当昔日人人有份的社会保障制度被打破，特别是一些贫困阶层甚至非贫困阶层的人今日还享受不到昔日的福利标准时，他们就会对社会领域的改革持抵触情绪，甚至采用非常规手段进行抗议。哈萨克斯坦独立后在一些地区不时发生群众示威抗议活动，许多事件与社会问题如失业，拖欠发放工资，养老金和补贴等问题有关。这种情况导致中亚国家政府在改革社会领域的各项制度时不得不从稳定国内政局出发而三思而行。政治体制改革、所有制改革、物价改革和对外开放等重大政治经济改革举措，在独立初期甚至独立前即已开始，可是，包括养老制度改革在内的社会保障制度的改革，在哈萨克斯坦直到 1996 年 7 月通过新的养老保障法后才开始。此前一直沿用的是 1991 年 6 月 17 日通过的《哈萨克公民养老保障法》，该法是计划经济时代的产物，已不适应市场经济的变化。而在土库曼斯坦等国，这项改革甚至还没有起步。

至于改造社会结构和缩小地区社会发展差距则更难。独立后各国都把形成"中产阶级"作为一项战略任务来抓。然而，一个新的成熟的社会阶层或者说中产阶级的出现，既需要财力，也需要时间。目前，中亚国家中产阶级正在形成之中，事实表明，这种形成并非自然的发展过程，在很大程度上带有人为推进的性质。昔日的机关、企业领导人大多数成为今日混合所有制或私有制企业的经理、厂长，他们的身份变了，成了"中产阶级"的一员，可是，他们的经营理念和经营方法变化不大，因此，起不到预期的作用。而地区社会发展差距非但没有缩小，却有进一步拉大的趋势。这与废除了以往的计划投资方法，改用市场拉动有关。那些经济基础较好或有丰富自然资源禀赋尤其是石油资源的地方，往往是本国特别是外国投资的重点地区。这些地区因此发展就快些，相反，一些原来落后又没有诱人资源的地区，发展很慢。中亚国家不仅出现社会收入分配的两极分化，也出现了社会地区发展的两极分化。

如上所述，对原有的社会发展模式进行改革势在必行。但各国改革的思路和改革的进度明显不同。相比之下，哈、吉的改革思路有相似之处，改革的步子也大些。

哈萨克斯坦从1996年起先后通过了新的《社会保障法》《教育法》等，开始了棘手的社会领域改革。该国改革原有社会发展模式的总体思路是综合解决，其中心内容是：保障有效的就业、干部培养和再培训制度；组织有效的收入形成制度；通过税收对收入和个人消费拉开差距的进程进行宏观经济调解；考虑各阶层的收入和消费差距的发展趋势，确定最低生活水平；利用与由卖方市场向买方市场转变有关的各种社会经济新事务保护消费者的利益。

社会政策的优先方面是：明确需要国家帮助的人口集团；选择国家调解社会领域的最佳手段，运用的程度和持续时间；确定社会部门现代化的机制；使公众能对即将进行的和目前正在进行的改革公开发表意见，在改革过程中保证高度的社会团结。

从1996年起哈萨克斯坦对社会领域的改革步伐加快，并开始形成与以往不同的社会保障模式。

新的社会保障模式与以往的不同是：

第一，资金的来源不同，改变过去国家包揽的做法，使社会保障和社会部门经费来源多样化。过去社会事业的资金全部来自国家预算，这在计划经济条件下可以做到，而在市场条件下则行不通。新的社会发展模式规定，社会保障资金将由国家、企业、个人共同承担。在这种思想指导下，国家规定，养老金由国家提供的基本养老金、依靠公民在非国家的养老基金会中积累的保险养老金和工作人员或雇主自愿交纳的补充养老金组成。为了解决公民的社会保障资金不足问题，国家大力发展在计划经济条件下微不足道的社会保险事业。

第二，资金的使用方式不同。过去社会保障资金人人有份，现在则保证重点。资金主要用于依靠国家预算工作部门的工作人员和社会上易受伤害的阶层（养老金领取者、大学生、残疾人、失业人员、单身母亲等）。

第三，允许多种所有制成分参与社会保障事业，破除社会事业由国家统管的做法。过去教育、文化、科学、卫生事业,以及社会保障事业都由国家包办,清一色都是国家所有制。现在允许集体或者个人办社会事业。目前在哈、吉、乌国有私立大、中、小学,私人诊所,私人画廊,非国家科研机构等。在哈萨克斯坦的保险业中也有了私人保险公司、外国保险公司。

第四,把解决就业问题放在突出的位置,因为这是在经济转轨中出现的新问题,它直接影响到人民的生活、国家的稳定和人们对改革的信心。

在乌、吉、塔等国社会领域改革的思路和做法与哈萨克斯坦相似。

中亚国家像其他转轨国家一样,在改制中出现了社会两极分化的问题。日益拉大的收入分配不平等对保持社会稳定构成了威胁。作为发展中国家,中亚国家面临如何处理经济增长(有的国家表现为经济负增长)与分配的关系问题。发展经济学理论认为,对发展中国家来说,在经济增长与分配关系上有几种可供选择的战略,它们是:先增长后分配战略、先分配后增长战略、边增长边分配战略、满足基本需要战略。[①] 在独立之前,中亚各国皆采用先增长后分配战略。国家通过对全民所有制和集体所有制企业的控制,使收入归国家和集体占有,为收入分配权力高度集中创造了条件。国家直接掌管分配大权,实行高积累、低消费,在分配上存在明显的平均主义。独立后各国都批判了苏联时期分配中的平均主义问题,但在改革方面出现了不同的做法。

哈、乌、吉等国采用了"边增长、边分配"的战略,政府通过政策调解,使经济增长为低收入阶层创造更多的增加收入的机会,如政府扶持建立小型企业;加大对低收入阶层的培训力度,使他们有资格进入高收入阶层;采用有利于低收入阶层的累进税制;为贫困阶层提供低价食品等。

土库曼斯坦则采用了满足基本需求战略。它通过由国家提供可满足人们最低需要的食品和其他必需品来满足低收入阶层获得基本需要的权利。该国实际上仍采用"高积累、低消费"的传统做法,在分配上仍具有平均主义的色彩。

---

① 参见毕世杰主编《发展积极学》,高等教育出版社1999年版,第224—230页。

中亚国家在社会政策上，尤其在社会保障方面声称要学习欧洲国家的做法，但目前只是在社会保障基金的形成方面有所进展。这些国家很多人只羡慕欧洲国家的高福利，却忽视了那里生产的高效率和人口的低增长。而人口的高自然增长率和生产的低效率却是中亚国家长期存在的问题。受多种因素的影响，这些问题尤其是人口高速增长问题不是短时间内可以解决的。因此，欧洲国家的社会政策不一定完全适用于中亚国家。它们必须探索适合本国国情的社会保障模式。更重要的是，它们还必须使经济尽快发展起来，方能为解决社会问题和促进社会发展创造良好的物质条件。否则，缺乏物质基础的美好设想将会长期成为设想。

——原载《东欧中亚研究》2001年第1期

二　中亚政治

中亚五国政治体制及其评价
中亚民族国家建设中的民族因素问题
关于"颜色革命"的若干问题
从中亚国家"颜色革命"看加强执政能力建设的重要性
哈萨克斯坦独立以来的民族关系及其民族问题的解决

中亚五国政治体制及其评价

【内容提要】 本文介绍了中亚国家政治体制以及政治体制的始发基础、政治体制的演变过程，论述了中亚国家现行政治体制，并与国外一些政治体制进行比较，在此基础上作者认为中亚国家政治体制基本符合各国国情，有利于稳定，如果能做到法治大于人治，将会提高民主质量，有利于国家发展。

一 政治体制改革的始发基础

中亚国家现行政治体制的形成并非始于独立之时，而是在戈尔巴乔夫执政后期就已经开始。1988年苏共第19次代表会议决定改革苏联政治体制。1990年苏共中央二月全会决定放弃苏共在国家生活中的领导作用。同年3月苏联修改了宪法第6条，即关于苏共在国家政治生活中处于领导地位的条款，10月通过了结社法，为多党制的合法存在提供了法律依据。1990年2月，苏联改行总统制，戈尔巴乔夫任苏联首任总统。由于实行总统制，部长会议权限缩小，后改为内阁，部长会议主席改为内阁总理，不再对最高苏维埃负责，而对总统负责。苏联当时已接受了"三权分立"原则。

在苏联已经变化的大环境下，中亚国家作为苏联的加盟共和国，也不可能例外，它们跟随中央开始对本共和国政治体制进行改革。但各国改革的目标和进程也有所不同。

哈萨克斯坦于1990年3月取消了哈共垄断地位的条款，6月通过了结社法，承认了多党制的合法性。同年4月，哈萨克斯坦设立总统职务，纳扎尔巴耶夫当选首任总统。随后，部长会议也改为内阁。此时哈萨克斯坦也接受了"三权分立"原则。1991年8月27日原哈共解散。

乌兹别克斯坦于1990年3月通过建立总统制的决定，卡里莫夫当选总统。1991年2月该共和国通过结社法。1991年9月14日，乌共改名为乌兹别克斯坦人民民主党。

吉、塔、土三国情况大同小异。只是土库曼斯坦认为本国不具备实行多党制的条件，没有实行多党制。

上述情况表明，中亚国家政治体制改革是戈尔巴乔夫改革在这些国家的落实，是跟随联盟中央的产物，不是中亚国家领导人的首创，也并不完全出于所有中亚国家领导人的本意。中亚国家独立后的政治体制改革正是在此基础上进行的，有一定的继承性。这些国家拥有主权后，在国际和独联体的大环境中，出于稳定本国形势的需要，它们不可能否定已进行过的改革，但在政治体制改革方面并没有像经济改革那样采取更大的动作。土库曼斯坦至今也没有实行多党制。

二　独立后政治体制的演变过程

中亚国家和其他独联体国家一样，是在较短时间内和平实现独立的。因此，苏联时期的政治体制，包括国家机构和运行机制，基本上原封不动地保留下来。独立初期，各国均没有新宪法，政治体制也是戈尔巴乔夫执政后期形成的一套东西，即总统为国家元首，最高苏维埃为立法机构，内阁为执行机构。与苏联时期不同的是，共产党的地位发生了变化，有的改名了，有的不存在了，它们在国家生活中也起不到原有的作用。土库曼民主党是中亚国家中唯一一个由共产党改名后保留完整组织的政党，但它在国家生活中也只起保证总统政策执行的作用，而不像过去那样起领导作用。苏联时期选出的最高苏维埃在各国仍继续存在，其工作和思维方式仍具有苏联时期的特点。在一些国家中，如哈萨克斯坦，总统与最高苏维埃的关系并不十分融洽，职能也不十分明确，在制定法律和法规时，由于最高苏维埃主席和总统的看法相左，往往互相掣肘，形不成一致意见，影响改革和国家工作的正常进行。直到各国新宪法通过以后，各国立法机构才开始变化，但也没有马上采用两院制。哈萨克斯坦是在1995年通过第二部新宪法后开始实行两院制，塔吉克斯坦则在1999年才开始采用两院制。吉尔吉斯斯坦是在1996年实行两院制的。土库曼斯坦的立法机构则有自己的特色。

各国政治生活中的最重大事件之一是通过了新宪法。哈萨克斯坦在独立后五年中甚至通过两部宪法。在各国通过的新宪法中都基本上肯定了自1989年以来的改革成果，包括"以人为本""三权分立""民主法制原则"等，赞同"政治多元化"原则。这些宪法的突出贡献是肯定了各国建立"民主、法制、世俗"国家。各国均采用单一制国体。各国新宪法均确定实行"总统制"。此时的总统制与1991年时的"总统制"有很大的不同。现行总统制赋予总统的权力甚至超过当年共产党第一书记拥有的权限。各国宪法明确了总统与议会的关系，即形成了"强总统、弱议会、小政府"的体制。在中亚各国，总统的意志就是国家的意志，因此，从总统的言行中就可以看出国家的政策及其走向。

在行政管理方面，各国均取消了由地方苏维埃选举地方苏维埃执委会主席的规定，改为由总统任命隶属于总统的州、直辖市行政长官，由州、直辖市行政长官任命下级行政长官的垂直领导体制。这样做有利于总统对国家的全面控制。如果说，独立前中亚各国通过共产党各级组织对国家实行控制和管理，那么，独立后则通过各级任命的官吏来控制和管理国家。

三 现行政治模式概述

中亚各国均采用民主共和制的国体。在多数国家宪法中对国家政治制度和政治生活的规定基本上套用了西方民主共和制国家宪法中的规定，如"以人为本""权力在民""政治多元""民主法制""三权分立""民主选举"等基本原则。

(1) 议会。各国的立法机构为议会。五国的议会形式有较大差别。

哈萨克斯坦议会实行两院制，由参议院和马日利斯组成，两院皆为常设机构。两院议员皆为职业议员。参议院议员由每个州、直辖市和首都各选两人和总统指定7人组成。马日利斯议员由选区选举产生。选区按行政区划和人口大体相等的原则划分，每个选区选举议员1人。此外，有10名议员按党派选举产生。凡赢得7%以上选票的政党可以进入议会，共同分配这10个席位。总统有权指定7名参议员。

乌兹别克斯坦议会为一院制，由250名议员组成。议员按选区采用普遍、平等、直接、秘密的方式选举产生，议员非职业化。

吉尔吉斯斯坦议会由两院组成，分别称作立法会议和人民代表会议。立法会议由35人组成，人民代表会议由70人组成。议员经选举产生。议员职业化。

土库曼斯坦立法机构为议会。议会由50名专职议员组成。议员按选区选举产生。

在议会之上，土库曼斯坦还设立人民会议。这是政权最高代表机构，其地位高于议会。它由总统、议会议员、按选区选出的人民代表、最高法院院长、总检察长、内阁成员、州行政长官、市政会议主席、区中心镇政会议主席组成。这是土库曼斯坦特有的机构，一切国家大事由它决定。

塔吉克斯坦议会实行两院制，分为上院和下院。议员经选举产生，职业化。

中亚国家议会的职能大同小异，与世界上多数国家议会的职能相似。如，通过宪法，对宪法法律进行修改和补充；批准法律和对法律进行修改和补充；批准预算和审议预算执行情况，对预算进行补充和修改；批准对总理、国家银行行长的任命；审议政府工作报告；对政府提出不信任；决定总统、议会选举事宜；决定战争与和平问题；根据总统提议，通过动用武装力量履行维和任务的决议；提出举行国家全民公决的动议等。

(2) 总统。中亚国家皆为总统制国家，总统掌管国家行政权。总统经国家全民普遍直接选举产生。各国宪法都有总统任职条件，包括年龄、居住年限、使用语言，以及连任不得超过两届的规定。除土库曼斯坦外，各国宪法均规定，总统任职期间须中止在政党中的活动。各国宪法均赋予总统广泛的权力。哈萨克斯坦宪法对总统职权的规定有21项，乌兹别克斯坦有21项，吉尔吉斯斯坦有28项，土库曼斯坦有12项，塔吉克斯坦有26项。中亚国家总统的权力很大，他们拥有国家大政方针的制定权、国家法律的批准权、政府机构设置的决定权、总理和政府部长的任免权、武装力量的统率权、国家财政的控制权、外交事务的决策权,总统是国家的"最高公务员"。国家一切大权皆掌握在总统手中。总统只对人民负责。2000年,土库曼斯坦通过了尼亚佐夫为"无任期限制"的总统的法令,成为中亚国家中第一个不实行总统任期的国家。

各国宪法对总统有处罚的规定,但规定严格,罢免总统不是件容易的事情。

(3)政府。有的国家称作内阁,是在总统领导下行使行政权,负责领导执行机关系统的工作。政府由总统组建,政府总理由总统提名,由议会批准。土库曼斯坦总统兼任总理,乌兹别克斯坦虽然设有总理,但权力有限,因为总统同时兼任内阁主席。政府成员由总理提名,总统批准,政府对总统负责,可应议会要求向议会报告工作。

(4)司法机构。中亚国家司法权由宪法委员会、最高法院和检察院执行。

(5)选举制度。中亚国家皆规定,总统、议员和地方自治机构代表皆通过选举产生。选举采用公开方式,按普遍、平等、直接原则无记名投票进行。选举人和被选举人都有年龄的规定,但不受出身、社会地位和财产状况、民族和种族、性别、教育、语言、宗教信仰、职业等的直接和间接的限制。总统候选人必须懂得"国语",且有在本国最低居住年限的限制。总统有任期的规定,一般连任不得超过两届。有的国家如哈萨克斯坦规定,职业宗教人士不得当选总统。

(6)政党制度。中亚国家皆采用多党制。目前只有土库曼斯坦有一个政党,但该国总统表示,土库曼斯坦不反对实行多党制,只是目前还不具备实行多党制的条件。在该国宪法中也有实行多党制的规定。

中亚国家政党中可称作执政党的只有土库曼斯坦民主党。该党是由原共产党改建的,现任总统尼亚佐夫任该党主席。该党在全国拥有完整的组织系统,政府、议会和地方领导人绝大多数是该党党员。

乌兹别克斯坦现有5个政党,即人民民主党、祖国进步党、公正社会民主党、民族复兴党和自我奉献党,其中人民民主党规模最大。人民民主党也是由原共产党改建的,是拥戴总统的党,目前在乌议会中拥有90%以上议席。其余4个政党也是拥戴总统的政党。乌目前"没有反对党",因此,有人认为,乌实行的是"有限多党制"。

哈萨克斯坦实行多党制,独立后政党多次重新组合,有政党一二十个,但1999年议会选举获7%以上选票的只有4个政党,即:祖国党、公民党、农业党和共产党。祖国党、公民党和农业党是拥戴总统的政党,其中祖国党规模和影响最大。共产党是反对党,在民间有一定影响,但在议会中只有3席,对国家政治生活和大政方针的制定起不到太大的作用。

吉尔吉斯斯坦主要政党有13个,其中影响最大、目前在议会中席位最多的是吉尔吉斯斯坦共产党人党。该党成员多数为原吉共党员,仍坚持共产主义方向和社会主义价值观。

塔吉克斯坦有多个政党,但以共产党和伊斯兰复兴党影响最大。塔共是在原塔共基础上组建的,是支持现任总统拉赫莫诺夫的力量。伊斯兰复兴党成立于1990年,同年曾遭取缔。1991年9月重新获准登记。1991年底曾一度成为左右国家政治生活的政治力量。1993年因组织武装叛乱被取缔。1999年在塔组建民族和解政府后重新获得合法地位。

(7) 权力制衡。总统(包括政府)、议会、司法机构之间的关系是相互协作、彼此制衡的关系,但总统的权力要大于议会,政府则是执行总统意志的机构。我们以哈萨克斯坦通过法律为例,看总统与议会之间的制衡关系。在议会通过法律后须经总统批准,如果总统提出异议,该法退回议会复议,须在一个月内进行并再次表决。超过一个月,意味着总统反对意见成立,如果议会各院2/3以上议员仍肯定业已通过的法律,总统应在7天之内签署。如果议员反对票达不到2/3规定,即被认为未通过或总统提出的方案通过。

另外,总统和议会两者之间皆可在一定条件下弹劾或被解散。总统可在议会通过对政府的不信任案、再次拒绝总统对总理的提名、因议会与政府或议会两院之间严重分歧而引发政治危机的情况下解散议会。议会也可以在总统犯有叛国罪或违反宪法和法律时起诉总统。各国宪法均规定,在总统生病而无法履行公务时,须经医学专家委员会提供鉴定结论并经议会以绝对多数票,如在哈萨克斯坦须经3/4以上议员通过,在土库曼斯坦须经2/3人民会议代表通过,在吉尔吉斯斯坦须经2/3议员通过,方可被解除总统职务;在总统叛国时,须经最高法院认定并经各院

3/4（在吉、土须经2/3）以上议员通过而罢免总统职务。在哈萨克斯坦，一旦状告总统叛国的起诉被驳回，提出弹劾总统动议的议员将被中止议员资格。

各国议会在有2/3议员赞同时可以通过对政府的不信任案，或者是对政府提出的施政纲领两次不予通过时，也意味着对政府的不信任，在这种情况下，政府应向总统递交辞呈。总统则须在10天之内表明是否接受辞职。如不接受，总统有权解散议会。在并非因议会原因政府提出辞职时，总统否决辞职请求并不一定要解散议会。总统本人则有权决定政府去留和罢免政府任何成员。

四　政治体制之比较

中亚国家政治体制之间有许多相同之处，也有不同点。

相同之处表现为：第一，各国改革政治体制的基本原则相同，都明确宣布要建立"民主""法制""世俗"国家，遵循"以人为本""权力在民""政治多元""三权分立"等政治学的古老原则；第二，各国国体相同，都是共和制和单一制，而没有采用任何形式的联邦制；第三，各国都实行总统制；第四，各国选举制度基本相同。

不同点表现为：第一，哈、吉、塔三国总统与总理由两人分别担任，而土的总理由总统兼任，乌总理权力有限，内阁大权仍掌握在兼任内阁主席的总统手中。第二，议会制度不同。哈、吉、塔三国为两院制，乌为一院制，土在议会之上还设立了一个人民会议，其职能与其他国家议会职能部分相同，但超过议会职能。这种机构为土特有。第三，政党情况不同。土只有一个政党，乌为"有限多党制"，其余三国为多党制。土一个政党是执政党，而其他国家的政党皆不能称作执政党，尽管一些政党是总统的依靠力量。第四，言论自由程度不同。哈、吉、塔媒体多少反映出不同于执政者的声音，乌、土媒体则完全是一个声音。第五，塔吉克斯坦允许宗教性质的政党——伊斯兰复兴党合法化，这是该国特定条件下的产物，从允许宗教政党参政这一点来看，塔与其他四国明显不同。

中亚国家政治体制改革明显参照了西方国家的有关规定。从总统、议会和政府的关系以及选举制度和政党制度来看，它们既有与法国相同之处，也吸收了美国的一些规定。

首先，中亚国家总统产生程序与法国相同，即经全民普遍直接选举产生，而不像美国那样经选举团选举产生，也不像土耳其那样由议会选举产生。各国宪法均规定了总统的任期制和连任期限，这一点也与西方国家相似。哈、吉、塔三国总统是国家元首，但不是政府首脑，但却同时掌管国家行政大权，这一点与法国相同，与美国不同，乌、土总统则与美国总统相似，既是国家元首，又是政府首脑。但从总统拥有的权力来看，中亚国家总统却与美国总统和法国总统相似，包括拥有行政权、立法倡议与否决权、外交权、军事统帅权，同时拥有作为政府首脑所拥有的政府成员的任命权、免职权和豁免权。各国总统只对本国人民负责，而不对任何机构负责。

从政府来看，中亚国家政府对总统负责，这一点与美国相似，而法国政府则对议会负责，而不对总统负责。

从议会与总统的关系来看，中亚国家有与法国相似之处，即总统权力很大，议会权力较弱，而且受到限制，这一点与美国有所不同，美国国会的权力相对较大。

哈、吉等国的政治体制与俄罗斯十分相似。乌、土则与俄罗斯存在较大不同。

在总统与议会的关系上，哈、吉、塔三国总统对议会的驾驭能力要弱于乌、土两国。

中亚国家政治体制在形式上与中国没有相同之处。

中亚国家政治体制在形式上与西方国家有许多相似之处，但在运行中有自己的特点。

中亚国家虽然声称要做民主法治国家，但在现实政治生活中却存在家族统治现象。一项社会调查显示，在哈萨克斯坦最有影响的领袖人物除现总统纳扎尔巴耶夫外，紧接其后的是他的大女婿、大女儿、二女婿。这些人对国家政治具有举足轻重的影响力。此外，独立前一些党政官员摇身一变成为独立后国家的各级政要，国家垂直领导的干部体制，使原有的"干部名录"制度变成了新型官吏制度。一些原官吏成为国家大型企业领导人，他们对国家政治生活也有影响。

在中亚国家政治体制运行中也出现了西方国家特别是美国政治中存在的院外集团问题。在哈萨克斯坦，可以举出一系列院外集团的名字。这些院外集团不同于西方国家的是，它们多数是按氏族部落建立起来的，其活动重点是在行政部门而不是在立法部门中进行，所追逐的主要是经济利益而不是政治利益，活动呈隐蔽型而非公开型。院外集团的存在和活动成为政治腐败的原因之一。

五　对现行中亚国家政治体制的评价

（一）多数国家形式上已与西方国家大体上相似

中亚国家独立后面临两大任务：体制转轨与国家发展。体制转轨包括政治体制转轨，即由原苏联的政治体制向按西方标准规定的"民主国家"的转化。经过10年的努力，在复杂的国际国内形势下，中亚国家已经形成了具有本国特色的政治体制的雏形。目前中亚各国政治体制虽然不尽完善，也不完全相同，但总的来看，它们较多地吸收了西方国家多年来形成的一套东西，如：西方民主制度，政治多元化原则，三权分立的政治架构等，多数国家政治体制形式上已与西方国家大体相似。

同时，中亚五国也从本国实际出发，在政治体制方面保留了一些本国的特点。土库曼斯坦仍实行一党制，塔吉克斯坦承认宗教政党的合法化，土库曼斯坦不仅存在长老会，而且让它在政治生活中发挥重要作用等。

（二）各国在执行中更具有本国特色

如上所述，中亚国家政治体制具有本国特点，但中亚各国更多的是在执行中而非形式上表现出本国特色。各国政治体制在形式上有许多地方照抄西方，但受历史和现实因素的制约，它们在执行中却与西方国家有许多差异。有些做法根本不符合西方的所谓标准。因此，它们不时受到西方特别是美国的指责。这些被指责之处或许就是中亚国家自身的特点。应该说，哈萨克斯坦的政治体制在原苏联东欧转型国家中是较有代表性的。它将西方政治体制移植到原苏联这个较落后的共和国，并在改革中保持了政治和社会的稳定。这是一件很不容易的事情。独立初期，外国观察家曾预言该国可能因为民族问题发生动乱,但并没有发生。乌、土等国在借鉴西方国家经验的同时,则更多地考虑到民族的传统、习惯和本国实际。土库曼斯坦迄今仍实行一党制,尽管该国原则上不反对多党制,只是认为该国目前还不具备实行多党制的条件。乌兹别克斯坦实行多党制,但没有反对党。按西方观点,它们都不符合"民主国家"的标准。可是,实践证明,这些国家独立后国内形势基本稳定,经济形势也较好,它们从国内条件出发采用的政治制度大体上符合本国国情。土库曼斯坦总统尼亚佐夫在《不管西方怎样说,我们都将按自己的方式走向文明社会》一文中曾说过:"我们并不追求西方流行的东西。我们有自己的历史,人民有悠久的传统文化,这是我们在建设世俗的民主国家时首先要依靠的。"① 乌兹别克斯坦总统卡里莫夫也说过:"乌兹别克斯坦共和国国家建设的核心路线,是坚定地、目标明确地走自己的路,既借鉴那些经过艰难探索而站稳脚跟的国家的宝贵经验,又结合我国特点和人民的精神。"② 乌、土两国的实践体现了两国领导人的看法。

(三) 如何看待西方的批评

西方国家对中亚国家的经济体制改革有批评,但远没有对政治体制批评的那么多。

国际社会尤其是西方媒体对中亚国家政治体制批评的焦点是所谓"民主""人权"问题。认为中亚国家"不民主"的看法在西方国家甚至在俄罗斯一些人中早就存在。中亚五国独立初期,只有吉尔吉斯斯坦被誉为"民主岛"。在中亚国家宣布对总统任期实行全民公决后,批评中亚国家"不民主"的声音越来越大。在各国总统选举前后,西方大国主要是美国对中亚"不民主"的指责不绝于耳。那么,应该如何看待这种指责呢?如何看待中亚国家现行政治体制呢?笔者认为,这里有看问题的视角和方法问题,也有衡量的尺度问题。

首先,应该承认中亚国家独立后在朝政治民主化的方向努力,并有

---

① [土库曼斯坦] 萨·尼亚佐夫:《永久中立 世代安宁》,东方出版社1996年版,第103页。
② [乌兹别克斯坦] 伊·卡里莫夫:《乌兹别克斯坦沿着深化经济改革的道路前进》,国际文化出版公司1996年版,前言第8页。

所成就这一基本事实。被西方国家作为衡量"民主国家"尺度的议会民主、多党制、公平选举、言论自由等,中亚五国与独立前相比已有明显变化。这些西方国家盛行的东西,在中亚国家从无到有,由小到大,尤其在哈、吉等国表现得更明显。媒体可以有限批评政府,总统差额选举,反对党可以公开存在,人们基本上可自由表达自己的意志,这在过去是不可思议的事情,而现在在哈、吉等国都可以看到。尽管宪法中规定的"权力在民""以人为本"尚未完全落实,但情况较前有所改观也是事实。与本国历史相比,民主的形式和内容有所增多,这是应该承认的。当然,中亚国家政治体制改革进展也不平衡。在这方面,土、乌两国保留传统的做法较多。

西方国家往往用它们的标准来衡量发展中国家的民主。西方国家是经过数百年的努力才达到今日状况的,并且有强大的物质基础做后盾。而中亚国家本身没有经过资本主义阶段,广大人民群众对资产阶级的民主十分陌生。独立仅10年就要求它们达到西方的标准,这是不实际的。

其次,中亚国家有自己的历史,有自己的民族传统和风俗习惯,对民主的理解和表达方式有自己的特点。例如,土库曼斯坦的长老会在社会生活中发挥相当重要的作用,这是西方国家不存在甚至是不可理解的事情。历史使中亚国家保留了浓厚的宗法思想,尤其是在农村。哈萨克斯坦一项社会调查(载1999年9月22日哈《全景报》)提供了这样的数字:73.3%的被问卷人认为本国政治文化类型是宗法式的,只有6.7%的被问卷人认为不是;被认为是积极政治文化类型的只占被问卷人的16.7%;认为是公民政治文化类型的只占被问卷人的10%。各个社会阶层,包括城里人和农村人,财产不同的人对该问题的看法差别很大。民意测验结果如表1所示:

表1　　　　　　对国家社会政治文化类型的看法　　　　　（单位:%）

	宗法式	俯首听命式	持积极看法	具有公民意识
城市人	23.3	36.7	6.7	26.7
农村人	60	26.7	—	10
低收入者	56.7	16.7	6.7	6.7

续表

	宗法式	俯首听命式	持积极看法	具有公民意识
中等收入者	13.3	46.7	10	16.7
高收入者	13.3	30	36.7	20

资料来源：哈《全景报》1999年9月22日。

调查人认为，哈独立后这些年中上述情况没有多大的变化，而且在未来两三年情况也不会发生多大的变化。1/3 的专家预测宗法式和俯首听命式的人数会增加，1/5 的专家认为，积极的和公民型的人数会增加，尤其是公民型。

哈萨克斯坦是中亚国家中城市人口最多，民主化程度较高的国家。在该国宗法思想都占上风，更何况其他中亚国家。这说明，中亚国家采用现行政治制度有广泛的群众基础。各国采用全民公决方式延长总统任期并很容易通过，如果了解哈萨克斯坦的政治文化，对这种现象也就不难理解了。因此，对西方的横加指责起码可看作是它们对该国的国情知之甚少。

最后，中亚国家现行政治体制基本上保证了国家的稳定。这对进行改革、发展经济和使人民避免战乱之苦有利。中亚国家总统连任也常常成为西方媒体批评的内容。然而，中亚国家人士有自己的解释。乌兹别克斯坦战略研究所所长赛富林认为，独联体国家往往因为领导人更换，导致政治路线改变，因此不惜代价保持现有领导人的连续性非常必要。从中亚各国国情出发，乌学者的看法不无道理。从目前实际出发，中亚国家总统继续当政，确实对维护中亚各国和地区的稳定有利。为追求西方民主而不顾国内稳定大局，这只是少数人的想法，符合少数人的利益，并不为多数人接受。如果说民主是多数人意志的体现，那么，中亚国家的选举也好、全民公决也好，应该说基本上符合民主的起码标准。当然，如果在这些国家能解决总统过于专权，能将法律规定真正实施，真正做到法治而不是人治，则将符合民主更高层次的标准。

——原载李凤林主编《欧亚社会发展研究》2001年年刊

中亚民族国家建设中的
民族因素问题

【内容提要】 中亚五国在建设独立主权国家的过程中遇到许多困难和问题，民族问题便是其中之一。本文从民族国家建设国策与民族和谐方针之间的矛盾、各民族人口的国内外流动对国家经济的影响、民族国家建设中如何处理各民族文化之间关系、民族因素对外交的制约和牵制作用、对国家意识形态形成的作用五个方面论述了民族因素对民族国家形成的影响。

中亚五国是在1991年底先后独立的，在建设独立主权国家的道路上已经走过10年。10年来在建设国家的过程中遇到许多困难和问题，民族问题便是其中之一。本文简要介绍这些国家在建设民族国家过程中遇到的与民族因素有关的几个问题。

一 民族国家建设国策与民族和谐方针之间存在矛盾

中亚国家都缺乏现代独立治国的历史。因此，它们在独立后都把巩固以主体民族命名的国家作为国策，并以此为基点采取了若干有利于主体民族的政策和措施。

然而，中亚国家毕竟都是多民族组成的国家，而不是单一民族组成的国家。在这些国家中民族问题一直都存在，而且相当棘手。例如，在哈萨克斯坦存在哈萨克人与俄罗斯人之间的矛盾，在塔吉克斯坦存在塔吉克人与乌兹别克人的矛盾，在乌兹别克斯坦存在乌兹别克人与哈萨克人的矛盾,等等。这些矛盾多数是历史遗留下来的,是当年苏共草率处理民族问题包括领土问题在内的结果,也是大俄罗斯沙文主义和地方大民族主义的产物。有的问题则是独立后出现的。各国独立后都对大俄罗斯沙文主义进行了猛烈的抨击,但对地方大民族主义却讲得不多,这是由于原有的地方大民族在苏联解体后都成了主体民族,地方大民族主义变成了国家民族主义。在振兴主体民族的同时,却忽视了地方大民族主义的转化问题,对复兴主体民族的过分强调无形中伤害了其他民族的感情和利益。中亚国家独立带来民族地位的变化。包括昔日在中亚地区具有举足轻重作用的俄罗斯人和其他一些民族,他们的利益明显受损,并导致心态失衡,由此带来如下后果:一些民族人士出现严重的不满情绪,少数人想通过民族自决,自立门户;有些民族的人,如德意志人、俄罗斯人等,不愿意留在这些新独立的国家,利用独立初期国内外较为宽松的移民政策移居国外。中亚国家之间也存在类似问题,如乌兹别克斯坦的哈萨克人中就有许多人返回了哈萨克斯坦。尽管各国都声称要使本国民族和谐并把这一点定为国策,但独立初期为巩固民族国家所采取的突出主体民族地位的做法,虽然可以理解,但对促进民族和谐未必有利。很明显,在所谓"建设民族国家"的背后潜藏的是主体民族主义。

20世纪80年代后期,民族主义就在原苏联开始膨胀。在外高加索国家因此出现了"纳卡问题""阿布哈兹问题""南奥塞梯问题"等,在中亚出现了"费尔干纳谷地民族冲突""新乌津事件"等,这些都与地方大民族主义有关。随着苏联的解体,中亚国家结束了争取民族独立的运动,转向建设民族国家的进程。而民族国家建设要比各国赢得独立更为艰巨。对许多国家来说,除需要重建国家秩序外,还要尽快恢复民族间的信任和使新独立国家得到全体国民的认同。然而,独立初期,在一些人看来,新独立国家是以主体民族命名的,因此,这个国家"理所当然"就是主体民族的国家。正是在这种思想指导下,1993年哈萨克斯坦通过的独立后第一部宪法中竟公然声称,哈萨克斯坦是"哈萨克人的国家"。这种做法是主体民族主义的典型表现,对促进民族和谐非常不利。该国领导人很快意识到这一点,在1995年通过的第二部宪法中就取消了这一提法,代之的是将哈萨克斯坦说成是"全体哈萨克斯坦人"的国家。

迄今各国在国家建设中仍未完全消除主体民族主义的表现，特别是在文化建设和干部使用问题上，一些非主体民族对此很不满。这种情况已引起一些国家领导人的重视。突出主体民族的地位在一定时期内是可以理解的，但长期执行下去是不行的。保持民族和谐的关键和决定性因素是民族平等，这种平等既包括政治上的平等，也包括精神上和文化上的平等。10年来中亚国家都在致力于巩固国家独立、维护政治和社会稳定。保持民族团结是维护国家稳定的重要组成部分，解决民族国家建设的国策和民族和谐方针之间的矛盾是当前各国面临的重要任务之一，坚持民族平等是解决该矛盾的最好钥匙。

二 民族人口变迁与民族国家经济

中亚国家独立10年来，民族人口数量发生很大的变化。主体民族和信仰伊斯兰教的民族人口数量有所增加，俄罗斯人、德意志人和其他信仰东正教的民族人口数量有所减少。其变化最大的是哈萨克斯坦（见表1）：

表1　　　　　　　　哈主要民族人口变化一览表

		人数（万人）		比重（%）	
		1989年	1999年	1989年	1999年
全国		1619.91	1495.31	100	100
其中	哈萨克人	649.69	798.5	40.1	53.4
	俄罗斯人	606.2	447.96	37.4	30.0
	乌克兰人	87.57	54.71	5.4	3.7
	德意志人	94.69	35.34	5.8	2.4
	乌兹别克人	33.1	37.07	2.0	2.5
	鞑靼人	32.07	24.9	2.0	1.7

资料来源：哈萨克斯坦统计署编：《1999年哈萨克斯坦简明统计年鉴》，第134页。

在其他国家中俄罗斯人的数量也明显减少。例如，在吉尔吉斯斯坦俄罗斯人1989年占21.5%，1999年则占14.6%；在土库曼斯坦俄罗斯人1990年占10%，2000年则占6.7%；在塔吉克斯坦俄罗斯人1989年占6.7%，而1996年则占0.32%。① 这就是说，塔吉克斯坦的俄罗斯人除一些无力迁移的老人外，绝大部分都已离开。

民族人口变迁之所以对经济产生影响，是因为俄罗斯人等主要生活在城市中，多数在工业企业、医务、教育等部门工作，许多人担任技术和管理要职。以哈萨克斯坦为例：俄罗斯人、乌克兰人、白俄罗斯人等主要从事工业、信息服务、建筑、住房公用事业、物资技术供应等工作。一项社会调查显示，在工业部门工作的俄罗斯人相当于哈萨克人的2.34倍，在信息服务业为2.06倍，在建筑业为1.97倍，在住房公用事业为1.59倍，在物资技术供应部门为1.56倍。而主体民族——哈萨克人主要从事农牧业。另外，在运输和邮电部门中工作的也主要是少数民族。在阿拉木图的企业的工程技术人员中俄罗斯人占67%，哈萨克人占14.3%；总专家中相应为68.1%和15.1%；企业第一把手相应为59.5%和18%；工长相应为63.3%和13.7%；技师相应为65.9%和16.9%。② 这些人的离去给各国的工业和社会生活带来不利的影响。一些重要岗位因人员离去而无人填补。大批高素质人员离去严重打击了各国经济。与此同时，数以万计的哈萨克人等返回"历史祖国"。这些人多数素质不高，并非各国急需的人才，为安置他们，国家每年都要投入大笔资金，这对各国都是不小的经济负担。独立后各国经济下滑，与民族人口变迁不无关系。正因为如此，各国都在采取措施挽留欲离去的有用人才。

三　民族国家建设中的文化问题

中亚国家独立后，在巩固国家独立的过程中，都致力于复兴民族文化。确定主体民族的语言为国语，重新撰写本国历史，弘扬主体民族的名人，恢复民族传统节日，给伊斯兰教以体面地位等，都可看作是复兴

---

① 郝文明主编：《中国周边国家民族状况与政策》，民族出版社2000年版，第155、157、191—192页。

② 同上书，第106—107页。

民族文化的具体举措。然而，独立10年来的情况表明，主体民族的文化虽然有所加强，但俄罗斯文化在多数国家中仍有较大的影响，同时，突厥文化和伊斯兰文化在崛起，西方文化也在大举进入，后者对年轻人的影响越来越大。突厥文化、伊斯兰文化、俄罗斯文化、西方文化都在争夺中亚国家。鉴于文化对人们的理想、信念，特别是对民族关系的影响，各国都很重视如何重建本国主流文化问题。在这方面，哈萨克斯坦在经过10年的摸索之后，提出建立"统一文化"的主张，这是一个具有典型意义、也值得认真研究的举措。

2000年12月，哈萨克斯坦总统纳扎尔巴耶夫在第七届哈萨克斯坦民族大会上提出了建立哈萨克斯坦"统一文化"的主张。何谓"统一文化"？按哈萨克斯坦方面的解释，这是以本土文化为主，同时吸纳突厥文化、伊斯兰文化、俄罗斯文化而形成的一种新型文化，或者说，这是一种以土为主、非土非洋的综合文化。纳扎尔巴耶夫总统为提出这种文化理念列出四点理由：

第一，哈萨克斯坦历史上就存在文化的多样性，哈文化由哈萨克文化、伊斯兰文化、突厥文化和俄罗斯文化四个板块组成，它们有相互补充的传统，哈萨克文化是统一文化的核心。哈政府不想使这四种文化圈成为痛苦的文化圈，因此，要寻找契合点。今天是历史赋予哈萨克斯坦在各种文化相互补充的传统基础上构筑文化统一的机遇。

第二，哈萨克斯坦历史上有宗教共处的传统。哈萨克斯坦作为欧亚大陆的一部分，这里长期保持着世界两大宗教——伊斯兰教和基督教的和平共处。文化的对话也就是宗教的对话，这些年在宗教方面的和平对话，为形成统一文化的价值观和行为准则体系奠定了基础。

第三，不吸纳外来的人类文明优秀成果，就不可能形成哈萨克斯坦统一完整的文化空间。哈萨克斯坦执行的改革开放政策为建立统一文化创造了条件。这些年哈向世界各国派出了大批留学生。国内教育也在实现现代化。这是一代新人，他们能在最短的时间内成为形成哈萨克斯坦统一文化的最重要的力量。

第四，民主化包括族际关系和文化内涵。只有在民主的基础上，遵循文化之间与民族之间相互容忍的原则，才能保持哈萨克斯坦统一文化的存在。那种认为民主化导致独联体国家民族问题迭起，带来大量人员伤亡的观点；或者认为民主化是包治民族问题百病的灵丹妙药，只要建立民主社会，一切民族问题将迎刃而解的观点，都是错误的。只有根据本国的历史和文化条件，从具体国情出发，才能做出正确的回答。

笔者认为，哈萨克斯坦在建国即将10年之际提出建立"统一文化"问题，实际上是从文化角度解决民族纷争的一项举措。民族问题一直是困扰该国的重大问题之一。民族纷争的主体主要是哈族和俄罗斯族。纷争的焦点之一是文化问题。如上所述，今日在哈正在发生伊斯兰文化、突厥文化、西方文化和俄罗斯文化的碰撞。伊斯兰文化和突厥文化的鼓吹者和载体主要是以哈族为代表的讲突厥语的居民，俄罗斯文化的载体主要是以俄罗斯族为代表的斯拉夫人。西方文化则为年轻人所追逐。为了达到国内民族和谐和国家稳定，不解决文化的发展方向问题是不行的。同时，不解决文化的发展方向问题，也会对国家的未来走向产生影响。纳扎尔巴耶夫总统在此刻提出这个问题，首先是为了进一步解决民族问题，但也不单纯是为此，也是为了防止国内不利于国家发展的思潮泛滥。可将此举看作是防止国家"伊斯兰化""突厥化""西方化"和"俄罗斯化"的重大举措。

此举也不仅仅是为了解决当前的民族问题，而是从文化方面为国家长远发展定位。2000年纳扎尔巴耶夫总统提出，哈萨克斯坦已结束"过渡时期"，今后将是"发展时期"。此后不久，他又提出建立"统一文化"，这些可看作是他在为21世纪哈萨克斯坦的发展定位，另一个是从经济上，一个是从文化上。两者相辅相成，其目标是振兴哈萨克斯坦。

中亚国家的民族和文化构成都与哈萨克斯坦相似，所遇到的问题也大同小异。哈萨克斯坦只是较早地注意到要妥善处理好文化的多样性与建设民族国家的关系问题。建立"统一文化"将有助于保持民族和谐，因此，这一文化理念是正确的，关键在于如何真正实施。

四 民族问题与国家关系

在中亚民族国家建设中，开展外交活动是一个重要方面。世界上任何国家的外交工作都会受到各种因素的制约，其中包括民族因素。对中亚国家而言，民族因素对外交的制约和牵制作用要大于很多国家。

首先，中亚国家在制定国籍政策问题上受到俄罗斯的压力。

中亚国家独立后，在制定作为国家主权象征的国籍问题上，就遇到了国内俄罗斯族的反对和国外俄罗斯的压力。后者希望能为俄罗斯族保留双重国籍。这种要求没有为多数国家所接受。但各国政府不得不考虑俄罗斯的想法，在制定国籍政策上三思而后行。国籍问题的实质在于，国内俄罗斯族如何解决对所在国家的认同问题；从俄罗斯方面来讲，要考虑如何对待这些比自己小得多的新独立国家。众所周知，俄罗斯提出了"境外俄罗斯人"的概念，要求中亚国家给俄罗斯人以特殊地位。中亚国家为了缓和本国民族矛盾和改善同俄罗斯的关系，有些国家如土库曼斯坦、塔吉克斯坦同意了本国的俄罗斯人具有双重国籍。哈萨克斯坦和吉尔吉斯斯坦虽未同意俄罗斯的要求，也与俄罗斯签订了方便移民的条约。中亚国家与俄罗斯就国籍问题达成共识后，一度紧张的国家关系也随之改善。这是民族问题影响国家关系的典型事例之一。

移民问题也是影响国家关系的事例之一。中亚国家独立后出现了大批居民迁徙问题，这种迁徙包括部分人不愿继续留在居住国而外迁，也包括另一部分人"回归历史祖国"。移民本属正常现象，不属外交事件。可是，中亚国家独立后，大批斯拉夫人和德意志人外流，却影响到国家间的关系问题。一方面，中亚国家因大批水平较高的工程技术人员、教师、医生等外流，影响到国家经济、社会、文化的发展；另一方面，大批移民涌入俄罗斯等国，给这些国家带来安置问题，同样影响到经济和社会的发展。

苏联解体后，有些中亚国家当局不断号召境外同族人"回归"。这种政策给一些居住有哈萨克人、吉尔吉斯人、土库曼人等的国家的稳定带来影响。有些国家还通过召开世界某某人大会来做工作，这种不顾境外同一民族的人已成为别国国民，而将他们视为本国主体民族在境外的组成部分，甚至公开号召他们回归"祖国"的做法，直接影响到他们同有关国家的关系。

中亚国家之间则存在因跨境民族引起的领土纠纷问题。由于历史原因，中亚国家之间留下不少这类问题。有的公开化，有的隐蔽化，如乌兹别克斯坦与塔吉克斯坦之间的矛盾、乌兹别克斯坦与哈萨克斯坦之间的矛盾等。2000年初乌兹别克斯坦和哈萨克斯坦发生的边界冲突事件，其原因与跨境民族有关。这种因民族问题引起的领土纠纷，也严重影响到中亚国家之间的关系。

——原载《欧亚观察》2001年第3期

关于"颜色革命"的若干问题

【内容提要】 本文对"颜色革命"的界定提出自己的看法,认为吉"3·24"事件是借助暴力实现的政权转移,而非"颜色革命"。分析当前易发生"颜色革命"的国际大环境,以及经济因素、社会因素、国内政治局势和领导人的执政能力等与"颜色革命"的关系,简介"颜色革命"和事件发生国当前的形势,展望"颜色革命"是否会在独联体国家继续发生,并强调"颜色革命"并非不可抵御,而是事在人为。

自 2003 年格鲁吉亚和 2004 年乌克兰发生利用"街头政治"手段,基本上以和平方式夺取政权之后,始于西方媒体的"颜色革命"的提法就在国际社会包括中国流传开来,尤其是 2005 年 3 月吉尔吉斯斯坦发生政权更迭后,使这一提法频繁出现于内部报告和见诸报端,"颜色革命"一词已经成为时髦的、理解不一的术语。本文拟就与"颜色革命"相关的若干问题谈些看法。

一 "颜色革命"与吉"3·24"事件

何谓"颜色革命"?迄今并无准确的界定,因为在传统的政治学词典中,找不到它的身影,甚至没有替代的说法。这种提法是对当时格、乌两国反对派利用"街头政治"方式成功夺权的形象描述,因为它们为聚合群众反对当局而使用了一种带有某种颜色的标志物,如旗帜、飘带等。例如,乌克兰反对派打着橙色旗帜,系橙色领巾,西方媒体就将乌反对派的行动称为"橙色革命"。可将西方媒体所说的"颜色革命"理解为，这是一场通过和平方式，利用"街头政治"，选择一个合适的机会（多利用议会或总统选举）推翻原有政权，建立亲西方政权的群众运动。如果用公式表示，即为"颜色革命"＝反对派＋合适机会＋和平方式＋街头政治＝推翻原有政权＋建立亲西方政权。这里有几个关键词，一是和平方式，二是街头政治，三是建立亲西方政权。

从已经发生的"颜色革命"国家来看，被推翻者多为原苏联时期执政的"共产党人"，而上台者皆为年纪稍轻的亲西方人士，其中以格鲁吉亚萨卡什维利最为典型。

如果从上述理解出发，2005年3月发生的吉尔吉斯斯坦事件就与上述标准差得较远。第一，这不是以和平方式实现的政权转移，而是通过暴力实现的，事件中有数人伤亡，直接财产损失近亿美元。第二，有街头政治的成分，但并非完全是街头政治，打头阵的并非真正的反对派，而是一批"瘾君子"和暴徒。第三，新政权外交走向迄今并不十分明确。从吉新总统要求美国从吉撤走军事基地来看，新政权亲美色彩并不很明显。因此，将吉"3·24"事件称为非正常的政权更迭，或者说是一次"政变"更为合适。如果说，将吉"3·24"事件列入"颜色革命"范畴，也只是从阿卡耶夫被迫下台这一点来看，而下台的方式既非通过选举，也非自愿，而是在暴力胁迫下阿卡耶夫以逃跑方式结束政治生涯的。由于"3·24"事件的暴力性，连一向积极支持"颜色革命"的美国对这一事件的表述也出言谨慎，不敢大肆宣扬其"成就"，更不愿承担这一事件的后果。

顺便说一句，在我们2005年6月访吉过程中，吉官员和学者对政权更迭较少使用"颜色革命"提法，而多使用"3·24"事件。

独联体国家最近几年都要举行总统选举。在这些已经实现政治多元化的国家，在正常情况下而非借助于"街头政治"实现政权更迭，即使反对派上台，也不能说是发生"颜色革命"，使"颜色革命"的覆盖面随意扩大。

为表述方便，文中通常使用"颜色革命"，其中也包括吉尔吉斯斯坦，尽管笔者对吉事件已有上述看法。

二 "颜色革命"发生的国际背景

"颜色革命"是在21世纪初发生的,并有蔓延之势。为什么美国在这个时候策动"颜色革命",并屡获成功?这与国际大气候有关。

20世纪90年代,苏联解体,"冷战"结束,世界舞台上原有的两个超级大国只剩下一个,即美国。美国依靠其强大的经济实力和超群的武库,在世界上推行单边主义,称王称霸。这一趋势在布什当政后越发明显。"9·11"事件的发生则为美国在"反恐"的大旗下推行单边主义找到了合法的借口。尽管遭到世界上很多国家的反对和谴责,美国还是以种种借口出兵伊拉克,推翻了萨达姆政权。布什总统又在全球推进"民主进程",即"美式民主"作为其执政的目标。这明显是在干涉他国内政。可是,在当今世界,与美国及其"美式民主"公开对抗的国家集团和意识形态处于弱势地位,敢于公开与美国对抗者并不多。共产主义运动处于低潮,在世界上的影响力不如20世纪后半叶。当前只有伊斯兰极端势力是公开与美国对抗并付诸行动的力量。但由于这种势力带有明显的宗教色彩并具有恐怖性,很难为世界上大多数国家所接受。这种建立在宗教和恐怖基础上的意识形态并不符合世界发展趋势,因此,也难于抗衡"美式民主"。在这种情况下,美国变得肆无忌惮,公开要它不喜欢的国家"民主化"。

独联体国家都是源于苏联的国家。苏联后期,戈尔巴乔夫就大肆宣扬西方民主,并把西方政治体制引进苏联。各国独立后,尽管强调本国的特色,但谁也没有明确界定本国民主与"美式民主"的原则区别,在国家建设和推进民主进程中,为"美式民主"在本国的传播提供了机会。来自西方的形形色色的非政府组织在独联体国家基层宣传和推广的"民主",实质就是"美式民主"。由于界限不清,在各国的宣传和各级教育中不断讲的也是西方民主。可是,实际生活中人们看到的却是"总统专权",很多总统一干就是二十来年。这种情况与当前国际大气候并不符合。而能够教育和影响本国民众的意识形态却处于真空状态,这就出现了人们或者是信仰宗教,或者是迷信西方民主的局面。在这种情况下,当年青一代逐渐成长起来之后,就很容易接受"西方民主"思想。因此,当前国际大气候总体来看有利于美国搞"颜色革命",对抵制"美式民主"的国家并不十分有利。为改变这种状况,必须尽快形成一种能与"美式民主"抗衡的、易为各国接受的意识形态,能为居住在不同国度、信仰不同宗教和拥有不同受教育水平的人和社会集团所认同。只有这样才能抵御"颜色革命"的蔓延。

三 经济因素与"颜色革命"

内因是各国发生"颜色革命"的主要原因,这一点基本上形成共识。内因中又以经济形势、社会和谐程度、国内政治环境与领导人的执政能力为主要原因。其中经济形势是非常重要的方面。

在发生"颜色革命"和事变的国家中,其经济状况有相同之处,也有不同之处。不同之处是三国经济状况并不一样。最近几年,乌克兰形势好一些,格鲁吉亚最差,吉尔吉斯斯坦经济在缓慢发展。举例说,乌克兰2001—2003年国内生产总值都保持10%左右的增长率,不能算慢。吉尔吉斯斯坦为3%左右,也在发展。所谓相同之处就是,各国经济都较独立前明显恶化,迄今仍未达到独立前的水平。至2001年,国内生产总值与1991年相比,乌为61.6%,格为49.8%,吉为76.1%;工业产值,乌为69%,格为24%,吉为44%;农业产值乌为67%,格为96%,吉为107%。[①] 由于经济状况不佳,人民生活很差,乌人均收入不到100美元,格为50美元,吉只有40多美元。在物价水平并不很低的情况下,人民生活很困难,尤其是存在大量失业人员。这就为"颜色革命"的发生创造了条件。

这些国家人民看本国经济形势坏还存在"比"的问题,这直接影响到人民的心理。以吉尔吉斯斯坦为例,该国经济虽然也在缓慢发展,人民生活水平较独立初期有所提高,但与独立前相比,与他国相比,就感到本国问题太多了,进而对自己的处境不满。独立前该国人均国内生产总值1119美元,而2003年只有377美元,吉多数人的生活不如独立前。如果与周边国家比较,2003年,吉人均国内生产总值377美元,不如哈

[①] 《2002年独联体简明统计手册》,莫斯科2002年俄文版,第15、2632页。

萨克斯坦的1996美元。再与中国比较，1990年吉人均国内生产总值为1119美元，中国仅为1674元（人民币），约合300多美元①。可是，2003年中国人均国内生产总值已经超过1000美元，相当于吉的3倍。通过这种比较可以看到，经济发展差距明显。尤其是领导者贪污腐化成风，对人民疾苦漠不关心，"穷庙富方丈"的现象普遍存在，更增加了人民群众的不满。

格鲁吉亚经济状况更差，几乎到了靠外国援助过日子的地步。人民生活跟独立前根本没法相比。乌克兰也存在类似情况。这两个国家由于靠近欧洲，对西方国家情况了解多一些，相比之下，更对本国的领导无能、政治腐败、经济停滞不满。在这种情况下，公众发生"颜色革命"就不足为怪了。

四 社会和谐与"颜色革命"

专家们对社会和谐的内涵看法并不一致，但对缩小地区发展差距，促进民族团结，克服分配不公等内容是没有分歧的。地区发展不平均，极易导致地区对立，导致国内不稳定。民族不团结，其危险后果已为世界各国众多事例所证明。分配不公很容易产生社会阶层的对立，成为社会动荡的诱因。

在发生"颜色革命"或事件的几个国家中都不同程度地存在地区发展差距、民族问题和社会贫富差距拉大的问题。

"颜色革命"前，在格鲁吉亚存在格鲁吉亚人与阿扎尔人之间的矛盾，迄今还存在尚未为格中央政权所控制的阿布哈兹与南奥塞梯分立问题。尽管这些问题并非是导致格"颜色革命"发生的主因，但国家长期严重动乱，导致经济不能正常发展，难民问题严重，这是影响国内政局稳定的重要原因。

在乌克兰存在东西部发展差距和乌、俄两族的矛盾问题。尤先科能够在乌总统重新选举中获胜，与东西部发展差距和民族关系不和不无关系。乌克兰西部经济落后，且居民受西方影响较大，这是尤先科的主要

---

① 赵常庆等：《中亚五国与中国西部大开发》，昆仑出版社2004年版，第19页。

支持力量。

在吉尔吉斯斯坦存在南北部差距和部族问题。吉南北部差距可以从下列数据中反映出来。2003年,吉南部贾拉拉巴德州人均国内产值1089索姆、奥什州1006索姆、巴特肯州735索姆,而北方楚河州2187索姆、伊塞克湖州1972索姆、塔拉斯州1518索姆、纳伦州1210索姆、比什凯克市2580索姆。北部各州经济状况明显好于南部各州。同年,南部三个州的外贸进出口总额只有1.46亿美元,而北部地区则为10.56亿美元,几乎为南部地区的7.23倍。从生活水平来看,南北方差距较大。2003年,南部三个州企业和公职人员月平均工资为:奥什州968.9索姆、贾拉拉巴德州1474.1索姆,巴特肯州1183.1索姆。而北部四州一市的情况是:伊塞克湖州2561.4索姆,纳伦州1543.7索姆,楚河州1791.2索姆,塔拉斯州1260.1索姆,比什凯克市2627.9索姆。[①] 北部工资明显高于南部。平均工资最少的奥什州是这次带头起事的地区之一,明显有经济原因。总统阿卡耶夫来自北部地区,因此南部希望通过更换总统来改变贫穷落后局面。社会不和谐为政局突变埋下隐患。

关于社会分配不公问题,在上述国家独立后变得日益明显。在80%的人口处于贫困状态下,不到20%的人通过各种手段一夜暴富。在这些国家,富裕起来的人并非真的是通过诚实劳动所得,多是靠不正当手段,如官员的腐败,私有化过程中的巧取豪夺,官商勾结、黑社会的不法行为等。

应该说,地区发展差距和民族矛盾是多年形成的,由于受各种因素影响,并不容易解决。但作为执政者必须认识到这些问题的严重性,努力去解决。没有社会的和谐,就没有国家的稳定。这个道理不难理解。

从吉事件中还可以得出另一个结论,而且对许多国家都有启发性,这就是,社会和谐还应该包括领导层的和谐问题。吉前总统阿卡耶夫当政期间,曾以种种理由制造了一大批高官反对派,包括2005年7月当选新总统的巴基耶夫在内。此外还有奥通巴耶娃、库洛夫等。正是这些人成为推翻他的重要力量。领导人之间的矛盾并非都是政治斗争,也存在非政治因素。领导人之间的不和,会直接影响国家的稳定和社会的和谐。

---

① 《2004年吉尔吉斯斯坦统计数字》,比什凯克2004年俄文版,第308、309、331页。

特别是在存在严重部族问题的吉尔吉斯斯坦，这一点就表现得特别明显。如何做好被罢免的官员的安置问题，也是一个重要课题。尽管普通百姓失业与官员失位都有"安置问题"，但由于长期形成的地位不同，影响不同，反应程度不同，因此，欲保持社会和谐，保证因各种理由被解职的高官不成为政治反对派，将他们安置好至关重要。只有官员和谐才能齐心协力解决国家的、地区的发展以及其他方面的和谐问题。否则，高官内斗，社会不稳，"颜色革命"的危险性就会增大。

五 国内政治与领导人的执政能力问题

格鲁吉亚"颜色革命"和吉尔吉斯斯坦"3·24"事件的发生与国内政治形势和领导人的执政能力有关。

在这些国家事变之前，它们都是独联体国家中最"民主"的国家。谢瓦尔德纳泽和阿卡耶夫都被认为是"民主斗士"。这些国家形式上实行的是西方政治体制，三权分立、多党制、总统民选制等。国家存在多个政党，其中不少是反对党。国内都有公开出版的反对派的报刊。在学校中，老师给学生讲的是西方政治制度，总统讲话也言不离"民主"。国内存在大量的非政府组织。

在这种政治气氛下，已经连任多年的国家领导人，包括吉尔吉斯斯坦的阿卡耶夫，格鲁吉亚的谢瓦尔德纳泽，乌克兰的库奇马在面对总统选举时，都不愿意完全放权，或者想以种种手段谋求连任，或者想通过修改宪法，为自己继续参政铺平道路。这些长期大讲"民主"的人，经不起权力的诱惑，拜倒在利益裙下，自己挖坑自己埋。

在格、乌"颜色革命"和吉"3·24"事件发生后，包括阿卡耶夫等人在内的国家领导人充分暴露了自己的治国理念和无所作为。在暴徒冲进吉总统府，阿卡耶夫可以采取合法手段维护合法政权时，没想到他竟然选择了逃跑这一招，完全出乎吉多数公民和国际社会的预料。合法总统采取合法手段捍卫合法政权是理所当然的事情，但他们都没有做，造成的后果是政权顿失，经济倒退，人民生活再次受到影响。

阿卡耶夫的行为不是一个成熟政治家的表现。成熟的政治家应该有坚定的原则性和决策的果断性。当暴徒冲击总统府时，阿卡耶夫只要坚守自己的岗位，果断指挥，制止少数暴徒最初表现出的极端行为，事情也不会发展到不可收拾的地步。执政能力差，这是吉"3·24"事件发生的又一个原因。在这样的总统领导下的政府也是一个无能的政府。在这些国家中，政府官员考虑到自己可能随时下台，因此，会利用现有岗位尽量为本人捞取好处，而并不认真考虑国家大事。这就导致了人民对谢瓦尔德纳泽、库奇马、阿卡耶夫等人下台并不惋惜。

六　"颜色革命"和吉"3·24"事件后的局势

"橙色革命"并没有促进乌克兰的政治稳定和经济发展。相反，国内的政治和经济形势更加复杂。国内地区分裂问题如故，而且随着尤先科不断出台的去俄罗斯化政策而更加难以弥合。乌在欢庆"颜色革命"胜利后不久，就出现了领导层内部的矛盾和争斗。如英国《金融时报》指出："乌克兰'橙色革命'过去六个月了，领导人之间愈演愈烈的对立使规划中的政治经济改革前景堪忧。"[1] 被推翻者或者被击败者也不甘失败，准备东山再起。这一点在格鲁吉亚、乌克兰都明显存在。特别是各国各种派别背后都有外国影响甚至支持的背景，这就使各国国内局势难于稳定。影响国内稳定的经济因素和社会和谐因素并非短时间内可以解决。在有的国家如吉尔吉斯斯坦，经济出现明显的下滑，外资进入止步不前，人们生活较事件前更加艰难，甚至欲恢复到"3·24"事件前的水平也要经过一段时间。

我们注意到，格、乌两国虽然说与俄关系不变，实际上并非真的不变。近来，它们积极复活"古阿姆"集团，甚至想拉吉进入，反映出它们欲与俄罗斯对抗的态势。可是，由于自己的底气不足，它们又不能完全摆脱俄罗斯。这些国家的发展前景虽然与西方国家特别是美国有关，但更大程度上取决于俄罗斯。只要俄罗斯不发生"颜色革命"，格、乌欲完全倒向西方也很困难，相反，如果俄罗斯发生变化，"颜色革命"可能真要在独联体国家发展下去。

至于中亚国家吉尔吉斯斯坦，"3·24"事件后一再声称其外交方针

---

[1] 《政治对立危及乌克兰的改革》，[英]《金融时报》2005年7月4日。

和国内政策"不变"。完全不变是不可能的,但如何变,尚不明确。巴基耶夫在 2005 年 7 月 10 日的总统选举中高票当选,根据此前他与库洛夫达成的默契,后者很可能出任总理。对此,俄罗斯《生意人报》撰文写道:"比什凯克的许多政治家认为,近期胜利者内部可能出现严重摩擦。"① 希望吉新政府能团结一致,共渡难关,同时也要从国内实际出发,制定符合本国国情的政策,而不要为追求"美式民主"付出高昂的代价。

七 "颜色革命"会继续发生吗?

这是国内外都关注的问题,也是不宜用"是"与"否"简单回答的问题。

不容忽视的事实是,美国在全球推广"美式民主"的战略不会改变,它不会满足于在几个国家见好就收,而要使所有的国家都实现"美式民主",特别希望俄罗斯等大国发生"颜色革命"。从这个意义上讲,产生"颜色革命"的外部环境没有改变,甚至在强化,因此,如果有的国家抵抗不住外部的攻势,就可能发生"颜色革命"或者以暴力方式实现政权转移。

但是,在外部环境相同的情况下,一个国家能否发生"颜色革命"还要看它自身的抵御能力,包括经济发展状况、社会和谐状况、领导人的执政能力等。说"颜色革命"不可抗拒是不对的,这只看到外部影响的一面和忽视了世界各国国情的千差万别,从而丧失应对"颜色革命"的信心。对发生"颜色革命"的危险性认识不足,准备不力,也是不对的,这会自安自慰,麻痹自己,一旦真的发生会措手不及。

对目前独联体国家是否会继续发生"颜色革命",存在看法分歧。西方媒体说会,而且将下一个国家锁定为白俄罗斯、亚美尼亚或者是哈萨克斯坦。最近,在阿塞拜疆和俄罗斯也出现了反对派跃跃欲试的情况。

其实,判断哪个国家会发生"颜色革命"是件很困难的事情,比如,谁会想到阿卡耶夫会以逃跑的方式结束自己的政治生涯?不过,说在独联体哪个国家可能发生"颜色革命"都是有理由的,因为在这些国家都存在与格、乌等国相似之处:第一,政治体制相似,都实行多党制,形

---

① [俄]别克·奥利扎利耶夫:《双头郁金香》,[俄]《生意人报》2005 年 7 月 11 日。

式上的"三权分立"和总统的全民直选制;第二,各国都存在政治反对派,而且反对派有一定的能量,不少反对派有自己的宣传工具;第三,反对派也在联合,例如,哈萨克斯坦反对派也结成了联盟——"争取哈萨克斯坦公正运动";第四,一些国家反对派已经有了领军人物,哈萨克斯坦有图亚克拜,俄罗斯有卡西亚诺夫等;第五,在这些国家中非政府组织都很活跃;第六,西方握有某些领导人腐败的把柄。这些情况都可能成为引发"颜色革命"的潜在因素。

但是,存在这些条件不等于一定会发生"颜色革命"。以美国视为眼中钉的白俄罗斯为例。西方对卢卡申克政权又打又压,但白俄罗斯迄今未变,近期也未必会变,这与卢卡申科在国内的影响力和与俄罗斯的特殊关系有关。再如哈萨克斯坦,该国也未必发生"颜色革命",因为该国与格、乌、吉等国有很大的不同:第一,经济形势不同。1999年以来哈经济持续增长,2004年人均国内生产总值已经达到2500美元,2005年可望达到3000美元。尽管该国也存在分配不公的问题,但总的来看,人民生活明显改善,社会形势稳定。第二,哈领导人对国内局势有较强的掌控能力。第三,哈不存在明显的地区矛盾。第四,哈总统参选符合宪法。而上述四点正是吉尔吉斯斯坦等国的致命弱点。2005年4—7月,笔者两次访问了哈萨克斯坦。哈官员和学者都强调经济形势好是抵御"颜色革命"的重要屏障,同时强调,纳扎尔巴耶夫总统的执政能力不能与阿卡耶夫同日而语,在关键时刻他不会像阿卡耶夫那样手软。哈萨克斯坦已从吉事件中吸取了教训,并采取了防范措施。

中亚另外三个国家的情况各有不同。但近期也看不到发生"颜色革命"的前景。说塔吉克斯坦不会发生"颜色革命"的原因是:第一,塔内战后经济形势不错,人民生活有所提高,人民对来之不易的稳定局面格外珍惜,不想为少数政客和外国势力所利用。塔当局很好地利用了人民"求稳怕乱"的心理,把它作为反击反对派的武器。第二,这些年为生活所迫,大批年轻人到俄罗斯、伊朗、哈萨克斯坦等国打工,总人数达到80万人。这些人离开塔吉克斯坦,使反对派失去赖以支持的基础。第三,为取得民众支持,拉赫莫诺夫总统不断整肃自己的队伍,广纳英才,清除败类,以此维护自身形象和争取民众支持。第四,塔当局为制止反对派的蛊惑宣传,对为反对派印刷报刊的印刷厂以逃税为名将其关闭，至今没有恢复生产。这些做法有利于维护当政者的统治。经历过战争洗礼的塔当政者对吉事件保持高度的警觉。目前，在塔发生"颜色革命"的可能性不大。

土库曼斯坦是个很特殊的国家，近期不存在总统选举问题，外国势力进入也很困难。该国也存在反对派，但多在国外。该国的政权前景，与其说取决于国内政治经济形势，不如说取决于尼亚佐夫总统的健康。在尼亚佐夫总统身体无大碍的情况下，近期发生"颜色革命"的可能性也不大。

乌兹别克斯坦是中亚最复杂的国家。这几年该国不断发生反政府事件，最近又发生"安集延事件"。导致这些事件发生的原因复杂，是国内外因素综合作用的结果。

首先，乌经济形势较差，人民生活较困难。其次，乌政府对国内不同政见和不同宗教派别采取高压政策，打击胜于安抚，积怨很深。因此，国内存在发生突变的可能性。乌兹别克斯坦如果发生事变，也不会是"颜色革命"，而是比吉还要严重的暴力夺权。但是，卡里莫夫总统对国内有很强的掌控能力，最近又从吉"3·24"事件中吸取教训，注意发展生产，改善人民生活，同时加强对外部势力的防范。使国内局势相对稳定。

笔者认为，即将举行的中亚国家总统选举如能正常进行，即使西方国家从中作祟，现总统也会当选。吉"3·24"事件未必在中亚再次发生。如发生，则必然是暴力政权更迭。新政权未必亲美，倒是亲俄或者极端势力上台的可能性较大。

至于众所关注的俄罗斯，这是一个大国，也是政治制度相对成熟的国家。俄几次总统选举结果都为失败者所接受。普京政权不会因反对派围攻就下台。美国可能鼓动俄反对派通过联合能在选举中掌权，而不是围攻政府夺权。

笔者最后指出，美国推行全球"民主化"战略不停止，发生"颜色革命"的危险性就存在。从防患未然出发，把问题看得严重些有利。但说"颜色革命"不可抗拒，未免夸大美国的能力。事在人为，搞好本国事务是抵御"颜色革命"的关键。

——原载李凤林主编《欧亚社会发展研究》2005年年刊

从中亚国家"颜色革命"看加强执政能力建设的重要性

【内容提要】 2005 年 3 月，中亚国家吉尔吉斯斯坦发生动乱，导致政权易主。同年 5 月，另一个中亚国家乌兹别克斯坦发生"安集延事件"，导致人员伤亡，经济发展受到影响。而同为中亚国家的哈萨克斯坦，却成功地避免了类似事件的发生，国家在稳步发展。这三个国家中有两个国家发生了所谓的"颜色革命"，一个国家成功避免，个中原因很多，但有一点值得关注，这就是三个国家领导人的执政能力有很大的不同。本文拟通过中亚三个国家在"颜色革命"冲击下的不同表现，探讨加强执政能力建设的重要性。

一 2005 年吉、乌两国同样发生动乱，由于解决方式不同，结果也不相同

(一) 吉尔吉斯斯坦动乱

2005 年是吉尔吉斯斯坦议会选举年。根据规定，本届议会应选出 75 名议员。因为此前在格鲁吉亚和乌克兰总统选举期间，反对派以"街头政治"形式发动所谓"颜色革命"并导致政权更迭，同时有下一个国家可能是吉尔吉斯斯坦的传闻，因此，吉当局对这次选举很重视，从选举程序到选举设施都做了精心的准备，不给反对派提供攻击政府的口实。吉反对派在国外势力的支持下，对这次选举也做了精心的准备，欲与阿卡耶夫的支持者展开一搏。国际社会对吉议会选举也很关注。为表明此

次选举的公正性，除国内各党派和团体派出大批观察员外，吉政府还邀请了外国观察员前来监督选举工作。来自不同国家的553名国际观察员观察了整个选举过程，他们分别来自独联体国家、欧盟、美国、上海合作组织等，中国也应吉政府的邀请派出了自己的观察员。

选举前夕，各派别都进行了竞选活动，首都比什凯克较为平静，没有发生冲突的迹象。

2月27日选举如期举行，大部分选区选举工作进行得井然有序。当天选出了32名议员，其余选区由于候选人得票不过半数，只能经第二轮选举产生。在第一轮选举中反对派候选人当选的不多，只有寥寥几人。第二轮选举于3月13日举行。这一次又选出了39名议员，两轮选举后共产生了71名议员，尚有4人待选。选举结果表明，亲总统的力量取得了胜利，亲西方的反对派候选人只有8人当选。独联体观察团、上海合作组织观察团和中国观察团对选举的公正性做出了积极评价。欧盟观察团虽然指责个别选区存在舞弊问题，但承认整个选举工作基本符合民主国家的要求。两轮选举后，比什凯克市内仍很平静。

就在多数人认为吉议会选举已经顺利结束大势已定的情况下，局势却发生了急剧变化。第二轮选举结束后，吉南部贾拉拉巴德州和奥什州的反对派发表声明，称选举舞弊严重。在落选反对派候选人的蛊惑下，上述两个州的一些人对选举结果不承认，借口选举存在舞弊问题，开始举行示威抗议活动。最初抗议者人数不多，当局没有引起重视。后来参加者越来越多。3月19日，奥什州和贾拉拉巴德州政府大楼被示威者占领，数千名示威者持械高喊口号，要阿卡耶夫下台。3月20日警方奉命驱赶占领政府大楼的示威人群，与示威者发生冲突，于是，示威者开始冲击民警局大楼，并将其中两栋楼放火焚毁。由于当地局势失控，一些不法分子开始打砸抢。3月21日，骚乱进一步扩大，示威者集聚在贾拉拉巴德中心广场，要求阿卡耶夫下台。示威者还在机场设障，防止中央政府派兵镇压。事态发展已经超出了对选举结果不满的性质，朝更严重的方向发展。

南部骚乱很快向北部扩展。在首都比什凯克市也出现不稳定因素。南部示威者数百人乘汽车前往比什凯克增援比什凯克反对派。汽车没有受到任何阻拦到了比什凯克。3月23日，在情况相当危急时，阿卡耶夫下令解除了内务部长和总检察长的职务，使主要负责国内治安的内务部队失去领导，变得一时手足无措。3月24日，比什凯克发生骚乱，示威者在一些人的鼓动下开始冲击总统府。警卫人员由于得到不许开枪的命令，只能徒手阻拦示威者，始终没有动用武力。面对大喊大叫的示威人群，国家政权面临危机之际，阿卡耶夫没有采取果断措施处置，既不实行紧急状态，也没有调动武装力量捍卫国家政权，更拒绝独联体国家派军队前来维持秩序，而是带领少数身边人员和家眷离开总统府，在坎特机场乘飞机离开吉尔吉斯斯坦前往哈萨克斯坦躲避，后又转往俄罗斯。后来，阿卡耶夫在辞职声明中解释为什么没有采取必要的措施时说，他这样做是为了不引发内战。

在得知总统不在总统府的消息后，示威者冲进了总统府。一些暴徒开始抢劫比什凯克最大的超市和中国商人开设的国英商贸城等商业设施，并放火焚烧，还打死和打伤一些中国商人。3月24—25日，比什凯克处于一片混乱之中。远在莫斯科的阿卡耶夫发表声明，称比什凯克发生的事件是一些人以暴力的方式篡夺政权，他不会辞职，还要返回吉尔吉斯斯坦。但在国家处于危机时他却率先逃往国外，他的话已经无人相信，对政局也起不到太大的影响。

在阿卡耶夫离开吉后，3月25日，反对派领导人巴基耶夫由老议会任命为代总理并代行总统职务。正在服刑的前内务部长库洛夫被释放，此人很快行使对内务部队的指挥权，并下令采用一切手段甚至动用武力恢复比什凯克的秩序。3月26日比什凯克逐渐恢复了平静，但一些州却相继出现动乱。例如，4月5日，一名警察局长在奥什市遇袭身亡。4月6日，奥伦州法院认定议员萨马科夫在选举中存在舞弊行为，宣布选举无效，数千名萨马科夫的支持者占领州政府大楼和法院大楼，要法院撤回判决。远在莫斯科的阿卡耶夫已经完全丧失了对国内局势的控制。

阿卡耶夫在看到回国当政无望的情况下，于4月4日上午在吉驻俄使馆签署声明，宣布从4月5日起正式辞去吉总统职务。吉议会于4月11日接受了阿卡耶夫的辞职请求，当政近15年的阿卡耶夫政权在街头政治的冲击下瞬间垮台。

3月28日新议会选举巴基耶夫为总理并代行总统职务。同时，定于7月10日举行新总统选举。巴基耶夫在总统选举中以88%的得票率胜出，出任新一届吉总统,另一个反对派领导人库洛夫出任政府总理。至此,吉政权易主。

(二) 乌兹别克斯坦动乱

2005年3月发生的吉动乱和政权易主对乌兹别克斯坦的影响很大。吉反对派通过"街头革命"迫使阿卡耶夫下台的做法,对乌国内的宗教极端分子和不满政府的人起到一定的示范作用。尽管乌政府加强了对威胁国家稳定势力的防范,但仍未能避免"安集延事件"的发生。

2005年5月12日晚,一群武装分子袭击了乌东部城市安集延的一些警察岗哨和部队营房,抢夺了大量武器弹药,随后冲进安集延市监狱,将一批在押犯释放。之后,武装分子又冲击安集延州政府大楼和州安全局大楼。5月13日,局势进一步恶化,武装骚乱演变成几千名民众参加的抗议活动。示威者聚集在市中心广场,要求进行民主改革,扩大就业,甚至要总统下台。事件发生后,卡里莫夫总统立即飞抵现场处理。他命令乌军警封锁安集延市出入通道,并在与武装分子谈判失败后,采用武力解决。政府军动用装甲车和直升机等驱散了示威者,坚决回击了反抗的武装分子,局势很快得到控制。乌官方称,在平息这场骚乱中有100余人死亡。骚乱平息后,大批难民涌向邻国吉尔吉斯斯坦,后被国际组织转移到欧洲国家。

在平息骚乱过程中,乌政府尽量封锁消息,切断安集延市的电话通信和交通,并关闭了部分卫星电视频道和网站,控制信息发布权。卡里莫夫总统于2005年5月14日和17日就"安集延事件"两次召开记者招待会,强调该事件属于乌内政,是中亚宗教极端组织伊斯兰解放党的分支"阿克拉米亚"所为,旨在在乌制造"颜色革命",最终建立伊斯兰"哈里发国"。5月18日,乌政府组织部分驻乌外交机构代表和记者到安集延市考察,以正视听。"安集延事件"后,乌政府封锁边境,动用了大批军警维护首都塔什干的治安,并动员各方力量搜捕逃逸的囚犯和武装分子,对事件有关责任人进行相应的处理。事件发生后的几个月内,有100余人被法院认定为与武装骚乱有关,被判入狱。此外,卡里莫夫总统还调整了政府班子,更换了部分强力部门领导人。

在加大打击力度的同时,乌政府出台新的经济改革政策和福利措施,如增加工资、退休金和助学金，改善投资条件，改革金融体系等安抚民众，缓和不满情绪，还为安集延市所在的费尔干纳地区百姓解决生活困难问题。

乌政府还注意加强舆论宣传和思想教育工作。乌政府举行各级会议，自上而下统一言论，并要求媒体、单位和院校就该事件举行研讨会等各种活动，请"安集延事件"的相关人员说明情况，澄清谣言，请示威人员代表及家属对于自身行为进行忏悔，谴责极端主义和恐怖主义，强调稳定高于一切。

（三）解决方式不同，结果不同

吉、乌两国发生的事件相距不到两个月，由于解决方式不同，结果也完全不同。

首先，直接后果不同。同样是发生骚乱，吉由于军警奉总统阿卡耶夫之命不许开枪，总统本人在紧急情况下携家眷外逃，结果，原政权垮台，反对派上台。而乌总统则亲临一线指挥，对骚乱分子先礼后兵，坚决镇压，并采取一系列控制局势的措施，使骚乱没有扩大，国家稳定得到保持，国家尊严得到维护。

其次，后续结果也不同。吉动乱后，国家长达一年多的时间在动乱中度过，至今也没有完全稳定。发生动乱的2005年当年，国家经济严重下滑，国内生产总值呈现负增长，人民生活继续恶化，外资望而却步，"颜色革命"后遗症至今没有完全消除。

乌在事件发生后一段时间内国内经济受到一些影响，但影响有限。国内局势基本稳定，特别是国家在经济和社会政策方面做出一些调整，经济仍保持7%的增长，人民生活有所改善。2007年该国总统选举得以在平静状态下进行，这与2005年妥善处理"安集延事件"以及遗留问题不无关系。

二 中亚国家发生"颜色革命"原因很多，内因是主要的，很多原因与执政能力有关

无论是吉尔吉斯斯坦，还是乌兹别克斯坦，发生动乱的原因很多，

有国外原因，也有国内原因，普遍认为，内因是主要的。

内因包括政治、经济、社会、民族等各个方面，但这些原因都与领导人的执政能力有关。

（一）政治原因

吉独立后在政治体制上盲目学习西方，较少考虑是否符合本国国情。这个拥有510万人口的国家却拥有32个政党，而且没有一个政党能对国家稳定与发展起到重要支撑的作用，这种情况在西方国家也罕见。阿卡耶夫言不离"民主"和"自由"，但如何在本国实行"民主"和"自由"，缺乏明确界定和措施。阿卡耶夫在其所著的《难忘的十年》一书中这样写道："按照我的信念，真正的民主首先在于，赋予千百万公民民主权力和自由。""作为总统，我看重一切民主权利和自由的表现。它包括言论和出版自由，政党和不受权力意识控制的合法活动。"但是，是否存在多个政党，或者说，政党如林就是民主和自由，阿卡耶夫并没有说明。也正是在阿卡耶夫这种治国理念的指导下，吉成为中亚国家中最"民主"和最"自由"的国家。而吉的"民主"和"自由"与无政府主义却划不清界限。例如，在以往的选举中和对重大事件的处置上，只要结果不符合自己的要求和利益，一些人就会集会、示威，甚至冲击政府或执法机构，向当局施压，以达到自己的目的。而有关当局负责人出于维护国家稳定的考虑曾果断予以处置，结果却受到上级甚至总统的指责，轻者挨批，重者丢官，连部长和总理有时也难于幸免。这样的国家管理使戈尔巴乔夫后期已经膨胀的无政府主义在吉非但没有得到清理和消除，反而在"民主"和"自由"的口号下变得更加严重，使一些无视法纪者变得有恃无恐。长此以往，在国家出现危机时，任何官员都不愿意替国家分忧，为总统卖力，往往采取明哲保身的做法，也使大讲"民主"和"自由"的总统身边没有支持自己的有力团队，在事关国家政权安危之际也无人理直气壮地加以捍卫。

乌兹别克斯坦则表现为另一个极端。该国对民众的民主和自由控制很严，国内警察之多为世界各国少有，民众言论受到限制。特别是总统过分依靠强力部门维持国家稳定，在打击宗教极端势力问题上存在打击面过大的情况，造成不少冤假错案。吉、乌两国表现出的两个极端，都说明它们的执政缺乏科学，缺乏民主，也谈不上依法执政。

吉、乌两国独立15年并没有形成一支稳定、高效、廉洁的公务员队伍。官员任免存在很大的随意性，裙带关系和买官卖官很普遍。官不为民执政，民不满官所为。各级官员只想捞取更多的利益，贪污和腐败已经渗透到国家的每一个角落。在这些国家当官就意味着发财，也意味着其家属、亲戚朋友甚至整个部族享有好处。吉最富有的人中，80%是官员，其次才是商人。月薪150美元的部长却拥有豪华轿车和别墅。官职一丢，就意味着丧失致富的来源。因此，官员在任职期间大搞腐败，一些被撤换的官员对总统心怀不满而成为反对派。这些国家当政者产生的分歧，很少是政见或治国方略的分歧，而通常是官位和利益之争。普通民众也看清了这一点，对谁执政并不在意，有人甚至想通过动乱谋取一官半职，这导致国家政权缺乏群众基础，也造成国家政权面临经常性的危机。

国家经济形势不佳和管理无能为反对派提供了壮大力量的机会。最近几年吉被排挤出领导层的官员越来越多，在国外势力的支持下，反对派的力量不断壮大。而乌反对派则处在暗处，也在利用民众的不满组建队伍，积蓄力量。这些人都有一定的社会基础，都在伺机夺取政权。吉反对派做到了，乌反对派则没有成功。

在中亚国家，谁控制了强力部门，谁就能控制政权。在吉尔吉斯斯坦，由于阿卡耶夫放弃了对强力部门的控制，使政权在危机时得不到保护，造成政权易主。强力部门在关键时刻不能挺身而出，其根源还在于国家领导人缺乏执政能力。在这个问题上，乌总统卡里莫夫要比阿卡耶夫高明。

（二）经济原因

经济是政权稳定的基础，经济与人民的生活直接有关，经济好坏直接影响民众对当局的信任程度，经济也是检验执政能力的重要标准之一。

吉、乌两国独立后都存在经济发展缓慢，人民生活水平改善不大的问题。独立前的1990年，吉人均国内生产总值为1119美元，乌为1148美元，可是独立十多年后的2005年吉人均国内生产总值仅为319美元，乌为673美元。这种经济下滑逐渐引起民众的不满。吉、乌两国都与哈萨克斯坦毗邻。独立前和独立初期，吉、乌两国与哈的情况相差不多。可是十多年后，它们与哈相比已经差别很大。2005年哈人均国内生产总值已经达到3300美元，为吉的10倍，为乌的5倍。哈职工工资相当于吉、乌两国职工工资的8—10倍。这种反差也导致吉、乌两国民众对本国领导人的不满。

吉、乌经济发展缓慢与资源禀赋不足有关，也与经济体制改革缓慢、管理松散或管理失当、官员的腐败等有关。经济不好导致民众心态发生变化，对执政者的执政能力产生怀疑，民心丧失直接影响政权稳定。

普通民众生活困难，可是，当政者却灯红酒绿，又盖豪华别墅，又买高级进口轿车。贫富差距拉大同样会使人们的心态发生变化，穷者不仅对依靠权势暴富的人充满仇恨，更主要的是加重了人们对造成这种现象的领导人的不满情绪。

地区经济发展差距很大是吉、乌等国长期存在的问题，独立后没有多大变化。地区发展差距问题的存在成为政局突变的原因之一。

（三）社会原因

吉、乌两国都有大量失业人口的存在，并由此带来大面积的贫困问题。失业问题存在于两国各州，又以同为吉、乌两国领土的费尔干纳盆地最为严重。失业者中年轻人所占的比例很大，人口的高增长率使大量适龄青年进入求职期，而经济发展缓慢使失业问题解决起来更加困难。参加闹事的人中以无业青年居多数，就很能说明这个问题。失业大军的存在对社会稳定会构成重大威胁，这一点对任何国家都一样，在吉、乌两国表现得更明显。这两国发生的骚乱是群众对国家发展丧失信心和内心不满的一种宣泄。

另外，与社会思潮有关。错误社会思潮包括：苏联后期出现的无政府主义没有得到清除；民众特别是年轻人对"民主""自由"的错误理解和盲目相信西方代言人的说教；由对当局腐败和无能的愤怒和对国家和自己生活前景的失望导致的行为失控和极端化倾向；对宗教极端势力的宣传蛊惑的迷信。格鲁吉亚和乌克兰发生的"颜色革命"又给急于寻找出路的年轻人以错误的引导。在各种社会思潮的冲击下，不少人犹如干柴，遇到火星就可能点燃。吉南部一些人借选举闹事，乌安集延市一些人也借吉闹事之机，点燃了对当局不满的烈火。

此外，吉存在部族矛盾，乌存在地区矛盾，这些也是诱发动乱的原因之一。

（四）外部影响

吉、乌事件存在外部势力介入问题，这是指美国的支持和影响，特别是西方国家通过一些非政府组织灌输"西方民主"和公开支持反对派，是影响吉、乌两国稳定的来自境外的负面因素。

总之，吉、乌两国存在的经济发展缓慢、人民生活改善不快、社会矛盾严重等都反映出领导人执政方面存在的问题，相比之下，阿卡耶夫存在的执政问题更多，执政能力更差，也使他成为中亚国家中通过非正常政权更迭下台的第一人。

（五）阿卡耶夫缺乏执政能力

阿卡耶夫的执政理念是机械照搬西方的"民主"和"自由"。这在前面已经谈到。问题在于，他作为国家总统，却不知道如何引导国家实现民主和自由。

他就任总统不久就表示要使吉尔吉斯斯坦成为"东方的瑞士"。然而，只是有山有水就能成为瑞士吗？国家政治秩序如何，经济状况如何，民众素质如何，他考虑得并不多。他本人不止一次到过瑞士，把女儿也送到瑞士学习和居住，不能说他不知道吉尔吉斯斯坦和瑞士的差距。可是，他领导国家十多年，国家人均国内生产总值却始终徘徊在300—400美元，不知他为改变这种状况做了些什么？

阿卡耶夫作为国家总统，拥有领导国家的宪法基础，包括对国家要员的任免权和对国家武装力量的调动权；拥有能确保总统权力的政党基础；拥有庞大的行政资源。可是，阿卡耶夫执政十多年，由于缺乏用人之道，不仅滥用权力制造了一批高官反对派，在关键时刻也没有支持自己的官员、政党、军队。

在政权危机的时刻，他本可以动用包括武装力量在内的一切力量维护国家的安全与稳定，可是，他却下令军警不许开枪，在辞职讲话中他解释说，他这样做是"为了留下一颗清白的心和灵魂，不值得为权力流血,哪怕是一滴"。人们看到,他不管国家会发生什么事情,也不管国家今后会怎样,为了自身安全竟带着家眷自行出走。应该说,他没有履行宪法赋予的作为国家总统的责任,而是把国家政权看作是可以随意丢弃的个人财物,(不是说,国家政权总由同一个领导掌管就好,而是说,国家领导人的更替应该依法进行)。对任何以不当方式染指政权的行为不能听之任之,甚至为保全个人生命一走了之。阿卡耶夫为个人出走所做的辩解,只能说明他是一个不负责任的国家领导人。阿卡耶夫缺乏作为国家总统的执政能力,在关键时刻的软弱和不作为,也是导致政权易主的原因之一。正如俄罗斯国家战略研究所所长别尔科夫斯基在吉"3·24"事件发生后不久的一次记者招待会上分析"颜色革命"在独联体一些国家发生的原因时说:"垂直政权的封闭性、限制新鲜力量的进入、人民不信任执政者、当局缺乏对未来的积极发展方案等。在一个经济和社会形势都不好的国家大谈'稳定'是无法被接受的,人民更希望快速发展。难以解决的种族冲突、没有反对派和其他可以选择的政党,也都促使社会产生更换政治领导人的强烈愿望。被推翻的政权还犯了一个严重错误:未能与强力机构紧密团结。"他的看法从一个侧面总结了吉政权易主的原因,也可作为人们研究执政能力与"颜色革命"关系问题时的参考。

三 同为中亚国家的哈萨克斯坦,2005年也举行了总统选举,该国却没有发生"颜色革命"。究其原因,与该国总体形势,特别是与总统执政能力较强分不开

在吉、乌两国发生"颜色革命"的当年即2005年,哈萨克斯坦于12月4日举行了总统选举。作为中亚地区的大国,哈是否会成为"颜色革命"的下一个目标备受国际社会的关注。大选前夕,哈反对派跃跃欲试,企图效法"颜色革命"发生国,通过街头政治实现政权更迭。选举结果表明,时任总统纳扎尔巴耶夫以91%高票胜出,反对派领导人图亚克拜仅获得6.64%的选票,远远不及纳扎尔巴耶夫。纳扎尔巴耶夫的成功连任终结了"颜色革命"在独联体国家出现的多米诺骨牌效应。哈得以成功避免"颜色革命",与哈国内总体形势良好,特别是与纳扎尔巴耶夫总

统有较强的执政能力有很大的关系。哈总统有较强的执政能力体现在，能使经济得到较快的发展，人民生活明显改善；能使国内政局保持基本稳定；能使哈在国际社会中的地位不断提高。

（一）经济快速发展，人民生活有所改善

自 2000 年以来，哈国内生产总值保持 9% 以上的增长率。1996 年到 2005 年的 10 年间，人均国内生产总值从 770 美元增加到 3300 美元，2006 年这一指标超过 5100 美元。据国际金融机构统计，哈人口占中亚五国总人口的 1/4，而经济收入却占中亚五国总收入的 2/3。经济发展使民众的福利也得到了相应的提高。1996 年至 2005 年的 10 年间，职工月平均工资增长了 5 倍，最低工资增长了 24 倍，月平均退休金增长了 3.6 倍。哈经济状况远远好于"颜色革命"发生国。由于哈居民生活水平不断提高，因此不具备诱发"颜色革命"的经济动因。

（二）拥有强大支持力量，提出有力的竞选纲领

自 20 世纪 90 年代后期起，哈没有发生过重大的政治动荡和民族冲突。反对派力量相对薄弱，亲总统势力在议会中占有绝对优势，在 2002—2006 年议会下院中，反对派"光明之路"党仅占据一个席位，而亲总统党"祖国党"在议会下院拥有的席位竟超过 2/3，使一系列防范反对派发动街头政治和"颜色革命"的法律法规得以顺利通过。除了立法权力的有力保障外，哈总统通过亲总统党构筑了强大的行政资源体系。中央各部门主管及地方行政首脑几乎均为"祖国党"成员或亲总统党党员。垂直的行政权力体系保证了总统意志的上传下达，在总统竞选期间发挥了有效的助选作用。

为应对选举，纳扎尔巴耶夫提出了详尽的观点鲜明的竞选纲领，其成熟性远在反对派候选人之上。反对派自身实力不济，很难在政坛上有所作为。美国著名的中亚问题专家奥尔科特曾指出，哈"政治精英"自知难以对纳扎尔巴耶夫构成挑战，也没有做好与总统对阵的准备。哈反对派自身的软弱性在一定程度上保证了哈政局的稳定。

(三) 较好地处理民族宗教问题

民族宗教问题是中亚地区引发社会政治动荡的重要原因之一，历来为中亚国家所重视。哈是一个拥有 130 个民族和 40 多种宗教的国家，独立以来，该国一直把解决民族问题作为国家的基本国策之一，在制定民族政策时，既考虑本国的具体国情和历史传统，又使民族政策与国家总体政策相一致。哈效法西方的人本主义思想，规定"人的生命、人的权利和自由"为最高价值，弱化民族观念及其影响。与此同时，还将解决民族问题与巩固国家独立联系起来，将增强民众的国家意识，尤其是非哈族公民对国家的认同感作为一项长期的国策，使所有公民认识到自己是"哈萨克斯坦人"，并将此作为所有公民的国民意识观念。此外，哈实行单一制国家，不实行联邦制，防止民族分裂，但允许各民族保留和发展自己的语言、文化、传统和习惯。由于哈执行的民族政策相对宽松，非主体民族（约占人口总数的 45%）中的绝大多数人特别是俄罗斯人支持纳扎尔巴耶夫，对"颜色革命"不感兴趣。

纳扎尔巴耶夫执政以来，一贯奉行多元化的民族和宗教政策，致力于宗教信仰自由和民族和睦共处，使哈萨克斯坦成为各民族和宗教和平共处的国家。独立以来，在邻国因宗教、民族问题或部族矛盾频繁发生冲突甚至是战争的情况下，哈却能始终保持着国家的稳定，与实行稳妥的民族宗教政策不无关系。

(四) 推出抵御"颜色革命"的多项措施

为了防止发生"颜色革命"，并确保纳扎尔巴耶夫总统顺利实现连任，从 2005 年初开始，哈政府采取了一系列防范措施。

首先，加强了对反对派和国内外非政府组织的监管力度，从法律层面和行政管理层面对反对派的活动与外部资助情况进行监督。例如，2005 年 1 月将反对党"哈萨克斯坦民主选择党"取缔，理由是该党煽动民众采取不合作行动。同时，还查封了反对派报纸《共和国报》，并对重要的反对派领导人萨尔森巴耶夫（А. Сарсенбаев）和反对派政治家努尔卡迪洛夫（З. Нуркадилов）提出起诉。此外，在吉发生"3·24"事件后，哈亲总统政党结成联盟，以增强应对"颜色革命"的力量。哈军警也大量采购警务装备，以防不测。2005年9月哈修改了《选举法》，规定从竞选拉票工作结束到正式公布选举结果前，禁止举行集会和游行，以"保障选举委员会能够正常工作"。

对于活跃在本国的非政府组织，哈当局加强了监管力度。2005年2月哈议会通过了《反极端主义法》，规定哈检察机关有权对哈境内各个国内外组织为极端组织的认定。同时，政府还加强了对非政府组织和候选人资助来源的控制，在2005年4月重新修改的《选举法》中规定："候选人有义务提供个人收入及财产状况。"在最新通过的《非政府组织法》中也规定，非政府组织必须在国家宪法和现行法律框架内活动。外国势力无权干涉哈国家政治生活，禁止任何外国政党和社会组织在选举期间资助候选人。2005年6月，哈萨克斯坦金融警察还以防止偷税为名，对近5000个非政府组织进行了检查，并特别加强了对有西方资助背景的组织的检查，其中有30多个美国与其他国家在哈境内的组织活动受到限制。哈还规定，在哈各地活动的非政府组织需向地方执行权力机关通报其在哈的活动情况及财务状况；非政府组织的资助情况也需得到地方执行权力机关的许可；禁止外国人领导哈萨克斯坦的非政府组织。此外，哈政府还对大选期间的外国观察员加强了严格的注册登记，对以个人名义来哈的外国观察员以及外国的非政府组织不予注册登记。

2005年7月哈议会通过《保障国家安全法》修正案，要求外国公民对资助哈政党以及帮助某个候选人竞选的活动负责。一旦有违法行为，外国人将在接受经济处罚后被驱逐出境，获取外国资金的政党将在交纳巨额罚款后被取缔。法案还规定，禁止哈报纸和电视台的负责人由外国人担任。所有进入哈境内的传教士必须在司法部门登记，同时还应在当地行政部门备案，每年要进行重新登记。宗教组织、社会团体和政党的活动只要被国家机关认定是违法的，该组织就将被取缔。此外，该修正案还加强了对媒体的控制，规定禁止外国人成为哈报纸和电视的领导人。

大选前出台的一些法律作为防范"颜色革命"重要措施，为哈政府在大选期间加强对反对派和外部势力的监控提供了法律依据。

哈还注意舆论对国内稳定的重要性。哈官方媒体在对吉政权危机和乌"安集延事件"的报道上，大多将这些政治动荡与中亚恐怖主义联系起来，强调动荡和"革命"不仅破坏了国内稳定，还会引起中亚地区恐怖主义和宗教极端势力的抬头。

在舆论宣传上，为回应西方对哈民主发展状况的指责，纳扎尔巴耶夫总统一再阐述本国的"特殊国情"和"逐步改革"的必要性，指出在民主的发展道路上，哈拥有自己特殊的民族文化传统。纳扎尔巴耶夫总统在各种场合均强调"稳定优先"的国策，指出哈将在现行宪法的框架内稳步推进政治改革，不会完全照搬西方国家的价值观。在2005年《国情咨文》中，他再次提出了"先经济，后政治"的发展战略，即主张在加大经济发展力度的同时"分步走、渐进式"地实现改革。

（五）完善选举程序，增加选举透明度

为防止反对派以选举舞弊为由上街闹事，纳扎尔巴耶夫总统一再强调，将尽一切努力确保大选能自由、公正、透明地进行。此次大选，哈萨克斯坦国内共设立了9597个投票站，其中约有工作人员6.85万人负责组织和监督大选的全过程。投票时，从核对选民证件、名单和选民身份到领取选票，直至最后投票，每道程序都十分严格。如果有谁作假，将追究刑事责任。与此同时，哈中央选举委员会还邀请国际社会对大选进行严格监督。此次大选共有来自42个国家的独立观察员约1600人。另外，还有来自哈萨克斯坦国内各政党的观察员1.65万人，各社会团体的观察员5600多人以及国内各媒体的代表。为加强对各投票站的安全保护，仅用于各投票站的警力就达到两万余人。

（六）利用灵活外交，为选举创造有利的外部空间

纳扎尔巴耶夫总统作为经验丰富的政治家，深知取得俄罗斯与美国的支持对于其赢得连任的重要性。因此，在处理同俄罗斯与美国的关系上，利用哈独特的地缘政治经济优势，奉行积极的、多元平衡的外交政策，周旋于俄美之间，既加固与俄罗斯的"传统友情"，又谋求美国等西方国家对自己的支持。特别是利用美国在反恐和石油等问题上对哈的需求，换取美国在政治上的支持。

纳扎尔巴耶夫总统作为经验丰富、具有很强驾驭政权能力的政治家，其政策主张适应主流民意，特别是巧妙地利用了民众"求稳怕乱"的心理。民意对抵御"颜色革命"和纳扎尔巴耶夫总统谋求继续执政非常

有利。

四 从2005年下半年起"颜色革命"旋风明显减弱，"颜色革命"发生国和风源国都在对这次冲击独联体国家的"革命"进行反思，尽管反思的目的和内容不同

2003年始发于格鲁吉亚的"颜色革命"，如同一阵旋风，在扫过格鲁吉亚和乌克兰之后，2005年刮到中亚。结果吉尔吉斯斯坦国家政权易主，乌兹别克斯坦发生安集延动乱，而同为中亚国家的哈萨克斯坦，却顶住了"颜色革命"的旋风，国内政局稳定，经济快速发展。这股"旋风"过后，"颜色革命"受灾国与受波及国都在对这股"旋风"的后果进行反思，思考"颜色革命"发生的原因、后果与如何预防再度发生。

中亚受灾最严重的国家是吉尔吉斯斯坦。该国在"旋风"中政权易主，而且至今政局一直动荡，经济发展受阻。乌兹别克斯坦因发生了"安集延事件"，为此受到西方的制裁，导致经济一度困难、外交转向。近几年中亚国家都在思考，吉、乌两国为什么会发生政权易主或动乱？看法各异，但共识也不少。起码存在以下几点：第一，在国家发展道路选择和推进国内政治民主方面一定要符合本国的国情。乌兹别克斯坦总统卡里莫夫2007年12月23日对中国新华社记者说："世界上并不存在民族的大小之分，每个民族都有自己的传统、历史和荣耀。乌兹别克斯坦对自己的前途和生活方式有自己的观点，希望在完全平等的基础上发展与其他国家的关系。任何企图通过施压将其理念横加于乌兹别克斯坦之上的做法都是不可接受的。"塔吉克斯坦总统拉赫蒙在2006年总统选举时也说："我们不能依据欧安组织所谓的国际标准行事。在塔吉克斯坦99%的人口是穆斯林，因此国际惯例在此行不通，我们有自己的道路。"正是坚持走符合本国国情道路的国家保持了国家的稳定，而一味追随西方的吉尔吉斯斯坦却发生了城头易帜的事件。这两年哈萨克斯坦等中亚国家领导人不管西方大国如何说三道四，都在设法夯实自己的执政基础，对国内政治力量加以整合，组建由总统亲自领导的政权党，形成了广泛的群众和政党基础，从而保证了2006年和2007年总统和议会选举的顺利

进行。第二，都认识到经济是国家稳定的基础，必须将发展经济置于重要地位。吉尔吉斯斯坦经济搞不上去，民众生活困难，是引发政权易主的重要原因。因此，各国都在加大经济改革的力度，广泛参与国际合作。近两年，中亚国家经济发展都很快，哈、土两国都保持两位数的经济增长，乌、塔两国也在7%以上。各国都在努力构建抵御"颜色革命"的经济基础。第三，注重改善民生，争取民心。中亚国家都看到，失业、贫困等社会问题是导致民众对政府不满的重要原因。这两年各国都加大了改善民生的力度。哈萨克斯坦已经连续几年提高工资、退休金和各种补助金。乌兹别克斯坦政府承诺，在未来三年内工资收入增加一倍到一倍半。仅2007年前九个月，在职职工工资就增长了49%，居民实际收入增长22%。中亚国家此举在于争取民心，构建抵御"颜色革命"的社会基础。第四，各国都认识到西方非政府组织在"颜色革命"中发挥的作用，都加强了对非政府组织的管控。乌兹别克斯坦在"安集延事件"后又将十多个西方非政府组织逐出国门。第五，修复和加强与俄罗斯的关系。这两年俄罗斯对美国的态度逐渐强硬。针对"颜色革命"，普京总统明确指出，俄罗斯"不允许中亚成为第二个阿富汗，中亚不需要革命，需要发展"。2007年2月10日在德国慕尼黑召开的全球安全政策会议上，普京总统毫不客气地把矛头对准美国，说正是美国的外交政策和战略让世界变得不安全，奉劝美国人在教导他人民主之前自己"学会民主"。普京的鲜明立场使中亚国家增强了依靠俄罗斯抵御"颜色革命"的信心。第六，认为有必要联合抵御"颜色革命"，尤其是在军事方面。2005年4月4日，独联体集体安全条约组织在塔吉克斯坦境内举行了代号为"边界—2005"的联合军事演习。正如专家指出的："俄国内分析人士认为，俄罗斯和吉尔吉斯斯坦军事合作机制在这过程中（指抵御'颜色革命'——引者注）并没有发挥多大的作用，因此，俄方有意借此次演习加强与独联体国家在防止国内动乱方面的合作效率。"在这次军演后，俄罗斯又与中亚国家举行过军演。中亚国家领导人也同样希望借军演震慑反对派。第七，重视上海合作组织的作用。上海合作组织努力维护成员国的利益，在政治、经济、安全等方面都给予成员国以有力的支持，赢得中亚国家的尊重。2005年6月该组织发表的让美国撤走在中亚地区的军事基地的声明，使国际社会对该组织刮目相看。2007年举行的由六个成员国共同参加的"和平使命——

2007"军事演习产生巨大的国际影响。值得注意的是,一向不参加这类活动的乌兹别克斯坦也派军官参加了这次演习。这次军演对"三股势力"是一种威慑。上海合作组织的作用日显,增强了中亚国家对该组织的信心。

五 本次"颜色革命"的矛头虽然没有直接指向中国,但与中国也有关系

众所周知,中国与中亚"颜色革命"发生国有许多不同之处,中国有较强的抵御"颜色革命"的能力。但是,不可否认,中国与"颜色革命"发生国也存在若干相似之处,有发生"颜色规模"的可能性。因此不能自安自慰,应未雨绸缪,严加提防。

(一)中国与"颜色革命"有关系吗?

为回答这个问题,首先需要弄清楚,什么是"颜色革命"?

所谓"颜色革命"是指在国外支持下,选择合适的机会(多利用议会或总统选举),采用"街头政治",通过和平方式推翻原有政权,建立亲西方政权的群众运动。如果用公式表示,即为"颜色革命" = 反对派 + 合适机会 + 街头政治 + 和平方式 = 推翻原有政权 + 建立亲西方政权。瑞典斯德哥尔摩国际和平研究所在其编撰的《SIPRI 年鉴 (2005)》中写道:"此举(指格、乌事件——引者注)通过投票箱和温和抵抗制造民主,现已被用得驾轻就熟,发展成一种在其他国家赢得选举的模式,……这是美国的创举,带有西方印记的妙计。"

2003 年发生在格鲁吉亚,2004 年在乌克兰,2005 年在吉尔吉斯斯坦和乌兹别克斯坦,大有向独联体其他国家包括俄罗斯蔓延之势。发生"颜色革命"的国家还有一个共同的特点,即被推翻者都是原共产党人。

"颜色革命"是对苏联解体后诞生并且已经发生巨大变化的独联体各国进行深入的"民主改造",以达到西方的"民主"标准。当然,这是美国的近期目标。但从长远目标来看,从美国 20 世纪推行的对共产党领导的国家大搞"和平演变"来看,就不能说"颜色革命"只是针对独联体国家,而是企图以自己的制度为楷模,将世界上所有的国家都演变成实行"美式民主"的国家,从政治体制到意识形态,都能效仿美国模式,

使各国领导人都能按美国的旨意行事，如同今日格鲁吉亚一样。

由共产党人领导的新中国从成立那天起就为美国所敌视，想用几代人的时间使它改变颜色，从这个意义上讲，中国也是美国推行"民主改造"的对象之一。尽管在这次"颜色革命"中美国没有直呼中国的名字，也没有将"革命"的矛头首先指向中国，但我们不能不对一心想称霸世界，想将所有共产党领导的国家改旗易帜的美国有所防备。须知，并不是美国不想演变中国，只是由于中国的国情与独联体国家有所不同，美国近期还不具备改造中国的能力，非不想也，而不能也。美国的策略是"拣树枝最矮的果子摘"，换言之，它在拣条件较为成熟，或者有可能发生"颜色革命"的国家推行自己的改造计划。而领导人执政能力很强、国内政局稳定、经济蒸蒸日上、人心思定的中国，并不具备发生"颜色革命"的条件，因此，此次发生在独联体国家的"颜色革命"的浪潮，并没有波及中国。

但是，如上所述，中国对"颜色革命"的危险性不能掉以轻心。国际社会普遍认为，自苏联解体以后，中国便成为美国的"假想敌"和意识形态的最大对手。特别是中国综合国力的提升和在国际社会的影响力日增，使美国国内敌视中国的势力如坐针毡，在武力不能改变中国现实、无法阻挡中国发展的情况下，再度寄希望于"和平演变"战略。对此，我们必须心知肚明。

美国推行"颜色革命"在2006年明显受挫，但这并不意味着美国推行"颜色革命"的做法已经偃旗息鼓。目前它迫于国内外形势在策略上做出调整，而想用"美式民主"改造世界的图谋并没有放弃。

（二）中国与发生"颜色革命"国家的情况有重大不同，但也存在若干相似之处

"颜色革命"的发生需要一定的条件，并不是A国发生"特色革命"，B国就一定会发生，因为各国有自己的国情，比如中国与发生"颜色革命"的国家之间既有相同点，也有不同点。说存在相同点，是提醒人们并非在那些国家发生的事情在中国完全不可能发生，提醒人们要防患于未然；说存在不同点，是告诫人们不要听风就是雨，不要夸大"颜色革命"及其制造者的能量，并非同一种鸟在不同的树林中都能成活。

首先，谈谈中国与发生"颜色革命"国家的不同点。之所以先讲不同点，是因为，中国目前的情况与发生"颜色革命"的国家相比，不同点要远远大于相同点。这是中国不具备发生"颜色革命"的基本条件，也是我们坚信中国能够抵御"颜色革命"的根据。

中国与中亚国家的主要不同点是：

第一，基本国情不同。

基本国情包括国家的综合国力、历史经历、政治经济体制、经济和社会发展状况等各个方面。

中国是世界大国，是综合国力位于世界前5位的国家。特别是中国是联合国安理会常任理事国，是在世界上拥有广泛影响的国家之一，是稳定世界局势的重要力量。

发生"颜色革命"的国家基本上都是中小国家，它们综合国力不强，在国际社会中的影响力有限。

国家大小、经济的发达程度和在国际社会中的地位和作用，决定了应对外来影响的能力的不同。面积大、人口多、经济较为发达、国际影响力大的国家，一般来说，具有较强抵御外来影响的能力。尽管敌视它的势力想改变它，但很困难。可是，国小、经济落后、在国际社会影响有限的国家，由于自身力量有限，容易受到外界的影响。回顾近一二十年的世界历史，拥有1亿以上人口和综合国力位于世界前列的国家，发生非正常政权更迭的不是没有，但很少，而小国则相反，以各种方式发生政变的事例不胜枚举。这就是综合国力不同的差别。中国与发生"颜色革命"的国家同样存在这样的差异。

第二，政治体制不同。

这一点很重要，因为政治体制是否符合国情，直接影响到国家的稳定与经济发展。历史证明，有的国家因为改革政治体制而导致发生混乱和解体，例如苏联。有的国家因为套用不符合本国国情的政治体制使国内局势长期不能稳定，易为国内外势力所利用，并为他国干涉内政创造条件，例如，吉尔吉斯斯坦。世界上存在各种政治体制，很难用一个尺度衡量孰优孰劣。检验政治体制对一个国家是否适合，不在于别的国家说什么，如何评论，而要看该国采用的政治体制是否有利于国家稳定，是否有利于经济和社会发展，是否得到国内绝大多数人的拥护和认同。

实践证明，目前中国采用的政治体制有利于国家的稳定、经济和社会的发展，得到国内绝大多数人的认同和拥护。中国的政治体制可以保证中国共产党的绝对领导，而多年的实践证明，中国共产党的领导是国家稳定与发展的保证。如果说，中国与发生"颜色革命"的国家有什么不同，政治体制的不同是最大的不同之一。

发生"颜色革命"的国家目前实行的是从西方国家移植过来的总统制和"多党制"。由于实行的时间不长，加上不完全符合本国国情，使西方国家政治体制很难适应这些国家。应该指出，多党制本身就为政权更迭和亲西方势力上台提供了机会。

第三，经济和社会形势不同。

这一点同样很重要。一般来说，在国家经济迅速发展、社会问题较好解决的国家，发生政治危机的概率较小。而在经济状况不佳、社会矛盾尖锐和人民生活贫困的国家中，容易发生政治危机，甚至频繁发生政权更迭。

中国和发生"颜色革命"的国家经济与社会形势近一二十年都发生了很大的变化。中国的变化是从很差向很好的方向变化，发生"颜色革命"的国家则从较好向很差的方向转化。这种变化的不同决定了本国人民生活水平的变化不同。这种变化直接影响到国家能否稳定。改革开放以来，中国经济快速发展，人民生活明显提高，而发生"颜色革命"的国家的经济经历了从独立前夕的基本维持在苏联时期的较高水平到独立后的经济危机，人民生活水平下降的变化。迄今这些国家经济尚未恢复到苏联时期的水平。例如，吉尔吉斯斯坦1990年国内生产总值为45亿美元，人均国内生产总值为1119美元，2005年国内生产总值只有24.4亿美元，人均国内生产总值只有319美元。而同期中国人均国内生产总值已经由300美元猛增到1700美元。

第四，民众的历史经历和记忆不同。

各国都有自己的历史，都会以史为鉴处理当代的事务，特别是从自身经历的事务中吸取经验和教训。

中国民众普遍希望国家稳定，希望国家能够一心一意搞建设，使国家尽快富强，人民生活水平不断提高。正是这种经历使中国人对那些破坏国家稳定的人感到厌烦，对外来破坏国家稳定的思潮和言论有所警觉。

民众或许对社会中存在的一些不正之风、不良现象不满意，希望国家能满足个人的合理诉求，但绝不希望国家发生动乱，更不希望经过20多年改革开放取得的成果付诸东流。应该说，历史记忆有助于中国人形成希望国家稳定和发展的心态，是抵御外来影响的巨大精神力量。

发生"颜色革命"的国家的情况则有所不同。不是说这些国家的民众没有经历过动乱，须知，戈尔巴乔夫执政后期各国已经处在无政府主义和虚无主义肆虐之中，经济状况已经恶化。独立后最初几年的经济困难也使各国人民吃尽苦头。但是，这些国家中的一些人并不认为这是灾难，而是认为这是为赢得国家独立而付出的代价，这种看法在精英中尤其流行，并通过媒体灌输给民众。无政府主义思潮在这些国家并没有得到认真清理，相反，随着舆论多元化和多党制的实施，有了更加适宜的发展空间。尤其是在吉尔吉斯斯坦这个被西方称为"民主岛"的国家。这些国家的民众并没有从经历的困难中吸取教训，历史给他们留下的记忆是用无政府手段可以达到自己的目的，而政府执政能力的软弱又给他们提供了用无政府手段实现改朝换代的可能。

（三）中国与发生"颜色革命"国家也有相同之处，尽管这不是问题的主要方面

第一，中国与发生"颜色革命"的国家都属于由共产党或前共产党人领导的国家，具有不同于西方国家的特点，都属于美国欲加以改造的对象。只是已经发生"颜色革命"的国家被定为近期目标，中国则被视为长远的目标。

第二，中国与发生"颜色革命"的国家都是发展中国家，具有发展中国家的共同特点，例如，经济实力都不算强，一些人羡慕西方，存在"向西看"和"全盘西化"的心理和表现。再有，发展中国家普遍存在的地区发展差别、城乡发展差别大的情况，在各国都普遍存在。

第三，目前都处在体制转型期。

中国与发生"颜色革命"的国家都是体制转型的国家，在转型过程中产生的矛盾与问题有一定的相似性。例如，在体制改革过程中产生的失业增多、贫富差距拉大等社会问题也很相似。

（四）中国与"颜色革命"发生国在执政能力方面存在巨大差别

基本国情不同只是事物的一个方面，而国家领导人的执政能力不同则是问题的另一个方面。

执政能力一般包括领导人对国家体制的选择、发展方针的制定、国家日常管理、紧急情况的处置、适时提出具有感召力和符合国情的理念等。上面提到的中国与发生"颜色革命"的国家政治体制、经济和社会形势不同，其本身就是领导人执政能力的反映。能根据本国国情选择适合本国国情的体制，并引导国家不断发展壮大，这是具有较高执政能力的表现。

除上述内容外，这里还要提及中国与发生"颜色革命"的国家在治国理念和治国方针的制定、国家事务管理、紧急情况的处置等方面的不同。

从治国理念上看，中国坚持社会主义道路是与发生"颜色革命"国家的最大不同。此外，改革开放后提出以经济建设为中心、坚持四项基本原则、坚持改革开放，变计划经济体制为社会主义市场经济体制，并根据世界发展的总趋势、中国社会的实际状况和中国人民的根本要求，提出"与时俱进"、"三个代表"重要思想、"科学发展观"、"构建和谐社会"等理念，都受到人们的欢迎和拥护，实践效果很好。

在国家管理上，中国不迷信教条，不因循守旧，也不全盘照搬西方做法，而是不断与时俱进，保证提出的方针政策符合实际和社会发展规律。

发生"颜色革命"国家的领导人在管理国家事务方面也有自己的做法，但应该说，与中国领导人相比明显要差。他们提不出符合本国国情的治国理念。他们的许多提法与做法来源于西方，例如，所谓建立"公民社会"，推行"多党制"等。这导致，提出的治国理念与国家的现实不符，一方面容易为西方所利用，用于攻击合法当局，迫使其按西方的模式行事；另一方面，领导人又不能名正言顺地管理国家，在执政中出现左右摇摆，这一点在吉尔吉斯斯坦前领导人阿卡耶夫的身上表现得最为典型。

六 吸取中亚国家经验教训,加强执政能力建设,最重要的是解决为谁执政,如何执政和执政绩效的检验问题

在论及中亚国家发生"颜色革命"的原因时,国内外普遍认为内因是主要的。构成内因的问题很多,如政治问题、经济问题、社会问题、文化问题、民族问题,等等。不过,在构成内因的多个问题中,执政能力问题应该占有重要的位置,因为政治、经济、社会、文化、民族问题的解决在很大程度上取决于执政者,即国家领导人和执政党,更取决于执政者的执政能力,这一点在包括中亚国家在内的东方国家尤为重要。目前流行一种看法,即强调体制的重要性,似乎有一个好的体制一切问题都会迎刃而解。拥有一个好的体制固然重要,但是,体制好坏并没有统一的标准,而且并非一种体制可以适用于所有的国家,体制还存在是否适合本国国情的问题。退一步讲,体制也是由执政者制定或选择的,因此,执政者的作用就显得格外重要。换言之,执政者的执政能力与一个国家的稳定与兴衰息息相关。

执政能力问题是世界各国普遍存在与关注的问题。执政者执政能力强,国家就会稳定,会发展;反之国内政局就会动荡,经济会停滞不前甚至衰退。各国执政者的执政能力会受到民众的评价,不管是公开评论,还是私下评价。民众评价的标准通常是用:执政者为谁执政,如何执政和执政绩效如何来衡量。

(一) 必须解决执政者为谁执政这个问题

这是个大问题,因为这是执政者能否受到人民拥护的根本。执政者不外乎为民执政和为个人或小集团利益执政两种。比如,作为执政党的中国共产党及其领导者,所遵循的执政理念是:"以人为本""立党为公""执政为民"。因此,党中央要求中国各级执政者都要"为民、务实、清廉"。而吉尔吉斯斯坦原国家领导人阿卡耶夫却把民众赋予的权力作为私人财产,为个人牟利,为集团牟利,在国家长期得不到发展的同时,本

人和家族却成为巨富，政权一旦遇到危机时，竟携家眷一走了之。这样的情况不仅发生在吉尔吉斯斯坦，在亚洲和非洲的一些国家也多次出现。因此，这类执政者不会受到民众的拥护，他的垮台也不足惜。

"执政为民"的理念对执政者是生存之本。中国有句古语："水能载舟，亦能覆舟。"执政者的权力是民众赋予的，执政得好，民众会拥护，执政不好，民众会取消执政者的执政资格。这就是为什么胡锦涛同志在中共十七大报告中告诫全党，特别是告诫担负领导职务的人："党的执政能力建设关系党的建设和中国特色社会主义事业的全局，必须把提高领导水平和执政能力作为各级领导班子建设的核心内容抓紧抓好。"吉尔吉斯斯坦之所以会发生"3·24"事件，与领导者没有解决好为谁执政这个问题有很大的关系。在改革开放的中国，有以马克思主义作为指导思想的中国共产党的领导，这是中国的优势，使中国在社会主义康庄大道上不断前进。即使这样，也不是所有的各级领导干部都解决好了为谁执政问题。君不见，有少数各级执政者甚至是很高级的领导干部，由于没有解决好为谁执政问题而走进囹圄，有人甚至命断黄泉。无产阶级革命家陈毅元帅曾告诫那些向党、向人民利益伸手的人："手莫伸，伸手必被捉。"在不断有大量新干部走上领导岗位、成为各级执政者的今天，吸取"颜色革命"发生国的教训，牢记中国共产党人应遵循的"执政为民"的理念，具有重大的现实意义。

（二）需要解决如何执政问题

并非所有不受欢迎的执政者都是因为没有解决好为谁执政问题，有些人就是因为不知道如何执政，或者说，不知道如何使用手中的权力，同样会被民众所唾弃。在现实生活中，官僚主义者有之，滥用职权者有之，主观主义者有之，不作为者亦有之。这些人有弄不清为谁执政的一面，但也存在不知如何执政的一面，或者说，除思想作风甚至私心杂念外，也存在工作方法问题。因此，胡锦涛同志要求各级领导干部"要按照科学执政、民主执政、依法执政的要求，改进领导班子思想作风，提高领导干部执政本领，改善领导方式和执政方式，健全领导体制，完善地方党委领导班子配备改革后的工作机制，把各级领导班子建设成为坚定贯彻党的理论和路线方针政策、善于领导科学发展的坚强领导集体。

以加强领导班子执政能力建设影响和带动全党，使党的全部工作始终符合时代要求和人民期待"。应该注意到上述要求中包括思想作风、执政本领、执政方式、领导体制、工作机制等内容。这些内容对中国共产党是适宜的，因为中国共产党强调集体领导，分工负责，实行民主集中制。但是，吉尔吉斯斯坦甚至其他中亚国家，就很难做到这一点，因为这些国家是总统说了算，各级行政长官说了算，个人专权是难于克服的弊病。在如何执政问题上，中国同样有自己的独特优势。中国提出要民主执政、科学执政、依法执政，把发展作为执政兴国的第一要务，以改革精神统领党的工作，这是中国共产党执政多年的经验总结，符合世界潮流、顺应民心民意，因此能得到民众的拥护，使国家政权长盛不衰。

（三）关于执政绩效的检验问题。

应该说，民众是执政者执政绩效的考官。国家发展状况的快慢、人民生活的好坏、生态环境的优劣、执政者是否尽职尽责和廉洁公正，等等，民众最清楚，最有发言权。为绝大多数民众拥护的执政者自然是好的执政者，不称职者难免被淘汰。当然，这要在法制和有序的环境中予以评价，靠街头政治和非法手段是得不出公正结论的。胡锦涛同志强调的"要坚持人民是历史创造者的历史唯物主义观点"，很好地说明了这个问题。

在民众评价执政者绩效的问题上，最为关注的是与自己利益有关的方面，即执政者能否以人为本，能否全心全意为人民服务，坚持群众路线，真心诚意地倾听群众呼声，真实反映群众愿望，真情关心群众疾苦，多为群众办好事、办实事；能否做到权为民所用、情为民所系、利为民所谋；能否杜绝腐败。中国共产党作为执政党，由于不断对各级干部加强教育、严格治党，多年来经受住了并将继续经受民众的考试，而对中亚民众来说，很难用上述标准检验执政者。因为这些国家的执政者并非民众的公仆，心中装的也不是广大民众。在缺少对执政者的选择权的情况下，民众也谈不上对执政者绩效的检验问题，因为绩效如何并不妨碍一些人当官，甚至官运亨通。但这也不意味着中亚国家领导人可以永远干下去，在问题成堆、民众无法容忍时，他还是坐不住的，就像阿卡耶夫一样，问题的关键还在于他是否称职，是否具有领导国家的能力，其工作绩效是否得到民众的首肯。

2007年末,"颜色革命"发生国格鲁吉亚、乌克兰结束"革命"后的又一次总统或议会选举,当年通过"颜色革命"上台的格鲁吉亚的萨卡什维利和乌克兰的"橙派"仍然在这两个国家当政。这就是说,他们会继续执行亲美的路线,成为美国"颜色革命"战略的积极推动者。因此,即使美国在独联体国家策动的"颜色革命"一时风小,但并不会停止。提高执政能力始终是抵御"颜色革命"的有效手段之一,认真学习胡锦涛同志在中共十七大报告中关于提高执政党执政能力的论述以及《中共中央关于加强党的执政能力建设的决定》仍具有重要的指导意义和迫切的现实意义。

七 美国、欧盟等策动"颜色革命"的风源仍在,必须警钟长鸣

须知,"颜色革命"旋风会再次刮起,应居安思危,特别是从理论上和法规上筑起抵御"颜色革命"的坚固长城,同时在应对"颜色革命"问题上要加强国际合作。

2003年至2005年,是美国在制造"颜色革命"方面最得意的时期。然而,从2005年下半年起形势发生了变化。随着美国在世界各地处处碰壁,"颜色革命"也没有新的进展。已经"革命"的国家,国内政治矛盾尖锐,经济不断下滑,日子都不好过。美国原指望"颜色革命"会形成多米诺骨牌效应,使俄罗斯在独联体的影响消失,并使独联体国家转到美国一边;但这样的局面并没有出现,倒是"颜色革命"发生国染上了"颜色革命综合征",即政局不稳、领导层分裂、经济下滑。没有发生过"颜色革命"的独联体国家对美国充满疑心,致使美国的声望下降。

国际社会普遍看到,美国在许多重大对外政策上做出调整,其中包括对中亚政策的调整。

(一) 美国调整中亚政策

美国对中亚政的策调整主要表现在以下三个方面:

第一,从致力于改变政权到重心放在政权转型上。

吉尔吉斯斯坦和乌兹别克斯坦发生的事情使美国认识到，中亚国家的情况有其特殊性，并不是通过一次所谓"颜色革命"就能使其达到美国所期望的"民主"，因此将改造中亚国家政权的目标由急迫改为长远，由以变更政权性质为主改为"反恐、能源利益、推进民主"三者并重，更注重通过加大在教育、禁毒、投资等领域的投入，多做年轻人的工作，立足于长远，立足于中亚国家现当政者之后的变化。也正是在这种思想指导下，美国对哈萨克斯坦的总统和议会选举，对土库曼斯坦的总统更迭，甚至对2007年的乌兹别克斯坦总统选举都持较"宽容"的姿态，并没有像对待吉尔吉斯斯坦议会选举那样明目张胆地干预。这并不是说，美国不想干预，而是吸取了吉尔吉斯斯坦的教训，认为时机未到，需要做长期的准备工作。这是美国在当前遇到诸多麻烦、力不从心的情况下，被迫做出的政策调整。目前，中亚地区已经不是美国对外政策的重点。

与此相关的是，美国对中亚国家的政策已经从改变政权转为政权转型，也就是说，不再强调更换政权领导人，以达到政策改变的目的，而是通过长期耐心的工作达到政权的转型，使其通过改革国内外政策达到成为"民主国家"的目的。如果说，"颜色革命"主要目标是实现领导人的更换，而政权转型在于改变民众的思想和认识，在民众接受"美式民主"的基础上改变国家政权的性质。很明显，这是和平演变的一种形式，与"颜色革命"的目标没有不同，而是手段和方法、时间不同，这样做的时间要长些，而不是像格鲁吉亚那样短时间就会制造出一个亲美政权。

根据上述思想，2006年2月美国国会提出了向中亚地区的民主和人权事业提供援助的《中亚民主和人权决议法案》。法案规定：从2006年开始，美国政府每年向中亚五国拨款1.88亿美元，以推进中亚五国的民主化进程。同时该法案还要求美国总统每年须对中亚五国的民主和人权政策进行监督，并为此专门设置了审核体系，将"民主事业"的成效与援助的数额挂钩。这种将经济和军事援助直接与中亚国家执行民主方针的"程度"挂钩的方式是美国对中亚民主化改造的策略性转变。

第二，积极推行"大中亚计划"。

所谓"大中亚计划"是指美国针对中亚国家实施的新的战略。其形成背景是，2005年8月美国学者弗·斯塔尔发表了《"大中亚"合作与发展伙伴关系计划》的报告，建议美国政府将南亚和中亚联结为一个新的战略板块，在中亚地区建立一个以阿富汗为中心的、以美国为主导的合作机制，其核心使命是遏制和降低俄罗斯以及中国在该地区的影响力。"大中亚计划"是美国政府在调整对中亚的政策时推出的一项新的政策。

"大中亚计划"是在2005年上海合作组织吸纳四个观察员国、地区影响力日益上升，以及乌兹别克斯坦要求美国撤出驻乌军事基地之后，美国的中亚利益陷于被动的背景下提出的。"大中亚计划"意在将中亚国家从俄罗斯和中国的影响中分离出来，拉拢印度加入亲美阵营，最终目的是掌握在中亚地区的主导权，在中亚地区培养亲美政权。为推行这个计划，2006年1月美国国务院将中亚事务从欧亚局分离出来，转到南亚—中亚事务局，以便与阿富汗及印度等国事务统一管理。

如上所述"大中亚计划"的要害是将中亚国家与俄罗斯分开，使中亚国家纳入美国主导的国际体系内，然后实现对中亚国家的"民主化"改造。为使中亚国家接受这个计划，美国召开了一系列国际会议进行推动。尽管个别中亚国家对这个计划有兴趣，但总的来看，多数中亚国家反应并不积极。

"大中亚计划"是针对俄罗斯和上海合作组织提出的计划。尽管目前该计划还没有为更多的国家所接受，但反映了美国仍不会放弃中亚，而是利用中亚国家经济发展的需要和急于寻找出海口的心理，准备大力推行的具有战略性的计划。

第三，转移工作重点，寻求新的突破口。

美国与乌兹别克斯坦的蜜月期被"安集延事件"所中断，使美国在中亚地区失去了一个战略伙伴。但是，可以肯定的是，美国不会放弃中亚，会寻找新的战略伙伴。2006年以后，美国对中亚国家的兴奋点逐渐转向哈萨克斯坦。2005年10月美国国务卿赖斯在访问哈萨克斯坦时称该国是中亚地区具有潜力的领导者，是中亚经济的火车头和民主改革的新样板。过去经常批评哈萨克斯坦"不民主"的美国，此时高调称赞哈萨克斯坦，明显呈现拉拢之意，希望哈萨克斯坦成为美国在中亚可以依靠的新伙伴。

哈萨克斯坦是中亚地区石油储量最丰富的国家，也是中亚地区经济发展最快的国家。美国对哈萨克斯坦的政策是通过能源合作密切彼此的关系，在密切关系的过程中推进其他方面的合作，如军事合作、国际事务合作等。目前美国并不想在哈萨克斯坦策动"颜色革命",而是在逐步满足哈萨克斯坦对美国经济需求的情况下,能在哈萨克斯坦夯实稳定两国关系的基础,为对哈萨克斯坦施加长远的影响,逐渐使其"民主化"做准备。美国知道,哈萨克斯坦短期内不会完全倒向美国,特别是在纳扎尔巴耶夫当政期间。但是,经济快速发展和逐渐融入国际社会的哈萨克斯坦,要比其他中亚国家存在更多的实现"民主化"的条件。如果哈萨克斯坦发生变化,俄罗斯的处境以及独联体的存在都成了问题,对中国也构成威胁。也正是出于这种考虑,美国在不断加大对哈萨克斯坦工作的力度,包括经济合作、军事合作和政治上的投其所好。但是,哈萨克斯坦是否能像美国所希望的那样变化,还另当别论。因为纳扎尔巴耶夫总统是执政能力很强的总统,执行大国平衡外交政策是该国外交的基本政策。他深谙与俄罗斯和中国保持友好关系的重要性。不过,对美国的设计不能轻视,时间会证明美国的战略调整是否明智。

(二) 风源仍在,风会再起

应该指出的是,美国改变的只是对中亚国家的策略,而不是放弃了演变中亚国家的战略。美国负责中亚事务的助理国务卿包彻提出的对中亚工作的三项任务,即反恐、能源合作与民主化,从目前的情况来看,只是将"民主化"由2005年的第一位任务改为第三位任务,并没有取消使中亚国家"民主化"的目标。这就是说,使中亚国家接受"美式民主"是美国的一项长期战略,不管是共和党执政,还是民主党执政,这一点都不会改变。这就意味着,策动"颜色革命"的风源仍在,只是不知道什么时候刮起来而已。

构成风源的除美国外还有欧盟和欧安组织。欧盟的中亚战略与美国相似。多种因素决定,欧盟东扩虽无力远及中亚,但想使中亚国家"民主化"这一点与美国如出一辙。由于欧洲国家对中亚的诉求没有美国那样直接和露骨,中亚国家与它们的关系相对平和。欧洲国家对中亚的影响同样具有长期性,与美国呈现遥相呼应之势。欧盟2007年推出的中亚战略的三大任务为"民主、人权、能源",其改变中亚国家的意图更加明显。事实上,在中亚国家活动的非政府组织大量来自欧盟,其中不少组织的工作目标就是推动中亚国家的"民主化"。

(三) 加强国际合作，构筑抵御"颜色革命"的坚固长城

受"颜色革命"威胁的并不是一个或几个国家，而是十几个或数十个国家，因此在抵御"颜色革命"问题上存在国际合作问题，即需要各国携手共同抵御。

我们说携手共同抵御，并不意味着结盟或建立抵御"颜色革命"的国家集团，而是指通过政治上的相互支持，经济上加强合作，国际上的立场协调，增强抵御"颜色革命"的物质力量和精神力量。抵御"颜色革命"主要要靠各国自身的力量，但加强国际合作也是十分必要的，不可将此视为可有可无。为此，应该：

第一，在政治上相互支持，交流治国理政经验。特别是在国家受到敌对势力威胁的紧急时刻能给予必要的声援和支持。同时，在治国理政方面可以相互借鉴。尽管受到"颜色革命"威胁的国家国情不同，但遇到的问题有许多相似之处，这为携手抵御"颜色革命"奠定了合作的基础。

第二，加强经济合作，扩大抵御"颜色革命"的物质基础。

历史上任何革命都与经济因素有关，贫困、分配不公、发展差距大等都会引起人民群众的不满，企图通过革命改变现状。"颜色革命"在许多方面不同于以往的革命，但经济因素是引发"颜色革命"的原因之一则大体相似。因此，消除引发"颜色革命"的经济原因，改善最广大人民群众的生活，缩小地区发展差距，是各国当政者必须面对的问题。国家经济的发展主要靠国家自身的力量，但与国际社会的合作，与各国发展最密切的经济联系，同样很重要。发展经济合作有利于增强抵御"颜色革命"的物质基础。

第三，加强在国际事务中的立场协调，相互声援。

这是指，受到"颜色革命"威胁的国家要在国际会议上和在国际事务中坚持世界多样性的主张，反对强行推行某种"民主"模式，反对西方国家动辄利用所谓"民主""人权"制裁发展中国家，坚持国际事务要由世界各国说了算，而不是一国说了算。在应对"颜色革命"问题上应该形成一种合力，携手反击那些策动"颜色革命"或者强行推广"美式民主"的国家和势力。

为抵御"颜色革命",我们还必须从理论上和法规制度上构筑坚固的长城。

首先要从理论上构筑抵御"颜色革命"的长城。"冷战"结束后,美国除了用武力改造它不喜欢的国家外,还加大意识形态改造的力度,在世界上大肆推行"美式民主"。美国奉行的是单边主义、霸权主义、干涉主义,追求的是各国发展模式的西方化,而不是多样化。美国声称自己对外执行"反恐""反核扩散""民主化"三大任务。美国借"9·11"事件在全球开展大规模的反恐行动,并以伊拉克事件为由头推行"大中东计划",妄图在伊斯兰世界推行"民主化"。关于"民主"问题,由于各国的国情不同,根本不存在同一个标准,也谈不到美国用自己的模式强行改造别人的问题。世界是复杂的。近200个国家不仅宗教信仰、历史传统和风俗习惯不同,政治制度各异,而且经济发展水平相差很大。想用同一种模式、同一个标准来治理国家是不现实的,也是不可能的。就连信仰同一种宗教的国家,例如,伊斯兰世界50多个国家,其国情也是千差万别。这就是说,各国的事情应该由自己来解决。各国参考别人的先进经验是必要的,有人想越俎代庖、想当救世主注定要失败的。正如中国共产党第十六次代表大会报告中所指出的:"我们主张维护世界多样性,提倡国际关系民主化和发展模式多样化。世界是丰富多彩的。世界上的各种文明、不同的社会制度和发展道路应彼此尊重,在竞争比较中取长补短,在求同存异中共同发展。各国的事情应由各国人民自己决定,实际事情应由各国平等协商。"我们说构建抵御"颜色革命"的理论长城,是指要在国际会议上和在国际事务中坚持世界多样性的主张,反对强行推行某种"民主"模式。要利用联合国这个大讲台广泛宣讲世界多样性的长期性,要使这个主张能得到世界绝大多数国家的认同。上海合作组织成员国就明确赞同"尊重多样文明"。世界发展中国家,甚至一些发达国家也赞同世界多样性的提法。尊重世界多样性就是尊重历史,正视现实,尊重各国的平等与主权。中国主张建立"和谐世界"也是建立在尊重世界多样性的基础上,只有相互尊重,互不干涉内政,才能使各国的关系融洽,变得和谐。

在可预见的未来人类发展仍是多种社会制度、多种发展模式、多种宗教和文化、不同经济发展水平共存。构建尊重世界多样性主张的理论长城，对破坏世界多样性的言论和实践加以批驳和谴责，这是从精神上抵御"颜色革命"的有效手段之一，也是社会科学工作者义不容辞的责任。

其次，要从法规和制度上构筑抵御"颜色革命"的长城。

从中亚国家反击"颜色革命"的成功实践来看，法规和制度建设非常重要。哈萨克斯坦制定的一些应对"颜色革命"的法规，对很多国家都有参考价值。我们说要依法执政，首先要有相应的法规存在，然后才是认真执行问题。在制定法规时，要尽量符合国际法准则，但也要从本国的具体情况出发，不要盲目照搬西方的做法。实践证明，凡是法律完善且能认真贯彻的国家，都会保持国家的稳定，不易为外部势力所利用。只有那些法规不健全，或者从领导人开始就有法不依的国家，才容易被别有用心的势力所利用，使国家的长治久安难于得到保证。

八　几件必须做的事情

（1）应以基本国情相差不大的中亚国家独立后的变化和应对"颜色革命"的不同结果为例证，加强对执政能力与国家发展和稳定的重要性的教育，特别要以吉尔吉斯斯坦为例说明盲目照搬西方政治体制的危害，树立坚定走建设中国特色社会主义道路的信心和决心。

（2）告诫各级领导和广大群众，不可将"颜色革命"只认为是独联体国家的事情，与中国无关；应将"颜色革命"看作是美国等西方国家长期推行的和平演变政策的继续。我们必须以中亚国家为戒，防止类似事件在中国发生。加强党的领导，加强党的执政能力，是防范"颜色革命"发生的有力手段。

（3）作为"颜色革命"风源国的美国、欧盟等，虽然在新形势下制定了针对独联体国家新的策略，但图谋演变由前共产党人领导的独联体国家和社会主义国家的战略没有改变。对此必须心知肚明。为此，建议加强对新形势下美国等对中亚国家和其他独联体国家的战略和策略研究，特别是加强对美国"大中亚计划"、欧盟"中亚战略"、日本"5+1"战略等问题的研究。

（4）建议加强对乌兹别克斯坦、哈萨克斯坦国内形势变化未来走向的研究，因为这两国的变化对中亚稳定和与中国的关系影响较大。

（5）建议深入研究：在防范"颜色革命"问题上中国与中亚国家如何开展合作，上海合作组织如何发挥作用，在理论上还应该有哪些创新，以抵御"美式民主与自由"。

——原载李慎明主编《世界社会主义跟踪研究报告（2008—2009）》，社会科学文献出版社2009年版

哈萨克斯坦独立以来的民族关系及其民族问题的解决

【内容提要】 哈萨克斯坦是多民族国家，一向重视民族工作，将维护民族团结与保持政治稳定和发展经济置于同等重要位置。独立27年来，民族情势发生很大变化。在大量民族问题中有的基本解决了，有的仍在，这些年还产生了一些新问题。本文介绍民族情势变化情况、基本解决和目前仍然存在的民族问题，介绍解决的途径和对目前存在问题的应对措施。最后简要评价27年来的民族工作，并对该国民族问题未来发展趋势做出预测。

2018年5月2日，哈萨克斯坦总统纳扎尔巴耶夫在哈第26届民族大会讲话中说："不论是过去、现在还是将来，人民的团结都是打造新哈萨克斯坦的主要条件。"[①] 哈萨克斯坦作为由140个民族组成的国家，把维护民族团结置于与保持政治稳定和发展经济同等重要的位置，不允许挑起民族仇视和纷争，不许以任何借口破坏民族团结。独立27年来，民族情势发生很大变化，基本摆脱了独立初期由于民族纷争导致政治不稳的局面，复杂的民族问题得到较好的解决。

---

① 2018年5月4日，哈通社中文网（www.infoum.kz）。

一 哈独立 27 年来民族情势发生哪些变化

（一）民族人口构成发生重大变化

目前在哈 140 个民族中，人口较多的有 6 个民族：哈萨克族、俄罗斯族、乌孜别克族、乌克兰族、维吾尔族、鞑靼族。这 6 个民族中以主体民族哈萨克族人口最多，根据哈萨克斯坦外交部公布的数据，截至 2017 年 2 月 1 日，哈萨克斯坦共有 17945300 人，其中哈萨克族占比 63.07%，俄罗斯族占比 23.7%，乌孜别克族占比 2.85%，乌克兰族占比 2.08%，维吾尔族占比 1.4%，鞑靼族占比 1.28%，德意志族占比 1.11%，其他族人占比 4.51%。[①] 近年来该国民族人口构成仍在变化之中。2018 年哈萨克族人口占比上升为 66%，俄罗斯族占 21%。由于各民族人口增长率不同、俄罗斯等民族外迁和不断有境外哈萨克族人回归，这一比例还在不断变化。俄罗斯族人口在国内人口数量中的占比在不断地下降。这种状况与独立前夕（1989 年人口统计时）相比变化很大。1989 年哈萨克族人口占全国人口总数的 39.7%，只略多于俄罗斯族的 37.6%。而在 1979 年人口统计时，俄罗斯族人口超过哈萨克族 4.8 个百分点，为哈人口最多民族。独立 27 年后，哈萨克族人口数量已经稳居国内第一大民族地位，俄罗斯族已经被远远甩在后面。

（二）民族紧张烈度明显下降

哈萨克斯坦不仅民族多，而且情况复杂。这些问题有些是苏联时期遗留的，有些是因国家独立产生的，各种问题交织甚至叠加，使独立初期的哈萨克斯坦面临民族关系紧张的困扰，国家稳定受到威胁。经过 27 年的不懈努力，哈萨克斯坦已经很少发生重大民族事件，曾一度紧张的哈俄两大民族的关系明显缓和，民族关系基本处于稳定与相对和睦状态。

[①] About Kazakhstan, 2018 - 11 - 12, http://mfa.gov.kz/en/content-view/informatsiya-o-Kasakhstane.

(三) 对与民族有关的历史事件的评价出现反转

哈国家独立带来对历史问题的评价变化，其中包括对与民族有关事件的看法出现反转。

例如，对 1986 年 12 月发生的"阿拉木图事件"的正面评价不断拔高，由最初的局部肯定发展到认为是对集权主义的反抗，是"民族解放斗争"的伟大行动。

对"巴斯马奇"的评价，由独立前认为是"反苏维埃的土匪武装"，转变为人民的有组织的反抗。

对苏联时期在哈的政策和做法，特别是政治和经济方面，否定多于肯定。

(四) 哈俄两族社会状况也出现反差

独立前，俄罗斯族 70% 生活在城市，30% 生活在农村。哈萨克族则相反，约 70% 的人生活在农村，30% 生活在城市。独立时，600 多万哈萨克族中有 200 多万人为牧民。俄罗斯族、乌克兰族等主要从事工业、科技等行业，政府官员占半数以上，而哈族主要从事农牧业、服务业和商业。

独立以来，哈各民族的社会状况发生较大的变化。随着俄罗斯人大批移民国外，大量哈萨克族人则移居到城市，在国家管理机构、内务机构、司法机构、外事部门、军事部门以及商业和金融部门中哈萨克族占优势，在上述部门俄罗斯族人较少，不过在经济技术部门仍占较大比重。

(五) 各民族文化影响升降明显

由于历史的原因，俄罗斯文化长期在哈占优势，俄语居主导地位，哈族文化和传统在苏联时期明显弱化。独立后，哈当局以各种方式包括以哈语取代俄语的主导地位等，强化哈萨克民族语言、文化和民族传统，致使俄罗斯文化的影响在逐渐式微，变化明显。哈族文化和传统不断增强趋势已经不可逆转。

(六) 与伊斯兰世界和突厥语国家关系发生变化

与独立初期相比，哈与伊斯兰世界和突厥语国家的关系变化很大。

现在哈萨克斯坦承认自己是伊斯兰国家，参加伊斯兰组织，与土耳其等国建立突厥语国家组织，积极参加并主动承揽上述组织的一些重要活动。例如，2018年由哈倡议并主持召开首届伊斯兰国家科技峰会，纳扎尔巴耶夫总统还提出召开伊斯兰国家G15的倡议，出席在吉尔吉斯斯坦召开的突厥语国家合作委员会峰会等，哈有意在群龙无首的伊斯兰世界发挥更大的作用，以提高在国际社会的声望和地位。

哈民族问题由来已久，1986年爆发的"阿拉木图事件"使民族间的潜在隔阂公开化。哈独立初期，民族隔阂进一步加深，形成了以哈族为主的突厥语民族与以俄罗斯族为主的俄语民族之间的对立。哈民族关系在1992—1994年表现得最为尖锐，从1995年起有所缓和。1992年和1994年问卷调查显示，民族问题在"最令人不安的问题"选项中占第5位，1996年降至第13位。[①] 向国外移民的速度也从1996年起有所减缓。

二 哪些民族问题得到解决或基本解决，以及解决的途径

独立初期民族问题主要表现在：确定哈语为国语引起以俄罗斯族为主的俄语居民的强烈不满甚至反对；俄罗斯族要求拥有哈俄两国双重国籍，而这与哈国家政策相悖，从而产生矛盾；大量俄语和德语居民外迁和境外哈族人回归对国内经济和社会产生的冲击；有人主张国家实行联邦制，还有人要求实行"民族区域自治"，甚至提出将北部五个州重新并入俄罗斯；在哈北部地区以俄罗斯族和乌克兰族为主的哥萨克与当地哈萨克族之间的摩擦；一些极端民族主义组织如"阿扎特""热尔托克桑"等在广场安营扎寨冲击政府；哈独立带来的国内哈俄两大民族的地位发生变化而产生的利益冲突；不同民族对独立后的以哈族为主体的国家缺乏认同。由于哈民族构成的特殊性，哈民族问题很多与哈俄两大民族有关，哈俄两大民族的矛盾不仅影响到民族团结、国家统一和领土完整，甚至影响到哈俄两国的国家关系。

经过哈政府从国内和国际两个方面努力，下列民族问题得到解决或基本解决：

[①] 《列国志·哈萨克斯坦》，社会科学文献出版社2010年版，第212页。

（1）国籍问题。这首先涉及与俄罗斯的关系。当时俄罗斯要求新独立国家给予"境外俄罗斯人"以特殊的地位，并向这些新独立的国家施压。哈没有接受"双重国籍"的要求，但是无视这个复杂的问题也不行。经过哈俄两国多次谈判，1995年1月，哈俄两国政府签署了《哈俄关于哈常驻俄罗斯的公民和俄常驻哈的公民的法律地区条约》《哈俄关于简化申请到对方常驻手续的协议》的文件。根据上述文件，哈俄两族居民移民和取得对方国籍较为容易和便捷，双重国籍问题得到解决。

（2）移民问题。这涉及俄语居民外迁至俄罗斯、乌克兰、德国等国，以及境外哈族迁回到哈萨克斯坦。独立最初几年移民成风，例如，俄罗斯人由1989年的622.8万人降至1999年的447.96万人，减少了174.84万人。乌克兰人由1989年的89.6万人降至1999年的54.71万人，减少了34.89万人。德意志人由1989年的95.7万人降至1999年的35.34万人，迁出达63%。境外哈族回归者从独立年至1999年共约21万人，[①]由于走的多回来的少，哈人口数量一度由1700万人降至1400万人。[②]外迁人口中很多是知识分子，包括医生、教师、科学工作者、工程师、农业技术人员、管理人员等。大批专业技术人员的流失，给哈经济社会造成很大的冲击，在当时国内经济很困难的情况下，回归者的安置也是个大问题。当时独联体地区的形势使哈政府无法左右移民进程，只能采取对稳定国内局势有利的宽松和包容的移民政策，其结果是，想离开的人离开了，回归者在不断增加。目前蜂拥般向境外移民现象已经不再，但俄罗斯等民族居民向国外移民仍不少见，特别是2015年以后，每年仍以万计，例如，2017年大约有3.98万人。同时也有大量哈族人士回归。哈人口自然增长率从2013年起突破1%，2017年达到1.4%，2018年突破1.5%；近五年人口增长每年都在30万人以上，2018年人口总数已经达到1833万人。人口自然增长加上回归者保证了国家并没有因为向外移民导致国内人口数量减少。哈社会学界认为移民主要原因是为家庭团聚、求职、子女教育和追求自身发展，与国内情势变化也有一定关系。移民以北部和东部居民较多。这意味着，俄语民族仍是移民的主体，这多少

[①]《列国南·哈萨克斯坦》，社会科学文献出版社2010年版，第210页。
[②]《纳扎尔巴耶夫文集》，人民出版社2017年版，第104页。

也与民族因素有关。哈每10年进行一次人口普查，新一次人口普查将在2019年进行。届时，各民族人口数量与2009年相比还会发生较大变化，在总人口中各民族的占比哈族增俄族降趋势仍难以避免。鉴于移民是世界性问题，哈当前移民现象尚属有序和基本正常。

（3）哥萨克问题。这个问题也与俄罗斯为哥萨克平反，允许重新持械活动有关。这一决定也影响到哈境内的哥萨克。它们常常与哈萨克族发生冲突。独立头两年，在哈北部地区因哈当局拘捕哈国内哥萨克首脑几乎酿成全国性风波。哈政府通过与俄罗斯多次谈判，各自约束哥萨克的活动，这些年已经鲜有发生重大冲突事件的报道。

（4）要求将哈北部五州回归俄罗斯、建立联邦制国体和实行民族区域自治制度等，这些可能导致国家分裂的主张遭到哈当局的坚决反对。哈明确实行单一制国体，拒绝"民族自决理论"，同时允许各民族建立民族文化中心，满足各民族对发展本族文化的诉求。迄今哈已建立一千多个民族文化中心。哈将首都由阿拉木图迁至阿斯塔纳，以及大批哈萨克族居民由南方迁至北方，也对遏制国家分裂有积极意义。目前要求建立联邦制国体和实行民族区域自治的呼声已经很难听到。

（5）极端民族主义组织大规模的活动基本停止，这与哈政府采取严厉打击措施有关，国内各方面形势特别是经济形势好转以及人们对极端主义和无政府主义的厌倦，使极端势力丧失民众的支持，也是重要原因。

最后谈谈语言问题。所谓"语言问题"是指，独立后哈将哈语定为国语，替代在政治、公务等活动中广泛使用的俄语，并规定公民欲进入一些职场工作需要通过哈语考试，这引起俄语居民的不满和反对，并要求将俄语与哈语并列为"国语"。这种要求没有被哈当局接受。但鉴于俄语广泛使用的现实和国内俄语居民的情绪，1995年宪法在肯定哈语"国语"地位的同时，明确规定："在国家组织和地方自治机构中，俄语和哈萨克语一样，平等正式使用。"这种表述为大多数俄语居民接受。后来，哈又规定哈语、俄语、英语"三位一体"的语言政策，在大力普及哈语的同时，给俄语和英语也提供了发展空间。语言问题的争论虽然至今没有完全平息，哈文字改革也导致哈族自身和一些少数民族的不适应，但语言问题已经不再是影响国家稳定的大问题。

三 当前仍存在的民族问题与当局的对策

虽然一些棘手的民族问题得到解决，但并非全部，由于民族问题多而复杂，不可能一蹴而就，而且随着国情的变化又产生了一些新的问题，使哈当局仍感到压力很大，始终将解决民族问题视为国家面对的重大任务之一。

（一）当前仍面临的民族问题

1. 国家认同问题

所谓"国家认同"，就是对哈萨克斯坦作为一个以哈族为主体的独立国家的认同，包括对历史、语言、民族文化、民族传统等的认同。在哈27年巩固国家独立的过程中，每走一步，该问题都会受到来自国内外的质疑和挑战。哈当局坚定不移地将巩固国家独立和解决民族问题一并考虑，将国家认同视为解决民族问题的中心问题，这是国内和地区形势决定的。这个问题如果得不到很好解决，哈提出的建立"永恒的国家"的战略目标就很难实现。

2. 严重的社会问题

这包括历史遗留的问题和独立后产生的问题。社会问题与不同民族的生活地域、生活水平的差异，求学和就业遇到的种种问题有关，也与民族习俗和宗教信仰不同产生的矛盾以及生产和生活中产生的利益冲突有关。这些与各民族利益攸关的社会问题，不可能随着国家的发展瞬间消失，如果解决不好，小矛盾、小冲突就可能酿成大风波、大问题，严重破坏国家稳定和民族团结。2011年哈西部发生的"扎瑙津事件"就是一例。

3. 正在凸显的部族问题

独立初期这个问题也存在但不严重。随着国家政治和经济发展这方面问题逐渐增多，通过各种形式，如官员任用、续写族谱等表现出来。部族主义渗透到国家一些部门，影响到哈族内部和地区间的团结，动摇政治稳定，进而影响到国家全局。

4. 大量境外哈族回归带来的问题

独立后，每年都有数以万计的哈族人回归，这使哈面临对这部分人安置问题的压力，也涉及原有居民的利益。于是，在哈国内一些人中产生了"真哈萨克人"和"伪哈萨克人"，"我们的人"和"非我们的人"等错误看法，这种因利益冲突产生的排外之风在悄然滋长。

5. 宗教极端势力对民族关系的影响

近年来，宗教在包括哈萨克斯坦在内的中亚国家中发展很快，并呈现跨境传播与活动。哈萨克斯坦作为多民族和多宗教国家，由于宗教问题，特别是极端宗教思想的扩散，导致不同民族之间甚至同一个民族之间的摩擦也时有发生。

另外，近年来哈民族关系出现的一些新动向值得关注。这是指，在哈俄两大民族间的矛盾基本解决之后，目前民族问题则出现向突厥语民族特别是哈族内部转移的趋势；宗教与民族关系的密切性导致问题纠缠在一起发生，解决难度增大；全球化和地区化的推进以及互联网等新媒体的广泛使用，也为居心叵测者从境内外破坏民族团结提供了可能性。这些新情况都在影响哈民族关系，增加了民族工作的难度。哈实行的强化哈族地位政策或多或少也成为俄罗斯等民族居民大量移居国外的原因之一。

在上述问题中，最为重要的是国家认同问题。因为这涉及政治和社会稳定、国家的统一，也是国家长期发展战略能否顺利实现的关键问题。

（二）当局采取的应对之策

针对目前存在的民族问题，哈当局从理论、政策、组织、行动等各方面采取了应对之策。

首先，哈当局特别是作为国家掌舵人的纳扎尔巴耶夫总统为民族工作确定了目标和任务。纳扎尔巴耶夫总统指出："我们的目标是：按照'拥有统一未来的民族'和'永恒的国家'原则，在我们独立以来所取得成果的基础上，通过哈萨克斯坦社会的发展来巩固民族认同和国家统一。这是我们的首要任务。"[①] 他还强调："在当今世界，所有发达国家都是统

---

① 《纳扎尔巴耶夫文集》，人民出版社2017年版，第76页。

一的民族。各族人民生活在统一的经济、政治和文化纲领下，有着共同的发展目标，有着共同的理解，个人的成功与国家的实力和成就密不可分。"[①] 他所说的"民族认同"就是建立"新的哈萨克斯坦共同体"，"国家统一"就是建立以哈族为主体的"永恒的国家"。总统的指示为哈解决民族问题提供了方向。

其次，在民族理论方面，哈提出一些新观念、新思想，用于指导民族问题的解决。例如：

（1）提出"新的哈萨克斯坦共同体""哈萨克斯坦人""哈萨克斯坦—我们共同的家园""永恒的国家"等旨在维护民族团结和国家统一的观念，用于指导国家认同教育。哈认为，对哈萨克斯坦国家认同教育是对公民教育的核心。哈公民不分民族属性和宗教信仰如何都是平等的公民，所有生活在哈的公民都拥有同一个国家，同属于哈萨克斯坦人。只有人民团结和统一，国家才能强大，因此，使哈萨克人团结和统一是国家的重要任务。

（2）强化"公民"地位，淡化"民族"观念。哈宪法强调个人不管其民族属性如何都一律平等，任何人不得因为"民族""宗教"等原因而受到歧视。哈认为，在民族关系问题上不存在双重标准，各民族公民都是拥有平等权利和平等机会的哈萨克斯坦人。哈不存在针对某个民族的特别优惠，所有人的权利与义务都相同。哈宪法中没有"民族平等"的字样，却有"每个人都有权决定和是否说出自己的民族属性"的规定，哈声称公民平等是哈制定民族政策的出发点。哈护照和有关文件中没有"民族"属性一栏，在求职、入学等时都不要求说明民族属性。

（3）强调民族利益和国家利益的一致性，将民族政策教育作为哈爱国主义教育的重要组成部分，使国家与公民在各主要方面目标一致。公民要对国家信任，对未来充满信心。这首先表现在要对祖国取得的成就感到骄傲。国家的作用在于保证各民族公民的生活质量、安全、平等机会和发展前景，使公民感到自己是生活在自己国家的主人。各民族公民都要为国家和平与安宁负责。强调团结与和睦是哈社会的基础，也是具有哈萨克斯坦特色的包容性民族政策的基础。

---

① 《纳扎尔巴耶夫文集》，人民出版社2017年版，第74—75页。

（4）强调民族文化和民族传统是哈民族的基因代码，为此以各种方式强化哈族意识和存在，弘扬民族文化和民族传统，认为这是"恢复历史公正"。纳扎尔巴耶夫总统强调："作为一个正在成长建设的民族，哈萨克斯坦人民肩负着特殊使命。哈萨克族需要凝聚全国所有民族的力量，共同建设新的哈萨克斯坦共同体。这是维护和巩固哈萨克民族特性以及继承和发展哈萨克传统的主要办法。"[①] 哈采取行政措施，如将哈语定为国语，重新阐述哈萨克斯坦历史，花巨资到世界各地收集哈历史文物和历史资料，以哈族名人名字替换俄罗斯人名字命名城市、街道、厂矿、学校、剧院等，为哈族名人树碑立传，确定文化遗产和历史圣地等。这样做一方面是为了"去俄罗斯化"，树立主体民族意识，或者说是为了建立民族自信；另一方面也是为了抵御不断渗透的西方文化的影响。

（5）强调解决民族问题与解决社会问题密不可分，通过社会问题的解决消除民族间存在的差异，促进民族团结。哈认为，社会团结政策是实现民族平等和民族团结的重要抓手。2018年纳扎尔巴耶夫总统提出五项社会政策并在全国落实，认为这有助于缩小各民族之间的差距，实现社会一体化，促进所有民族的发展，进而达到民族和睦的目的。

（6）解决民族问题要秉持公平正义和法律至上原则，认为这是解决民族问题的基本原则。为了建立巩固民族认同和统一的法律基础，哈制定了包括《巩固和发展认同和统一的构想》《2025年前哈萨克斯坦人民大会发展构想》等法律文件，以及总统令、政府令、国务秘书令等不同形式的相关文件。

（7）强调知识阶层应在促进民族团结方面发挥更大的作用。哈认为，由于在国家发展阶段精神层面作用不逊于经济、物质层面，知识界人士一般都会在精神发展方面扮演主要角色，为社会现代化提供理念支持，是使全民面向未来的新价值观的推动者。知识阶层在树立国家历史意识方面可以发挥重要作用，而国家历史认同的核心就是对哈萨克斯坦作为"永恒的国家"的认同。换言之，在维护国家统一和民族团结方面，各民族知识阶层应该走在前面，发挥引领作用。

再次，建立旨在促进民族团结的组织和为其开展正常活动创造条件。

[①]《纳扎尔巴耶夫文集》，人民出版社2017年版，第53页。

在这方面应该提到人民大会和民族文化中心。

人民大会,又称人民和睦大会,是在哈政治架构中的一个重要组织,属于咨询机构。全国人民大会成立于1995年。它是由各民族有威望的人士和民族文化中心负责人组成,配合政府工作。1995年提议纳扎尔巴耶夫连任总统就是该机构提出的。地方同样设有人民大会机构。第26届全国人民大会是于2018年在阿斯塔纳举行的,纳扎尔巴耶夫总统出席并发表重要讲话,重点是阐述社会统一与民族团结的关系。

民族文化中心是为满足各民族对发展本民族文化诉求成立的群众性自治组织,致力于保护和弘扬本民族的文化和传统,目前在哈有一千多个。另外还有近五千个社会和睦理事会和母亲理事会,都在从事推动民族和睦的工作。

哈还重视在学校加强民族团结教育工作。例如,在40多所高校中设有人民大会教研室或研究中心。每年都有不少论述人民大会和民族工作的专著和文章问世。

最后,在法纪方面,哈一再声明要坚定地和始终不渝地执行民族和谐政策,坚决执行法制原则,严防破坏民族团结的行径,不允许挑起民族仇视,不允许以任何借口促使民族仇视事件发生。对企图在国家民族和谐问题上打入楔子的人要严惩不贷。哈将破坏民族团结行为视为犯罪,已经写入法律,声言违法必究。

四 他山之石可以攻玉之处

独立27年来,面对复杂的民族情势和众多的民族问题,哈当局不回避,不退缩,积极应对,取得了较好的效果。总的来看,哈民族工作是成功的,有些做法可以借鉴。

(1)不生搬硬套外国做法,根据本国国情和维护国家利益的需要制定方针政策。例如,吸取苏联的教训,拒绝实行联邦制和民族区域自治制度,但并不拒绝一些民族关系处理较好国家的理念,例如,强调公民意识,淡化民族观念;强调各民族公民一律平等,任何民族都不享有特权等。

(2)涉及跨境民族问题,从国内和国际两个方面入手,通过与有关国家友好协商，既坚持原则，又做出必要的妥协，使问题得到解决，同时又较少影响国家关系。

（3）在坚持国家统一的原则基础上，能包容对待一些民族的合理诉求，例如，在语言问题和建立民族文化中心问题上，这有利于民族团结和睦。

（4）将解决民族问题的重点放在解决各民族存在的社会问题上，通过解决民族发展差距，消除社会矛盾，维护社会统一，这个思路是正确的。因为民族矛盾在很大程度上表现在社会领域，缩小和消除社会方面差距是促进民族团结、维护国家稳定的有效途径。

（5）重视组建以协调民族关系为己任的非政府组织，支持它们围绕国家重点工作开展活动，使其真正成为政府工作的有力帮手和工具。

（6）重视知识阶层在促进民族团结和维护国家统一中的作用。事实证明，各民族知识阶层，特别是民族精英的立场通常会影响民族关系的进程。多民族国家的一致首先要做到各民族知识阶层特别是民族精英的思想和行动的一致。

哈民族工作值得借鉴之处不少，但也有个别地方值得商榷。例如，哈对俄罗斯提出的"境外俄罗斯同胞"的提法很反感，但它对生活在别的国家的哈萨克族也使用"境外哈萨克同胞"的提法，并一再呼吁回归"历史祖国"，似有不妥。实际上生活在不少国家的哈萨克族已经成为所在国的一个民族，例如在中国就是 56 个民族之一。如果将别的国家的一个民族视为本国哈萨克族的一部分，这既不符合实际，也会影响有关国家的政治和社会稳定，给哈与攸关国的国家关系带来负面影响。

民族问题在全世界都是复杂的问题，没有解决的统一模式和现成药方，一切都要从本国国情出发采取应对之策，使其既能保证国家稳定和经济发展，也能使各民族保持和睦和在国家发展中取得共同进步和繁荣。哈萨克斯坦基本做到了这一点，为国际社会提供了一个较为成功的范例。

——原载孙力主编《中亚国家发展报告（2019）》，社会科学文献出版社 2019 年版

三　中亚经济

中亚五国经济体制与发展模式探讨
中亚油气工业与中国发展对外合作
经济全球化与中亚五国
国际金融危机与中亚国家
哈萨克斯坦经济发展遇到暂时困难
2017年哈萨克斯坦打出深化改革组合拳
"丝绸之路经济带"建设五年给中亚带来六大积极变化
基础设施联通助推中亚国家加速地区一体化和参与经济全球化

中亚五国经济体制与发展模式探讨

【内容提要】 本文对独立近十年的中亚国家的经济体制与发展模式做了探讨,从独立前中亚国家经济的特点说起,谈到影响经济体制和发展模式选择的因素和体制转轨的过程,较为详细地介绍了现行经济体制和发展战略,并对转轨和发展中产生的问题做了分析。

中亚国家独立已近十年。此间各国政治、经济、社会等各方面都经历了复杂的变化进程,都在探索适合本国国情的体制和发展模式。本文仅就中亚国家正在形成的经济体制与发展模式谈点看法。

一 独立前中亚国家经济的特点

中亚五国是在 1991 年底先后独立的。独立前的中亚五国经济具有以下特点:

第一,缺乏独立性。

中亚五国作为苏联的加盟共和国,经济上基本没有自主权。经济计划和经济布局基本上由联盟中央决定,在"经济分工"的政策下,它们以生产原料和农牧产品为主,多为初级产品,经济结构单一,具有很强的依附性。

第二,具有发展中国家典型的经济特征。

苏联虽然不是发展中国家,但作为苏联一部分的中亚五国却不然。尽管它们在苏联时期已形成一定的工业化的基础,都市化进程有很大进展,但五国经济相对落后,具有发展中国家的典型特征:生活水平较低,劳动生产率不高，人口增长迅速并导致赡养负担沉重，严重依赖农业生产，就业压力很大。

第三，实行计划经济体制。

作为苏联一部分的中亚五国，长期实行的是计划经济体制。由于长期游离于市场经济之外，从经济角度来看，中亚国家对市场经济的认识和市场经济的发育程度甚至不如一般发展中国家。

第四，智力水平较高。

由于苏联政府十分重视教育、科学、文化和卫生工作，中亚国家在这方面也获益匪浅，在全民教育素质、每万人拥有的大学生和医生数量方面，在科研机构的设置上，具有发达国家的特征。1995年发达国家成人文盲率不足5%。而中亚国家1991年前基本上消灭了文盲。

二　影响经济体制和发展模式选择的因素

中亚国家独立前已经开始考虑和进行经济体制改革，独立后继续这项工作。中亚国家的经济改革并非一帆风顺，改革工作受到各种因素的制约。这些因素是：

（一）历史因素

苏联时期，中亚国家的经济完全是在联盟中央确定的计划框架内运行。20世纪60年代中期柯西金改革时期，中亚国家曾从经济改革中获益。这次改革前与改革过程中的争论，使"市场""商品经济""利润"等这些人们早已陌生的提法留在一些人的记忆中。70年代后期和80年代初期，苏联经济增长速度明显放慢，中亚国家亦然。原有的计划经济发展模式已遇到很大的困难，接近停滞的经济需要寻找新的出路。

戈尔巴乔夫执政后开始改革。改革之初也收到一些效果，但比预想的要差。1988年6月苏共第19次代表会议后，苏联改革从经济领域转向政治领域，国家开始出现混乱，经济再度由低速增长转向停滞，甚至开始下滑。1990年苏联经济出现负增长。中亚国家也是这种情况。面对国内的现实，利用"舆论多元化"政策提供的自由空间，苏联经济学界就经济改革模式问题展开了激烈的争论，提出了多年来人们不能提及的市场经济模式问题，并由此涉及与市场经济密切相关的所有制、价格、市场竞争、对外开放等一系列问题。很多人赞同放弃原有的计划经济模式，转向市场经济模式。苏联最高苏维埃于1991年7月1日通过了《私有化法》，这意味着，经济领域多年来的禁锢被打破，在向市场经济过渡道路上迈出了决定性的一步。

联盟中央的改革决定在中亚国家也得到响应。1991年4月，哈萨克斯坦制定了《哈萨克共和国改革所有制法（非国有化和私有化）》和根据该法制定的《1991—1992年哈萨克共和国国家财产非国有化和私有化纲要》，这是改革经济体制的重要标志。从这时起，哈萨克斯坦在"缺乏经验和各项工作准备不足，但在以市场为原则改造经济的必要性已经成熟"的情况下踏上改革的道路。[1] 吉尔吉斯斯坦学者也认为，该国在1990年10月至1991年12月间发生了由建设社会主义市场向可调解的市场的转变。[2] 同年底中亚国家先后独立，为自主改造本国经济创造了有利的条件。

（二）现实因素

影响中亚国家经济体制转轨和发展模式选择的现实因素主要有以下几点：

第一，继承性。

中亚国家长期实行计划经济体制。这种制度在戈尔巴乔夫执政后期已经发生变化。1990年后苏联政治和经济体制改革已经开始。尽管当时还没有明确提出建立市场经济，但改革的方向已大体上确定。为形成市场经济重要组成部分的私有制，中亚各加盟共和国从1991年起已经开始着手进行这方面的工作。中亚国家正是在这种形势下独立的。新的经济模式的建立也只能在此基础上进行。由于戈尔巴乔夫在执政后期对苏联社会主义制度已进行了猛烈的攻击，国内民族主义情绪已相当高涨，不

---

[1] ［哈］图·阿什姆巴耶夫：《在通向市场道路上的哈萨克斯坦经济》，哈萨克斯坦出版社1994年俄文版，第32页。

[2] 参见吉尔吉斯斯坦科学院《吉尔吉斯人和吉尔吉斯斯坦历史》，"伊里姆"出版社1995年版，第278页。

少人对西方制度十分迷信,因此,各国独立后不可能再按原苏联式社会主义道路走下去,起码在形式上是如此。

第二,共和国之间的相互影响。

苏联解体是在短时间内完成的。在原苏联版图上瞬间形成了15个有独立主权的国家。由于长期形成的政治、经济、文化的联系,各国在选择国家体制和发展模式时不免要彼此参照,互相影响。特别是与俄罗斯关系密切的国家,如哈萨克斯坦、吉尔吉斯斯坦,它们受俄罗斯的影响很大。

第三,独立后经济面临新问题。

中亚国家在苏联时期经济较落后,多数国家长期靠联盟中央补贴过日子。吉尔吉斯斯坦1985年人均国民收入只相当于全苏的一半,但从生活水平上没有反映出来,因为中央给予10亿卢布补贴,约占该共和国国民收入的20%。[①] 这种情况不是个别现象,几乎年年如此。正是靠苏联"一平二调"的政策,塔、吉、土、乌等共和国才保持了较高的生活水平。然而,苏联一解体,情况发生急剧变化。以前补贴没有了,原有的经济联系中断了,许多工厂因无原料或产品无销路被迫停产或破产。这不仅造成国家财政收入急剧减少,也迫使各国改变了原有的经济结构和发展模式。

独立后,各国在财政收入减少的同时,又面临许多需大量开支的事情要做,如扩大国家机构、组建军队、开展外交活动等。在这种情况下,各国尽管知道本国经济结构不合理,但为取得急需的外汇,不得不将经济发展重点放在原有优势生产部门中。从经济学角度来看,存在经济发展的比较优势问题,但中亚国家这样做,更多是不得已而为之。这一点也影响了各国经济发展模式和发展战略的确定。

再有,一些国家在确定发展战略时也有出于维护国家安全的考虑。如乌兹别克斯坦减少棉花生产而发展粮食生产,大力发展石油加工业,就是为了减少对别国的依赖,防止受制于人。

[①] 参见吉尔吉斯斯坦科学院《吉尔吉斯人和吉尔吉斯斯坦历史》,"伊里姆"出版社1995年版,第264页。

（三）地理位置与生产要素

中亚国家位于欧亚大陆腹地，没有出海口。历史上"丝绸之路"经过这里，亚欧第二大陆桥修通之后，这里又有了新的"现代丝绸之路"。

中亚地区自然资源丰富，蕴藏丰富的石油、天然气、有色金属、黑色金属和其他矿产资源。特别是近年来"里海石油"的发现，使中亚地区具有21世纪能源基地的战略地位。农牧业也有一定基础。哈萨克斯坦盛产小麦，其他四国盛产棉花。吉、土、哈畜牧业也较发达。

中亚五国除哈萨克斯坦外，其余四国人口自然增长率都很高。劳动力资源丰富，并且素质较高。

三　现行经济模式的形成过程

独立后，中亚国家确定由计划经济模式向市场经济模式的转轨，并根据国情选择了社会市场经济模式。

中亚国家独立初期经济面临两大任务。一是实现由计划经济模式向市场经济模式的转变，二是作为发展中国家，需要选择适宜的发展战略和发展模式，使本国经济尽快摆脱长期形成的依附性、落后性和危机性，让经济尽快发展起来。因此，它们在经济发展方面较一般发展中国家有更多的困难。

在确定向市场经济模式转轨之后，中亚国家经济改革主要在社会市场经济和自由市场经济这两种市场经济模式中选择，最终它们都选择了社会市场经济模式。应该说，当时中亚国家做出这种选择是从国家实际情况出发，大体上符合本国国情。

中亚国家的经济转轨工作基本上是从所有制改革开始的。事实上中亚国家的所有制改革在苏联解体前即已开始。哈萨克斯坦从1991年中期即已开始这项工作，独立后在经济真正自主的情况下，加大了改革工作的力度。该国先后通过了三个《国家非国有化和私有化纲领》，对各类国营企业进行非国有化和私有化改革。至1997年底全国已完成非国有化和私有化的企业共6777个，其中小私有化5590个，群众性私有化1122个，专项私有化47个，国营农业企业18个。按部门划分，工业608个，建筑业162个，农业18个，交通运输业331个，商业与公共饮食业1279个，服务业与公共事业689个，其他部门3464个。1991年哈国有制企业占90%，1997年私有制企业已占到80%。在所有制方面，这是一个从量到质的变化。在各经济部门中除工业、交通、邮电外，在其余行业中私有制企业皆占多数。私营部门产值占国内生产总值的比重已超过50%。

吉尔吉斯斯坦总统阿卡耶夫是这样说明私有化在本国经济改造中的位置的："吉尔吉斯斯坦私有化计划是经济改革的最主要的优先方向之一。"他还以赞赏的语气引用诺贝尔奖得主密尔顿·弗里德曼的一句话："通往自由社会大门的钥匙只有三句话：第一，私有化；第二，私有化；第三，还是私有化。"① 正是在这种思想指导下，吉尔吉斯斯坦所有制改革取得较大进展。截至1997年，该国工业中非国有制企业已占74.3%，国有制企业只占25.7%。②

乌兹别克斯坦总统卡里莫夫认为，"解决所有制问题是建立市场一整套措施的奠基石"③，改革所有制的目的在于打破国有制的垄断，通过对国有制的私有化来形成多种所有制经济成分。④ 所有制改革工作在乌兹别克斯坦也取得很大进展。1998年非国有化企业占国家企业总数的83.7%，而且私营企业占非国有化企业总数的46%，股份制企业占18%，合资企业占2%。⑤

中亚各国对作为市场经济机制重要组成部分的价格机制也都进行了改革，只是在改革的时间和步骤上有较大的不同。哈萨克斯坦于1992年1月6日放开绝大部分商品价格。当时该国并不具备采取这一措施的条件，而是在俄罗斯1月2日放开价格后被迫采取的行动。不管哈萨克斯坦政府如何看待或是否准备采用"休克疗法"，事实上它已被迫跟随俄罗斯采用了这种方法。匆忙放开价格对哈萨克斯坦经济产生了灾难性的后果，在很短时间内该国就出现了物价飞涨，通货膨胀，经济混乱，人民生活

---

① [吉] 阿·阿卡耶夫：《开诚布公的谈话》，"秘闻"出版社1998年版，第99页。
② 《1998年独联体国家统计手册》，第46页。
③ [乌兹别克斯坦] 伊·卡里莫夫：《乌兹别克斯坦沿着深化经济改革的道路前进》，国际文化出版公司1996年版，第22页。
④ 同上书，第24页。
⑤ 乌兹别克斯坦经济研究中心编：《1999年乌兹别克斯坦人权发展报告》，第37页。

恶化。哈萨克斯坦学者说，这种方法给哈萨克斯坦带来的是生产的"休克"，但却没有"疗法"。① 哈萨克斯坦政府于1994—1995年又进一步放开了能源和粮食的价格，基本上实现了价格自由化。与哈萨克斯坦情况类似的还有吉尔吉斯斯坦。

乌兹别克斯坦和土库曼斯坦则没有跟随俄罗斯全面放开价格，在改革价格问题上采取谨慎的做法。乌兹别克斯坦总统卡里莫夫作为经济学家，清楚地认识到，"放开物价是改革经济的关键问题，改革将朝什么方向发展，产生什么样的社会经济后果，都完全取决于这个问题的解决"②。说乌兹别克斯坦反对价格改革是站不住脚的。只是该国不赞同俄罗斯等国采用的"休克疗法"，而是主张价格改革应"逐步地和分阶段地进行"。在该国逐渐解决了粮食和能源的自给以后，从1995年起，该国也逐步放开了包括粮食和能源在内的几乎所有商品的价格。乌与哈、吉采取不同的方式达到了市场经济所要求的价格自由化的目的，但该国蒙受的损失明显要小于哈、吉两国。

在经济转轨过程中，中亚国家积极建立和完善适应市场经济需要的基础设施，包括商品交易所、职业介绍所、商业银行、保险公司、证券市场等，并改革了会计制度。特别是大小商业银行如雨后春笋般建立起来。1998年哈萨克斯坦有93家商业银行，吉尔吉斯斯坦有20家，塔吉克斯坦有26家，土库曼斯坦有67家。1997年哈萨克斯坦有各种交易所16家，吉尔吉斯斯坦1家，塔吉克斯坦6家，乌兹别克斯坦46家。③ 不过，这类机构在有些国家的建立带有自发性。哈萨克斯坦学者指出，在哈开始建立的金融机构不是为了发展生产，而是为了追逐高额利润，具有投机倾向，导致后来哈政府对银行业的整顿。

反对垄断、提倡竞争，这个问题在中亚国家也相当重要，而且非常尖锐，因为在苏联时期兴建的企业有许多是大型和特大型企业，它们本身就具有垄断性，对市场进行垄断已习以为常。为解决反垄断问题，中

---

① ［哈］图·阿什姆也耶夫：《在通向市场道路上的哈萨克斯坦经济》，哈萨克斯坦出版社1994年俄文版，第35页。
② ［乌兹别克斯坦］伊·卡里莫夫：《乌兹别克斯坦沿着深化经济改革的道路前进》，国际文化出版公司1996年版，第58页。
③ 《1998年独联体国家统计手册》，第47、49页。

亚国家先后制定了反垄断法，在乌兹别克斯坦等国还建立了推行反垄断与价格总局等政府反垄断机构，该国 658 家大型企业成为被监控的对象。尽管如此，反垄断问题在中亚国家仍然任重而道远。

经过独立后近十年的努力，中亚国家向市场经济体制过渡取得如下成果：第一，人们的观念发生重大变化，从改革之初的不理解到逐步理解和适应；第二，初步形成了为市场经济服务的法规，市场经济基础设施也已基本上建立起来；第三，所有制发生重大变化；第四，经济管理权限呈现分散化，由过去集中在中央而转向地方或部门，特别是企业作为经营主体在市场中开始发挥作用；第五，已奠定开放型经济的基础，与世界各国进行广泛的合作；第六，经济结构改造和经济活动已开始以市场需求为导向，经济工作的重心转向财政货币领域和外贸工作。

四 现行经济体制概述

可将中亚国家现行经济体制归纳为以下几点，尽管各国之间在一些方面也有所不同：

第一，在计划方面，各国基本上或开始放弃由国家下达计划的做法，改为市场调节，国家运用经济杠杆对经济进行宏观调控。相比之下，乌兹别克斯坦和土库曼斯坦的国家计划仍在一定程度上起着作用。

第二，在价格方面，多数国家基本上实现了自由化，土库曼斯坦是一个例外。土库曼斯坦总统表示，该国只有在"完成私有化进程之后，才能向放开价格过渡"[①]。

第三，在所有制方面，通过对国有资产非国有化和私有化，各国所有制形式已呈现多样化，呈混合型，而且各国都明确规定，各种所有制形式一律平等。

第四，在市场经济基础设施方面，包括商品市场、资本市场和劳动力市场，基本上有了雏形。各国都努力从国内外扩大融资渠道。保险业也已实行商业化。

---

① ［土库曼斯坦］萨·阿·尼亚佐夫：《永久中立 世代安宁》，东方出版社 1996 年版，第 149 页。

第五，在金融货币方面，各国先后发行了本国货币，从而为保障本国经济独立奠定了基础。各国对本国货币采取不同的管理方式。哈萨克斯坦开始由国家调节汇率，从1999年4月起改行浮动汇率制。坚戈已实现国内自由兑换。吉尔吉斯斯坦货币也实现了国内自由兑换。乌兹别克斯坦和土库曼斯坦尚未实现本国货币的自由兑换。因此，在乌国存在外汇黑市交易市场，尽管该国对此严加打击。

第六，在外贸方面，放弃了传统的由国家垄断的做法，实行外贸自由化和非集中化，允许多种所有制成分和地方政府从事外贸活动。

第七，在农业方面，管理体制也发生了变化。哈、吉、塔、乌等国已将原有的集体农庄和国营农场改造成为小农场、合作社、股份公司等私有制和非国有制形式。土则没有完全取消原有的农业生产组织形式。各国都允许农产品自由上市，国家只通过市场方式订购部分农产品。国家已放弃了向农业部门无偿调拨生产资料的做法，农业生产费用通过建立在市场经济基础上的商业贷款形式取得。土地私有化问题正在讨论，目前有的国家如吉已通过。

中亚国家的社会市场经济模式之间也略有不同。这主要表现在国家对经济的干预和社会政策上。

乌、土两国十分强调国家对经济的干预作用。乌总统卡里莫夫认为："在尚未形成受供需关系的作用而能自我调解的情况下，在缺乏自由竞争、对外关系相当有限的情况下，放弃国家对经济的调解，只能促使危机加深、物价上涨和通货膨胀。"[①] 因此，乌、土等国对国家经济的管理作用明显要强于哈、吉。而后者强调经济规律的自身作用，特别是哈萨克斯坦，近来该国领导人在谈到本国经济模式时，有时也使用"自由市场经济"这个词，这不仅是一个词的问题，而且也反映了该国对经济模式选择的微妙变化。

另一个不同表现在社会政策上。在这方面，乌、土两国较哈、吉做得要好些。乌、土两国用于社会保障的资金占国家财政收入很大，乌兹别克斯坦约占45%，土库曼斯坦约占60%。而哈萨克斯坦则强调市场化

---

① ［乌兹别克斯坦］伊·卡里莫夫：《乌兹别克斯坦沿着深化经济改革的道路前进》，国际文化出版公司1996年版，前言第11页。

机制，如通过实行强制医疗保险等来解决居民的社会保障问题。国家对教育、卫生部门的投入也少于乌兹别克斯坦。

五 经济发展战略

经济模式确定后，还有实现模式的方式选择问题，或者说，还存在发展战略的选择问题。中国著名经济学家李琮教授指出，对发展中国家来说，"发展战略应解决一系列重大全局性关系问题：农业与工业的关系，积累与消费的关系，发展速度与国力的关系，国有经济与私人经济之间的关系，中央与地方的关系，计划与市场的关系，内向与外向的关系，经济与科技、教育、文化之间的关系等等"[①]。据此，李琮教授将发展中国家的发展战略分为：初级产品出口战略、"进口替代"发展战略、面向出口发展战略、经济社会综合发展战略、以农业为基础的发展战略。当然也有另外的分法。如美国著名经济学家、加州大学滨河分校经济系主任基斯·格里芬教授提出了可适用于发展中国家的六种发展战略，它们是：货币主义发展战略、外向型经济发展战略、工业化发展战略、绿色革命发展战略、再分配发展战略、社会主义发展战略。两位专家的分法有相同之处，也有不同之处。这些分法都可以作为衡量发展中国家经济发展战略的标准。中亚国家作为发展中国家，其发展战略大体上应符合其中的一种。

如上所述，发展战略是以为实现某种发展目标为前提的。各国独立后都很快提出了自己的发展目标，有的国家还为此制定了完整的发展战略。但要指出的是，这些发展目标和发展战略当时听起来十分诱人，但并不能顺利实施，甚至很难实施，因为中亚国家并非独立伊始就能自主左右本国经济。当时各国都处在卢布区内，没有自己的货币，这意味着，经济命脉仍控制在俄罗斯的手中。只是在各国发行本国货币之后这种情况才有所改变。各国有了自己的货币，才谈得上经济独立，才可能按自己制定的发展战略来治理国家。

各国制定的经济发展战略大方向相似，但彼此间也有不同。各国经

---

① 李琮：《第三世界论》，世界知识出版社1993年版，第133页。

济发展战略都具有自己的特点。

哈萨克斯坦从1994年开始按国际货币基金组织的药方治理国家。它以稳定经济、控制通货膨胀、营造市场为主要目标。哈政府独立初期曾提出过进口替代型经济发展战略，但并未真正实行，而真正实行的是资源密集出口型发展战略，发展石油开采、有色金属和黑色金属初级产品生产并使之出口是这一战略的核心。1997年该国在至2030年的发展构想中再次肯定了这一经济发展战略。目前该国正按资源密集出口型发展战略来安排本国的经济工作。2000年该国重新提出发展进口替代工业的问题，能否真正实行，还有待观察。

1997年该国制定了至2030年的发展战略构想，其长期目标是成为"中亚的雪豹"，即成为"发展中国家的榜样"。

乌兹别克斯坦的经济发展战略是：分阶段形成面向社会的市场经济，建立多种成分的经济，为企业和公民提供广泛的经济自由，实现深刻的经济结构改造，使人们形成新的经济观念。

乌兹别克斯坦从本国国情出发，确定了以进口替代型经济发展战略为主资源出口为辅的发展战略。该国首先把解决粮食、能源的自给放在战略地位，其次是使消费品、食品及其相关资本品做到自给。为此，该国把克服经济结构不合理、提高产品质量和加强国际竞争力、扩大商品出口能力、消除部门内和地区的生产比例失调等，作为经济发展的重要方针。

土库曼斯坦为自己确定的经济发展目标是：在最近几年进入世界最发达国家行列，2000年以前在各方面取得完全的独立，克服落后状态，扎扎实实地巩固朝发达国家前进所必需的经济、社会实力。

在经济发展战略上该国也采用了资源密集出口型战略。石油天然气工业和棉花生产是该国经济重点发展部门。与此同时，该国也注意发展轻工、食品工业，以替代进口。

吉尔吉斯斯坦确定了建立和发展市场经济基础设施、在非国有化和私有化基础上改造所有制形式、发展私有制、发展中小企业、鼓励竞争、减少政府对经济干预的战略。

吉尔吉斯斯坦由于资源禀赋较差，因此，它不可能像哈、土那样选择资源密集出口型发展战略。从吉政府的主张来看，该国采用的是以农业为基础和发展过境贸易的发展战略，其特点是大力发展农牧业，以保证本国人民的衣食问题，同时依靠国家为对外经济活动创造良好的环境，发展过境贸易和引进外资来发展经济。铸造"新丝绸之路"是实现这一战略的有力措施之一。争取外援也是其中的一种方式。畜牧业也是该国发展的重点。

塔吉克斯坦也缺少可大量换汇的资源禀赋。丰富的水利资源由于缺乏资金难于利用。目前还不能明确描绘该国的经济发展战略。医治战争创伤、克服经济危机是该国当前最重要的任务。

六 战略选择与各国经济形势

这里谈谈各国采用的不同发展战略对经济产生的影响。

经济转轨近十年，各国经济与独立前相比都出现了不同程度的下降。其原因是多方面的，如原有经济联系中断、经济结构不合理、生产设备落后、企业生产骨干流失等，同时也与各国实行的经济转轨方式和发展战略不无关系。

中亚国家转轨方式大体上可分为两类，一类是乌、土实行的渐进式，另一类是哈、吉实行的"休克疗法"。从十年实践来看，五国经济状况已显示出不同。1998年与1991年相比，国内生产总值：哈萨克斯坦为69%，乌兹别克斯坦为91.1%，吉尔吉斯斯坦为65.9%，塔吉克斯坦为51.5%，土库曼斯坦无统计数字；工业产值：哈萨克斯坦为49%，乌兹别克斯坦为111%，吉尔吉斯斯坦为58%，塔吉克斯坦为36%，土库曼斯坦无统计数字；农业总产值：哈萨克斯坦为55%，乌兹别克斯坦为92%，吉尔吉斯斯坦为92%，塔吉克斯坦为59%，土库曼斯坦为71%（1996年数字）；固定资产投资：哈萨克斯坦为13%，乌兹别克斯坦为75%，吉尔吉斯斯坦为31%，塔吉克斯坦为33%（1994年数字），土库曼斯坦为174%（1993年数字）；货物运输周转量：哈萨克斯坦为30%，乌兹别克斯坦为68%，吉尔吉斯斯坦为8%，塔吉克斯坦为7%，土库曼斯坦为64%（1997年数字）；零售商品周转额：哈萨克斯坦为17%，乌兹别克斯坦为102.1%，吉尔吉斯斯坦为48.2%，塔吉克斯坦为1.2%，土库曼斯坦为13.1%（1997年数字）。① 上述数字表明，采用渐进方式的乌兹别克斯坦的经济形势要好于采用休克疗法的哈萨克斯坦和吉尔吉斯斯坦。

各国采用的发展战略也取得不同的结果。哈萨克斯坦在多数经济部门生产下降的情况下，石油开采和有色金属生产却保持了独立前的水平，形成一枝独秀。同时，日用消费品的自给率进一步下降，由独立前的20%—30%降至10%。乌兹别克斯坦经过十年的努力，商品自给率明显提高。该国在减少棉田种植的情况下，粮食接近做到自给，石油制品也做到自给有余，还有部分可以出口。汽车等工业产品也基本上可以满足国内需要，还能对中亚国家出口。该国工农业产品在中亚地区所占的比重有所上升。

上述指标显示，实行渐进式改革和进口替代型发展战略的乌兹别克斯坦宏观经济形势要好于哈萨克斯坦。另外，社会领域的若干指标变化也可说明经济转轨方式带来的影响。

生活在贫困线以下的人口：1987—1988年，哈萨克斯坦为5%，吉尔吉斯斯坦为12%，土库曼斯坦为12%，乌兹别克斯坦为24%。1993—1994年，哈萨克斯坦为50%，吉尔吉斯斯坦为84%，土库曼斯坦为57%，乌兹别克斯坦为47%。②

预期寿命：1991年，哈萨克斯坦为69岁，土库曼斯坦为66岁，吉尔吉斯斯坦为68岁，乌兹别克斯坦为69岁，塔吉克斯坦为70岁。1997年，哈萨克斯坦为68岁，乌兹别克斯坦为68岁，土库曼斯坦为65岁，吉尔吉斯斯坦为68岁，塔吉克斯坦为67岁。③ 在独立后的十年中各国人口预期寿命不但没有延长，反而缩短1—3岁，说明经济形势恶化已严重影响到人民的生活。

上述数字都表明，苏联解体后中亚国家进行的经济体制转轨给各国人民生活都带来暂时的困难，生活质量明显恶化，人口预期寿命缩短。

---

① 独联体跨国统计委员会编：《1998年独联体国家统计手册》，莫斯科1999年版，第13、28、30、32、34、128页。

② 乌兹别克斯坦经济中心编：《1999年乌兹别克斯坦人权发展报告》，第26页。

③ 同上书，第14页。

在苏联时期已成为工业农业国的中亚国家,开始向农业国倒退。各国面临重新工业化的战略选择。

七　经济转轨中的问题

像独联体其他国家一样,确定了经济转轨的方针,并不意味着转轨工作会一帆风顺,没有任何问题。事实上,中亚国家独立十年来,与政治、外交、国家安全相比,经济是最复杂,也是问题最多的领域之一。主要表现在以下方面:

第一,哈、吉等国经济改革缺乏本国特色。尽管这些国家领导人多次说过,不会照抄别国的做法,但实际上它们的经济发展在很大程度上受到外国和国际组织的影响和左右。外国主要是指俄罗斯,国际组织是指国际货币基金组织等。确实,哈、吉等国领导人并没有明确说过要实行休克疗法,但独立后最初几年的经济活动实践却是按照俄罗斯的休克疗法进行的。因此,它们经济改革的后果与俄罗斯极其相似,这就是:社会生产全面大幅度下降,通货膨胀恶性发展,财政赤字扩大,三角债严重,本币汇率下跌不止,外汇减少,人民生活急剧恶化。国际货币基金组织为哈萨克斯坦开出的也是硬性紧缩通货的货币主义药方,尽管此方使该国通货膨胀问题有所缓和,但生产却急剧下降。

第二,非国有化和私有化工作没有取得预期效果。从建立市场经济机制出发,各国都力图明晰产权关系,通过私有化达到财产的私人占有,并为经济自由活动创造条件。因此,产权改革成为各国迈向市场经济模式的第一步。然而,多数国家对这项工作控制不力,在哈萨克斯坦甚至认为国家越放手越好,因而多年来国有资产大量流失现象。少数人在这个过程中暴富,多数人贫困。由于缺乏对转轨资产的明确规定,加之缺乏竞争环境,转制企业并没有取得预期的效果。

第三,经济结构不合理的问题在多数国家依然存在。在哈、吉等国尤为严重。单一化和原料型经济结构问题没有解决,长期困扰它们的消费品生产不足问题继续存在,例如,目前哈萨克斯坦生产的消费品只占消费品市场需求的10%,这就是说,至今消费市场仍是外国商品的天下,其情况较独立前更为严重。

第四，缺乏资本是主要问题。中亚国家和其他发展中国家一样，在资本、劳动和自然资源等生产要素中，资本最为短缺。因此，资本形成的快慢就成了促进或限制经济增长的最主要因素。资本缺乏限制了投资，而投资严重不足又是各国面临的普遍问题。哈萨克斯坦1999年的投资仅为1990年的15%。缺乏投资很难保证经济的恢复和持续增长。寄希望于外国公司投资，使经济出现新的依附性，这一点在哈萨克斯坦表现得十分明显。

第五，防止垄断问题没有解决。作为市场经济的重要机制之一的防止垄断问题，在这些国家中还没有得到很好的解决。中亚国家中缺少中小企业，大企业和行业垄断已成为定势。尽管国家反对垄断，提倡竞争，但真正实施需要一个过程。

第六，伴随经济危机而出现了社会危机和道德危机。这包括由于分配制度的变化而出现的社会严重分化、失业、教科文卫事业衰退等。发展经济学理论认为："发展是改进人民生活质量的过程，其基本目标是满足基本需要、提升人类尊严、扩大选择自由"。发展体现为"经济增长＋社会变革。"[1] 从这个意义上讲，中亚国家的改革虽然在朝这个方向努力，但十年改革结果并未达到拟定的目标。

——原载《新疆社会科学》2001年第1期

---

[1] 毕世杰主编：《发展经济学》，高等教育出版社1999年版，第15页。

中亚油气工业与中国发展对外合作

【内容提要】 中国发展油气工业和走出国门是必然趋势。中亚地区是可供选择的合作地区之一。本文介绍中亚地区油气资源情况，独立十年来该地区油气生产国的油气开采、加工和出口情况，指出与中亚地区国家开展油气合作存在许多有利条件，也面临一些困难。当前中亚油气生产国正在寻找合作伙伴，为我们提供了很多合作机遇，但必须抓紧时间进行，不要错失机遇。

中国在油气领域发展对外合作特别是走出国门合作是必然趋势，而选择国外合作的地区很多，中亚地区（包括环里海国家阿塞拜疆）便是其中之一。这是因为，第一，中亚地区有丰富的油气资源，有合作的物质基础，特别是资源保证；第二，这些国家财力有限，希望外资进入帮助开发，有合作的主观愿望和相关政策；第三，中亚国家与中国毗邻或为近邻，运输相对方便和安全。在中亚国家中，又以哈萨克斯坦、土库曼斯坦、乌兹别克斯坦以及环里海国家阿塞拜疆最为现实。因为这些国家，特别是哈萨克斯坦、土库曼斯坦和阿塞拜疆三国，自1991年底独立以来就确立了"油气立国"的经济发展战略，广泛吸引外资，在经济总体呈现危机的情况下，油气工业有较快的发展，呈现"一枝独秀"，这为中国与上述国家开展油气合作提供了可能性。本文简要介绍上述国家油气资源与油气工业的最新情况，以供中国油气部门发展对外合作时参考。

一　丰富的油气资源为发展合作提供了物质前提

哈萨克斯坦、土库曼斯坦、阿塞拜疆油气资源丰富众所周知，我国学者对此也有所报道。例如，石泽教授提供过这样的数据：哈萨克斯坦、阿塞拜疆、土库曼斯坦三国已探明的陆上石油储量大约为43亿吨，其中哈28亿吨、阿12亿吨、土3亿吨；天然气已探明储量约11万亿立方米，其中土8.4万亿立方米，哈1.5万亿立方米，阿1万亿立方米；里海水下石油资源为：阿16亿吨、哈12亿吨、土2.5亿吨；远景储量阿为36亿吨、哈为34亿吨、土为4亿吨。[①]

中亚国家和阿塞拜疆对本国油气资源也有自己的说法。

哈萨克斯坦说本国已发现油田和天然气田160多处，但对石油储量的说法不一。对已探明的石油储量有22亿吨、28亿吨、30亿吨等不同的说法，预测石油储量有70亿吨、120亿吨甚至更多的估计，天然气储量有1.8万亿和2.5万亿立方米之说。该国油气资源主要集中在西部和西北部地区，包括阿特劳州、曼基斯套州。此外在克孜勒奥尔达州和阿克纠宾斯克州也有较多石油。近年在里海地区也发现有大量油气资源。哈天然气的蕴藏地也主要集中在西部地区，共有140个气田，其中以卡拉恰加纳克为最大，约占全国天然气储量的70%。另外，哈萨克斯坦两年前发现了据称储量达70亿吨石油的卡沙干油田。这才使哈石油储量有了120亿吨之说。

土库曼斯坦的天然气储量丰富，据1999年土政府公布的数据，可开采储量达23万亿立方米，石油储量为120亿吨。现已发现144个油气田，其中已开采的34个，有4个大油气田在里海水域。土所属的里海大陆架总面积为7.4万平方公里，估计蕴藏有65亿吨石油和5.5万亿立方米的天然气。

相比之下，乌兹别克斯坦的油气资源少些。乌兹别克斯坦的石油储量约为10亿吨，天然气储量为2万亿立方米。目前乌有6个州和一个共和国产石油和天然气。乌有59个油田，目前有17个油田停产。已探明气田134处，其中53处在开采中，48处即将进行工业开采。29个石油天然气田中有11个为凝析油田。

阿塞拜疆的石油、天然气资源主要位于阿普歇伦半岛和里海海底。目前石油探明储量35亿吨，远景储量达40亿—100亿吨。阿石油具有埋藏浅、杂质少的特点。

目前，关于中亚国家和阿塞拜疆石油储量的报道多数乐观，对其储

[①] 参见《国际问题研究》1998年第2期。

量估计越来越多。然而，2001年10月12日哈萨克斯坦《全景报》刊载的一篇报道却对哈石油资源情况持另一种说法。该文写道："近10年共和国石油和天然气储量并没有多少大的发现，如果不算卡沙干油田的话。卡沙干油田的实际地质资源和经济上可利用的方面迄今尚未计算出来，而且这一点未必在近期能办到。另外，根据某些专家的看法，哈萨克斯坦官方从苏联时期起公布的石油储量，需要认真地向少的方向修正。"① 上述看法虽然是对哈萨克斯坦一国石油储量的判断，但具有一定的代表性。因为在土、阿等国也存在夸大油气资源的情况。我们不否定中亚国家蕴藏丰富的石油和天然气，但对其资源情况的评价要实事求是，这有利于选择与它们合作的规模和方案。

二 油气开采业发展很快，出口能力增强

独立10年来，上述国家油气工业发展很快。众所周知，这些国家在独立初期经济都陷入了危机，工业生产至今仍未恢复到苏联解体时的水平。但是，这些国家的油气工业都有较快的发展，油气产量基本恢复到甚至超过了苏联解体时的水平，只有土库曼斯坦和阿塞拜疆的天然气产量尚未达到独立前的水平（见表1）：

表1　　1991—2000年哈、土、乌、阿四国石油天然气产量

（石油：万吨，天然气：亿立方米）

年份		哈萨克斯坦	土库曼斯坦	乌兹别克斯坦	阿塞拜疆
1991	石油（包括凝析油，下同）	2660	540	295.6	1170
	天然气	78.9	843	425	86
1992	石油	2584	520	295.6	1110
	天然气	81.1	601	425	79
1993	石油	2297	490	429.2	1030
	天然气	66.9	653	444	68

---

① 参见［哈］亚·拉祖莫夫《俄罗斯能源动力综合体经受的问题，在哈萨克斯坦同样存在》，《全景报》2001年10月12日。

续表

年份		哈萨克斯坦	土库曼斯坦	乌兹别克斯坦	阿塞拜疆
1994	石油	2027	410	400	960
	天然气	44.9	356	463	64
1995	石油	2064	450	551.7	916
	天然气	59.2	323	576	66
1996	石油	2296	440	758.7	910
	天然气	65.2	352	490	63
1997	石油	2578	472	762.3	902
	天然气	81.1	173	513	60
1998	石油	2595	630	768.1	1140
	天然气	80	133	525	56
1999	石油	3013	740	800	1380
	天然气	99	229	538	60
2000	石油	3528	780	800	1390
	天然气	115	470	556	63

资料来源：《哈萨克斯坦统计评论》2001年第2期，第72、74页；《哈萨克斯坦与独联体国家》2001年第1期，第7页；《1996年俄罗斯和东欧中亚国家年鉴》，第222、230页；《1999年俄罗斯和东欧中亚国家年鉴》，第250、265页；《乌兹别克斯坦经济通报》2001年第10—11期，第2、3页等。

各国油气增产为扩大油气出口提供了可能性。哈萨克斯坦石油出口呈现逐年增长的趋势（见表2）：

表2　　　　　　　　1995—2000年哈萨克斯坦石油出口情况

	数量 （万吨）	价值 （亿美元）	占出口额的 （%）	与上年同比 （%）
1995年	978.21	7.673	14.6	154.8
1996年	1350.53	12.253	20.7	159.7
1997年	1460.53	15.967	24.5	130.3
1998年	1826.94	5.657	28.8	98.1
1999年	2060.64	19.132	34.2	122.2
2000年1—9月	1777.23	27.59	43.1	142.3

资料来源：[哈]《快报》2000年12月5日。

表 2 显示，从 1996 年起哈萨克斯坦石油出口量超过 1000 万吨，1999 年起超过 2000 万吨。最近，哈经济部长扎·库列克耶夫说，2001 年哈萨克斯坦石油出口已达到 3000 万吨。① 土库曼斯坦天然气出口在 2000 年达到 400 亿立方米，阿塞拜疆石油出口达到 750 万吨，乌兹别克斯坦天然气也有上百亿立方米出口。

各国在近几年油气工业迅速发展的同时，为未来 5—10 年发展制定了规划。

土库曼斯坦计划天然气产量到 2005 年达到 850 亿立方米，出口将达到 700 亿立方米，2010 年计划生产 1200 亿立方米，出口达到 1000 亿立方米。石油产量 2005 年预计达到 2800 万吨，出口 1600 万吨，2010 年计划产油 4800 万吨，出口 3300 万吨。

哈萨克斯坦计划 2005 年石油产量达到 6000 万吨，2012 年达到 1.1 亿吨。该国副总理甚至说 2015 年产量预计将达到 2.7 亿—2.8 亿吨。② 该国预计 2005 年国内消费为 1200 万吨，2012 年为 1500 万—2000 万吨，这就是说，2005 年该国有 4500 万吨左右石油可供出口，2012 年有 8000 多万吨石油可供出口。哈萨克斯坦天然气 2000 年出口 50 亿立方米，进口 45 亿立方米，出口已超过进口。该国预计 2015 年可开采天然气 450 亿—500 亿立方米，自用 160 亿立方米，有 290 亿—340 亿立方米剩余部分可供出口。

阿塞拜疆到 2007 年，计划石油产量达到 4000 万—4500 万吨，其中 3/4 用于出口。

尽管各国制定的规划因各种原因有时做不到，但起码从中可看到发展的趋势和前景。

上述四国油气工业的发展是各国实行"油气立国"的经济发展方针的结果，同时也与各国大力推行对外开放的政策、广泛吸引外资分不开。近 10 年，外资争相进入中亚国家和阿塞拜疆的油气领域。哈萨克斯坦独立后吸引的外国直接投资 60% 用于石油工业，包括采油和石油加工。另有报道，1993—1998 年哈萨克斯坦共引进外资 59.52 亿美元，其中石油

---

① ［哈］《全景报》2001 年 12 月 14 日。
② ［哈］《全景报》2001 年 10 月 25 日。

天然气工业为26.57亿美元，为哈吸引外资最多的部门。2001年11月2日，哈萨克斯坦石油天然气总公司经理巴尔金巴耶夫说："近10年哈萨克斯坦共引进外资120亿美元，其中40%用于石油天然气部门。"①

哈引进外资中又以美国为主，约占60%。土耳其第二位，占10%，德国第三位，占8.5%。其后是俄罗斯（占8%）、加拿大（占7%）、英国（占5%）、意大利（占3.5%）、瑞士（占3%），以及法国、荷兰、日本、塞浦路斯、匈牙利、安曼等国。世界大的石油跨国公司，如：谢夫隆公司、英国石油公司、埃索石油公司、意大利阿及普公司、美孚石油公司、德士古石油公司等都在哈萨克斯坦设有分公司。外国跨国公司对哈萨克斯坦的国内生产总值拉动很大。哈萨克斯坦1994—1999年生产增长基本上是靠外资和独资石油天然气企业和采掘企业保证的。油气工业对该国工业产值的贡献率占1/3。哈30%的税收和40%的外汇来自油气工业。

这些年，乌兹别克斯坦石油天然气工业引进的外资也在不断地增加。至2001年8月，乌兹别克斯坦石油天然气工业已引进外资15.3亿美元。

乌兹别克斯坦招商引资的主要对象是美国、法国、英国、德国、荷兰、意大利、加拿大、日本等国企业。

乌兹别克斯坦政府在石油天然气领域的引资工作侧重三个方面：第一，扩大油源和气源的项目，如寻找、勘探和深入研究等；第二，能够提高乌兹别克斯坦石油天然气开采量的项目；第三，石油天然气深加工和提高产品质量的先进工艺。

土库曼斯坦油气工业引进外资的总量不十分清楚。该国1998年引进外资52亿美元，1999年引进40多亿美元。这些外资有相当部分用于油气工业。

阿塞拜疆1994—1997年投资总额为29亿美元，其中外资约占20亿美元，投入石油领域的即达15亿美元。

至于各国与外国签订的协议金额则更多，都在数百亿美元以上。例如，1994年9月20日，阿塞拜疆同西方的几家石油公司在巴库签订的一项用于开发里海沿岸三大油田的"世纪合同"，协议投资金额达80亿美

---

① ［哈］《全景报》2001年11月2日。

元。参加的国家包括美国、英国、土耳其、挪威、沙特阿拉伯及俄罗斯等。1995年12月又签署一项开采里海"卡拉巴赫"油田的合同。1996年6月和12月，阿又与外国石油天然气公司签订了第三个和第四个石油合同。第三个石油合同有来自英国、法国、俄罗斯、土耳其、伊朗等国的石油公司参加，投资总额40亿美元，开采阿近海的沙赫杰尼兹油田。第四个合同是勘探和开发阿布歇伦半岛东南的两个油区，投资总额近20亿美元。1997年，又先后签署5项合同。根据已签署的总共9项合同，意向投资金额大约300亿美元。这些合同的参加者分别是美国、英国、法国、意大利以及俄罗斯、挪威、土耳其、日本的主要石油公司，还有沙特阿拉伯和伊朗的公司。尽管阿塞拜疆与国外签订的协议不少，据称达21个之多，但真正落实的并不多，据了解只有3个。其他国家的情况也大体上相似，即协议金额多，落实的少。西方大国在中亚地区控制储油地段不急于开采的情况很普遍，这是垄断世界石油资源的一种谋略和手段。

三 油气加工工业也有较快发展

中亚国家和阿塞拜疆除油气开采有较快的发展外，油气加工业也有所进步。

中亚国家和阿塞拜疆的油气加工企业具有加工能力不足、设备陈旧和工艺落后的特点。这些年，各国都在大力引进外国最新型的设备、先进的生产技术和工艺，以提高油气加工能力和石化工业的总体水平。

哈萨克斯坦对原有的三大炼油厂都实行了技术改造，还新建了一批加工厂。如，2001年11月阿克纠宾斯克天然气加工厂已动工兴建，2001年哈萨克斯坦国家输油公司与日本丸红公司签订了改造阿特劳石油加工厂的协议，工程金额达3亿多美元，哈方只出资8500万美元，其余由日本方面承担。

乌兹别克斯坦在建的或进行改造的大型石油天然气项目有：费尔干纳石油炼制厂改造工程、苏尔坦石化综合体建设工程、霍扎巴德贮气罐建设项目、苏尔坦油田空气压缩站工程等。这些新建和扩建项目的资金除部分自筹外，主要来自外国贷款。例如，费尔干纳石油炼制厂改造工程是与日本"三井"公司和"东洋工程"公司合作，资金主要由欧洲复兴开发银行和日本"埃克西姆银行"提供。苏尔坦石化综合体工程是一项采用先进技术生产聚乙烯的项目。该项目由美国、日本、意大利财团合作兴建，6.57亿美元技术部分所需资金由英国、美国、法国和德国银行提供。费尔干纳霍扎巴德地区地下天然气贮藏罐工程外资投入的6100万美元由美国"大通曼哈顿银行"提供。苏尔坦油气田改造工程由以色列公司承建，项目投资2亿美元由美国进出口银行、以色列财政局等提供。

土库曼斯坦这几年扩建了土库曼巴什炼油厂和谢金炼油厂。该国将继续加大对这两个企业的技术改造力度，使它们在2010年能达到加工900万吨和600万吨石油的能力。

各国都意识到，只出口原油对本国不利，因此，都在想方设法利用外资改建和新建石油加工和石化企业，以获取更多的利润。中亚国家和阿塞拜疆的油气加工业技术改造资金基本上依靠外国资金。中国想吃这块蛋糕，也必须准备较多的先期投入。

四 运输仍是制约油气发展的瓶颈

运输问题长期制约中亚国家和阿塞拜疆油气工业的发展。在2000年以前，哈萨克斯坦只有一条通往俄罗斯的输油管道可供原油出口，而且通过这条油管的数量受制于俄罗斯。土库曼斯坦在1997年以前也只有一条通往俄罗斯的输气管道可供出口天然气，出口天然气的数量和过境费用也受制于俄罗斯。直到1997年，土库曼斯坦才建成一条通往伊朗的输气管道，但这条管道输气量不大，最大年输气量只有80亿立方米，不能解决土库曼斯坦的天然气出口问题。阿塞拜疆的情况亦然。它长期只能通过俄罗斯的管道向欧洲出口石油。为解决制约油气工业发展的瓶颈问题，独立10年来，各国都把修建油气管道作为油气工业发展的关键。尽管各国都做了很大的努力，但成果并不明显。2001年底，哈萨克斯坦田吉兹油田通向俄罗斯黑海港口新罗西斯克输油管道终于建成。这条管道第一期工程输油能力为2800万吨，据说可为哈萨克斯坦输出2000万吨石油，从而使哈萨克斯坦的石油外运问题得到初步解决。第二期工程计划运量为6700万吨。不过，由于这条管道开通时恰逢世界油价下跌，由于石油几经周转才能运到欧洲，运费很高，因此问题不少。急需解决石油运输困难的阿塞拜疆，至今尚未修成一条出口能力很大的管道。

各国对管道工程都很重视，也都有一些规划和设想。例如，土库曼斯坦准备修4条管道：第一条由土库曼斯坦经伊朗、土耳其通往欧洲的管道；第二条由土库曼斯坦经阿富汗通往巴基斯坦的管道；第三条由土库曼斯坦经中国通往日本的管道；第四条由土库曼斯坦穿越里海海底经阿塞拜疆通往欧洲的管道。哈萨克斯坦计划修建由乌津通往中国新疆阿拉山口的管道，由哈西部通往伊朗的管道，以及国内东西向的数条管道。阿塞拜疆也在讨论修建由巴库通往新罗西斯克的输油管道，由巴库经第比利斯通往土耳其杰伊汉港的输油管道，通过保加利亚布尔加什港运输里海石油等方案。

从上述各种方案来看，目前媒体炒得最热的从阿塞拜疆的巴库经格鲁吉亚的第比利斯到达土耳其杰伊汉港的输油管道最有可能动工。这条管道已开始工程前期准备。俄罗斯最初反对修建这条管道，最近有报道说，俄罗斯已经改变了立场，准备加入这项工程。这就使这条管道建成的可能性大为增加。不过，由于该管道设计年输油能力为5000万吨，油源是个问题，目前阿塞拜疆自产原油不能满足运力需要，只有哈萨克斯坦加入才有可能。投资方从自身经济利益出发不愿意使工程很快上马。2001年底，哈总统纳扎尔巴耶夫访美，与美商定，由哈阿特劳修一条管道连接巴库—杰伊汉管道，从而使工程很快开工的可能性进一步增大。这条管道的修建，可进一步拦截哈中未来管道的油源，对中国不利。至于哈、土的管道规划至今仍停留在纸面上。

应该指出，上述工程计划有两项涉及中国。另一项是哈萨克斯坦的输油管道工程，一项是土库曼斯坦的输气管道工程。尽管这些工程尚未启动，但对中国来说仍存在机会。

五 走向中亚国家的有利因素与不利因素

关于这个问题已经有人论述过，鉴于此，这里不再展开，只扼要谈几点。

有利因素有：第一，中亚国家作为邻国或近邻，运输相对方便与安全；第二，它们与中国保持较好的国家关系，领导人个人关系也不错，良好的政治关系是顺利开展经济合作的保证；第三，这些国家国内形势相对稳定，法制在加强，经济秩序在改善；第四，这些国家有同中国发展经济合作的愿望，如上所述，在其未来管道建设的规划中有与中国合作的内容；第五，中国与中亚国家的经济互补性有利于合作的开展。

不利因素有：第一，目前中国与这些国家尚没有经济上较为便宜的管道运输，靠铁路运输成本高，运量也受到限制。第二，这些国家的资源开发成本高，据哈萨克斯坦专家称，哈石油开采成本相当于中东地区的五六倍，地质情况复杂，对技术要求也较高。第三，在大国竞争中，由于中国的资金和技术不占优势，这些国家更重视与西方的合作。第四，1997年中国与哈萨克斯坦签订的协议没有及时履行，使这些国家对中国的信誉和能力有所怀疑。2001年10月12日哈萨克斯坦《全景报》指出："由哈萨克斯坦西部修建通往中国的输油管道的方案实行的可能性越来越小，因为这条管道的命运从一开始就受到怀疑，最近相信能实现这种方案的专家越来越少。"中国各类考察组走马灯式的访问都无功而返，加深了这些国家对中国的错误看法。第五，从政治环境来看，中亚地区存在"三股势力"威胁该地区安全的问题。"9·11"事件后，美军进驻中亚，使中国修建管道工程又增加了一个新的影响中国安全与利益的不确定因素。

六　机会仍很多，但要抓住和抓紧

综上所述，中亚国家和阿塞拜疆拥有丰富的资源，它们的油气工业近年得到较快发展，石油和天然气的出口数量在不断增加，对油气加工和石化工业的设备和工艺的需求很大，特别是这些国家因为国内资金不足和技术水平有限，急于同外国开展油气工业合作，这些都为中国进入这些国家提供了机会。但是要指出，机会并不是一直存在的，另外，机会的选择也有最佳时机和非最佳时机之分。中亚国家和阿塞拜疆是中国应该发展油气合作的对象，对这一点任何人都不会怀疑，但对中国应该如何发展合作却存在不同的看法。这中间存在各种原因，包括外因和内因。受种种主客观原因的制约，中国公司丧失了不少合作的最佳时机，在找油、工程和管线建设方面都存在这方面的实例。因此，解决中国在走向中亚国家时议而不决，决而不行的问题是很重要的。须知，任何一项大工程都不可能一开始就赚钱。美国谢夫隆公司与哈方合作，开始六七年也不赚钱，而现在却获利了。中国爱讲"按市场规律办事"，其实，对这个规律的理解也存在急功近利和着眼未来之分。中国大公司在开展对外合作时要有大气魄、大手笔，要从国家长远利益出发，不要只顾一时得失，看准时机就要抓住和抓紧，该出手时就出手。

另外，投资应该多样化和多元化。中国和中亚地区在劳务输出、工程承包、技术服务、设备出口、老油田改造、新油田开发和风险勘探方面都存在广泛合作的前景。中国在土库曼斯坦帮助改造老油田，在哈萨克斯坦阿克纠宾斯克采油，都取得了不错的经济和社会效益。最近，中国石油天然气集团一家子公司与哈萨克斯坦建立合资公司修建从肯基亚克通往阿特劳的输油管道，中方投资近2.2亿美元，是发展油气合作的又一体现。乌兹别克斯坦在找油问题上也在寻求与外国合作，对中国来说这方面也存在合作的机遇。

但是，发展油气合作的最终目标是要解决中国缺少油气的问题，而不仅仅是为增加外汇收入。因此，在与中亚国家合作时，还是应该更多地考虑如何将中亚国家的油气输送到中国，使中亚地区真正成为中国油气来源多元化战略中的一部分。为此，应该尽快考虑履行中哈管道建设协议，同时考虑修建土库曼斯坦到中国的输气管道问题，或者作为暂时替代，可考虑将乌兹别克斯坦通往哈萨克斯坦南部和吉尔吉斯斯坦的输气管道，经过延伸，将土库曼斯坦的天然气引入中国的问题。

——原载《东欧中亚市场研究》2002年第5期

经济全球化与中亚五国

【内容提要】 中亚国家独立后经济由封闭转向开放，将本国经济尽快融入世界经济一体化作为经济发展的基本目标之一。本文介绍中亚国家参与世界经济一体化的起点与特点，参与后得到一些收获，但也遇到很多问题，特别是产生了发展中国家普遍遇到的社会问题和国家安全问题，以及目前各国应对的情况。

中亚五国：哈萨克斯坦、吉尔吉斯斯坦、塔吉克斯坦、土库曼斯坦与乌兹别克斯坦，1991年底独立，1992年3月加入联合国，成为国际社会的一员。独立前，它们作为苏联的加盟共和国，没有独立的外交权和外贸权。苏联封闭的经济管理体制也使它们对世界经济的变化知之甚少和反应迟钝。独立前它们实行的是全苏统一的计划经济体制，经济结构单一，以能源和原材料生产为主，经济呈封闭型。仅从经济角度而言，当时这五个加盟共和国具有发展中国家的特征。苏联解体后，中亚五国作为独立主权国家，开始自主管理本国事务，经济体制开始转型。中亚五国均放弃了实行多年的计划经济模式，改行市场经济模式。与此同时，它们开始步入世界，由封闭型经济转向开放型经济，并将本国经济尽快融入世界经济一体化作为经济发展的基本目标之一。

一　与世界经济一体化是发展目标，也是切身需要

中亚国家独立时恰逢经济全球化风头正劲的年代。这些国家领导人认识到，作为新独立的国家，特别是经济实力不强的国家，难于在世

经济发展大潮之外独立生存。哈萨克斯坦总统纳扎尔巴耶夫说:"我们生活在日益增长的全球化和相互依赖的时代,强大的外部力量将不可避免地在决定我们的未来时起重大的作用"[①],"21 世纪的哈萨克斯坦是世界经济和政治空间的一部分。我们已经尝到全球化的成果,其他国家发生的经济危机同样沉重地打击了哈萨克斯坦。世界的方向逐渐成为国家的方向。今天与世隔绝等于失败,对哈萨克斯坦尤其如此。经济开放和与强大世界经济区实行一体化,这是我们民族和国家赖以生存的唯一手段"[②]。乌兹别克斯坦总统卡里莫夫也说:"乌兹别克斯坦作为一个主权国家,积极进行建立开放性经济的工作。……我们经济的未来在于同国际经济一体化。"[③] 土库曼斯坦总统尼亚佐夫 1994 年在瑞士达沃斯论坛上发言时说:"土库曼斯坦所推行的政策旨在实现经济开放,使经济尽快纳入世界经济共同体。"[④] 哈、乌、土三国总统在苏联时期就是共和国主要领导人,他们曾是计划经济和封闭经济的执行者。国家独立后他们改变了立场,重新确定了国家经济发展的方针,其原因在于:第一,独立后他们多次出访发达国家,看到本国经济与发达国家之间存在的巨大差距,对昔日苏联经济模式的弊病有了深刻的体会,认识到,如不加入世界经济一体化,本国永远不会进入发达国家之林。第二,独立后各国即陷入经济危机,国内资金严重不足。如无外资进入,资源很难开发,经济发展也无从谈起。如果与世界隔绝,吸引外资也无可能。第三,为各国经济特点和脆弱性所决定。尽管原苏联并不属于发展中国家,也不是第三世界的成员,但作为原苏联一部分的中亚五国,其经济具有发展中国家的许多特点,而且是不够发达的发展中国家的特点。经济结构的单一性使得它们如不加入世界经济一体化,连维持最低的生活水准都有困难。第四,中亚国家彼此之间或与俄罗斯的经济区域化合作成效不大,不能解决共同面临的资金短缺等问题。当然,中亚国家领导人对经济全球化

---

① 《哈萨克斯坦真理报》1999 年 12 月 15 日。
② 同上。
③ [乌兹别克斯坦] 伊·卡里莫夫:《乌兹别克斯坦沿着深化经济改革的道路前进》,国际文化出版公司 1996 年版,第 69 页。
④ [土库曼斯坦] 萨·阿·尼亚佐夫:《永久中立 世代安宁》,东方出版社 1996 年版,第 125 页。

的看法在一定程度上也受到新自由主义的影响。

二　中亚国家加入世界经济一体化的起点与特点

刚刚步入国际社会的中亚五国，其经济具有以下特点：

第一，经济结构单一，基本上以矿产、能源和农牧业为主，其产品多为初级产品，制造业在国民生产总值中所占的比重不大。哈萨克斯坦主要生产和出口石油、有色金属和黑色金属矿石与初级产品、粮食、棉花、羊毛等，机器制造业产品只占出口额的2%。大量机械产品和日用消费品需要进口。乌兹别克斯坦主要生产和出口石油、天然气、棉花、黄金，拥有植棉机械制造甚至飞机制造业，但也需要进口大量机械产品和日用消费品。该国年产400万吨棉花，棉纺业却不发达。土库曼斯坦主要生产和出口天然气、石油、棉花，塔吉克斯坦主要生产和出口棉花、瓜果、初级铝产品，吉尔吉斯斯坦主要生产和出口锑、汞、黄金等矿产品和畜产品，这三国也都需要进口大量日用消费品、机械产品，甚至粮食。

第二，国力不强。1997年中亚国家国内生产总值分别为：哈——221.72亿美元，吉——17.67亿美元，塔——9.25亿美元，乌——148.64亿美元。按人均计算，哈——1418美元，吉——381美元，塔——153.6美元，乌——628.3美元。[①]

第三，经济增长缓慢。独立以来除乌兹别克斯坦经济形势略好外，其余四国经济长期下滑。五国（包括乌兹别克斯坦）经济均较独立前夕恶化，目前仍未摆脱危机状态。

第四，投资率和储蓄率很低。如哈萨克斯坦储蓄率仅为1.5%，[②]这主要与居民收入少有关，五国有1/3—2/3的居民生活在贫困线之下，加上国内经济形势不稳，储蓄预期不定，致使储蓄虽有，但十分有限。各国投资较独立前大幅度减少，只相当于独立前的1/5—1/3。国内建设在很大程度上靠外国投资。

第五，基础设施落后，适应世界经济秩序的法规和经济制度尚不完

---

① 《哈萨克斯坦与独联体国家》1999年第1期，第6、7页。
② ［哈］《政治》1999年第7期，第60页。

善。各国虽然都说向市场经济过渡，但国内很多人包括各级官员都对这种新制度陌生，执行不力，有人仍按老方法管理经济，与世界经济真正接轨尚需时日。

中亚国家经济具有转型国家和发展中国家经济的双重特点。中国著名经济学家李琮教授在其专著《第三世界论》中将发展中国家分成五类，根据他的划分标准，中亚国家属于初级至中级阶段的发展中国家。尽管有的中亚国家在独立初期对本国所处的发展阶段存在争论，有的甚至不承认本国是发展中国家，但目前已基本上取得共识。从经济状况来看，中亚国家只能以发展中国家的身份加入世界经济一体化进程，并以此为起点迎接经济全球化的考验，对它们来说，和其他发展中国家一样，机遇与挑战同在。

中亚国家在进入经济全球化的过程中遇到了其他发展中国家遇到的同样问题，如资金不足、产品竞争力差等，同时它们还具有一般发展中国家所不具有的某些特点：

第一，中亚国家原来是苏联的一部分，没有外交权和外贸权。独立后，五国均遇到缺乏机构、人才、市场等问题。构筑对外经济关系体系，包括解决有经验的人才匮乏和恢复已中断的国际市场问题，与加入世界经济一体化进程同步进行，因此，难度比一般发展中国家要大。

第二，转轨过程与加入经济一体化同步进行，这一点与其他发展中国家相比也有一定的难度。这表现在三个方面：一是在寻找发展模式过程中容易盲目照搬别国的做法；二是转轨初期资金短缺，急需外国的援助，而附加条件的外国"援助"又迫使它们不得不采用外国设计的模式，即按西方国家模式行事。由此导致一些国家独立伊始，在经济尚不具备必要条件的情况下匆忙转型，加快了经济的衰退，从而陷入严重的经济危机之中；三是由于长期生活在计划经济体制之下，加之进入国际社会不长，相当多的人，包括政府和企业领导人对市场经济不熟悉、不适应，对经济全球化也不熟悉、不适应，甚至有抵触情绪，从而使本国经济加入世界一体化步履维艰。

第三，对本国经济实力缺乏客观估计，对经济全球化的风险思想准备不足，存在盲目乐观情绪。不少人认为，一旦国家独立，经济模式转换，经济与西方接轨之后，国家就会很快富起来。另外，饥不择食，对举借外债的风险考虑不够，外债利用得也差，到了偿还期，才感到借钱容易还钱难。

在经历独立前几年经济下滑之后，从 1996 年起，中亚国家经济开始好转。它们又认为，从此国家经济将开始腾飞。由于对本国经济与世界经济接轨后可能遇到的风险思想准备不足，它们不曾料到，1997 年东南亚经济危机来得如此迅猛和 1998 年俄罗斯金融危机如此严重，而且这些危机直接影响到它们自己，1998 年中亚多数国家经济回升受挫，使它们初尝全球化带来的苦果，从而对经济全球化有了新的认识。

三　初尝经济全球化的喜悦与苦果

中亚国家以拥有丰富的自然资源著称于世，特别是石油天然气资源和有色金属资源使许多跨国公司垂涎欲滴。中亚国家落后的加工业也为各国进入提供了机遇。中亚国家开放之后，跨国公司便争相进入中亚地区，其重点首先是开发能源和有色金属资源，有的也投资加工业，其进入方式表现为贷款、办合资和独资企业、承包管理中亚国家大型国有企业等。在中亚国家经济陷入严重危机之际，外资的大量进入以及外商带来的先进设备和工艺，使中亚国家经济如旱得雨，确实解决了不少问题。哈萨克斯坦独立八年后与 1991 年相比，工业产值下降近一半，而外资大量进入的石油开采和有色金属工业基本上维持独立前的水平。1997 年，吉尔吉斯斯坦由加拿大投资兴建的"库姆托尔"金矿的投产竟使吉黄金产量由 1 吨猛增至 17 吨，将吉工业产值提高了近 30 个百分点。乌兹别克斯坦与德国和韩国合资兴建的汽车厂，结束了本国不能生产小汽车和大型公共汽车的历史。外资在哈、乌等国建立的合资电视机厂使这些国家居民也能买到价格较低、质量上乘的国产电视机。经济开放政策使中亚国家初尝经济全球化的甜头。

但是，中亚国家作为发展中国家，在经济全球化中明显处在经济附庸的地位。发达国家与发展中国家的不对称的相互依附关系在中亚国家与西方发达国家的关系中得到具体的体现。跨国公司的投资完全出于自身利益的需要，而不顾中亚国家经济结构已相当严重的失调问题。哈、土、吉、乌等国长期充当的原料供应国的地位没有改变，相反却在继续强化。以哈萨克斯坦为例，1994—1998 年外资投入哈经济各部门的情况是（见表1）：

表1　1994—1998 年外资投入哈经济各部门情况（占引进外资的百分比）

	1994 年	1995 年	1996 年	1997 年	1998 年
石油天然气工业	98.3	20.7	15	16	66.6
有色金属工业	0.8	29	32	18.7	2.6
黑色冶金工业	1.8	32.9	30.5	35.2	1.5
邮　电	1.1	4.5	2	0.4	0.3
电　力		5.4	7.5	9.7	12.1
建　筑		3.1	2.5	5.7	0.4
农产品加工		2.2	0.9	2.4	9.4
农　业			1.1	8.5	0.1
商　业			2.4	0.4	1.4
其　他	0	2.1	6.1	3	5.6

资料来源：哈萨克斯坦统计署编：《1999 年哈萨克斯坦统计年鉴》，阿拉木图 1999 年版，第 323—325 页。

从表1中可以看出，外资主要投向石油开采、有色金属和黑色金属工业，因为这些能源和原料有广阔的市场。而这些部门原来就是哈萨克斯坦基础较好的工业部门，而基础薄弱、与人民生活息息相关的其他部门却较少有人问津。结果，哈萨克斯坦经济结构失调进一步加剧。大量日用消费品和机械产品仍不得不依靠进口，经济依附性使该国经济安全面临严重威胁。

另外，外资投向的不确定性也使各国对国内经济安排难于把握。1997 年，由于世界市场金属价格下降和东南亚国家需求减少，外资对哈萨克斯坦有色金属和黑色金属工业的投资锐减，如表 1 所示，几乎减少了 90%。这对该国经济是个严重的打击。

1997 年东南亚经济危机和 1998 年俄罗斯金融危机使已初步进入世界经济一体化进程的中亚国家皆受波及。这一年各国经济出现不同程度的下降，其中与世界经济接轨较快的哈萨克斯坦受到的冲击最大。严峻的事实使中亚国家认识到，经济全球化给它们带来的不仅是甜头，同时也有苦果。在这种情况下，各国都提出了如何在经济全球化的条件下防范经济风险和维护本国经济安全的问题。

四 经济全球化与维护国家经济安全

面对经济全球化，中亚国家领导人和学者已多少感到本国的经济安全受到国外势力的威胁。他们提到的影响国家经济安全的国外因素有：

国外产品的大举进入排挤国内生产企业；

外资投向失衡加剧经济结构比例失调和工业与出口的原料性质；

丧失国家对经济的监督，经济发展受境外利益集团的左右加剧；

严重依赖别国工艺；

一方面国内资金不足，另一方面又将本国资金无法控制地调往国外；

外债增加；

引发的社会问题，如失业增加、智力精英外流等。

上述问题的核心是经济依附性不仅存在，而且加剧。

应该说，在经济全球化条件下中亚国家遇到的问题也是发展中国家普遍存在的问题。中亚国家有的学者已认识到，外资进入虽然对本国经济发展有所帮助，但"外国资本家绝不是利他主义者，而是为了获取利润而来"[1]。因此，中亚学者提出了防范外部因素对国内经济的负面影响的种种途径，其中包括制定防范经济风险的法规，严格遵守立法和合同，制定国家监督外资遵守法规的机制等。

尽管中亚国家已意识到经济全球化可能对国家经济安全造成威胁，可是由于经济的孱弱和依附性所决定，对西方国家带有附加政治条件的经济援助也不得不接受，或者，对西方国家以取消经济援助相要挟而干涉内政的做法，虽然心中不快，却难于公开反对。经济全球化并不是纯经济问题，西方国家利用其雄厚的经济实力向发展中国家施以政治压力，

---

[1] 哈科学院经济研究所：《混合经济：世界经验与哈萨克斯坦》，科学出版社、阿拉木图1998年版，第166页。

推销其价值观,在中亚国家步入世界一体化的过程中得到明显的验证。经济全球化是经济问题,也有政治方面,中亚国家在走向世界时都已感受到,其他发展中国家也不可能例外。因此,发展中国家只有联合起来进行斗争才能减少经济全球化给自己带来的风险,以维护国家经济安全。

——载谈世中主编《经济全球化与发展中国家》,社会科学文献出版社 2002 年版

国际金融危机与中亚国家

【内容提要】 国际金融危机对中亚国家影响很大。中亚国家独立18年来经历了三次经济（金融）危机，说明其经济的脆弱性。究其原因与国内外因素作用有关，是内外因素共同作用的结果。2008年国际金融危机对包括中亚国家在内的发展中国家造成巨大的伤害。本文还介绍了中亚国家应对国际金融危机采取的一些措施，强调中亚国家仅靠本国的力量应对国际金融危机难度较大，必须加强国际合作。

2008年美国次贷危机引发的金融危机，对世界上绝大多数国家都产生了影响，对发展中国家的影响尤其严重。中亚国家作为发展中国家的一部分也难逃厄运。国际金融危机给它们的经济和社会都带来不少的问题，相比之下，哈萨克斯坦严重一些，乌兹别克斯坦略轻。这些问题与某些发达国家的腐朽、自私与贪婪有关，同时也与中亚国家自身经济的脆弱有关。

一 经济危机考验中亚国家经济

中亚国家是1991年底带着发展中国家通常具有的一些特点独立的，这些特点是：经济和技术落后；经济结构单一，以原材料和能源生产为主；资金严重短缺；人民生活水平不高。这些特点决定了它们经济的脆弱性和对发达国家的依附性。独立后各国都意识到这些问题，希望能尽快改变这种状况。独立18年来，各国在发展经济方面都有所成就，经济结构有一定的变化，但基本格局没有改变。值得一提的是，在这 18 年中，中亚国家经历了三次经济（金融）危机，使原本就很孱弱的经济遭到重大打击，国家发展受挫，提高人民生活水平的进程也一再受阻。

中亚国家经历的第一次经济危机是在独立初期，当时各国经济几乎处于崩溃的边缘。这种状况直到四五年后才得到改观，各国经济开始复苏，出现不同程度的增长。可是，好景不长，1998 年再度面临严峻的考验。这次发生的是金融危机，是受东南亚金融危机和俄罗斯金融危机拖累引发的，危机持续近两年，直到 2000 年经济才开始恢复。众所周知，1997 年和 1998 年东南亚和俄罗斯金融危机的发生，是美国等国的金融集团控制的大量游资在上述地区和国家兴风作浪的结果。例如，在俄罗斯，1997 年 10—11 月外商突然从俄罗斯金融市场撤走了近百亿美元的资金，至 1998 年 5 月外国银行又通过抛售俄罗斯债券等方式从俄罗斯又抽走了 140 亿美元的资金，从而引发了俄罗斯金融危机。[①] 这场危机又很快蔓延到与其关系十分密切的中亚国家。2008 年发生的这场金融危机是中亚国家独立后经历的第三次危机。这场金融危机与 1998 年金融危机有很多相似之处。例如，2007 年和 2008 年，外资从俄罗斯和哈萨克斯坦大量撤走，使两国金融业处于危机状态。先后发生的金融危机不仅导致这两国金融业激烈动荡，也给实体经济造成严重破坏，最终影响到各国总体经济形势。1998 年金融危机使哈萨克斯坦当年国内生产总值同比下降了 2.5%，[②] 使刚刚复苏的经济遭受重大打击。2008 年金融危机使哈萨克斯坦当年经济下降了近 5 个百分点，国内生产总值增长仅为 3.9%，[③] 为 2000 年以来的最低。在金融危机的背景下，中亚国家外贸形势恶化，一些主要出口商品，如哈萨克斯坦的铁矿石和有色金属，乌兹别克斯坦的汽车和棉花，塔吉克斯坦的铝，价格和数量都明显下滑。经济形势恶化也使外资望而却步，引进外资大量减少。金融危机也使中亚国家的社会矛盾增多。塔吉克斯坦、乌兹别克斯坦和吉尔吉斯斯坦等国在俄罗斯打

[①] 张森主编：《1998 年俄罗斯和东欧中亚国家年鉴》，当代世界出版社 2000 年版，第 35—36 页。

[②] 同上书，第 243 页。

[③] 哈官方数据，另据独联体跨国统计委员会资料为 2.4%。

工的人员，由于俄罗斯经济困难，裁减外籍劳工，很多人被迫回国，从而增加了这些国家国内就业的压力，带来大量的社会问题。中亚国家独立后经历的三次经济（金融）危机，说明它们的经济仍很脆弱，受国际形势变化的影响较大，欲使本国经济强大起来，经得起国际风云变幻的考验，还有很长的路要走。

二 本次金融危机是内外因共同作用的结果

虽然 2008 年金融危机和 1998 年金融危机对中亚国家来说有相似之处，但就危机的规模和影响来看，2008 年的危机要严重得多。这次危机始发于美国，并很快波及世界绝大多数国家。事实表明，近年来，美国以"金融创新"为名，大搞虚拟经济，并以虚拟经济为平台大量吸纳别国特别是一些发展中国家的血汗钱供自己发财、享乐，而无兴趣甚至放弃实体经济，结果制造了大量金融泡沫，不仅使本国经济处于危机状态，也殃及他国。作为世界最大经济体美国经济的恶化，给世界经济的发展带来诸多问题，特别是国际贸易的萎缩和能源与原材料价格的下降直接打击了以原材料和能源出口为主的包括中亚国家在内的发展中国家。另外，美国的金融资本集团在认为有利可图时，将拥有的大量游资投往国外，赚取丰厚的利润。一旦发现情况有变，不利于资本增殖时，就不顾合作方的利益，急忙撤资，逃之夭夭。美国等少数富国为维护自身利益大搞贸易保护主义，将发展中国家的商品和劳务拒之门外，向发展中国家转嫁经济危机。中亚国家经历的金融危机无不与美国等国的腐朽、自私与贪婪有关。

2008 年金融危机还有一个特点，这就是与世界经济关系最密切的国家，受到的伤害最重；反之，与世界经济联系不够紧密的国家，受到的伤害较轻。前者以哈萨克斯坦为代表，后者以乌兹别克斯坦为代表。这使人会对经济全球化产生误解，以为这都是对外开放惹的祸。

经济全球化是"冷战"结束后世界出现的一个新现象，是世界经济发展的需要，也是各国物质资源和人力资源占有不平衡、经济和技术发展存在巨大差异的结果。由于各国经济实力不同，经济全球化对世界各国的经济影响程度也不同。经济强国由于拥有雄厚的资金和先进的技术，以其为后盾的跨国公司在国际合作中常常处于主动和支配的地位,资金不足和技术落后的发展中国家则常常处于从属和被动的地位。因此,世界上发生的许多消极现象,如目前正在蔓延的金融危机,也会影响到发展中国家,甚至会出现发达国家向发展中国家转移危机的情况。不过,对于发展中国家来说,经济全球化进程既是机遇,也是挑战,参加经济全球化可能使自身借助外力得到发展,摆脱落后和贫困,逐渐进入到发达国家的行列,起码不被世界发展边缘化。但是,如果不参加经济全球化进程,由于自身资金短缺和技术与管理落后,则经济很难得到快速发展,会游离于世界经济发展之外,永远处于落后的状态。中亚国家都是发展中国家,都希望通过经济全球化改变经济落后的局面。因此,除吉尔吉斯斯坦已经加入世界贸易组织外,其余四个中亚国家也都提出加入世界贸易组织的申请,希望参加经济全球化进程。

中国的实践说明,尽管经济全球化存在利与弊,也给逐渐参与经济全球化进程的中国带来一些问题,但其正面作用远超过负面影响。中国实行改革开放政策30年,国内经济发生了巨大的变化。事实证明,中国推行改革开放的政策和参与经济全球化进程的决策是正确的。这就是为什么中国迄今仍然坚持改革开放不动摇,在对外经济工作中坚持"请进来"和"走出去"并用的方针。

中亚对外开放程度较高的国家,例如哈萨克斯坦,遇到较严重的金融危机,并不在于它推行的对外开放政策和积极参加经济全球化进程的决策有误,而是在具体操作中出现了问题。这就是造成中亚国家经历本次金融危机的内因。

前几年由于石油价格飞涨,哈萨克斯坦获得大量的石油美元,认为国内经济形势一片大好,于是,制订若干宏伟的计划,全国各地多个项目纷纷上马。特别是受新自由主义的影响,放松了国家对企业借贷的监管。前几年,由于贷款比较容易、利率较低,哈一些商业银行或企业从国外金融机构大量贷款。至2008年6月30日,哈萨克斯坦外债总额已经达到1006.2亿美元,主要是商业银行和企业借贷,商业银行贷款总额达到450亿美元,公司借贷总额达到540亿美元。而该国2008年国内生产总值约为1100亿美元,负债率已经接近国内生产总值的100%,远远超过国际公认的20%警戒线。而哈萨克斯坦外汇储备2008年上半年只有

469 亿美元。① 金融危机爆发以后，各国银行收紧银根，使哈银行和企业再融资遇到困难，使短期外债的偿还能力受到影响，许多在建项目因缺少资金成为"烂尾"工程，经济增长也放缓。由此可见，哈萨克斯坦金融危机有外部原因，但与国内管理失误也不无关系。经济全球化本是双刃剑，不能只看到有利方面，忽视不利方面。尤其是对垄断金融资本提供的贷款，要看到它不会是对落后国家的施舍，而是资本输出，是为赚取高额利润而来。资金短缺的发展中国家不利用它不行，但在利用时要格外当心，要有清醒的头脑，要把握好政策和尺度。金融危机给发展中国家如何推行对外开放政策，如何参与经济全球化进程又上了书本上难于学到的一课。

上述情况说明，中亚国家经历的经济危机既与国内政策有关，也与外部因素有关，是内外因素共同作用的结果。

三 中亚国家应对措施正在发挥作用

目前，中亚国家都承认金融危机对本国存在影响，就连受影响程度较轻的乌兹别克斯坦，其总统卡里莫夫也说："世界金融危机，特别是它的严重后果，正在影响着乌兹别克斯坦经济的效率和发展……并最终影响到国家的经济增长速度和宏观经济指标"，他告诫说，认为金融危机对乌兹别克斯坦没有影响，或者已离乌兹别克斯坦远去，是"非常幼稚和无法原谅的误解"。②

面对金融危机，各国积极应对。哈萨克斯坦于 2008 年 11 月发布了《哈萨克斯坦政府、哈萨克斯坦国民银行、哈萨克斯坦金融市场与金融机构调控与监管局 2009—2011 年促进金融和经济系统稳定联合行动计划》，2009 年 3 月 6 日哈萨克斯坦总统纳扎尔巴耶夫又发表了《克服危机通向更新和发展》的国情咨文，乌兹别克斯坦总统卡里莫夫于 2009 年初也发

---

① 吴宏伟：《中国与中亚经贸合作现状与金融危机的影响》，载欧亚社会发展研究所编《2008 年欧亚形势与展望》，第 155—156 页。
② ［乌兹别克斯坦］伊·卡里莫夫：《乌兹别克斯坦应对世界金融危机的道路和措施》，2009 年乌驻华使馆提供俄文版文稿。

表了《乌兹别克斯坦应对世界金融危机的道路和措施》的长文,阐述了本国的立场和措施。其他国家也都公布了应对金融危机的措施。各国采取的措施大同小异,归纳起来有以下几点:

(一) 国家出资援救金融部门

哈萨克斯坦计划向金融部门增资 40 亿美元,以缓解流通资金的不足。乌兹别克斯坦由乌政府出资购买"阿萨卡"商业银行的股份,将政府在该银行中的法定资本增加 1 亿美元,2009 年将再次增购该银行的股份,将法定资本增加到 2.22 亿美元。

(二) 改善企业经营环境,扶植重点部门和企业,鼓励出口

这主要通过减税和国家增加投资等措施进行,减税政策既适用于国内企业,也适用于外资企业。例如,哈萨克斯坦企业所得税由 2008 年的 30% 降至 2009 年的 20%,2011 年将降至 15%。乌兹别克斯坦将工业领域的中小企业的所得税由 10% 降至 7%,对个别特别需要的企业甚至免除 3 年的税收。

房地产业是哈萨克斯坦国民经济重要部门,国家向该部门增资 30 亿美元,以使该部门摆脱困境。各国都想方设法鼓励出口,例如,乌兹别克斯坦向俄罗斯经销商提供总额为 2500 万美元的贷款,资助它们进口乌兹别克斯坦的汽车。

(三) 增加基础设施和新项目建设投资,加快经济结构改造

此举旨在改变经济结构单一或缺乏竞争力的情况。乌兹别克斯坦计划投资 240 亿美元用于新建或改造 300 个工业项目,涉及能源、化工、石化、冶金、轻纺、建材和机器制造等领域。哈萨克斯坦将增加 10 亿美元用于基础设施和工业企业创新和改造。

(四) 扶植中小企业发展

中小企业在中亚国家中占有重要位置。例如乌兹别克斯坦在中小企业就业的员工占全国就业人员总数的 70%。该国为中小企业提供税收和信贷优惠。哈萨克斯坦将增加 7 亿美元用于解决中小企业贷款难的问题,

3亿美元用于建立新企业。乌兹别克斯坦政府授权国家对外经济银行、朝霞银行、工业建设银行和帕赫塔银行为中小企业的贷款额度各为300万美元，年利率不超过5%。

（五）发展农业

这是中亚国家都非常关注的方面。哈萨克斯坦将在2009—2011年对农业投资近30亿美元的基础上再增加10亿美元。乌兹别克斯坦将2009年定为"农村发展与完善年"，扩大对农业的投资，通过解决"三农"问题，维护国家粮食安全、解决就业和增加出口能力。

（六）千方百计解决就业问题

中亚国家就业难不是金融危机出现后产生的问题，只是目前更严重。主要途径是通过扩大基础设施建设、扶植中小企业和农业发展等来解决。

（七）关注民生，维护社会稳定

各国在经济较为困难的情况下，都表示要按时兑现许诺的提高工资和退休金的数量，保证公民存款的安全，努力改善居住条件。

（八）寻求国外帮助

吉尔吉斯斯坦从欧亚经济共同体应对危机基金中得到20亿美元贷款，哈萨克斯坦从中国得到100亿美元贷款等。

总的来看，中亚国家应对金融危机是积极的，目前这些措施正在发挥作用。中亚国家应对金融危机的努力，也是对世界应对金融危机的贡献。虽然金融危机给各国带来一些困难，但也带来了机遇，这就是加快了经济结构改造的步伐。一些国家例如哈萨克斯坦吸取经验教训，加强了国家对银行和企业的监管。乌兹别克斯坦等国则为自己受到金融危机影响较轻而庆幸，在原本对外开放力度不大的情况下会更加谨慎。

四 上海合作组织为成员国同舟共济、共克时艰提供重要平台

中亚国家欲克服本次金融危机，仅靠本国的努力是不够的，还要借助国际社会的帮助才行。中亚国家加强国际合作有多种选择：中亚国家之间加强经济合作是可供考虑的一种方式，但实行起来困难较多；俄罗斯主导的欧亚经济共同体也是一种可以借助的机构，但它只覆盖三个中亚国家；也可以寻求国际金融组织的帮助，但僧多粥少，贷款不易；而覆盖中亚多数国家的上海合作组织则是可以信赖的合作伙伴。上海合作组织的重要职能是安全、经济和人文合作。该组织成立8年多时间，在经济合作方面颇有建树。面对始料不及的国际金融危机，上海合作组织通过成员国间的精诚合作，正成为阻击危机在成员国中蔓延的重要力量。中国作为上海合作组织的成员，在本国经济和社会方面也遇到困难的情况下，向该组织成员国伸出援手。例如，中国已经向俄罗斯提供250亿美元贷款、向哈萨克斯坦提供100亿美元贷款。在2009年6月16日举行的上海合作组织成员国元首理事会第九次会议上，中国国家主席胡锦涛强调，"在国际金融危机面前，我们应该坚定信心、相互支持、同舟共济、共克时艰"，他还指出，"我们要有效利用上海合作组织这一重要平台，加强宏观经济金融政策协调，推动成员国政策性、商业性银行在流动性短缺情况下开展多种形式的合作，促进成员国经济金融稳定；加快实施能源、交通、通信领域网络型项目，扭转经济下滑势头，增加就业；积极推动新兴产业合作，培育新的经济增长点；推动贸易便利化，维护开放自由的贸易投资环境"。[①] 胡锦涛主席还提出若干可行性建议，包括：上海合作组织成员国建立财金对话机制，加强货币政策协调，支持举行成员国财长和央行行长会议，以及加强多边科技合作，开展清洁能源、新材料、新技术以及科技成果产业化合作，通过科技创新提高生产力，增加抵御国际金融危机冲击的手段等。胡锦涛主席还庄严承诺，中国继续

[①] 胡锦涛：《在上海合作组织成员国元首理事会第九次会议上的讲话》，《人民日报》2009年6月17日。

支持上海合作组织框架内的多边和双边项目合作。为此，将提供100亿美元的信贷支持，为上海合作组织成员国应对国际金融危机冲击做出自己的努力。此外，中国将组织贸易投资促进团赴上海合作组织成员国，推动与它们的进出口贸易和双向投资。中国是中亚国家国家的真诚朋友和可以信赖的合作伙伴，在国际金融危机仍在深化的今天，在中亚国家为摆脱金融危机的影响积极应对之际，中国的立场和行动会对中亚国家有所帮助。中亚国家也要充分利用上海合作组织这个重要平台，通过与中俄两个大国合作，使本国能平稳渡过金融危机，迎接经济起飞时刻的早日到来。

——原载李慎明主编《世界社会主义跟踪研究报告（2009—2010）》，社会科学文献出版社2010年版

哈萨克斯坦经济发展遇到暂时困难

【内容提要】 哈萨克斯坦独立 25 年来经济发展成绩斐然，但也几次出现危机，包括 2014 年以来经济发展遇到的困难。本文对哈 2014 年以来特别是 2016 年经济形势以及哈应对危机的思路与措施做了介绍，对危机发展前景和对中国的影响做了分析，认为哈本次经济危机虽然较前几次可能拖的时间要长，但仍属于经济发展中遇到的暂时困难。哈具备克服危机的有利条件，相信哈会战胜危机，使经济转向平稳发展，美好前景令人期待。

一 独立 25 年经济发展成绩斐然

哈萨克斯坦独立 25 年来除国家保持稳定和国际地位显著提升外，经济快速发展也令哈国民感到骄傲。迄今，哈萨克斯坦已经成为独联体国家中发展最快的国家。统计资料显示，国家独立后，除 1992—1995 年国家经济因受苏联解体造成的经济联系断裂的影响，GDP 呈现负增长外，从 1996 年起国家经济开始从缓慢增长到快速增长，这期间虽然受到 1998 年俄罗斯金融危机和 2008 年美国次贷危机引起的世界经济疲软的影响，曾经有一两年经济增长稍差外，经济发展基本是在直线上升，1998—2001 年 GDP 年平均增长达到 7.6%，按 GDP 排名已经进入世界 50 强。人均 GDP 由 1998 年的 1500 美元提高到 2012 年的 1.2 万美元。[1] 2012 年

---

[1] ［哈］纳扎尔巴耶夫：《哈萨克斯坦——2050 战略：健全国家的新政治方针》，2012 年哈驻华使馆提供俄文版。

GDP 增长为 4.6%，2013 年 GDP 增长为 5.8%。另据世界贸易组织发布的《2016 年世界贸易统计报告》，2013—2015 年哈萨克斯坦人均 GDP 为 12639 美元。① 从全球经济竞争力排名来看，2011—2012 年哈为第 72 位，到 2013—2014 年已经上升到第 50 位。② 另据哈萨克国际通讯社转引俄罗斯通讯社对 1991—2016 年原苏联各加盟共和国人均 GDP 的报道，哈萨克斯坦已经超过俄罗斯（按购买力评价哈为 24346 美元，俄为 23744 美元），仅次于波罗的海三个共和国，居独联体国家第一位。③ 目前该国拥有出口 800 万—1000 万吨粮食、7000 万吨石油的能力，能够自主研发人造地球卫星和高水平的军工产品，已经成为市场经济国家和 WTO 成员。纳扎尔巴耶夫总统在 2016 年 12 月 15 日庆祝哈独立 25 周年大会讲话时说：哈萨克斯坦"在 25 年的时间里战胜了许多困难，并实现了飞跃式的发展"，"是不断进取和发展的国家，我们的未来充满希望，也必将辉煌"。④

二 2014 年以来经济开始下滑

世界上任何国家在经济发展上都不会一帆风顺，不出现任何问题，只是出现的规模和频率不同而已。作为中亚地区的大国哈萨克斯坦，在独立的 25 年中，经济发展总体很好，但也不是一路坦途。该国经济先后经历过几次危机。这是指：独立初期的经济危机、1997—1998 年的经济危机、2008 年的经济危机和当前面临的又一次经济危机。对于当前的经济形势，我们中国学者通常用经济遇到困难来表述，而纳扎尔巴耶夫总统则直言不讳地说："哈萨克斯坦目前正处于危机中，希望自 2017 年逐渐走出，直至 2020 年。届时物价不会像现在这样低，而且当前哈正实行众多工业和其他领域的新项目，农业综合体也日益提升，因此会越来越好。"⑤ 应该说，哈萨克斯坦自 2000 年以来经过十多年的快速发展，目前

---

① 2016 年 11 月 12 日，俄罗斯新闻中文网。
② 2016 年 12 月 16 日，中华人民共和国商务部网站。
③ 2016 年 12 月 12 日，哈萨克国际通讯社中文网。
④ 2016 年 12 月 15 日，哈萨克国际通讯社中文网。
⑤ 2016 年 9 月 29 日，俄罗斯新闻中文网。

经济确实遇到了一些困难，特别是2015年和2016年总体经济形势和某些经济领域处于增长缓慢或者下滑的状态。

首先说说总体经济形势。我们知道，2013年哈萨克斯坦进入了世界GDP 50强的行列后，该国提出了更宏伟的发展目标，即在2050年要进入世界发达国家30强。

然而，自2008年由美国次贷危机引起的世界经济危机导致世界经济长期处于低迷状态，很多国家特别是以能源和原材料出口为主的国家，例如，俄罗斯、巴西、委内瑞拉、沙特、阿塞拜疆、蒙古，也包括哈萨克斯坦，其经济发展都遇到困难，GDP都出现急剧下降，有的国家，例如巴西导致总统下台，委内瑞拉国内局势剧烈动荡。哈萨克斯坦经济也面临严峻形势。2014年GDP增长为4.3%，2015年增长为1.2%，2016年仅增长1%，在中亚国家中垫底。在国家通过的《2017—2019年国家财政预算》中，也只将2017年的GDP定为增长1.9%。这种情况是2000年以来没有过的。

国内各生产部门形势也不乐观。2015年与上年相比，有130个行业或产品产量增长，74个行业或产品产量持平或略有下降（降幅在0.1%—0.9%），62个行业或产品降幅较大。而增长的行业和产品因出口量或出口价格下降对GDP的贡献率有限，而下降的行业，如：石油和铜等有色金属则因产量和价格关系，对GDP影响很大，更为重要的是影响国家财政收入，进而影响到经济全局。2016年采矿领域产量仍下降2.7%。由于哈国内市场容量很小，外贸对国家经济发展至关重要，2015年外贸额占该国GDP的29.8%。该国外贸形势最好的2013年外贸额曾达到1335亿美元，而2015年仅为758亿美元，几乎减少了44%。而2016年外贸额继续下降，1—8月同比又下降27.9%。由于经济形势不佳，导致本币贬值，美元外流。哈坚戈兑美元从2013年起就一路贬值，由2014年的180左右坚戈兑1美元，2015年的222左右坚戈兑1美元，到2016年贬值到333左右坚戈兑1美元。至2016年哈国际储备为908亿美元，较上年减少0.6%。为应对国内居民大量换汇，国家不得不拿出30亿美元支持国有银行。2016年银行基准利率为12%，央行现已决定，2017年基准利率不变，个人存款利率为14%，从金融情况来看，已经超出正常状态。当前国家出现的困难使人民生活受到一定的影响。例如，2016年年通胀率为 8.5%，食品价格上涨 9.7%，工业产品和服务价格上涨 16.8%。尽管 2016 年粮食丰收使农业产值同比增长 5.5%，但也难对冲食品价格上涨的压力。例如，谷物上涨 31.3%，咖啡和茶制品上涨 38.9%，糖上涨 17%，鸡蛋上涨 20.3% 等。哈官方数据称人均最低生活标准上涨了 8.6%。与农业和运输业关系密切的柴油价格上涨了 35.3%。居民购买力特别是对高档消费品的购买力下降。2015 年小轿车销售量仅为上年的 33.5%，2016 年同比再度下降 56%。很多日用品、建筑材料、化工产品、高档消费品的销量也都减少很多。

哈萨克斯坦这次经济困难，或者说经济危机，与独立初期、1997—1998 年、2008 年三次经济危机相比具有以下相同点：主要是受外部经济形势变化的影响。独立初期经济危机是受俄罗斯"休克疗法"的影响，1997—1998 年是受俄罗斯金融危机的影响，2008 年是受美国次贷危机的影响。当前经济危机是受世界经济疲软导致能源和原材料价格下降的影响，同时也与俄罗斯经济危机有关。

但哈这次经济危机与以往几次危机相比也有不同之处。本次经济危机是在国家经济十多年快速发展的背景下发生的，尽管经济形势不很好，但总体形势尚属平稳，仍处于微增状态，日用品供应充裕，只是由于大宗出口商品产量减少、价格下降，导致国家收入减少，对人民生活水平的提升和实现预期的发展目标有不利影响，但没有出现市场大的波动和民众剧烈恐慌，更没有出现巴西、委内瑞拉那样的政局混乱和经济濒临破产的状况，国内局势仍然稳定，经济仍在朝国家调控的方向发展。

关于本次经济危机的原因，哈学者指出，是世界经济不景气和俄罗斯经济形势的恶化引起的，[①] 这种看法有一定的道理。

近几年，世界经济形势总体不景气，造成能源和原材料需求的下降，从而带来价格的快速下跌。例如，铜价下降了 40%，镍价下降了 55%，铁矿石价格腰斩，石油由最高时 130 多美元下降至 30 美元，当前也只在 40—50 美元徘徊。其他有色金属、黑色金属和贵金属的价格都有不同程度的下降。而石油、有色金属和黑色金属（包括矿石和成品）都是哈萨

---

① 参见［哈］拉·阿尔沙诺夫《哈萨克斯坦的一体化和经济政策调整》，2015 年 11 月 20 日，中国驻哈使馆经参处网站。

克斯坦出口创汇的主要商品。石油出口占到国家财政收入的40%左右，石油和有色金属出口量和国际市场价格的下降，对哈经济的负面影响不言而喻。

哈俄两国同为独联体和欧亚经济联盟成员，无论是政治上还是经济上，关系都相当密切。这几年俄罗斯经济也因为石油价格下降和西方对它的制裁出现危机，经济下滑的速度甚至超过哈萨克斯坦。因此，两国的外贸额也严重下降，2015年哈俄贸易额同比下降了27.8%，2016年进一步下降，无论是双边出口额还是进口额，俄罗斯在哈外贸中都跌出了前三名。这对哈经济造成很大的冲击。客观地讲，由于哈俄特殊关系，西方对俄的制裁也等于对哈实施间接制裁。

哈萨克斯坦外贸主要国家除俄罗斯外，还有中国、欧盟、中亚国家、阿富汗、伊朗等，其中中哈经贸关系对哈至关重要。这几年中国由于调整经济结构，从哈进口的原材料减少，两国贸易额也有所下降，2015年较上年下降了38.4%，较两国贸易最高年份的2013年几乎下降50%。2016年1—9月哈对中国出口同比减少28%，进口同比减少37.6%。欧盟是哈最重要的贸易对象。欧盟经济这几年也不景气，哈与其外贸额也在下降，中亚国家本身经济总量有限，再加上各国经济也都不好过，使哈外贸额出现断崖式下降。

哈目前将经济危机的原因基本归罪于外部因素，对国内因素谈得不多。实际上国家如何用好2000年至2012年国家经济上升期的大笔收入，促使国家经济尽快由单一型向多元型转变也是应该考虑的问题。为树立国家形象，扩大世界影响，大笔投资用于形象工程和举办耗资巨大的大型国际活动上，对一些严重拖经济后腿的部门和"僵尸企业"处置不力等都是影响经济发展的因素。经济一时的繁荣使国家领导人提出"加速"发展的目标，这就使得能拉动GDP提升的部门得到更多的投资，从而造成经济结构改造缓慢。对于经济结构单一化的危险性虽然认识到了，但由于种种原因，改造效果还是有限，使得至今哈GDP的70%仍来自能源和原材料出口。

三 对经济危机的应对

哈在最近几年总统国情咨文中也提到世界经济形势在变化，哈可能会受到不利影响。特别是在《光明大道——新经济政策》这篇国情咨文中提到，哈萨克斯坦是世界经济的一部分，无法摆脱一些不利经济形势的困扰，未来几年哈将面临巨大考验。为此，哈必须及时转变思路，调整发展战略，以应对世界可能发生的变化。2014年哈又制订了应对经济危机的《百步计划》。这说明哈对国家经济发展可能遇到困难已经意识到，不过，世界经济形势的不确定性和低迷状态，由美国引起的金融危机余波还在，以及美国依然采用各种手段破坏世界经济秩序，这是哈萨克斯坦这样的国家仅靠自身力量难于抵御的。

2013年哈提出的《哈萨克斯坦——2050》国情咨文的目标是使国家实现现代化，进入世界发达国家30强。就在提出这个宏伟目标后不久本国经济就遇到了困难。不过迄今哈并没有修改或放弃这个目标，仍在朝实现这个目标努力。

既然目标没有改变，那么需要改变的就是"调整发展战略"和"发展思路"。调整经济发展战略的基本方针，如哈总统纳扎尔巴耶夫所要求的，采取措施扭转过度依赖出口原料的经济发展模式，减少对外国的依赖和规避世界经济变化的影响。这两年哈正在朝这个方向努力，其表现为：

（一）转变经济发展方式，推行经济多元化战略

在工业方面，重点发展进口替代和有出口潜力的行业。哈在完成2005年工业创新计划的基础上又制订了第二个工业创新计划，并要求国家财政对此给予更多支持。为实现军用装备国产化组建了国防——航空航天工业部，目前已经能自行生产重量达16吨的军用装甲车，在阿斯塔纳修建了人造卫星生产中心，还计划在北哈州与俄罗斯合作建立新飞行器制造基地。在巴甫洛达尔建立石油深加工企业，在乌拉尔斯克建立水泥厂等。哈还将大力发展汽车制造业、IT业和农机制造业。

大力推动基础设施建设。通过修建铁路、公路、港口、机场、城市公用设施、电力设施以及改造小城镇和农村基础设施,促进交通运输业、物流业和建筑业的发展。2016年,哈完成了"双西公路"走廊建设,正在或将修建阿斯塔纳—阿拉木图、阿斯塔纳—赛梅、阿斯塔纳—阿克托别—阿特劳、阿拉木图—奥斯卡曼、卡拉干达—杰兹卡兹甘—克孜勒奥尔达、阿特劳—阿斯特拉罕公路。2016年12月,位于巴甫洛达尔市的中亚地区最大的长达13公里的额尔齐斯河大桥建成,使哈中部与西部地区交通更加便捷。通过打造"耶克巴斯图兹—赛梅—奥斯卡曼"和"赛梅—阿克托海—塔尔迪库尔干—阿拉木图"高压电网建设和通往哈南部天然气管道建设,实现全国能源供应平衡和解决南部天然气供应不足问题。在东部地区,加快"霍尔果斯—东大门"经济特区建设,在阿特劳和塔拉兹建设国家石化科技园区,还陆续建设包括巴甫洛达尔等市在内的一批新的物流枢纽。在西部的里海扩建和新建港口设施,港口建成后将能为大型渡轮服务,通过这些港口提升面向西方的出口能力。阿斯塔纳机场在加快扩建,准备接待2017年阿斯塔纳世博会蜂拥而至的游客。哈将改善城市供水质量、增加住宅建设、改善小城镇和农村基础设施作为拉动GDP和改善民生的重要手段。

寻找新的经济增长点。哈认为"一带一路"为哈发展物流和过境运输提供了机会。哈通社第一副总理季亚罗夫说,在能源和原料出口受到世界经济疲软影响的情况下,哈需要寻找新的发展方式和经济增长点。中国的"一带一路"倡议恰逢其时。哈萨克斯坦优先发展物流业和过境运输,与"一带一路"倡议共建物流运输设施的合作方向相吻合。的确,中国途经哈的铁路和公路运输给哈带来很大实惠。在铁路方面,经过阿拉山口—多斯特克口岸的列车由2015年上半年的136列增加到2016年上半年的479列,过货量达到300万吨。至2016年10月,中国—欧洲—中国直达专列运输达6.6万集装箱,较上年同期增长2倍有余。哈总理萨金塔耶夫还要求进一步提高过境运输量。

大力扶持农业和旅游业。在发展农业方面,哈制定了《2017—2021年新农工国家综合发展规划》,计划到2021年农业产值增长30%。哈每年能出口粮食六七百万吨,有时甚至超过千万吨,但有些食品如糖、肉类、葡萄、茶叶等还需要进口,2015年农产品进口占进口额的10.2%。《规划》要求,哈将发展重点放在生产国内外有需求、适销对路的消费品和进口替代产品,将农工综合发展作为未来国家经济发展的主要推动力。哈旅游资源丰富,但基础设施落后,旅游收入只占 GDP 的 1%。哈将加大对这两个领域的投资。

大力发展小企业,改变哈大中企业为主的现状。哈出台很多有利于小企业发展的政策,提出小企业产值在 2050 年占到 GDP 50% 以上的目标。

(二) 实现经济多元化战略的保障措施

经济结构调整需要多种因素保障。首先是资金保障。资金不足是哈应对经济危机的难题。哈从"国家基金"中划拨一部分,例如,2015 至 2017 年,每年要从国家基金中拿出 30 亿美元的补助资金用于保障经济发展。2016 年又有所追加,使经济结构能得到进一步优化。国家资金主要用于支持中小企业发展、建设交通物流干线和经济特区、完善能源领域基础设施、改善居民居住条件以及提高社会福利等方面。再就是举借外债,主要从国际金融组织和中国、沙特等国筹措。哈准备 2017 年后,在阿斯塔纳世博园基础设施基础上建立阿斯塔纳金融中心,为资本市场和伊斯兰金融体系提供专业化的服务。

其次是人才保障。哈经济转型面临高水平人才短缺问题。为此,哈通过了引进外国高水平人才的特殊政策,还重点扶持包括纳扎尔巴耶夫大学在内的 10 所高校和增加派出留学人员所需资金。

最后是政治和法律保障。国家还努力减少制约经济发展的政治和法律因素,例如,建立责任型政府,使其工作专业化和提高办事能力,加强法制建设等,还要采取一切必要措施,确保国家安全与社会稳定,为经济发展创造良好环境。

四 危机前景与对中国的影响

哈萨克斯坦目前经济虽然遇到困难,说严重一些,陷入暂时的危机,但这毕竟是暂时的,形象地说,这是哈在快速发展中出现的阵痛,通过采取一些医治措施很快会使经济步入正轨。我们这样说是基于哈具备战胜困难的有利条件。

第一,哈是肌体基本健康的国家。哈只有近 1800 万的人口,却拥有 272 万平方公里的辽阔土地,自然资源,无论是能源资源、矿产资源,还是土地资源,都相当丰富;哈自独立以来,国家始终处于稳定状态,这为经济发展创造了有利的条件;执行改革开放的政策,积极参与世界经济一体化进程;最为重要的是有纳扎尔巴耶夫总统的领导,他富有远见卓识和改革精神,做事干练和睿智,为哈萨克斯坦这艘航船掌舵是国家发展和克服一切困难的保证。正是因为具备上述基本条件,我们看到,只要外部环境稍有改善,世界经济稍微转暖,哈经济就会有所提升。2016 年 9 月,该国 GDP 同比增长 0.4%,世界石油价格稍一上涨,加上农业丰收,全年就变成 1% 了。年产原油可达 1000 万吨以上的卡沙干油田正式开始商业生产,金融市场也在趋好,坚戈兑美元汇率已经开始稳定,一些新建工业项目陆续投入使用。这些都是利好因素。

第二,为应对经济危机,哈新经济政策已经开始实施。最近哈又进一步加快私有化的进程。哈准备将拥有 100 亿美元资产的 800 余家企业私有化,涉及采矿、冶金、炼油、能源、交通、通信等领域,"萨姆鲁克—卡泽纳"国家基金旗下 44 家企业也在清单之列。国内外企业都可以参与私有化进程。为吸引外国企业参与,将对进入石油、天然气、有色金属、汽车制造、电器、农业、化工等领域的外企,减收 10 年的企业所得税和土地税。对国内影子经济使其阳光化,使影子经济成为合法私营经济。到 2016 年 6 月已经在银行建立合法账户 2145 个。

哈继续推动价格改革,以减轻政府负担。例如,取消国家对柴油和 80 号汽油价格的管控。

加大对外开放,引进外资。例如,与中国达成 51 个项目合作,共引进 268 亿美元。与世界银行、欧洲复兴开发银行、欧洲投资银行、伊斯兰开发银行、亚洲开发银行 5 家国际金融组织达成 48 个合作项目协议,总引资达 84 亿美元。

第三,作为应对经济危机的重要举措之一是推动"光明大道——新经济政策"与"丝绸之路经济带"对接,拉动本国经济发展。这几年中国的优质产能转移和途经哈萨克斯坦的铁路和公路运输都给哈带来很大实惠。上面已经提到中哈两国已经签署 50 多个大型合作项目,经哈通往欧洲的运输能力大幅度提升。大数据统计表明,哈萨克斯坦是与中国开展"丝绸之路经济带"建设合作最积极和取得早期收获最多的国家之一。

与此同时也应该看到,由于世界经济发展的不确定因素很多,近几年的世界经济形势很难让人乐观,这会对哈的经济继续产生不利的影响。哈欲使经济结构朝多元化调整需要有个过程,不是三两年就能办到的。农业还要靠天吃饭,不知道未来能否风调雨顺。哈进口替代政策可以使国家减少对舶来品的支出,但想使本国制成品在国际市场占有一席之地会面临激烈竞争和日益膨胀的贸易保护主义的阻拦,因此,能源和原材料出口仍会很长时间成为国家收入的主要来源。不过,哈外贸的主要合作伙伴:俄罗斯、中国、欧盟、中亚国家经济也不会很快步入快车道,与哈的外贸不会有大的提升,这对哈自然不利。哈的经济恢复速度可能要慢于上几次经济危机。1998年哈经济危机发生至1999年开始恢复,到2000年就完全克服了。2008年经济危机也只对2009年GDP有较大影响,2010年也就恢复了。哈总统预计本次经济危机到2020年可以全面解除,这能否实现,还要看外部经济形势的变化,看能否克服已经持续几年的疲软状态以及哈国内各项政策和计划的落实情况,当然,最重要的是世界和地区能保持和平与稳定。

哈不会改变2050年进入世界发达国家30强的目标,因此,会不断增加投资,搞大项目和尖端项目。新建项目届时能否发挥其预想的作用,大量借贷归还问题,将是值得关注的问题。

应看到,哈本次经济危机使哈对外关系会有所调整,会更加重视与中国的合作,重视"光明大道——新经济政策"与中国"丝绸之路经济带"的对接,推动欧亚经济联盟与中国的合作尤其是关于自贸区的谈判,这将有助于中哈友好合作的深化,也为中企走向哈提供了机遇。

"亲望亲好,邻望邻好",习近平主席曾引用这句谚语形象地表述中国对邻国的政策。中国希望也相信哈萨克斯坦通过上下共同努力,会克服发展中的阵痛,战胜危机,使经济朝健康平稳的方向发展,其经济发展的美好前景令人期待。

——原载孙力、吴宏伟主编《中亚国家发展报告(2017)》,社会科学文献出版社2017年版

2017 年哈萨克斯坦打出深化改革组合拳

【内容提要】 为实现《哈萨克斯坦—2050》战略，争取 2050 年进入世界发达国家 30 强，2017 年哈萨克斯坦从政治、经济、社会思想方面做出深化改革的决定。本文介绍深化改革的具体内容，分析深化改革的具体原因以及为实现改革目标采取的措施，最后指出改革的效果与仍存在的问题。总体上看，2017 年哈政治稳定、经济有较快的发展、国家展现了良好的精神面貌，这些都与深化改革有一定的关系。

哈萨克斯坦为实现至 2050 年进入世界发达国家 30 强的战略目标，2017 年以来针对国家存在的问题，对政治、经济、社会思想等领域打出深化改革的组合拳，希望借此加快国家走向现代化的步伐。该国采取了一系列措施，收到较好的效果。目前国家政治和社会形势稳定，经济形势明显好转，各部门正在朝"数字化"方向努力，诸如专项世博会等一系列有重大影响的活动顺利举行，民众自信心明显提升，国家正在朝实现至 2050 年的发展目标迈进。

一 新一轮改革的主要内容

2017 年 1 月 25 日纳扎尔巴耶夫总统在电视台发表了《致哈萨克斯坦公民呼吁书》，被认为是新一轮改革的开始。稍后，1 月 31 日他又发表了《哈萨克斯坦第三阶段发展纲要：提升国家竞争力》的总统国情咨文，4

月 12 日他的文章《面向未来的计划：精神文明的复兴》面世。这三份文献具有重要意义，是从政治、经济和社会思想方面为哈萨克斯坦走向现代化发出的战斗檄文。为落实总统的指示，哈萨克斯坦政府自年初以来召开一系列会议，就落实三项任务进行部署。总统本人亲自参加一些会议，接见多名部长和州长，频频到地方视察，听取他们的想法和建议，并做出具体指导。2017 年哈萨克斯坦的国家工作基本是围绕落实三项改革任务进行的。

哈萨克斯坦的三项重大改革任务是：（1）在政治方面要完成对宪法的修正；（2）在经济方面落实本年度"国情咨文"提出的目标和任务；（3）实现精神文明复兴，即社会思想现代化。

关于第一项任务，即对宪法有关政治体制方面的修正，纳扎尔巴耶夫总统在《致哈萨克斯坦公民呼吁书》中做出说明。他在肯定了哈独立 25 年来实行的强有力的总统权力对国家稳定与发展发挥的积极作用后指出，随着时代的发展，国家管理体系到了必须改革的时候。从维护国家的利益、顺应时代的要求和为子孙后代的前途着想，必须对政治体制进行改革，改革的方向是削减总统的权力，扩大政府和议会的作用，将部分总统权力转交给政府和议会。今后总统将在议会和政府间扮演"终极裁判者"的角色。总统主要负责外交、国家安全和国防事务，政府负责经济事务，政府将对议会负责，而不再对总统负责。稍后，总统办公厅主任在解释宪法修正案时称，哈萨克斯坦仍是总统制共和国，政府部长由总理提名，议会审议，总统批准。州长仍归总统任免。这个看法后被 3 月 6 日议会两院联席会议二读时写入宪法修正案。宪法重新补充的内容包括：国家体制、治国原则和纳扎尔巴耶夫民族英雄称号永恒不变，国际法高于国内法，参议院有权解除马日利斯代表资格，总统保留对内务部长的任免和对国家近卫军的掌控权力，破坏民族团结和宗教和睦即为违宪等。修正案规定，总统仍掌握国家的外交、国家安全和国防事务大权，外交部长、国防部长和内务部长以及州长的任免权仍归总统。不过，哈在国家分权方面还是迈出了改革的一步。

关于第二项任务，即落实 2017 年 1 月 31 日"国情咨文"，主要是针对经济和社会方面，也部分涉及政治领域。

"国情咨文"为国家发展提出五个优先发展方向：一是提升技术现代

化，促进经济发展；二是彻底改善和拓展国内营商环境；三是确保宏观经济的稳定；四是提升人力资源的质量；五是推动体制改革，保障国家安全，大力反腐。

这份"国情咨文"提到的五个优先方面，在近几年总统所做的"国情咨文"、《光明大道——新经济政策》和《百步计划》等文件中都有所表述，只是 2017 年的"国情咨文"重申国家至 2050 年的发展目标不变，将建立现代化国家、实现"数字哈萨克斯坦"、增强本国国际竞争力等内容凸显出来，同时对一些领域提出具体的改革要求，例如：将用数字技术培育新兴产业，在医疗、教育、商务等领域实现数字化，广泛应用 3D 打印技术、电子商务、电子银行、数字服务等现代信息技术；使工业、农工综合体、交通、物流、建筑等传统领域注入新的活力，采用自动化、机器人、人工智能、大数据交换等世界前沿技术提高生产力，要求在 2025 年，将非原料产品出口量增加两倍；继续加大改革开放和吸引外资的力度，要加入到产品生产、销售和服务的全球产业链当中；在发展新兴产业的同时，确保采矿、冶金和石油天然气综合体在国家经济中的"战略地位"；使农业领域成为经济发展的新动力，使哈农业成为欧亚大陆的"面包篮"，为此要提高土地资源利用率，五年内将灌溉面积增加 40%，达到 200 万公顷，在 2021 年实现将粮食出口量提升 40% 的目标；发展新的欧亚物流基础设施，要求在 2020 年前提高年度过境运输量，将集装箱货物过境运输量提高 7 倍，将航空客运量提高 4 倍，将过境运输收入提高 5.5 倍。"国情咨文"还对建造和修复交通基础设施、改善营商环境、关注民生等提出要求。最为重要的是，总统要求哈至 2050 年年均 GDP 增长不得低于 5%，这样才能保证国家在 2050 年进入世界发达国家 30 强的行列。

第三项任务是实现哈萨克斯坦精神文明复兴，即社会思想现代化，包括六项内容：一是通过数字哈萨克斯坦和三语（哈语、英语、俄语）计划提高人的竞争力；二是倡导公民践行实用主义，注重学习、健康生活和事业发展，铲除激进的意识形态；三是维护民族认同感，传承民族精神和传统文化；四是尊重知识，培养适应快速变化时代的高水平人才；五是实现渐进式发展；六是思想开放紧跟时代潮流，借鉴有用经验。

二 推行新一轮改革的原因

哈萨克斯坦自独立以来已经实行几波改革，本年度的改革被认为是新一轮改革，这样做是多种因素决定的。

第一，面对复杂多变的国际形势，哈萨克斯坦具有紧迫感和危机感。

哈萨克斯坦独立25年来在各方面取得了很大的成就，特别是提前实现了国家制定的至2030年的战略目标，为此需要为国家进一步发展指明前进方向。然而，近年来世界形势发生了令人目不暇接的变化。以数字和纳米技术等为代表的第三次工业革命在迅速改变生产和生活。与此同时，世界也面临很多问题和挑战，国家间、行业间、企业间合作与竞争并存，对资源、市场、资本的竞争空前激烈。2008年发生的全球金融危机使很多国家都陷入困境。哈萨克斯坦清醒地看到这种变化。纳扎尔巴耶夫总统在2013年所做的国情咨文《哈萨克斯坦——2050》第二部分列举了本国面临的十大挑战，实际也是指出了哈萨克斯坦今后必须面对和需要解决的问题。在2017年的"国情咨文"中，纳扎尔巴耶夫总统再次强调哈萨克斯坦必须接受国际形势瞬息万变的现实，要从政治、经济、社会思想等领域全方位应对。2017年推出的新一轮改革，就是应对形势变化的必要举措，也是为实现进入世界发达国家30强战略目标所要求的。

第二，旨在应对经济严重滑坡。

尽管哈萨克斯坦独立25年来经济取得了很大的成就，但2014年以来受多种因素的影响，经济状况并不乐观。仅从反映国家经济总体状况的GDP来看，2014—2016年增长幅度逐年下降：2014年增长4.3%，2015年增长1.2%，2016年仅增长1%，2016年的经济增长在中亚国家中垫底。这种情况是该国2000年以来没有过的。纳扎尔巴耶夫总统直言不讳地承认本国经济出现了危机。关于经济出现危机的原因，可以认为是与世界经济不景气和对哈经济影响较大的俄罗斯经济形势恶化有密切的关系，但哈自身经济结构的不合理性、经济管理方面存在的问题也是不能回避的。纳扎尔巴耶夫总统认为，至2050年前哈萨克斯坦GDP只有年均增长5%才有可能进入世界发达国家30强，因此必须通过改革扭转经济颓势，以实现《哈萨克斯坦——2050》战略目标。正是基于上述原因，纳扎尔巴耶夫总统在 2017 年 1 月 31 日所做的国情咨文《哈萨克斯坦现代化的第三个阶段：提升全球竞争力》以及而后在政府扩大会议和其他场合的讲话中，为哈萨克斯坦今后发展指明了方向和规定了具体任务。

第三，为解决政治领域存在的问题。

政治领域也存在影响国家发展的问题。这是指国家权力过于集中在总统手中。尽管哈萨克斯坦独立 25 年来，"大总统、小政府、弱议会"的政治体制保证了国家的稳定和发展，但也影响到政府和议会积极性的发挥。特别是由于事无巨细，总统事必躬亲，使年事已高的纳扎尔巴耶夫不堪重负，这种状况已经影响到国家的发展。乌兹别克斯坦总统卡里莫夫的突然离世，提醒纳扎尔巴耶夫总统必须为国家的未来尽快做出安排。前两年哈萨克斯坦已经提到国家将由总统制向总统—议会制转化的问题，但一直没有动作。本次改革旨在进行合理有序的放权。这是政治方面的原因之一。政治方面的另一个原因是行政部门官僚主义、文牍主义严重。如哈总理萨金塔耶夫所指出的，哈近 5 年针对企业的法律监督文件增长了 1.7 倍，80% 来自地方政府和地方议会，造成企业负担过重问题，[①] 这也严重影响了经济发展和实现建立职业化政府的目标。政治方面的第三个原因是官员仍存在严重的腐败问题。哈讲反腐多年，但仍难于根除。例如，2017 年初原政府经济部长毕申姆巴耶夫就因贪污受审。因此，在 2017 年总统"国情咨文"中再次强调必须加强反腐。

第四，加强精神文明复兴旨在为巩固国体和国家统一的任务服务。

哈萨克斯坦独立以来国民的国家意识和民族意识都在提升，但在教育、文化、语言、民族关系、宗教等方面还存在不少问题，大量外来思想对年青的一代产生不利的影响。纳扎尔巴耶夫总统就指出年轻人群体中出现的"宗教文盲"现象，这是许多错误思想肆意传播的根源。[②] 民族方面部族意识在抬头，对回迁国内的哈族持排斥态度，对改革和普及哈语仍有阻力，对民族文化、民族传统与特色传承重视不够等，此外还存在忽视知识分子的作用等问题。因此，哈总统要求，要加强国家统一、

---

① 2017 年 5 月 4 日，哈萨克斯坦通讯社中文网站。
② 参见 2017 年 5 月 2 日，哈萨克斯坦通讯社中文网站。

爱国主义、国家历史意识和重视知识分子的教育,从思想和文化方面巩固哈萨克斯坦的主权国家地位,增强民族对统一国家的认同感和自豪感,传承民族精神和传统文化,以此抵御来自国内外的各种错误思潮和极端思想的冲击,确立哈萨克斯坦在世界民族之林中的地位。

三 各部门积极响应,采取多项改革措施

在纳扎尔巴耶夫总统发出向现代化国家进军的号令后,哈政府和相关部门积极响应。

(一)政府各部门闻风而动

2月4日,哈政府召开非例行会议,研究落实总统指示。哈总理萨金塔耶夫说,政府制定的《哈萨克斯坦国家技术发展目标——应对当前危机和难题的主要手段》就是至2025年的发展战略,目的是为落实总统提出的任务。[①] 哈总理在另一次会议上要求政府精简文件,减轻企业负担过重问题,以改善营商环境。8月,哈政府任命了两名新副总理,分别负责工业复兴工作和落实"数字哈萨克斯"计划。4月,哈成立了社会意识振兴计划国家委员会。其任务是为提高国家竞争力、合理利用资源、维护国家统一等方面服务。该委员会成员包括总统事务管理局正副局长、总理办公室副主任、各部部长、市州负责人、议会议员、社会机构、有关国家机关负责人等。

哈各政府部门对总统的指示做出积极响应,纷纷调高一些原定的指标。例如,将原计划2017年GDP增长1.9%调整为增长2.5%;将预计的2017年工业增长2.6%调整为增长3%;将采矿、金属加工、汽车制造等领域的增幅确定为2%。在铁路运输方面,将2017年途经哈的"中国—欧洲—中国"的货运量较上年提高一倍,定为23万集装箱。在财政金融方面,将通胀率设定为6%—8%(2016年为8.5%),基准利率由12%下调至11%,后又两次下调至10.25%。汇率由2016年360坚戈兑换1美元下调至330坚戈兑换1美元。将旅游业收入2017年占GDP的

---

① 2017年2月4日,哈萨克斯坦通讯社中文网站。

1%提升至2025年占GDP的8%。为此,哈成立了"哈萨克旅游"国家开发公司,负责哈旅游资源开发与旅游招商工作。

(二) 增加对重点发展领域的项目建设和投资

重点领域包括传统优先领域,如石油、冶金、农业、交通运输、建筑等。此外优先领域增加了IT业、新能源、汽车制造、自动化、机器人等新兴产业。

国家将拨款2.4万亿坚戈（2017年汇率约为330坚戈兑换1美元）用于落实总统"国情咨文"的优先方向,特别是加大了对新兴产业的投资力度。例如2017年第一季度汽车工业获得的投资额相当于2016年全年获得的投资额。预计新车产量同比增长14.2%。哈10个经济特区共启动项目150个,总投资额达到6000亿坚戈。在7月政府工作会议上,决定通过提高现有农工企业劳动生产率、改造原有企业和建设新企业三种途径提高农产品加工能力,实现减少进口,逐步落实进口替代。为此,哈国家农业管理控股公司发放了近千亿坚戈。国家还发放850亿坚戈贷款用于扶持生产型就业和中小企业国家项目。

(三) 积极落实"数字哈萨克斯坦"计划

7月14日哈总理召开会议研究国家数字化问题,检查智能交通系统、智能勘探数据库、智能住房排队数据库、法律体系和图书馆数字化建设的进展情况。8月5日,哈总理萨金塔耶夫召开政府会议,研究政府各部门落实"数字哈萨克斯坦"计划情况。9月13日,纳扎尔巴耶夫总统亲自主持"数字化问题大会",介绍哈与世界数字化进展情况。哈信息和通信部部长说,哈将于2018年底完成全国数字化进程。

(四) 抓紧国家精神文明复兴的落实工作

纳扎尔巴耶夫总统对这项工作提出如下具体要求和完成的时间表:2050年前实现哈语拉丁字母化;成立翻译局,翻译100本优秀人文教科书;推行"故乡"计划,编写地方志强化爱国主义;通过建立精神圣地吸纳、保护历史遗产,发展文化旅游业;提高文化竞争力,实行"世界中的哈萨克斯坦文化"项目,加强外宣工作;实现哈萨克斯坦百位新人项目，对外展示国家形象，打造便捷媒体平台。可以看出，这项任务的重点是打造实现现代化建设服务的人才队伍和从历史文化方面树立独立哈萨克斯坦的国家形象。为落实纳扎尔巴耶夫总统关于国家精神文明复兴造势，该国于5月举办了第二届"伟大草原"人文论坛。社会组织"哈萨克斯坦——2050"国际运动与哈萨克斯坦国家科学院图书馆在阿斯塔纳举办1929—1940拉丁字母出版物展览。哈原定2025年启动哈语拉丁化改革进程，根据总统要求，这项工作有可能提前在2025年完成。9月14日，纳扎尔巴耶夫总统说，国家将在2022年起用拉丁文国语授课，国家行政文件也将用拉丁化国语标准书写。10月16日该国发布哈萨克文由西里尔字母改为拉丁字母的总统令，政府组成了文字改革工作组。哈还将20世纪20年代苏联内战时丧生的勇士克伊克的遗骸从俄罗斯要回，为他在库斯塔奈州阿曼凯德县修建了陵墓，并举行了隆重的安葬仪式。在库斯塔奈州为哈萨克汗国建立功臣贾尼别克建立塑像。在卡拉干达举行纪念哈萨克文臣和社会活动家哈兹别克毕官诞辰350周年的活动，并为他建立塑像。哈萨克斯坦出台百大圣地名单，也是对总统提出要求的响应。

（五）加快私有化步伐

2017年哈加快国有资产私有化进程，也是应对经济困境的措施之一。哈规定的目标是将国有成分减少到占国内生产总值的15%。2017年哈计划出售840家企业，2018年再出售84家，包括"萨姆鲁克—卡泽纳"国家基金旗下的215家企业。国家只保留自然垄断和具有战略意义的项目。私有化对象包括哈国家铁路公司、阿斯塔纳航空公司、哈石油天然气公司和哈国家原子能工业公司等大型国企。例如，2017年哈国家铁路公司有21项资产私有化，涉及下属阿克套国际海港、多个地区空港、铁路技术准备生产厂、客货运资产以及车站、交通物流和铁路运输辅助项目等。大型国企如上述哈萨克斯坦石油公司等将通过出售股份的方式实行私有化。哈"萨姆鲁克—卡泽纳"国家基金在2015年拥有600家企业，经过私有化到2017年减少到320家。2017年"萨姆鲁克—卡泽纳"国家基金将出售23家大型国有企业，2016—2020年间，共计划出售该基金旗下215家国企。美国、法国、西班牙、韩国、俄罗斯、中国等国公司参与了哈私有化进程。例如，美国公司欲收购哈铁路公司旗下的"火车头"工厂，法国公司欲收购运输机械公司，中国公司欲收购哈一家企业所属的无水港项目等。哈国民经济部部长苏莱曼诺夫说，哈国有产权私有化和国有控股公司股票出售收入预期可达40亿—70亿美元。①

（六）大力引资和借贷

哈至2050年战略和后来制定的《光明大道——新经济政策》等一系列文件项目很多，规划宏伟，但资金短缺是个难题。解决的办法一是靠引资，二是靠借贷。

哈引进的资金和项目不少。仅与中国达成的合作项目即达51个，协议金额250多亿美元。另外从瑞士、意大利、法国、俄罗斯等欧洲国家以及韩国、日本等也引进了一些大的合作项目。如建造大型光谱电站、大型肉联厂、大型石油加工厂等。除通过项目引资外，哈还与欧洲复兴开发银行等国际金融机构和有关国家签订很多贷款协议，2017年仅与欧洲复兴开发银行达成的借贷协议就达9亿欧元。亚洲开发银行、伊斯兰开发银行等也向哈提供了数量不菲的贷款，例如，至2017年5月，亚行向哈提供30笔政府贷款，总额近46亿美元。中国、阿联酋等国也是哈的债权国。2016年哈外债总额为1637.577亿美元，同比增长6.76%，至2017年7月哈外债又增加到1655.01亿美元，已经超过2016全年的债务增长量。其中国家债务和国家担保债务数额不大，仅为141.49亿美元，其余皆为非国家担保的企业和其他债务。

（七）调整外贸结构，加大出口拉动

哈2017年将加大资金扶持出口业务，特别要提升制成品的出口。2016年哈向117个国家出口860种产品，出口铬铁产品增加18.8万吨，但出口总额减少1500万美元。出口电解铜增长3.6万吨，但总额减少9000万美元。哈为改变靠原材料出口利润差的状况，2017年将扩大电子技术产品、金属制成品、橡胶和塑料产品、建筑材料产品的出口。汽车也被列入重要出口商品。

---

① 2017年7月11日，中国驻哈使馆经参处网站。

四 改革成效与存在的问题

哈政府打出深化改革的组合拳后，目前取得的效果可圈可点。政府工作效率明显提高，一批大型项目建成，民众精神面貌呈现积极变化。尤其可以显示改革成果的经济各项指标都出现积极变化，GDP、工业产值、财政收入、外贸额、交通运输等重要指标都出现不同程度的增长。2017年1—9月GDP同比增长4.3%，1—8月工业同比增长8.5%，重要出口产品原油、天然气、铁矿石、煤产量以及石油冶炼、食品加工、机器制造等均有增长，例如，石油产量可达8500万吨，超过原计划的8100万吨。1—8月固定资产投资同比增长3.4%，优先投资领域如汽车制造产值1—8月增长6.8%。全年收获谷物2294万吨，略低于上年，但也是独立以来较好年景，约有900万吨可供出口。1—9月肉类产量增长9.3%。1—8月外汇黄金储备增长0.08%。1—7月外贸额同比增长30.5%，顺差95亿美元，为上年的1.7倍。经哈的"中国—欧洲—中国"过境运输量在2016年为10.45万集装箱，2017年预计增加到23万集装箱。哈物流效率指数由占世界第88位升至第77位，为独联体国家首位。2017年电子商务销售总额预计增长31%，达到3400亿坚戈（330坚戈兑1美元）。阿斯塔纳国际金融中心正式运营；空运人数也大幅度增长。世博会工程及配套项目如阿斯塔纳新机场和火车站的建成保证了世博会成功举办，提升了哈的国际声誉和影响力。

对于哈经济形势的向好趋势，国际金融组织和评级机构也做出了相应的反应。国际货币基金组织预测哈2017年GDP增长为2.5%。欧亚发展银行预测哈2017年GDP增长为2.3%，通胀率为7%，汇率为1美元/330坚戈。美国评级机构惠誉预测，2017年哈GDP增长2.2%，标准普尔则将哈2017—2020年经济增长由2.5%调整为3%。亚洲开发银行将GDP由原定的2.4%调高至2.6%。哈政府自我感觉还要好些。哈国民经济部8月预测，哈2017年GDP可望达到3.4%，哈央行预测为3%。这些预测都表明，哈经济形势要好于上年。2017年7月和9月，美国评级机构穆迪和标准普尔分别将哈经济发展前景由负面调整为稳定。在瑞士洛桑管理学院发布的《2017年全球竞争力报告》中，哈萨克斯坦列世界第32

位，较上年提升了 15 位。总的来看，新一轮改革成果特别是在经济方面成效明显。

当然，改革方面也存在一些问题。例如，举债多些，特别是企业债务增加较快，2017 年 1—7 月外债增加了 17.43 亿美元，达 1655.01 亿美元，已经超过 2016 全年的债务增长量。为此，纳扎尔巴耶夫总统要求政府加强对企业借贷的监管。[①] 目前经济结构仍不尽合理，中小企业产值只占 GDP 的 25%。哈目前中小企业负担较重，哈有 60 个政府机构拥有 2.8 万个针对企业的监督管理职能。行政违法法典在过去 3 年修改了 500 次，税法 9 年间修改了 2500 次，生态法变更了 500 次。哈萨克斯坦阿塔梅肯企业家协会主席库里巴诺夫说，在这种情况下企业进行长期投资是不现实的。[②] 尽管 1—7 月通货膨胀率控制得不错（3.8%），但哈经济部统计委员会仍认为全年约为 7.5%，表明问题仍不少。坚戈汇率曾一度出现波动，后经国家采取措施，基本恢复稳定。哈大型国际活动很多，例如，用于世博会的费用达 1.7 万亿坚戈，[③] 国际影响扩大了，但耗费的资金相当可观。2017 年人均 GDP 为 8700 美元，较上年有所增长，但较前几年最高时的 13000 美元仍有差距。还有，国家虽然发展了，但人民的获得感仍显不够。2017 年第二季度国民人均名义收入为 80156 坚戈，同比增长 5.2%，但国内消费品和服务上涨 7.5%，实际货币收入下降 2.1%。在经济发展的同时，如何改善民生，增加人民的获得感也是需要考量的问题。

——原载李凤林主编《欧亚发展研究（2018）》，中国展望出版社 2018 年版

[①] 2017 年 2 月 4 日，中国驻哈经参处网站。
[②] 2017 年 5 月 12 日，俄罗斯新闻社中文网站。
[③] 2017 年 8 月 5 日，俄罗斯新闻中文网站。

"丝绸之路经济带"建设五年给中亚带来六大积极变化

【内容提要】 2018年是"丝绸之路经济带"倡议提出五周年。五年来该倡议为中亚国家带来六大积极变化：一是使中亚国家与中国的友好合作深化；二是有利于中亚国家走向世界；三是有助于中亚国家经济结构多元化；四是缓解了中亚国家自有资金不足的难题；五是有助于中亚国家朝经济一体化方向发展；六是助推构建"人类命运共同体"。习近平新时代中国特色社会主义外交思想为中国发展与中亚国家友好关系指明了方向，在中国与中亚国家共同努力下，"丝绸之路经济带"建设已经并将继续为中国与中亚国家带来更为丰硕的成果。

2013年9月7日，中国国家主席习近平在哈萨克斯坦纳扎尔巴耶夫大学发表演讲中提出了建设"丝绸之路经济带"的倡议，2018年是倡议提出五周年。此倡议提出后很快在哈萨克斯坦，随后在包括中亚国家在内的世界各国引起热烈反响。该倡议遵循"共商、共建、共享"原则，不附加任何政治条件，自愿参加，通过互利合作，达到互利共赢、共同发展，因此，受到世界各国普遍欢迎，迄今已经有130多个国家和国际组织签署了参与"一带一路"建设的协议。在这130多个国家和国际组织中，中亚国家是最积极的支持者和参与者，而且也是倡议的受惠者。五年来，倡议给中亚国家带来六大积极变化。

一　使中亚国家与中国的友好关系得到进一步深化

中亚国家与中国建交 27 年来关系一直很好，在 2013 年"丝绸之路经济带"倡议提出后的五年中，友好关系得到进一步深化。首先，国家关系定位再上新台阶。继中哈于 2011 年 6 月 13 日建立全面战略伙伴关系以后，中乌于 2016 年 6 月 22 日，中塔于 2017 年 9 月 1 日，中吉于 2018 年 6 月 6 日先后建立全面战略伙伴关系。中土两国为战略伙伴关系。定位变化不仅是彼此关系提法的简单变化，而是在政治、经济、安全、人文等领域的互信与合作的进一步提升，具有指标性意义。须知，这些定位变化基本是在中共十八大后实现的，是对习近平新时代中国特色社会主义外交思想的认同。"丝绸之路经济带"的提出对增进中国与中亚国家关系做出了贡献。正如哈萨克斯坦总统纳扎尔巴耶夫 2018 年 2 月 12 日对中国中央电视台所说："丝绸之路经济带是个伟大的构想。2012 年全球还没有摆脱危机，世界各国经济仍处在水深火热之中，困难重重。在此背景下，'一带一路'倡议恰逢其时。很多国家积极响应欣然接受这一能帮助它们摆脱危机的良策。也正是这一构想，促使哈提出光明之路新经济计划，牢牢把握这一发展契机。"总统强调："丝绸之路经济带的提出符合时代要求，高瞻远瞩，并且惠及哈广大民众。"[①] 他在 2018 年 10 月 5 日发表的《国情咨文》中再次强调："'一带一路'倡议为（中哈）两国合作关系的发展带来了新的动力。"[②] 2017 年，哈、乌、吉三国总统参加了在中国举行的"一带一路"国际高峰论坛，这次在"丝绸之路经济带"框架下开展的外交活动也为深化友好合作提供了新的契机。在 2018 年 5 月召开的上合组织青岛峰会上，中亚国家对"一带一路"倡议给予坚决的支持。

国家关系定位变化是表现之一，还要提到的另一个表现是，自"丝绸之路经济带"提出后，除国家间高层会晤频繁外，地方和民间往来也呈现出前所未有的活跃。地方政府、社会团体、企业、研究机构、大中

---

① 2018 年 2 月 15 日，俄新社中文网。
② 2018 年 10 月 5 日，哈萨克斯坦国际通讯社。

学校、文化部门、媒体等交往相当频繁。各类招商会、推介会、高端论坛、考察活动不断，中亚国家各界都希望更多地了解中国。大批中亚各阶层人士不断造访中国，反映了友好氛围已经从高层到民众，深入到各个方面，是友好关系深化的重要体现。

二 基础设施联通便于中亚国家参与经济全球化，走向世界

习主席在提出"丝绸之路经济带"倡议的同时，还提出了实现该倡议的具体途径，这就是"五通"，即政策沟通、设施联通、贸易畅通、金融融通、民心相通。五年来在中亚，"五通"中最为耀眼的是基础设施联通，包括铁路、公路、航空、电信、网络、电力等的联通。这些基础设施担负人力、物力、能源、信息的输送任务，它们的联通有如血管对人体的重要作用一样，会将世界不同国家联系起来，对世界各国经济发展发挥重要作用，是推动经济全球化的重要手段。

如今由中国发往欧洲的货运专列，几乎每天都要经过哈萨克斯坦驶往欧洲，有的到德国，有的到达西班牙，最远到达英国和荷兰。目前，这种运输已经常态化和制度化，通往欧洲的专列变成班列。铁路联通不仅有中欧班列，还有中国经哈萨克斯坦、土库曼斯坦两国通往伊朗的直达货运专列，还有由中国开往乌兹别克斯坦的专列。如果说最早开往中亚和欧洲的货物专列只有连云港和重庆，现在已经有位于中国东中部的浙江义乌、江西赣州和鹰潭、湖北武汉等城市。迄今参与中欧班列运输的中国城市有48个，遍及欧洲15个国家的43个城市。2018年3月7日，从荷兰阿姆斯特丹出发前往中国义乌的首趟班列出发，以后每周开3班，主要运输荷兰的肥料、药品和科技产品。每趟班列由41节集装箱车厢组成。2018年3月28日哈铁路总公司副总裁叶柳巴耶夫表示，2011年至2017年过境哈的集装箱运量增长了200倍。他认为过境运输潜力巨大，运量将成倍增长。[①] 另据哈有关方面透露，仅2018年1—7月初，过境哈的集装箱班列有1861次，其中中国—欧洲方向班列同比增长40%，返程

---

① 2018年3月30日，俄新社中文网。

班列增长 60%。①

除铁路外，经哈萨克斯坦通往欧洲的公路运输也有良好表现。"中国西部—欧洲西部"公路（即"双西公路"）基本建成。这条公路长 8400 公里，在哈境内 2787 公里，是"丝绸之路经济带"的重要组成部分。2018 年 9 月 27 日，哈在与中国毗邻的阿拉木图州潘菲洛夫区建设的"光明之路"公路口岸和"双西公路"交通物流中心正式建成并投入使用，与中国的霍尔果斯公路口岸连接，至此"双西公路"贯通，这将大幅度提升欧亚国家公路运输能力。另一条由中国新疆伊尔克什坦经吉尔吉斯斯坦南部重镇奥什抵达乌兹别克斯坦首都塔什干全长 959 公里的中吉乌国际公路将于 2018 年底建成。这是构建中国—中亚—西亚经济走廊的重要通道，也是"丝绸之路经济带"建设的重要成果。连接中国与塔吉克斯坦的公路与塔国内公路相连，可以延伸到阿富汗。

这些铁路和公路不仅是为中国所用，同时也为包括中亚国家在内的其他国家将本国货物通过铁路和公路运往中国，再经中国港口漂洋过海，远销世界各地。哈萨克斯坦通过中国铁路经连云港和睦南关将本国粮食运往越南，越南也准备通过中国铁路经哈萨克斯坦将货物运往中亚和欧洲。乌兹别克斯坦也在利用联通铁路将本国产品运往中国，或通过连云港口岸销往韩国和其他国家。

除铁路公路外，输油输气管道的联通也引人注目。中哈输油管道从 2006 年开始运营到 2018 年已经向中国输油 1.1 亿吨。中亚—中国天然气管道更是基础设施联通的杰作。这条西起土库曼斯坦东低达中国的输气管道共由 A、B、C、D 四条管道组成，经过中亚五个国家，输送土库曼斯坦甚至还有乌兹别克斯坦和哈萨克斯坦的天然气。据报道，至 2018 年初，中亚输送到中国的天然气已经达到 2000 亿立方米。中亚—中国天然气管道项目使中亚五国，特别是缺乏天然气的吉尔吉斯斯坦和塔吉克斯坦都将从中受益。什么是"互联互通""合作共赢"，中亚—中国天然气管道项目就是最好的诠释和例证。

中国与中亚国家也通过光缆实现通信联通，并经过中亚延伸到欧洲。有的中亚国家电能过剩，可以通过正在恢复中的中亚电网输送到邻国。

---

① 2018 年 7 月 11 日，俄新社中文网。

基础设施联通还包括互联网和物流中心建设。中哈开始合作建设电子商务平台和物流运输中心。如：哈萨克斯坦铁路公司所属快运公司与中国聚贸集团合作建立电子商务平台，北哈州将与北京建工国际建设工程有限公司合作建设规模宏大的物流联合企业。中国远洋运输集团公司将在阿勒腾阔勒（哈）—霍尔果斯铁路过境点建立大型物流中心等。大型国际物流中心的建立，推动了经济全球化的进展，极大地方便了企业和居民，促进了经济的发展。

铁路联通不仅使中亚国家参与经济全球化，还给过境国带来不小的红利。哈总统纳扎尔巴耶夫说，哈从过境运输中每年可得到50亿美元的收益。[①] 2018年在哈萨克斯坦的外贸中，欧盟、俄罗斯和中国占比为65%，大量货物运输就是通过基础设施联通实现的。其他中亚国家也看到"一带一路"过境运输带来的收益，都在基础设施联通方面加大投入，希望能使本国尽快成为过境国，从亚洲腹地走向世界，参与经济全球化进程。

三 优质产能转移有助于中亚国家经济结构多元化

"丝绸之路经济带"提出后一段时期，中亚各国都制定了振兴本国经济社会的发展战略或规划。例如，2014年哈萨克斯坦制定《光明之路——新经济政策》和2015年制订《百步计划》，2015年乌兹别克斯坦发布《2015—2019年深化改革、结构调整和经济多元化国家纲要》，2016年塔吉克斯坦发布《2030年前国家发展战略》，同年土库曼斯坦发布《2017—2021年国家社会经济发展总体纲要》，2018年吉尔吉斯斯坦发布《2018—2040年可持续发展战略》等。这些中长期发展战略或规划都将本国的发展规划与"一带一路"对接。这些战略或规划有一个共同的特点，就是强调要大力发展基础设施建设，还要摆脱能源和原材料依赖型的经济模式，致力于发展加工工业，实现经济结构多元化。针对中亚国家的需要，在"丝绸之路经济带"框架下中国一些企业与中亚国家企业开展广泛的合作，将优质产能提供给中亚国家，为其经济结构改造助一臂之力。在这方面，中

---

① 2018年6月7日，中国驻哈使馆经参处网站。

哈两国企业合作项目最多，成绩也最突出。例如，已经建成和在建的项目有：2017年3月竣工的哈最大铜选矿厂—东哈州阿克托盖铜选矿厂、巴甫洛达尔电解铝厂、阿克套里海沥青厂、阿特劳和奇姆肯特两大石油炼厂升级改造项目主体工程、亚洲大口径钢管厂、克孜勒奥尔达州特种水泥厂、混合动力汽车和江淮（JHC）电动车组装厂、克孜勒奥尔达玻璃厂，北京龙源公司将在阿拉木图州投资建设肉类联合加工厂、中国中信集团将投资上亿美元建设养殖基地、中哈阿拉木图马铃薯研究示范基地等。上述项目有的属于中哈两国签署的总值达270亿美元的51个项目的组成部分。

中国与乌兹别克斯坦的合作项目也不少，如：德赫卡拉巴德钾肥厂、昆格勒碱厂、安格连自由经济区内的轮胎厂、纳沃伊化工综合体以及在吉扎克自由经济区内的一些项目等。一座连接乌东西部的长达19公里的甘姆奇克铁路隧道已经竣工，这是中亚地区最大的铁路隧道。

在塔吉克斯坦建设的杜尚别二号电站、输变电项目、公路项目以及多个水泥厂，缓解了该国对电力和交通运输的需求，水泥还能出口。在吉建设有公路项目以及天山陶瓷厂等，陶瓷产品除本国用外，还出口到俄罗斯和其他中亚国家。酝酿已久的中吉乌铁路项目在"丝绸之路经济带"建设推动下有望启动。

中国优质产能转移对中亚国家实现经济多元化做出了一定的贡献。哈萨克斯坦矿产行业产值占国内生产总值份额出现下降，加工业和农业占比在上升。2018年哈加工类出口商品有49种，近几年每年都增加6—7种，[①] 这是经济结构优化的结果。哈、乌两国都在大力发展汽车制造业，生产的汽车除内销外还能出口。土库曼斯坦也在利用本国丰富的天然气资源大力发展石化工业。

四 金融融通有助于中亚国家缓解本国自有资金不足

基础设施和大型加工类项目建设都需要大量资金支持，而自有资金短缺是中亚国家面临的难题。可以设想，人均国内生产总值仅一千多美

---

① 2018年7月21日，俄新社中文网。

元的国家（例如，2017年吉尔吉斯斯坦仅为1042美元）很难单独承受建设大项目的高额费用，就是在中亚经济实力最强的哈萨克斯坦，这些年为建设新项目也不得不大量举债，至2018年4月该国外债达1666亿美元，占年国内生产总值的102.2%。① 乌、吉、塔等国一些建设项目也大多靠举债进行。在这方面金融融通就发挥了一定的作用。

中亚各国除从世界银行、亚洲开发银行、欧洲复兴开发银行、伊斯兰发展银行、欧亚发展银行等国际金融机构和一些国家得到贷款外，"一带一路"框架内的融资功能也对各国有所帮助。中亚国家均加入了由中国倡议、2015年12月正式成立的亚投行。亚投行对外联络与发展局负责人欧若拉表示，中亚是该行投资业务的重点地区之一，目前已经投入9000万美元用于塔—乌公路联通项目和塔吉克斯坦努列克水电站建设项目。② 由中国倡导和出资建立的"丝路基金"也在为中国与中亚国家合作项目提供资金支持。2018年6月"丝路基金"出资20亿美元建立中哈产能合作基金，重点支持中哈产能合作和其他项目建设。中亚国家从中国也得到很多贷款。中国驻哈使馆经济商务参赞王建透露，至2018年9月，中国对哈投资存量超过290亿美元，累计签订工程承包合同300亿美元，中国多家金融机构向哈提供各类贷款500亿美元。③ 2017年吉吸引外国直接投资5.9亿美元，其中中国为2.7亿美元，为第一大投资国。中国工商银行、中国银行等机构在中亚国家开设分支机构，为企业提供融资服务。人民币国际化在中亚国家得到体现，在哈萨克斯坦的中国银行成为中亚地区人民币清算行，在哈、乌、塔等国开展了与本币的互换与结算业务。中亚国家还充分利用各种融资渠道为国内筹资。例如，在2018年7月3日举行的"哈萨克斯坦全球投资圆桌会"期间就签署32份投资协议，投资额为47亿美元。2018年6月20日，土库曼斯坦外经银行和联合国开发计划署在阿什哈巴德联合举行《丝绸之路中心金融发展合作》国际会议，为促进可持续发展国际融资合作服务。

这里还要提到2018年开始营业的哈萨克斯坦阿斯塔纳国际金融中心，

---

① 2018年7月3日，俄新社中文网。
② 2018年7月20日，俄新社中文网。
③ 2018年9月19日，中国驻哈使馆经参处网站。

这是中亚地区最大的金融企业，内设证交所，为哈发展筹集资金。哈萨克斯坦一些大型企业将在这里上市。首批上市的有阿斯塔纳航空、哈国家原子能工业、哈电信等，2020年前哈铁、哈油气、萨姆鲁克能源、哈邮政等大型公司也将陆续安排IPO。该中心主席克里姆别托夫表示，目前在该中心注册的企业有55家，除本国企业外，还有来自中国、英国、美国的企业注册，希望年底注册企业达到100家，2020年有望达到500家。[1] 该中心与中国上交所、港交所、聚贸集团、清华大学等展开合作。该中心的重要任务之一是为"光明大道——新经济政策"与"丝绸之路经济带"对接服务。

中亚国家吸引外资工作虽然早已进行，但"丝绸之路经济带"倡议提出金融融通为中亚国家融资和发展与包括中国在内的世界各国金融合作，提供了新的融资渠道，助力缓解中亚国家自有资金的不足。

五 "五通"有助于中亚国家实现经济一体化和发展与域外国家的关系

2016年米尔济约耶夫总统上台后，乌兹别克斯坦对外政策发生了很大的变化，加之其他中亚国家做出相向而行的回应，使一度冰冷的中亚国家关系回暖，开始朝地区一体化和经济全球化的方向发展。"丝绸之路经济带"提出的"五通"为它们走向区域经济一体化和融入经济全球化提供了途径。

在中亚域内国家之间，在各国的共同努力下，停顿多年的交通运输、电力、油气管道运输等基础设施逐渐恢复使用。乌哈两国通过哈管道为乌输送俄罗斯原油，塔乌两国2018年恢复了空中运输，同年4月起塔恢复了对乌送电。这是2009年11月塔退出中亚地区统一电网后首次对乌供电。两国决定重建统一供电系统。乌则开通了经乌到塔的铁路运输，并对过境费提供30%—50%的优惠。乌也恢复了对塔的天然气供应。吉恢复对乌的供电。关系变好，基础设施联通，有利于经济联系提速，外贸额出现较快增长，提振了彼此增强合作的信心。各国都调高了双边贸易

---

[1] 2018年7月4日，俄新社中文网。

额的目标，吉计划与乌双边贸易达到 5 亿美元，与哈达到 10 亿美元。哈乌计划为 30 亿美元。塔乌为 10 亿美元。

"五通"中的金融融通在中亚国家也在开展。2018 年开始运营的阿斯塔纳国际金融中心的定位是"立足本国，辐射中亚"。中心主席克里姆别托夫说，该中心是"在丝绸之路框架下为中亚国家提供投资服务"[1]。

同域外国家方面，2018 年 8 月 11 日位于哈萨克斯坦位于里海之滨的库里克港多式联运枢纽正式启用，由中国霍尔果斯口岸开出的班列通过该联运枢纽可以经里海摆渡到阿塞拜疆的巴库，由巴库经过格鲁吉亚等国抵达欧洲，使中、哈、南高加索国家、欧洲国家实现运输一体化，有利于实现经济全球化。土库曼斯坦新近建成了同样位于里海之滨的土库曼巴什港。土库曼斯坦政府正与罗马尼亚商谈建立由土库曼巴什港经巴库，再通过铁路经格鲁吉亚的巴统或波季跨黑海到罗马尼亚的康斯坦察港的"里海—黑海国际运输走廊"。土、乌、哈的商品可以通过上述国际运输走廊将本国商品运往欧洲。土库曼斯坦正在探讨的建立里海—黑海过境运输走廊方案，使中亚国家基础设施联通有了新的发展空间。乌兹别克斯坦、土库曼斯坦、伊朗、阿曼之间建立国际运输走廊，使中亚和西亚联系起来。不久将要建成的环里海铁路网将使环里海五个国家：哈萨克斯坦、土库曼斯坦、伊朗、阿塞拜疆、俄罗斯铁路互联互通。中亚国家都可以通过中亚铁路网抵达这五个国家。

除运输设施联通外，其他基础设施联通也取得进展。2018 年 4 月 24 日，乌兹别克斯坦总统米尔济约耶夫表示，乌将参加土库曼斯坦—阿富汗—巴基斯坦—印度天然气管道建设项目（TAPI），这将有助于阿富汗重建和与土库曼斯坦开展大规模合作。土阿巴印天然气管道全线长 1840 公里，是 2015 年 12 月开始建设的，输气能力 330 亿立方米，阿富汗段也在 2018 年动工。乌想通过参与该项目与南亚国家开展更广泛的经济合作。塔吉克斯坦和吉尔吉斯斯坦参加的中亚—南亚输变电网项目（CASA–1000）开工建设，这将是一条大型跨境基础设施项目。中亚国家都在发展数字经济，希望建立物流中心带动本国经济发展。2018 年土库曼斯坦成立物流协会，其任务是开发过境运输走廊，实现国际运输线路多元化，

---

[1] 2018 年 7 月 6 日，俄新社中文网。

增加过境运输货物量，提升本国运输企业竞争力。

中亚国家基础设施联通的目标是向北通往俄罗斯，向东通往中国、东亚和东盟国家，向南通往阿富汗、伊朗、印度，向西通往西亚、土耳其、南高加索国家以至欧洲，各国都渴望突破位于亚洲腹地交通不便的困境，通过参与地区一体化和经济全球化，创造有利于各国经济和社会发展的环境。

中亚国家为使基础设施国内、国际联通，都加大了对基础设施建设的投资，哈萨克斯坦等国还将基础设施建设列为国家经济发展的重点领域。"丝绸之路经济带"带来的经济效益，使各国都希望成为"一带一路"过境国。2018年3月举行的中亚国家峰会以及最近两年中亚国家领导人的频繁互访，极大地促进了政策沟通，为基础设施联通创造了有利的条件。

六 迅速发展的"一带一路"建设和人文合作助推构建"人类命运共同体"

"一带一路"建设受到包括中亚五国在内世界上的广泛欢迎和赞誉并积极参与，如上所述，"一带一路"倡议的最重大意义在于进一步拉近了国家间和各国人民间的关系。除中国领导人与中亚国家领导人高层会晤频繁并对重大国际问题看法形成共识外，各国人文合作也进展顺利，这同样为民心相通和构建"人类命运共同体"助力。人们注意到，在"一带一路"倡议提出后，人文合作在原有基础上呈现井喷式的发展。这种合作的特点是不仅在高层，也深入到地方层面。"丝绸之路经济带"建设推动了中亚国家形成渴望了解中国的氛围。目前在中亚国家的孔子学院有13所，孔子课堂22个，很受欢迎。在吉尔吉斯斯坦出版的《丝路新观察报》由于以报道"一带一路"为主，颇受欢迎，已经跻身该国大报行列。中亚国家来华留学生数量成倍增加，仅哈萨克斯坦就有1.4万人，塔吉克斯坦也有2000多人，留学生层次也在提高，有不少学生来华攻读硕士和博士学位。中国各部门和企业对到中亚国家投资兴业兴致很高，纷纷组团赴中亚考察和洽谈合作事宜。中国专业研究中亚的学术机构多达十多家，仅哈萨克斯坦研究中心就有5个，一些外语院校还开办了教授中亚国家预言的系科。这些机构在宣传中亚国家和推动与中亚国家友好合作方面发挥了重要作用。中国与中亚国家媒体、文化、教育、科学、卫生、体育、考古等部门也在"丝绸之路经济带"建设中纷纷与中国相关部门展开合作。例如，哈广播电视总公司与中国中央电视台，哈萨克斯坦国家通讯社与中国新华社签署了合作协议，高校间合作则更多。

中国与中亚国家在缔造"人类命运共同体"上具备多个有利条件，这是指：中国与中亚国家有相似的历史记忆和命运；在维护国家独立和主权以及发展经济方面存在相当多的相同诉求和语言；中国与中亚国家邻国或近邻，很多问题例如水资源利用和环境保护方面需要共同应对；中国与中亚国家经济存在很强的互补性；中国与中亚国家关系很好，互为全面战略合作伙伴关系或战略合作伙伴关系，不存在尚未解决的影响彼此关系的重大问题，对地区和国际问题存在相同或相似的立场；中国和四个中亚国家是上海合作组织的成员，土库曼斯坦也经常以客人身份参会，沟通渠道便利；中国与中亚地国家都有使国家尽快发展的梦想，并将本国发展战略与中国提出的"丝绸之路经济带"倡议对接；中国与中亚国家都希望本地区成为和平安全与稳定的、有利于发展经济和改善人民福祉的地区；都希望有清洁的生存环境和美丽的家园；等等。特别是中国与中亚国家领导人都大力支持"一带一路"和"人类命运共同体"建设。2018年6月，习主席在北京与哈总统纳扎尔巴耶夫会谈时指出，中国愿同哈萨克斯坦在构建"人类命运共同体"道路上先行一步，为开创人类更加光明的未来凝聚智慧和力量，并愿意与哈总统一道为中哈友好事业这艘巨轮掌舵领航。[①] 这一切决定了中国与中亚国家在缔造"人类命运共同体"方面的可行性和有利条件。

缔造"中哈命运共同体"也得到哈专家的首肯。哈战略研究所所长扎列玛、沙乌克诺娃在2018年9月7日举行的哈中智库人文交流论坛上说，随着哈"光明之路"新经济政策与"一带一路"倡议深入对接，哈中贸易额不断增长，民间交往持续升温，两国关系也达到历史最高水平，"我们已经成为不可分割的命运共同体"[②]。

[①] 参见张霄《中哈两国全方位推动"一带一路"》，2018年9月7日，人民网。
[②] 2018年9月10日，哈驻中国使馆网站。

由中国与俄罗斯、中亚国家等八国组成的上海合作组织，在其包括青岛峰会等几次峰会发表的宣言中，都将缔造"人类命运共同体"写入其中，作为一道奋斗的目标。中国与中亚国家有理由结成"人类命运共同体"或"周边命运共同体"，并为实现这个目标先行一步，为世界做出榜样。

习近平外交思想为中国发展与中亚国家友好关系指明了方向。"丝绸之路经济带"建设在中亚五年为中亚国家带来的积极变化，证明这个为各国"共商、共建、共享"的倡议对各方都有利，今后在中国与中亚国家共同努力下，各种形式、各种规格的合作一定会结出更加丰硕的成果。

——原载李永全主编《"一带一路"建设发展报告（2019）》，社会科学文献出版社2019年版

基础设施联通助推中亚国家加速地区一体化和参与经济全球化

【内容提要】基础设施联通是中国提出的"一带一路"倡议的重要组成部分，是推动沿线国家和人民之间联系，助推地区经济一体化和经济全球化的重要平台。中亚地区基础设施联通在欧亚地区具有枢纽作用。自2013年"一带一路"倡议提出以来，中国与中亚国家基础设施联通进展顺利，成效显著。近几年特别是2018年以来中亚国家之间基础设施联通也出现新局面。本文除介绍上述情况外，还以中国与中亚国家、中亚国家之间、阿富汗三个案例说明，对于联通来说除有可以联通的硬件外，还要具备其他一些条件。地区一体化和经济全球化的发展离不开基础设施联通，地区一体化和经济全球化对基础设施联通提出更高的要求，并赋予其发展强劲的动力。

2013年中国提出的"一带一路"倡议包括五方面内容：政策沟通、设施联通、贸易畅通、金融融通、民心相通。对中亚国家来说，设施联通是指铁路、公路、输油输气管道、航空、电信、网络、输变电设施等的联通。这些基础设施担负人力、物力、能源、信息的输送任务，它们的联通有如血管对人体的重要作用一样，会将地区和世界不同国家和人民联系起来，对各国经济发展和友好交往发挥重要作用，是推动地区一体化和经济全球化的重要平台。从中国与中亚国家经济联系来看，在"一带一路"建设中，基础设施联通的作用要高于目前规模尚小的贸易畅通和金融融通。就中亚国家本身而言，基础设施联通是形成新的地区一体化的必然要求，也为它们走向世界、参与经济全球化提供重要的工具和手段。

一 中亚在欧亚地区基础设施联通方面具有枢纽作用

位于欧亚大陆之间的中亚地区，从中国通往俄罗斯、欧洲、南亚和西亚的陆路交通运输、通信设施、电力输送大部分要经过这里。从现有设施情况来看，中哈之间有铁路相连。目前通过连接中哈的铁路可以抵达中亚国家、俄罗斯、欧洲、伊朗、阿富汗，由中亚国家的哈萨克斯坦阿克套港和土库曼斯坦的土库曼巴什港经轮船摆渡后可以抵达阿塞拜疆等南高加索国家。已经建成的"双西公路"，使中国经过哈萨克斯坦、俄罗斯等国与欧洲相连。中吉乌公路将于2018年底完工，不仅使三国实现公路联通，还可以通过塔什干延伸到南亚和西亚国家。中塔公路可以延伸到阿富汗。由中哈输油管道和连接土库曼斯坦与其他中亚国家抵达中国的中亚—中国天然气管道，正在源源不断地将中亚国家的油气输送到中国。经过中亚地区的光缆除连接中亚国家外，还延伸到俄罗斯和欧亚其他国家，在信息沟通方面发挥重要作用。正在恢复的中亚电网与俄罗斯、中国、阿富汗等国可以连接。互联网和物流中心的建立，使中亚国家与周边国家有了新的对外经济联系空间。中亚地区还是俄罗斯基础设施向南发展以及欧洲、西亚与南亚国家经陆路走向中国、东亚与东北亚的必经之地。这些情况表明，中亚地区起着将中国与欧洲、南亚和西亚国家基础设施联通的桥梁和枢纽作用。在"一带一路"建设中，从基础设施联通层面来看，中亚国家所处的独特地理位置和与周边国家的关系，对中国和欧亚地区国家来说非常重要。

二 中国与中亚国家基础设施联通已经取得早期收获

在"一带一路"建设中，中国与中亚国家基础设施联通的进展开局良好，其中尤以陆路运输最为耀眼。

如今由中国发往欧洲的货运专列，几乎每天都要经过哈萨克斯坦驶往欧洲，有的到德国，有的到西班牙，最远到达英国和荷兰。目前，这种运输已经常态化和制度化，已经由专列变为班列。2018年3月28日哈萨克斯坦铁路总公司副总裁叶柳巴耶夫表示，2011年至2017年过境哈的集装箱运量增长了200倍。他认为过境运输潜力巨大，运量将成倍增长。①另据哈有关方面透露，仅2018年1—7月初，过境哈的集装箱班列有1861次，其中中国—欧洲方向班列同比增长40%，返程班列同比增长60%。②铁路联通不仅有中欧班列，还有中国经哈萨克斯坦、土库曼斯坦两国通往伊朗的直达货运专列，以及由中国通往乌兹别克斯坦的货运专列。如果说最早由中国开往中亚和欧洲的货物专列首发城市只有连云港和重庆等少数城市，现在已经有位于中国东中部的浙江义乌、江西赣州和鹰潭、湖北武汉、河北石家庄等城市。迄今参与中欧班列运输的中国城市已有48个，通往欧洲15个国家的43个城市。2018年3月7日，从荷兰阿姆斯特丹出发前往中国义乌的首趟专列出发，以后每周开3班，主要运输荷兰的肥料、药品和科技产品。据中国中央电视台2018年7月15日报道，2018年上半年开行的中欧班列2490列（这里包括经俄罗斯线路的班列），同比增长69%，相当于2011—2016年开行的班列的总和。2018年9月18日，从中国江西鹰潭开往乌兹别克斯坦的货运专列实现首发。2018年1—7月，从中哈两个铁路口岸过货量达772.3万吨，同比增长34%。

目前由中国通往哈萨克斯坦的铁路有两条，即通过阿拉山口和霍尔果斯两个口岸西行的铁路。中国正在与哈方商谈从中国克拉玛依经塔城和哈萨克斯坦阿亚古兹通往阿拉木图的第三条铁路建设。

除铁路外，经哈萨克斯坦通往欧洲的公路运输也开始运营。"中国西部—欧洲西部"公路（即"双西公路"）基本建成。这条公路长8400公里，在哈境内2787公里，是"丝绸之路经济带"的重要组成部分，迄今已经过货3000多万吨，未来潜力很大。另一条由中国新疆伊尔克什坦经吉尔吉斯斯坦南部重镇奥什抵达乌兹别克斯坦首都塔什干全长959公里的中吉乌国际公路将于2018年底建成。这是构建中国—中亚—西亚经济走廊的重要通道，也是"丝绸之路经济带"建设的重要成果。连接中国与塔吉克斯坦的公路通过塔国内公路可以延伸到阿富汗。

---

① 2018年3月30日，俄新社中文网。
② 2018年7月11日，俄新社中文网。

这些铁路和公路不仅是为中国所用,将中国的货物源源不断运往中亚国家、欧洲、西亚和南亚,同时也为包括中亚国家在内的欧洲和亚洲国家将本国货物通过铁路和公路运往中国,还可以经中国港口漂洋过海,远销世界各地。哈萨克斯坦通过中国铁路经连云港和友谊关将本国粮食运往越南,越南也准备通过中国铁路经哈萨克斯坦将货物运往中亚和欧洲。乌兹别克斯坦也在利用中哈两国铁路和连云港口岸向韩国等国出口商品。中欧班列回程列车对欧洲国家商品输送到中国发挥了重要作用。

铁路联通给过境国带来不小红利。哈萨克斯坦从过境运输中每年可以得到 50 亿美元的收益。其他中亚国家也看到"一带一路"运输带来的过境效益,都在基础设施建设和联通方面加大投入,使本国能成为"一带一路"过境国,以便将本国发展与世界接轨,参与经济全球化进程。

除铁路公路运输外,输油输气管道的联通也引人注目。中哈输油管道从 2006 年开始运营,迄今已向中国输油 1.1 亿吨。连接中国与中亚的另一条管道即中亚—中国天然气管道,更是基础设施联通的杰作。这条西起土库曼斯坦东低中国的输气管道共由 A、B、C、D 四条管道组成,连接中亚五个国家和中国。土库曼斯坦丰富的天然气,还有乌兹别克斯坦和哈萨克斯坦的天然气,可以通过这些管道输送到中国。俄罗斯也在考虑利用这些管道为中国提供油气。据报道,至 2018 年初,中亚输送到中国的天然气已经达到 2000 亿立方米。这些管道使中亚国家,特别是缺乏天然气的吉尔吉斯斯坦和塔吉克斯坦也能从中受益。

中国与中亚国家也通过光缆实现通信联通,并经过中亚延伸到欧洲。有的中亚国家电能过剩,可以通过电网互联输送到邻国,例如,2018 年塔吉克斯坦、吉尔吉斯斯坦和土库曼斯坦已经开始向乌兹别克斯坦和阿富汗等国输电。

设施联通还包括互联网建设,或称"网络丝绸之路"。哈萨克斯坦开始与中国企业合作,建设电子商务平台和物流运输中心。如:哈萨克斯坦铁路公司所属快递公司与中国聚贸集团合作建立电子商务平台,为客户提供从原料到制成品的全方位服务,其中包括资金和商品质量的保障,哈客户可以通过该平台寻找到自己需要的商品和合作伙伴。北哈州将与北京建工国际建设工程有限公司合作建设规模宏大的物流联合企业。中国远洋运输集团公司将在阿勒腾阔勒(哈)—霍尔果斯铁路过境点建立大型物流中心。大型国际物流中心的建立，有利于推动经济全球化，极大地方便了企业和居民，推动了各国经济发展。

三 中亚国家基础设施也在朝联通方向发展，向西亚、南亚、南高加索和欧洲延伸

中亚国家 27 年前同属于苏联，那时它们之间有统一的铁路、公路、石油天然气管道和统一的电网。苏联解体、中亚国家独立，这些基础设施也受到影响。由于各种原因，有的国家例如塔乌间铁路、公路、航空停运了，输气管道连续多年不用了，统一电网也不存在了。中亚国家原本就位于亚洲腹地，对外交通不便，彼此隔阂不仅使得原有的基础设施无法联通，同时也为与域外国家的经济联系增加了困难，加大了对外交往和经贸合作的成本，对参与经济全球化进程亦有不利影响。中亚国家也都认识到这个对各国经济发展有害无益的问题，曾试图通过实现地区一体化摆脱这种困境，但受内外因素干扰，多次尝试收效甚微，20 多年在相互缺乏信任和人为阻断基础设施联通的氛围中度过。直到 2016 年乌兹别克斯坦新总统米尔济约耶夫上台后，情况才开始转变。这两年随着乌兹别克斯坦政策的变化和中亚其他国家的积极回应，冰冷的关系开始回暖，种种迹象表明，它们正在朝地区一体化的方向努力，并通过与邻国的合作参与经济全球化。在彼此关系走近的大背景下，基础设施联通成为关系向好的晴雨表，为走向地区经济一体化打开了方便之门。

在中亚国家相向而行的努力下，停顿多年的交通运输、航空、电力、油气管道等基础设施逐渐恢复使用。哈乌两国恢复了高速铁路运输，哈还通过输油管道为乌输送俄罗斯原油，2018 年塔乌和塔哈之间恢复了空中运输，还增加了新的航线。同年 4 月起塔吉克斯坦恢复了对乌送电。这是 2009 年 11 月塔退出中亚地区统一电网后首次对乌供电。两国决定重建统一供电系统。乌兹别克斯坦开通了经乌到塔的铁路运输，并对过境费提供 30%—50% 的优惠。乌也恢复了对塔的天然气供应。吉尔吉斯斯坦恢复了对乌的供电。关系变好，基础设施联通，促进了经济联系的发展，彼此外贸额都出现不同程度的增长，使各国增强了经贸合作的信心。为此，各国都调高了双边贸易额的目标，吉计划与乌双边贸易达到 5 亿

美元，与哈达到 10 亿美元。哈乌计划为 30 亿美元。塔乌为 10 亿美元。

中亚国家都重视交通基础设施建设，哈萨克斯坦等国都将基础设施建设列为国家经济发展的重点领域。哈 2018 年 1—5 月运输业收入 1.078 万亿坚戈（约合 32.6 亿美元），同比增长 16.5%，增速高于国内很多其他行业。"一带一路"使各国看到过境运输带来的好处，都希望积极参与，尤其是哈、土两国。哈萨克斯坦扩建了位于里海之滨的阿克套港，2018 年 8 月 11 日哈萨克斯坦库里克港多式联运枢纽正式启用，由中国霍尔果斯口岸开出的班列通过该联运枢纽可以经里海摆渡到达阿塞拜疆的巴库，再由巴库经过格鲁吉亚等国抵达欧洲，使中、哈、南高加索、欧洲国家实现运输一体化。土库曼斯坦新近建成了同样位于里海之滨的土库曼巴什港。土库曼斯坦政府正与罗马尼亚商谈建立由土库曼巴什港经巴库，再通过铁路经格鲁吉亚的巴统或波季跨黑海到达罗马尼亚康斯坦察港的"里海—黑海国际运输走廊"。土库曼斯坦的计划受到中亚国家的欢迎，它们也可以通过"里海—黑海国际运输走廊"将本国食品运往欧洲。土库曼斯坦的计划表达了该国希望成为"一带一路"过境国的强烈愿望。乌兹别克斯坦、土库曼斯坦、伊朗、阿曼之间建立国际运输走廊，使中亚和西亚联系起来。不久将要建成的环里海铁路网将使环里海五个国家：哈萨克斯坦、土库曼斯坦、伊朗、阿塞拜疆、俄罗斯铁路互联互通。中亚国家可以通过里海铁路网抵达这五个国家。吉尔吉斯斯坦正在加速南北公路建设，以提高过境能力。在"一带一路"框架下，酝酿已久的"中吉乌铁路"建设有望启动。中亚国家基础设施北向俄罗斯，东向中国，南向阿富汗、伊朗，西向南高加索国家、土耳其、欧洲发展，可以突破位于亚洲腹地交通不便的困境，积极参与地区一体化和经济全球化进程，有利于各国经济和社会发展。

除运输设施联通外，其他基础设施联通也取得进展。2018 年 4 月 24 日，乌兹别克斯坦总统米尔济约耶夫表示，乌将参加土库曼斯坦—阿富汗—巴基斯坦—印度四国天然气管道建设项目（TAPI），这将有助于阿富汗重建和与土库曼斯坦开展大规模经济合作。土阿巴印天然气管道全线长 1840 公里，是 2015 年 12 月开始建设的，输气能力 330 亿立方米，阿富汗段也在 2018 年动工。乌想通过参与该项目建设与南亚国家开展更广泛的经济合作。塔吉克斯坦和吉尔吉斯斯坦参加的中亚—南亚输变电网项目（CASA-1000）开工建设，这是一条大型跨境基础设施联通项目。中亚国家都在发展数字经济，希望建立物流中心带动本国经济发展。哈萨克斯坦发展最快，其他国家也在跟进。2018年土库曼斯坦成立物流协会，其任务就是开发过境运输走廊，实现国际运输线路多元化，增加过境运输货物量，提升本国运输企业竞争力。

四　国家友好和政策保证是基础设施联通的重要条件

实现基础设施联通除要有可以联通的硬件外，还要有足够的货源、客户需求，可以保证基础设施联通正常运营的安全环境和资金保证，以及能够保证运营能顺利进行的政策，也就是包括政策沟通在内的软件建设。基础设施联通是发展经济特别是经贸合作的需要，也是各国参与经济全球化的需要，安全稳定的环境和资金保证是不可缺少的，由于联通要经过两个以上的国家，这就需要国家间有协议保证，这又涉及能保证联通顺利进行的政策问题，属于"一带一路"倡议中的政策沟通。

本文以中国与中亚国家关系、中亚国家之间关系变化、阿富汗三个案例，说明"其他条件"对发展基础设施联通的重要性。

首先看中国与中亚国家的关系。

应该说，中国与中亚国家基础设施联通进展顺利，成效显著，与具备发展基础设施联通的诸项条件有关。这是指，中国与中亚国家政治关系很好，建立了全面战略伙伴关系或战略伙伴关系，领导人互访频繁，友好氛围浓厚。2013年中国提出"丝绸之路经济带"倡议以来，习近平主席已与哈总统纳扎尔巴耶夫会见了14次，解决了妨碍基础设施联通的许多难题。中国与中亚国家互为邻国或近邻，经济互补性强，希望借助"一带一路"建设实现各自经济发展规划和目标，通过友好合作，达到互利共赢、共同发展的目的。中国与中亚四国是上海合作组织成员，沟通方便，并对构筑安全环境形成广泛共识。中国在保证基础设施联通方面提供了必要的资金支持。更为重要的是，中亚国家对"丝绸之路经济带"建设给予很高的评价。例如，哈萨克斯坦总统纳扎尔巴耶夫2018年2月12日对中国中央电视台记者说："丝绸之路经济带是个伟大的构想。2012年全球还没有摆脱危机，世界各国经济仍处在水深火热之中，困难重重。

在此背景下，'一带一路'倡议恰逢其时。很多国家积极响应欣然接受这一能帮助他们摆脱危机的良策。也正是这一构想，促使哈萨克斯坦提出光明之路新经济计划，牢牢把握这一发展契机。"他还强调："丝绸之路经济带的提出符合时代要求，高瞻远瞩，并且惠及哈萨克斯坦广大民众。"2013年9月9日，乌兹别克斯坦总统卡里莫夫在与中国国家主席习近平会谈时表示，希望同中方加强贸易、通信、交通基础设施、人文等领域互联互通，共筑当代丝绸之路，造福两国人民。[①] 2013年9月11日吉尔吉斯斯坦总统阿塔姆巴耶夫在与中国国家主席习近平会谈时表示，吉方支持习近平主席建设"丝绸之路经济带"的倡议，愿同中方扩大经贸、能源、互联互通、人文等领域合作。[②] 2014年9月13日，塔吉克斯坦总统拉赫蒙在与习主席会谈时表示，塔方希望积极参与"丝绸之路经济带"建设。[③] 在2018年举行的上合组织成员国青岛峰会和杜尚别政府总理理事会上，中亚国家都对参与"一带一路"建设寄予很高的热情和期望，希望通过"共商、共建、共享"原则，将本国的发展战略与"一带一路"倡议对接。需要产生动力，共识促进合作。中国与中亚国家的经验说明，良好的国家关系和拥有广泛共识对实现基础设施联通所具有的重要作用。

其次看中亚国家之间关系变化的影响，这从正反两个方面说明基础设施联通必备的一些条件。如上述，当中亚国家之间关系紧张时，现成的铁路、公路、管道、航空、电网都不能用了，只能投资修建替代物，或者因与别国联系受阻而加大与外界联系的成本，各国都在相互提防和敌视中浪费自己有限的物力和财力，影响经济和社会的发展和人民福祉的改善。当情况发生变化，彼此关系向好后，有利于基础设施联通的政策也相继出台并付诸行动，使基础设施开始联通，取长补短的经济合作步伐明显加快，取得合作共赢的效果，经济得到发展，人民往来也开始便捷。同样的基础设施，就因为国家关系及其政策可以弃用，也可以由于政策改变恢复使用。因此，在基础设施联通方面，只注意硬件建设是

[①] 2013年9月11日，新华网。
[②] 2013年9月2日，新华网。
[③] 《习近平同塔吉克斯坦总统会谈　制定全方位合作路线图》，2014年9月3日，中新网。

不够的，欲使其发挥功效，特别是做到联通，还必须考虑软件建设，尤其是要保证国家关系之良好和制定可行的政策，特别是要做到政策沟通，消除影响设施联通的障碍和不利因素。

最后是与中亚国家毗邻的阿富汗有关。该国长期处于战乱状态，迄今内战仍没有停止，安全形势不好，世界各国很少对其基础设施建设问津，对过境运输安全也存在疑虑，从而使基础设施建设和联通增加了难度。基础设施联通困难无疑对该国战后重建、经济发展和与别国的经济合作产生不利影响，更谈不上积极参与经济全球化进程。

以上三个案例反映出的三种情况、三种结果，说明基础设施联通是个复杂的系统工程，需要硬件和软件的有效配合和保证，缺乏哪一项都会事倍功半。

这里还要指出，中亚国家基础设施建设和联通得到许多国际金融机构，如亚洲开发银行、世界银行、欧洲复兴开发银行、伊斯兰发展银行、欧亚发展银行、亚洲基础设施投资银行、"丝路基金"等的帮助，也与这些国家参与许多地区性国际组织，如：独联体、欧亚经济联盟、上海合作组织、突厥语国家合作委员会、伊斯兰国家组织等有关。考虑到上述区域性国际组织都重视包括基础设施联通在内的经济合作，而作为上述区域性国际组织成员的中亚国家，具备与上述组织中其他成员开展基础设施联通的有利条件，容易与其他成员国形成基础设施网络化，使经济由中亚地区一体化向经济全球化发展。

基础设施联通的政策保证相当重要。这里不妨举 2017 年由中、俄、白俄、哈、蒙、德、波七国签署的《关于深化中欧班列合作协议》。这是一项为"一带一路"建设服务、解决基础设施联通可能遇到问题的文件。协议规定，签署国将改善基础设施，建立运输安全信息交换系统，加快通关速度等。中国与中亚国家以及中亚国家之间也应该签署类似的协议，以保证基础设施朝进一步联通和运行便捷的方向发展。2018 年 9 月 20 日，乌兹别克斯坦总统米尔济约耶夫在塔什干召开的由 37 个国家 300 多名代表参加的"国际交通走廊中的中亚：战略合作及其未来实现的机遇"国际研讨会上建议成立"中亚国家交通运输区域理事会"，制定中亚地区交通走廊发展战略，协调区域交通运输合作，制定可持续发展方案，使各国能共同发展交通运输和基础设施。这是一个对发展区域合作大有裨益的建议，应该表示赞同和给予支持。

地区一体化和经济全球化的发展离不开基础设施联通，地区一体化和经济全球化对基础设施联通提出更高的要求，并赋予其发展以强劲的动力。相信中亚国家会在"一带一路"框架下将基础设施联通做得更好，以适应经济社会发展和改善人民福祉的需要，加快朝地区一体化和经济全球化方向迈进。

——原载兰立俊主编《国际问题纵论文集（2019）》，世界知识出版社2019年版

四　外交、地区形势与国家安全

中亚国家：国际战略、外交政策与国家安全

中亚地区陡然升温及其原因

论中亚地区安全格局的变化与稳定

关注世界未来发展　直击世界金融货币体系弊端
　　——评哈总统新著《国际社会全面革新战略与文明合作》

中亚国家进入新的选择期

在中亚合作是中俄两国战略协作的重要方面

论影响中国与中亚以及中俄关系的"俄罗斯因素"与"中亚因素"

中亚国家一体化有望重启

中亚国家：国际战略、外交政策与国家安全

【内容提要】 介绍中亚国家选择国际战略，制定外交和国家安全政策的考虑和上述战略和政策的基本内容，各国都将维护国家独立、主权和领土完整作为外交和国家安全的基本考虑，经济外交、总统外交和实用主义外交是外交的基本特点，在实践中强调国际战略和外交工作要为国内经济建设服务。

中亚五国的独立进程是与苏联解体同步进行的。苏联解体导致国际格局发生重大变化，其最重要的标志之一是使持续达半个世纪之久的"冷战"和两极格局宣告结束。然而，旧的格局被打破，新的格局并未立刻形成，在新的国际形势下各种力量正在进行重新组合，世界在朝多极化的方向发展。从经济上看，20世纪90年代也是经济全球化风头正劲的年代。资本、人员、信息的跨国流动，对各主权国家提出了许多新的要求。国际形势风云变幻，各国都面临许多新问题，都在通过调整外交政策来适应不断变化的新形势。

对新独立的中亚国家来说，有两点情况需要它们认真对待和解决：第一，苏联解体后，中亚地区成为大国关注的重点地区之一，西方、伊斯兰势力大举进入，与该地区的传统盟主、影响虽然减弱但势力犹在的俄罗斯展开激烈争夺，在这种情况下，中亚国家面临国际战略和国家安全战略的抉择。第二，对中亚国家来说，制定国家战略、外交政策与国家安全战略是个全新的事务，几乎一切从零开始，因为在原苏联时期它们作为苏联的加盟共和国，没有独立的外交权和国防权，这方面事务由

联盟中央负责。独立后,作为独立主权国家,如何在世界上定位,如何在国际社会中立足,如何开展外交活动,如何在动荡不定的国际环境中维护自身安全,确保国家的独立、统一和领土完整,如何在与世界隔绝多年之后重新融入国际社会,总之,如何为自己选择适宜的国际战略、外交政策和国家安全模式,是各国领导人必须认真考虑和尽快做出抉择的问题。

在当今世界上,各国根据本国的综合国力,包括政治、经济、军事、科技等实力,以及本国所处的地缘环境,从维护本国利益出发,确定不同的国际战略、外交政策和国家安全战略。例如,作为超级大国的美国,由于综合国力强大,其国际战略和国家安全战略呈现全球型、实力型、进攻型,推行新干涉主义、强权政治和霸权主义是其典型的表现和特征。作为苏联继承国的俄罗斯,由于国内政治局势动荡,经济实力远不如从前,科技发展也开始落伍,因此,尽管它也想在世界上维持大国的地位,发挥大国的作用,但往往力不从心,其国际战略与国家安全战略较苏联时期大为收缩,呈现实用型、防御型。最近该国又确定了国内事务与国际事务相比以国内事务为主的战略方针。世界上还有一些国家如东盟成员国、拉美国家等,限于国力和历史传统,通常只注重地区事务,其国际战略呈现地区型和实用型。

置身于当代世界的中亚五国,在确定自身的国际战略和国家安全战略时,有许多模式可以选择,但在选择时受到一系列国内外因素的影响和制约。

一 制约中亚国家国际战略、外交政策和国家安全战略选择的因素

第一,中亚国家与俄罗斯和其他独联体国家有长达一二百年的特定历史关系,特别是至今仍在起作用的经济、军事联系,这是影响中亚国家国际战略、外交政策和国家安全战略制定的重要因素。

第二,地缘环境也对它们制定国际战略、外交政策和国家安全战略有重要影响。中亚五国都是内陆国家,没有直接出海口,同时又与俄罗斯、中国、伊斯兰世界为邻。这种地缘环境决定了它们与俄、中和伊斯

兰世界的特殊关系，势必在其国际战略、外交政策与国家安全战略中有所反映。

第三，从综合国力来看，中亚国家皆属于发展中国家，1999年国民生产总值最高的哈萨克斯坦仅为121.72亿美元，人均为1260美元，最低的塔吉克斯坦国内生产总值只有19亿美元，人均310美元。[①] 根据联合国人均生活费每天不到一美元的国家为最不发达的国家的标准，塔吉克斯坦应属于最不发达国家的行列。独立后中亚五国均陷入经济危机，至今仍未摆脱。国内资金严重匮乏是制约各国经济发展的"瓶颈"。因此，谋求外国帮助，引进外资，促进本国经济发展，是各国经济发展的方针之一，外交工作则承担此重任。

此外，各国国土面积不同。哈萨克斯坦国土面积最大，约272万平方公里（在亚洲仅次于中国和印度，占第三位，在世界上占第九位），土库曼斯坦国土面积也不小。这两国人口并不多。哈萨克斯坦不到1500万人，土库曼斯坦约有500万人。两国武装力量人数按占全国人口总数1%计算，也只有15万和5万兵力，实际上两国还达不到这个数字。靠如此少的军队来保卫如此辽阔的疆土，显然是不易办到的事情。这种国力现状既成为它们制定国际战略、外交政策和国家安全战略的依据，又在很大程度上决定了它们在国际关系中的地位和作用。

第四，在国际政治关系中往往起很大作用的民族宗教因素，在中亚国家的国际战略、外交政策和国家安全战略中也有所反映。中亚国家都是多民族和多宗教国家，俄罗斯人在哈、吉等国都占有较大的比重。哈萨克人、乌兹别克人、塔吉克人、吉尔吉斯人、土库曼人在中亚国家的周边国家中都大量存在，这种民族人口分布状况也会对各国外交和国家安全产生影响。大量居民特别是主体民族信仰伊斯兰教，使各国在制定国际战略、外交政策和国家安全战略时，不得不考虑在当代世界不可小觑的"伊斯兰因素"。

第五，在这方面也存在领袖的作用问题。国际关系理论认为，一个国家的对外战略除受国力影响外，也与领导人对国际事务的看法和驾驭能力有关。中亚各国的外交基本上是总统的外交，各国总统对当代世界

[①] ［哈］《哈萨克斯坦与独联体国家》1999年第1期，第6、7页。

的看法和治国方略都会影响到国际战略和外交政策的制定。哈萨克斯坦总统纳扎尔巴耶夫是位具有雄心壮志、想在国际事务中发挥作用、力图使哈萨克斯坦在国际社会中享有体面地位的人,同时也是一位具有独立思想和卓越外交才干的人。因此,哈萨克斯坦的外交工作就带有总统本人性格的痕迹。土库曼斯坦奉行中立外交,与该国总统的想法有直接关系。乌兹别克斯坦总统处理国内事务的铁腕作风也体现在处理国际事务上。吉尔吉斯斯坦的外交也体现了总统平和、中庸的风格。

二 国际战略与外交政策

国际关系理论认为,主权国家的国际战略和外交政策同属于国家对外活动的谋略范畴,两者之间既有联系,又有区别。其联系表现为两者都是国家领导集团在对国内国际环境认识的基础上,以实现国家利益为目的,决定其对外关系的大政方针和实施手段。其区别表现为,国际战略和外交政策的内容和层次不同,国际战略是对较长时期的国际格局的认识和国家目标的确定。外交政策是国家对某个时期的国际格局的认识和为实现本国对外目标而采取的应对手段。国际战略具有综合性和全局性,外交政策则具有时效性和对策性。国际战略决定外交政策,外交政策是实施国际战略的方针、原则,是国际战略的组成部分。[①]

国际战略和外交政策的确定是以对国际形势的认识,特别是以对国际政治形势、国际经济形势、国际军事形势、国际安全形势的认识以及自身实力为前提的。

中亚国家独立后,其领导人从维护本国国家和民族利益出发,对国际形势和与本国有关的地区形势发表了自己的看法。

哈萨克斯坦总统纳扎尔巴耶夫认为,从政治上看,20世纪90年代是从根本上打破国际事务中原有关系的时期,是极不稳定并出现新"魔鬼"——地区和国内战争、恐怖活动规模扩大的时期。[②] 但同时他又认为,目前和不久的将来不存在对哈萨克斯坦国家安全的一切可能的潜在

[①] 参见张季良主编《国际关系学概论》,世界知识出版社1989年版,第77页。
[②] [哈]努·纳扎尔巴耶夫:《站在21世纪门槛上》,时事出版社1997年版,第144页。

威胁，对国家安全的潜在威胁也不具有直接军事入侵和威胁国家领土完整的性质。俄罗斯、中国、西方和伊斯兰国家都没有进犯哈萨克斯坦的动机。局势在较长一段时间内是相对平静和稳定的。在当代，世界正在远离军事冲突，竞争正从军事领域转向政治领域和经济领域。哈萨克斯坦将随着经济发展而融入世界经济之后，愿意或不愿意都可能被卷入各种不可预测的军事政治的、经济的、宗教的地区性冲突的旋涡之中。① 从经济上看，"我们生活在日益增长的全球化和相互依赖的时代，强大的外部力量将不可避免地在决定我们的未来时起重大的作用"②，"21 世纪的哈萨克斯坦是世界经济和政治空间的一部分。我们已经尝到全球化的成果，其他国家发生的经济危机同样沉重地打击了哈萨克斯坦。世界的方向逐渐成为国家的方向。今天与世界隔绝等于失败，对哈萨克斯坦尤其如此。经济开放和与强大世界经济区实行一体化，这是我们民族和国家赖以生存的惟一手段"③。可将纳扎尔巴耶夫对当代国际和中亚地区形势的看法归纳为，和平与发展是当代世界的主流，但世界也不平静。这一看法与中国对时代的看法大体上相似。

乌兹别克斯坦总统卡里莫夫认为，苏联解体后，世界不再是两极了，但世界安全问题依然存在，这包括：民族和部族间依然存在冲突；意识形态的教条虽在失去作用，但各种形式的政治极端主义和宗教极端势力却在滋长；在地球相当大一部分土地上存在着许多经济不发达的、人们处境困难的国家；国家间的、民族间的经济和社会分化在加剧，而在一国范围内的某些社会集团间的社会分化也在加剧。所有这一切都证明，世界依然那样脆弱，乌兹别克斯坦周围世界过去、现在和可预见的将来还是那样的特别复杂和不单纯。④ 卡里莫夫对世界的看法较纳扎尔巴耶夫悲观些，他更注重地区形势，这与乌兹别克斯坦今日的处境有关，但他的看法也基本上反映了当今世界的现实。

---

① 参见［哈］努·纳扎尔巴耶夫《站在 21 世纪门槛上》，时事出版社 1997 年版，第 144 页；《哈萨克斯坦——2030 年》，1999 年哈使馆提供中文版译本，第 27、29 页。
② 《哈萨克斯坦真理报》1999 年 12 月 15 日。
③ 同上。
④ 参见［乌兹别克斯坦］卡里莫夫《临近 21 世纪的乌兹别克斯坦：安全的威胁、进步的条件和保障》，国际文化出版公司 1997 年版，第 3—4 页。

土库曼斯坦总统尼亚佐夫认为,"冷战"结束后曾出现过普遍稳定的乐观预测,但遗憾未能得到证实。新的现实没有解决老问题,而新独立国家的诞生在全球不同地区引起新的冲突,地处亚洲的土库曼斯坦正强烈地感受到这一点……遗憾的是,旷日持久的地区冲突已成为亚洲大陆的经常性的政治形势。这种情况正严重地阻碍着各国内部问题的解决。[①] 尼亚佐夫总统的看法代表了原苏联一些加盟共和国领导人的看法。他们对世界的美好未来曾寄予过多的希望,但现实使他们变得清醒些,这种更加理智地看待世界的态度也表现在各国的对外政策中。

从上述看法出发,中亚国家制定了自己的国际战略和外交政策。它们之间有相同之处,也有不同之处。

哈萨克斯坦总统纳扎尔巴耶夫不止一次地表示,该国外交工作要服从国家和民族的利益,要为实现国际战略的目标服务。哈萨克斯坦的国际战略目标是:维护国家独立、主权和领土完整,建立周边安全带;为实现总统的战略设想,为本国经济工作和经济改革创造良好的外部环境;在国际社会中立足并享有体面的地位。

吉尔吉斯斯坦总统阿卡耶夫说:"我们的国家很小。我们没有任何傲气。……最主要的是能使我们的国家生活在和平与和谐之中。我们没有敌人,也不应该成为敌人,我们欢迎尊重我们的利益和独立,帮助我们达到既定目标的朋友。……很自然,我们希望建立周边安全带和与邻国友好相处,这是使社会经济得到稳定和迅速的发展和解决诸多其他问题的必要外部条件。"[②]

乌兹别克斯坦总统卡里莫夫说:"在优先考虑本民族和国家利益的前提下,应全面考虑彼此的利益。我们独立的国家不打算加入任何一个大国的势力范围,乌兹别克斯坦独立也不是为了重新从属于哪个国家。"[③]

土库曼斯坦总统尼亚佐夫说:"在形成自己的对外政策构想时,土库曼斯坦从以下客观情况出发,即土库曼斯坦毫无例外地同所有国家发展

---

① 参见[土库曼斯坦]萨·尼亚佐夫《永久中立 世代安宁》,东方出版社1996年版,第213页。
② [吉]阿·阿卡耶夫:《开诚布公的谈话》,"秘闻"出版社1998年俄文版,第121页。
③ 《伊斯拉姆·卡鲁莫夫言论集》第1卷,俄文版,第50页。

文明的关系,它不同任何一个国家有敌对关系,不对任何一个国家提出领土要求,任何国家也不向土库曼斯坦提出领土要求。实现土库曼斯坦对外政策任务,在任何情况下也不能伤害其他国家的利益或者威胁它们的安全","土库曼斯坦对外政策的基本任务是:维护和巩固土库曼斯坦的国家主权,在国际关系体系中加强土库曼斯坦的作用和影响;为维护本国国内发展保持最好的国外政治环境;通过国际实践中现行的各种外交接触捍卫和实现土库曼斯坦的民族利益;同所有外国伙伴在平等和相互尊重的基础上发展建设性的互利合作关系;保障土库曼斯坦的对外政治活动完全符合国际法和联合国宪章"。①

归纳中亚国家领导人的看法可以看出,中亚国家的国际战略有以下共同点:第一,广交朋友,不树敌;第二,确保国家和民族利益;第三,为经济发展创造良好的外部环境;第四,谋求在国际社会中享有体面的地位。

中亚国家领导人也多次谈到推行独立外交的困难、制定外交政策的原则和本国的外交政策。

乌兹别克斯坦总统卡利莫夫说:"建立独立的外交政策对乌兹别克斯坦共和国来说,是一项崭新的和实践中并不熟悉的活动方面",在外交方面"有许多事情要做,有的需从零开始,目的在于获得和巩固国际威望,使自己成为国际法的平等主体"。② 该国"承认国际法准则优先于国内法","主张在国际舞台上运用和平手段巩固和平与安全,调解冲突"。③

哈萨克斯坦总统纳扎尔巴耶夫说:"哈萨克斯坦登上国际舞台以后,就进入一个崭新的环境之中,像任何其他国家一样,在此环境中它的外交方针都要按自己的、由民族国家利益所决定的逻辑发展",哈萨克斯坦的外交政策"将保证哈萨克斯坦各族人民在未来国际社会中享有体面的地位"。④

中亚国家的外交政策有以下共同点:第一,确保国家主权、独立和

---

① [土库曼斯坦]萨·尼亚佐夫:《永久中立 世代安宁》,东方出版社1996年版,第229页。
② 《伊斯拉姆·卡利莫夫言论集》第1卷,俄文版,第49—50页。
③ 同上书,第50页。
④ [哈]努·纳扎尔巴耶夫:《独立五年》,俄文版,第113页。

领土完整；第二，奉行独立自主外交；第三，实行全方位外交，但非等距离外交，大国、富国、周边国家是它们外交的重点；第四，承认国际法准则优先于国内法，用外交手段而非军事手段来维护自身的安全。

　　受影响国际战略和外交政策因素的制约，从维护国家和民族利益出发，各国都为本国外交确定了优先方面。中亚各国外交优先方面分成几个层次。第一个层次是与俄罗斯的关系和中亚五国彼此之间的关系，这一点对中亚五国是共同的。第二个层次是与中国的关系。第三个层次是与美国和其他西方国家的关系。第二个和第三个层次，不同的国家有不同的选择，而且不同的时期有不同的选择。总的来看，中国在中亚国家外交中的位次有所上升。第四个层次是与伊斯兰世界特别是与土耳其和伊朗的关系。独立初期，中亚国家把与土耳其的关系置于非常重要的地位。近年来，由于中亚各国外交活动的扩大和对世界了解的加深，土耳其在中亚国家外交中的位次有所下降，但仍是中亚国家外交的优先方面之一。

　　综观九年中亚国家的外交实践，还可以看出它们具有下列突出特点：

　　第一，经济外交。各国独立后经济始终处在危机之中，如何使经济尽快走出危机和尽快起飞是摆在中亚国家领导人面前的首要任务。哈萨克斯坦在独立后最初三年完成了组建外交机构、与各国和国际组织建立外交关系和工作联系之后，从1995年2月起，纳扎尔巴耶夫总统要求外交工作要将政治方面与经济方面结合，保证外交工作为本国经济建设和改革服务。1996年11月他再次重申外交工作为国内改革服务的要求。在这一思想指导下，使哈萨克斯坦的商品、劳务和资本进入世界市场，将外资和高技术引进本国生产领域，打开通往世界的交通运输线路，便成为哈萨克斯坦外交部门的优先工作方面之一。该国近九年的外交实践表明，经济关系是决定它与别国关系的重要的甚至是决定性的因素。这一点在中亚国家外交中具有代表性。

　　第二，总统外交。中亚国家都是总统大权在握的国家。各国外交方针皆由总统制定。哈萨克斯坦当局明确表示，该国外交是总统外交，即外交工作的决定权掌握在总统手中。长期任哈外长、现为哈总理的托卡耶夫说："旨在保证外交政策实施统一国家路线的宪法准则规定，制定外交活动战略是哈萨克斯坦共和国总统专有的特权，日常工作通过外交部贯彻实施。"[1] 中亚其他国家也是如此。

第三，实用主义外交。中亚国家奉行实用主义外交。土库曼斯坦总统尼亚佐夫说："实用主义也决定了我们对形成土库曼斯坦对外政策的态度。"[2] 这是中亚国家外交政策的真实写照。各国外交政策既务实又灵活。所谓务实即一切从国家和民族利益出发，凡是对其有利者皆为之。它们奉行"多栽花少栽刺或者不栽刺"的对外政策。它们既与彼此针锋相对的以色列和巴勒斯坦保持良好的关系，也与曾长期彼此水火不容的韩国和朝鲜民主主义共和国建交；既与正统资本主义国家有密切的往来，也与社会主义的中国保持良好的关系；既与奉行宗教激进主义的伊斯兰国家友好，也与走世俗化道路的伊斯兰国家往来。与此同时人们也看到，中亚五国奉行全方位外交并非是等距离外交，它们与之建交的国家虽然遍布五大洲，但密切往来的往往是大国、富国、周边邻国，即对实现它们的建国大纲有所帮助的国家。所谓灵活，系指它们与各国交往的亲疏并非一成不变，它们往往根据自己的需要和利益不断调整其关系，这尤其表现在与一些大国的关系上。

中亚国家在国际战略和外交政策方面也有明显的不同。相比之下，哈萨克斯坦外交较为活跃。该国为自己确定的目标是建立"中等地区强国"，以此为出发点，它极力想在国际社会表现自己，对国际社会有所贡献。哈萨克斯坦加入联合国之后，积极参与国际事务，无论是在独联体、欧洲、中亚地区乃至国际重大活动中都可以看到它的代表的身影。该国是欧安组织、独联体、欧亚经济共同体、中亚经济共同体、突厥语国家首脑会晤、中西亚经合组织、"上海五国"机制等国际组织和国际论坛的积极成员。它不仅参与一般国际事务，而且经常就国际事务提出各种建议，并主动发起和组织一些活动。例如，是它发起并组织"亚洲相互协作和信任措施会议"，其初衷是仿照欧安会模式为国家制度和经济发展水平千差万别的亚洲国家找到一个能为各国普遍接受的、旨在维护亚洲安

---

[1] ［俄］卡·托卡耶夫：《在独立的旗帜下》，阿拉木图、科学出版社1997年版，第44页。

[2] ［土库曼斯坦］萨·尼亚佐夫：《永久中立　世代安宁》，东方出版社1996年版，第118页。

全与稳定的多边协商机制。在哈萨克斯坦的不懈努力下，这项工作已经取得很大的进展。另外，它在联合国和独联体中也提出一些建议，如建立中亚预防冲突中心、建立欧亚联盟等。哈萨克斯坦谋求在中亚充当"头"，在独联体中充当仅次于俄罗斯的"次头"，尽管哈萨克斯坦官方一再否认它有这种想法。

乌兹别克斯坦也认为自己是中亚地区的大国和强国，应该在中亚事务中发挥重要甚至领导作用。它在外交实践中表现出不同于哈萨克斯坦的风格。该国强调外交的独立性，并体现在与独联体、俄罗斯、西方大国和中西亚经合组织的交往中。它在国际社会不像哈萨克斯坦那样活跃，但在中亚地区却极力扮演领导者的角色。美国智囊人物布热津斯基称"乌兹别克斯坦是担当中亚地区领导的首选国家"①，这种看法虽然有美国自己的战略意图，但也反映了世界一些国家对乌兹别克斯坦在中亚地区作用的看法。乌兹别克斯坦在中亚地区与哈萨克斯坦争当"头"是不争的事实。在与中亚其他国家交往中，它依仗自己的经济实力和军事实力，时而对邻国事务说三道四和施加影响。

土库曼斯坦则奉行积极中立政策。1995年12月该国被联合国授予中立国地位。以此为出发点，该国表示不参加任何具有军事政治目的的国家集团，奉行积极中立的外交方针。它希望成为"亚洲的瑞士和奥地利"，为国际社会尤其是为亚洲提供召开国际会议的场所，并扮演国际冲突调停人的角色。

吉尔吉斯斯坦强调自己是小国，没有更大的奢望，希望本国能够成为和平的国度。它努力在大国中周旋，在大国夹缝中生存。独立初期它曾宣布实行中立的外交政策，但最终没有走上土库曼斯坦那一步，其活动更多与俄罗斯和哈萨克斯坦在一起。它参加了许多国际组织和国家政治军事集团，包括集体安全条约，但在其中只起一个普通成员的作用。吉尔吉斯斯坦在国际社会口碑不错，它能在独联体国家中第一个顺利加入WTO，就说明了这一点。

塔吉克斯坦由于国内形势所致，在外交政策方面基本上追随俄罗斯，伊朗也是该国外交的重点。它的外交活动的重点最初是为结束内战、近

---

① ［美］兹·布热津斯基：《大棋局》，上海人民出版社1998年版，第171页。

来是为维护国内稳定和获得外国对本国经济的恢复与发展服务。与其他中亚国家相比，它的外交范围较为狭窄与受局限，但在世界上的知名度较高，因为独立后该国长期处于内战状态，是世界上的热点地区之一。与世界瞩目、战乱不止的阿富汗的关系，特别是近年来国际恐怖势力、宗教极端势力和民族分裂势力在中亚地区肆虐，也提高了包括塔吉克斯坦在内的中亚国家的知名度。

三　国家安全模式

国家安全模式的制定通常是建立在对国家安全形势的看法和本国国情之上。前两节已经介绍了中亚国家领导人对国际形势包括对本国周边安全形势的看法和中亚国家的国情。下面谈谈中亚几国的国家安全战略。

哈萨克斯坦在谈论国家安全时，并不把国家安全仅仅局限在国防安全这一狭窄领域，而把国家安全扩展为国防安全、政治安全、社会安全、经济安全、生态安全、信息安全等更加广阔的空间。各种安全都有自己的内涵和特点。这里介绍的是哈萨克斯坦的国家安全学说。

第一，哈萨克斯坦强调运用政治手段而不是军事手段来维护国家安全。之所以如此，与该国国力有限，特别是国防力量有限有关。

第二，不依靠一个大国而是利用平衡大国的力量来维护自身安全。尽管它与俄罗斯同为"集体安全条约"成员国，在军事方面寻求俄罗斯的保护，但又不把自己拴在俄罗斯的战车上，而是通过与北约、中国、土耳其等发展关系，包括军事合作，确保国家主权、独立、领土完整和不受侵犯。

第三，通过国际组织，利用国际法和国际准则，采用预防外交的方式来维护自身安全。为此，该国强调发挥联合国的作用，积极参加国际安全机构和预防外交机构的活动，以达到维护自身的合法权益的目的。它发起并组织召开"亚洲相互协作与信任措施会议"，也有出于维护本国和周边地区安全的考虑。它通过外交努力，使世界上五个核大国都做出了对其国家安全和不对其使用核武器的保证。

第四，对国家安全综合考虑，除国防安全外，把维护国家安全还扩展到国内政治、经济、社会、生态、信息等领域。该国认为，在维护国家安全方面，除要做好本国工作外，还要加强国际合作。

第五，强调个人安全要服从于国家安全，只有国家安全得到保证，个人安全才能得到保证。因此，要把国家的利益置于个人的利益之上。

乌兹别克斯坦的安全观包括以下内容：第一，认为安全是一个整体，是不可分割的，是一种连续不断的状态。第二，"冷战"结束后，对世界安全的主要威胁是民族冲突、地区冲突、局部冲突和分裂活动。认为稳定只能靠自己维护，国家未来保障只能顺乎自然的看法是"政治短见"。因为"世界上并非所有的事情都取决于我们"。邻国发生的事情必然要殃及乌兹别克斯坦。乌兹别克斯坦将动用国内一切潜力和利用国际机构的机制来制止邻国的军事和政治冲突，以维护国家安全。第三，只有保持地区地缘平衡和世界均势，才能保证中亚的稳定，也才能使中亚国家成为国际社会的真正伙伴。第四，根据本国利益决定参加国际机构和集体安全条约的取舍。第五，特别关注生态安全和核安全。

吉尔吉斯斯坦的安全观可归结为以下几点：第一，在维护国家安全问题上，把国内事情办好是第一位的；第二，通过与邻国睦邻友好、建立周边安全带，以及与世界上所有国家友好来保证国家的安全与稳定；第三，运用政治而非军事手段维护国家的安全、独立和领土完整；第四，国家安全是综合问题，要通盘考虑，除国防安全外，对吉尔吉斯斯坦来说，最迫切的安全问题还有生态安全、能源安全。

土库曼斯坦则通过实行积极中立政策，不介入国际争端来保证国家的安全。"永久中立，世代安宁"，既是该国处理国际事务的准则，也是保护国际安全的法宝。

综上所述，中亚国家的安全观有许多相同点，也有不同点，但有一点是相同的，即各国都是宏观地、综合地而不是微观地、孤立地看待本国的安全问题，是把本国安全与地区安全联系起来考虑，把国防安全与其他方面安全一同考虑，并希望借助大国平衡来维护自身安全。

中国学者指出，"国家安全，一国、一民族之安危存亡所系"，应树立"新的国家安全观"，这种安全观应该是"一种动态的安全观"，是"越来越趋向于高度综合的安全观"，是"全面维护和发展国家利益的安全观"。① 看来，中亚国家的安全观大体上符合这个要求。但问题不在安全观如何完善，重要的要看实践。要看在风云变幻的世界中能否维护自身的安全，这是对中亚国家安全观的考验。在当前，能否抵御"三股势力"对国家安全的冲击即是一种具体的考验。近期各国推行的安全观在维护国家安全方面表现尚可，但愿这些安全观在未来也会给本国人民带来福祉。

——原载《东欧中亚研究》2001 年第 3 期

---

① 参见倪健民主编《国家安全：中国的安全空间与 21 世纪的国略选择》上册，中国国际广播出版社 1997 年版，第 1、3 页。

中亚地区陡然升温及其原因

【内容提要】中亚地区在"9·11"事件发生后成为相当抢眼的一个热点,这与"三股势力"2000年前后在中亚活动猖獗,制造了一系列恐怖事件有关,同时还由于2001年发生了震惊世界的"9·11"事件,导致美国出兵阿富汗,并在中亚地区建立了军事补给基地,使世界目光从中东转向中亚。本文介绍"三股势力"闹中亚和美军攻打阿富汗和进驻中亚的情况,分析由此导致的中亚地缘形势的变化。

在当代世界地区热点此起彼伏的变化中,中亚地区不仅是其中的一个热点,而且是在"9·11"事件发生后相当抢眼的一个热点。

首先解释一下,何谓"中亚"?"中亚"有狭义和广义之分。狭义中亚系指哈萨克斯坦、吉尔吉斯斯坦、塔吉克斯坦、土库曼斯坦和乌兹别克斯坦五国。广义中亚除上述五国外还包括阿富汗北部、伊朗北部、印度和巴基斯坦北部、蒙古东部、俄罗斯西西伯利亚南部和中国新疆。目前,狭义中亚通常用于国内政界和当代政治文献,广义中亚多见于史学界和国内外媒体报道。在与"9·11"事件有关的报道中提到的"中亚",常常把阿富汗等地包括在内,就是这个道理。但是,当代中亚五国是中亚地区的核心,这一点并没有异议。本文所说的中亚,基本上是指当代中亚五国,部分涉及阿富汗。

一 中亚缘何成为地区热点

中亚被称作地区热点,是由这里接二连三发生的一系列事件决定的。

这些事件包括：由于苏联解体而引发的世界各种势力纷纷进入该地区，1992—1997年的塔吉克斯坦内战，里海石油的发现使中亚成为21世纪的能源基地，1991年发生的"9·11"事件。其中塔吉克斯坦内战已使中亚成为地区热点，"9·11"事件使中亚地区热点陡然升温。

中亚五国原来是苏联的加盟共和国，它们是1991年下半年先后独立的。这些国家的独立进程是与苏联解体同步进行的。苏联解体导致国际格局发生重大变化，其最重要的标志之一是使持续达半个世纪之久的"冷战"和两极格局宣告结束。然而，旧的格局被打破，新的格局并未立刻形成，在新的国际形势下各种力量正在进行重新组合，世界在朝多极化的方向发展。从经济上看，20世纪90年代也是经济全球化风头正劲的年代。资本、人员、信息的跨国流动，对各主权国家提出了许多新的要求。国际形势风云变幻，各国都面临许多新问题，都在通过调整外交政策来适应不断变化的新形势。

对新独立的中亚五国来说，有两点情况需要它们认真考虑和解决：第一，苏联解体后，中亚地区成为各种势力关注的重点地区，都以各种手段对该地区施加影响，以便控制它。这些势力包括俄罗斯、以美国为首的西方大国、以土耳其和伊朗为首的伊斯兰世界等。俄罗斯是该地区的传统盟主，它的国力虽然在苏联解体后急剧衰弱，但对中亚的传统影响仍在。西方大国和伊斯兰势力则迅速进入该地区，与俄罗斯展开激烈争夺。在这种情况下，中亚国家面临如何择友，如何走向国际社会的抉择。第二，对中亚国家来说，走向国际社会是个全新的事务，几乎一切从零开始，因为在原苏联时期它们为苏联的加盟共和国，没有独立的外交权和国防权，这方面事务由联盟中央负责。独立后，作为独立主权国家，如何在世界上定位，如何在国际社会中立足，如何开展外交活动，如何在动荡不定的国际环境中维护自身安全，确保国家的独立、统一和领土完整，总之，如何在与世界隔绝多年之后重新融入国际社会，是各国必须认真考虑和尽快做出抉择的问题。

受历史、地缘、经济、军力、民族、宗教等因素的影响，中亚国家独立后从维护国家独立和民族利益的基本立场出发，确定了全方位、但非等距离的外交方针，大国、富国和周边国家，即对它们实现本国建国大纲有利的国家，被确定为外交重点。这些国家包括俄罗斯、以美国为首的西方国家、中国、及以土耳其和伊朗为代表的伊斯兰世界。但是，中亚国家与上述各国的亲疏关系并非一成不变，它们往往根据自己的需要和利益不断地进行调整。从独立最初几年来看，俄罗斯是它们的第一合作伙伴，其后才是以美国为首的西方国家，中国，以土耳其和伊朗为代表的伊斯兰世界。除俄罗斯被视为"第一合作伙伴"外，其他国家在中亚国家外交中的位次不尽相同。有的将中国摆在第二位，有的将美国摆在第二位。

中亚国家的外交具有许多共同点：第一，广交朋友，不树敌；第二，确保国家和民族利益；第三，为经济发展创造良好的外部环境；第四，谋求在国际社会中体面立足。中亚国家的外交还具有经济外交、总统外交、实用主义外交的特点。中亚国家在独立初期为使国际社会了解自己，开展了频繁的外交活动。"中亚"，这个多年来被国际社会几乎忘却的地区，开始受到国际社会的关注。

中亚作为热点地区的地位，与塔吉克斯坦的内战有关。塔吉克斯坦独立后不久就爆发了内战，而且一打就是五年多。内战造成6万人丧生，上百万人沦为难民，经济损失达100多亿美元。为促进塔吉克斯坦内战的尽快解决，联合国派出了观察团。内战直到1997年在国际社会的帮助下才告结束。这场内战不仅是政权之争，而且还是国家走世俗化道路还是走政教合一道路之争，因为内战一方——以拉赫莫诺夫总统为代表的合法当局主张走世俗化道路，另一方——以伊斯兰复兴党领导人努里为代表的反对派主张走政教合一的道路。前者得到俄罗斯等国的支持，后者得到伊斯兰世界某些国家包括极端势力的支持。因此，从某种意义上讲，这场战争也是世界不同力量争夺势力范围之争。也正是在塔吉克斯坦内战即将结束前后，与中亚国家毗邻的阿富汗国内风云突变，塔利班在内战中连连获胜，拉巴尼政权节节败退。塔吉克斯坦内战和阿富汗国内局势变化，使"中亚"这个词频频出现在报端，中亚地区也就成为国际社会关注的热点。

20世纪90年代，里海海底发现了令人垂涎的石油储量，环里海国家被看作是仅次于中东和俄罗斯的世界未来石油供应地。环里海国家就包括哈萨克斯坦、土库曼斯坦等中亚国家。石油的发现吸引西方大国纷纷进入该地区抢夺资源，因利益冲突一些国家还不时发生摩擦。中亚地区作为21世纪巨大的能源基地,在国际社会的地位明显提升,同时,也使人们对该地区的未来能否稳定存在忧虑。

2001年发生的"9·11"事件,则使渐近消失的中亚的热点地位陡然升温,将人们的目光从科索沃甚至从中东巴以冲突转移到中亚地区,使该地区一度成为全球的第一热点。

如上所述,中亚作为世界地区热点有个起伏不定的变化过程。由于历史、地缘等原因,"9·11"事件前,俄罗斯仍然是在该地区影响最大的国家,人们习惯上称俄罗斯为中亚的"盟主",中亚是俄罗斯的"后院"。美国尽管非常看好这一地区,但当时由于忙于其他世界热点事务,无暇顾及中亚,加之考虑中亚是俄罗斯的"后院",因此,尚未从军事上过分染指这一地区。不过,美国也不失时机地将各种触角伸向中亚国家,包括经济、军事、文化等各个方面。经济上,它利用其雄厚的实力大力抢占中亚和里海地区的资源特别是石油天然气资源,以经济为先导,扩大其在中亚的影响,逐步挤压俄罗斯,同中国展开竞争。军事上,美国与哈萨克斯坦、乌兹别克斯坦、吉尔吉斯斯坦等国都签订了一系列协议并有具体的合作行动,包括为其培训军官、提供军事装备、提供销毁核武器的资金和反恐资金、帮助军事工业转为民用等。美国还利用北约"和平伙伴关系计划"成员国军事演习之机,派飞机从美国本土直接空运士兵到哈萨克斯坦参加演习。但是,总的来看,美国的影响仍不如俄罗斯大。俄罗斯仍然是中亚地区的主导力量,该地区的安全与稳定在很大程度上靠俄罗斯来维护。始于1996年的"上海五国"机制,和在此基础上于2001年6月成立的"上海合作组织",也是保障中亚地区和平与稳定的重要力量。尽管美国想把中亚纳入自己的势力范围,伊斯兰教极端势力也想"绿化"这一地区,但总的来看,仍呈现以俄罗斯为主、其他力量相对平衡的格局。但是,美国从自己的全球战略出发,不会放弃中亚这个在其战略棋盘中的空白地区,它在寻找和等待向俄罗斯"后院"插脚的有利时机。

二 "三股势力"闹中亚

中亚国家独立后,除塔吉克斯坦发生内战外,其他四国国内局势相对稳定。这些国家主体民族皆信仰伊斯兰教。从20世纪90年代起,伊斯兰教在中亚国家开始复兴,而且发展很快。伊斯兰教在这些国家的发展大体上经历了两个阶段。1991—1996年,为伊斯兰教全面复兴阶段,其主要表现是随着各国宗教政策的调整而出现了教民、宗教团体、清真寺及祈祷点的数目猛增,大量开办经文学校,教民争相赴麦加朝觐的局面。哈萨克斯坦的清真寺由独立前的63座发展到1997年的4000余座。吉尔吉斯斯坦则由独立前的15—20座发展到1996年的1500—2000座。在哈萨克斯坦宗教团体发展到1180个。乌兹别克斯坦有15种宗派,在每个村庄都有清真寺。在不少地方恢复了学龄儿童先进经文学校学习的传统。在乌兹别克斯坦、塔吉克斯坦以及哈萨克斯坦、吉尔吉斯斯坦南部地区已形成较浓厚的宗教氛围。不过,当时宗教形势仍在当局控制之下。宗教复兴的过程也伴随着极端势力的萌生。独立初期,有些国家领导人对宗教极端势力的危险性认识不够,甚至不承认本国有宗教极端势力的存在。不过,当时在深受战乱之苦的塔吉克斯坦和与阿富汗毗邻的乌兹别克斯坦,人们已明显感到宗教极端势力的存在和可能出现的后果。塔吉克斯坦内战给人民带来的苦难自不待言,乌兹别克斯坦已感到宗教极端势力是对本国安全的最大威胁。乌兹别克斯坦总统卡里莫夫已经看到,阿富汗和塔吉克斯坦出现的冲突不会长期局限在一国范围内,"迟早将使日益受到影响的邻国面临一系列问题,从而破坏地区局势的稳定"[①]。

从1997年起,中亚国家的情况发生变化。国际形势和国内局势的变化,使宗教极端势力开始凸显。宗教极端势力不仅在塔吉克斯坦,而且在中亚其他国家也开始向世俗国家政权发起挑战。同时,出现了伊斯兰极端势力与民族分裂势力和国际恐怖势力相勾结的趋势。1997年后,在中亚国家陆续发生宗教极端分子策划的暴力事件。在乌兹别克斯坦,不止一次发生警察和公职人员被宗教极端分子杀害事件。1999年2月16日,伊斯兰教极端分子在塔什干制造了轰动一时的针对总统的系列爆炸案,造成15人死亡、128人受伤。2000年1月8日,乌兹别克斯坦总统大选前夕,塔什干市一些激进穆斯林散发传单,警告人们不要参加选举,

---

[①] [乌兹别克斯坦]伊斯拉姆·卡里莫夫:《临近21世纪的乌兹别克斯坦:安全的威胁、进步的条件和保障》,国际文化出版公司1997年版,第19页。

并与警察发生暴力冲突。在吉尔吉斯斯坦，伊斯兰极端组织在1997年底和1998年初制造多起针对该国国家安全官员的凶杀案。更为严重的是，1998年8—10月，近千名伊斯兰武装分子由阿富汗经塔吉克斯坦窜入吉南部巴特肯地区，袭击五六个村庄，并劫持了吉内卫军司令和4名日本地质学家，阴谋在吉建立"伊斯兰国家"，并扬言要进入乌兹别克斯坦。哈萨克斯坦也不平静。1998年7月，在南部地区和阿拉木图市郊区发现由外国宗教组织资助开办的宗教学校，灌输通过暴力改变国家现行宪法制度。在该国西部也发现宗教极端势力在活动。在塔吉克斯坦，除内战外，1997年4月30日，拉赫莫诺夫总统在列宁纳巴德州苦盏市遇刺也系极端分子所为。2000年8月，恐怖组织"乌兹别克斯坦伊斯兰运动"从阿富汗窜入乌兹别克斯坦、吉尔吉斯斯坦，再度制造混乱，扬言要建立"伊斯兰国家"。

宗教极端势力和恐怖势力觊觎中亚国家世俗政权，严重威胁到这些国家和地区的安全。就连一向说本国没有宗教激进主义的哈萨克斯坦官方也不得不承认，哈"存在宗教极端势力问题，而且逐年严重"[1]。

中亚伊斯兰教极端势力的活动具有以下特点：第一，规模扩大。伊斯兰教极端势力开始仅在塔吉克斯坦活动，后来逐渐蔓延到乌、吉、哈等国，呈现出由小到大，由点到面的发展趋势。它们与阿富汗、车臣有联系，具有国际化的特点。第二，极端分子采用暴力手段日多，袭击对象多为政府公务人员，其宗旨是窃取政权。第三，从年龄结构来看，参加者以年轻人占多数，与一般教民以老年人居多有所不同。第四，伊斯兰极端势力有同本国政治反对派、民族分裂势力和国际恐怖势力联手的趋势。宗教极端分子还大搞走私贩毒，为从事破坏活动积累资金。一些政治精英加入或背后支持与利用伊斯兰教极端势力的活动，则使它具有更大的号召力和危险性。一些不是宗教势力的反对派，也趁机向当局发难，加剧了各国政局的动荡。

中亚宗教极端势力滋生与扩散有许多原因，第一，与戈尔巴乔夫执政时期的所谓"改革"有关，当然也与苏联解体有关。中亚地区宗教形势恶化是苏联解体的产物之一。第二，也与中亚国家独立初期宗教政策

---

[1] ［哈］《全景报》1999年10月22日，哈国家安全委员会主席穆萨耶夫。

有误、意识形态混乱、因经济危机造成的社会问题增加和人民生活水平急剧下降等因素有关。经济恶化和社会问题增多，为极端势力滋生制造了温床。

从国际方面来看，自1979年伊朗伊斯兰革命胜利以来，宗教激进主义的影响呈现发展的态势。20世纪90年代，恐怖分子在车臣一度控制了政权。在科索沃穆斯林解放军也窃取了政权。在邻国塔吉克斯坦伊斯兰复兴党经过武斗竟能参政，阿富汗塔利班也能获胜，这些是对极端分子的精神激励。塔利班获胜后，在国内和巴基斯坦举办了许多训练营地，为中亚和其他国家恐怖组织（包括俄罗斯的车臣、中国的"东突"等）训练宗教极端分子，提供资金援助，成为输出恐怖行动的最大据点。国际上宗教极端势力不仅以其活动对中亚伊斯兰教极端势力起到激励和示范作用，同时也直接插手中亚国家内部事务。伊斯兰极端势力国际化成为影响中亚地区稳定的重要外因之一。

宗教极端势力的活动对中亚地区产生了恶劣的影响：第一，影响该地区的稳定。第二，影响地区经济发展。塔吉克斯坦的损失在上面已经提到。在吉而吉斯斯坦发生的劫持人质事件，也造成5000多难民无家可归，为围剿匪徒，吉政府耗资达两亿索姆（约合500万美元）。这些国家存在的"三股势力"及其活动还影响了吸引外资工作和国家间的正常往来。第三，为大国干预中亚事务又增加了一个借口。2001年4月，美国国务卿奥尔布赖特出访中亚国家，就表示要支持它们反恐。俄罗斯也不失时机地支持乌、吉等国，以拉拢逐渐疏远它的乌兹别克斯坦。

为共同对付"三股势力"，1998年10月，俄罗斯、乌兹别克斯坦、塔吉克斯坦组成打击极端势力和恐怖势力的同盟。中亚国家之间陆续签订了双边和多边安全条约，独联体集体安全条约国家，以及中亚国家与俄罗斯还不断举行军事演习，并建立了"反恐中心"。特别要提到的是，由中亚国家和中国、俄罗斯组成的上海合作组织及其前身"上海五国机制"，早在1998年就明确提出了反对恐怖主义、极端主义和分裂主义的主张。2001年6月，上海合作组织成员国还签订了《打击恐怖主义、极端主义、分裂主义上海公约》。上海合作组织是世界上最早提出反恐主张的国际组织，该组织签订的专项反恐条约也是最早的反恐公约。该组织建立的"反恐中心"在维护地区安全方面发挥了一定的作用。

以上情况表明，"三股势力"闹中亚，使中亚国家感到严重不安，给中亚地区的稳定与发展带来巨大的危害，也成为中亚国家在"9·11"事件中积极与美国合作的原因之一。

三 "9·11"事件使地区政治格局发生变化

2001年初，中亚国家盛传恐怖分子在8月可能还要入侵，为此，各国都在积极采取措施，包括举行针对恐怖分子入侵的联合军事演习等，以应对随时可能发生的事件。结果，恐怖分子入侵中亚的事件没有发生，却在美国发生了震惊世界的"9·11"事件。

对"9·11"事件之于国际格局产生的影响，世界政要和媒体众说纷纭。中国政府的立场很明确，"9·11"事件并未改变世界基本格局。现在人们看得清楚的是，美国以利用反恐为名，正在推行自己的全球战略。这种战略也涉及中亚地区。"9·11"事件为美国插足俄罗斯的"后院"提供了渴望已久的千载良机。

对突如其来的"9·11"事件，世界各国在表示震惊的同时，都迅速做出了反应。各国普遍谴责针对平民的恐怖行动，对美国发誓要进行的反恐战争，不同程度地给予支持。作为与美国发誓要报复的对象——阿富汗毗邻的中亚各国，采取的立场与世界大多数国家一致，即谴责恐怖行动，支持美国的反恐战争。

"9·11"事件发生不久，美国很快决定对庇护本·拉登的阿富汗塔利班政权开战，并积极进行战前军事部署。10月2日，美国国防部长拉姆斯菲尔德出访中东和中亚国家，以寻求军事合作。乌兹别克斯坦成为四个被访国家的最后一站。10月5日，乌兹别克斯坦总统卡里莫夫与美国国防部长拉姆斯菲尔德就军事合作问题进行会谈并达成共识。人们很快获悉，乌兹别克斯坦同意向美军提供一个机场，作为美军攻打塔利班的后方基地。美军1000人将进驻该空军基地。乌兹别克斯坦的这个决定引起国际社会的震惊，因为乌兹别克斯坦毕竟是构成俄罗斯"后院"的中亚国家之一，美军大规模进驻中亚是有史以来第一次。国际社会密切关注俄罗斯的反应。俄罗斯国内对此事的看法存在分歧，但最终俄罗斯普京政府还是平静地接受了美军进驻中亚的事实。在乌兹别克斯坦允许美军进驻后，在俄罗斯的默许下，塔吉克斯坦、吉尔吉斯斯坦、哈萨克斯坦等国也都做出了允许美军进驻的决定。吉尔吉斯斯坦同意为美国提供马纳斯机场，允许美军3000人进驻。塔吉克斯坦也有美军进驻。中亚国家中只有土库曼斯坦从本国奉行中立的立场出发，声明它只允许美国通过其领空运送人道主义物质，但不允许其从事军事行动。

乌兹别克斯坦等中亚国家为什么允许美军进驻？它们都有自己的考虑。

首先，它们想借美国之手铲除影响中亚地区稳定的、盘踞在阿富汗的"三股势力"，特别是得到本·拉登和塔利班支持的"乌兹别克斯坦伊斯兰运动"等恐怖势力和极端势力。中亚国家认为，包括本·拉登和"乌兹别克斯坦伊斯兰运动"在内的恐怖势力是威胁中亚地区安全与稳定的心腹大患。

其次，希望利用美国有求于它们之机，从美国那里捞取好处。这种好处包括政治、经济和其他方面。政治方面，可以进一步拉近与美国的距离，换取美国减少对中亚国内政策的批评。经济方面，换取美国的经济援助，以便缓解国内的经济困难和有利于今后的经济发展。事实上，美国确实给予了回报。据了解，美国为报答乌兹别克斯坦给予的支持，向乌提供了1亿美元的经济援助和用于发展中小企业的5000万美元贷款，并许诺推动本国和国际资本加大对乌的投入。美国还免除了吉欠美的一些债务。当然，乌兹别克斯坦等国还想使阿富汗局势能尽快稳定，以便打通一条经过阿富汗走向世界的新的对外联系通道。

再次，它们还想借美国之力平衡俄罗斯的影响。尽管中亚国家独立后与俄罗斯保持了密切的关系，但总体上讲，它们在逐渐拉大与俄罗斯的距离。乌兹别克斯坦表现得尤其明显。俄罗斯则想继续控制中亚国家。"9·11"事件则为中亚国家进一步摆脱俄罗斯和接近美国提供了机会。

当然，美军得以进驻中亚，与俄罗斯采取默认的态度分不开。俄罗斯对美军打击塔利班也有自己的打算。这些年，车臣恐怖分子在俄罗斯大搞民族分裂和恐怖活动。俄罗斯当局多次进行军事围剿，虽然取得不小的成绩，但没有完全解决问题。其原因之一，是车臣恐怖分子得到本·拉登的支持和美国的声援。俄罗斯想借美国之手铲除支持车臣恐怖势力的本·拉登,期望美国改变支持车臣恐怖势力的立场,还想借此举改善与美国的关系。俄罗斯当局认为,支持美国打击塔利班符合本国的长远利益。俄罗斯虽然不反对美军进驻中亚,但并不希望美国在中亚长期待下去。

中亚国家从自身利益出发,其想法与俄罗斯并不完全一致。这就使美国有了待在中亚的借口和可能性。美国虽然多次表示,在阿富汗战事结束后,美军即撤离,美军无意长期待在中亚国家,但何谓"战事结束"?战事何时结束?并没有明确说法。从目前情况来看,阿富汗战事应该说已近尾声,但美国并无从中亚撤军之意,对俄罗斯的令其不要食言的"提醒"也敷衍搪塞。国际媒体清楚地道出了美国的战略意图。英国《卫报》写道:"阿富汗战争为美国提供了一个寻求已久而现在正在它把握之中的处理这一地区政治、经济和防务的机会,……美国通过强行推进、诱骗和贿赂进入中亚后院,而且显然不打算很快离开。"[1] 目前的情况应了中国的一句俗话:"请神容易送神难。"

美军近期待在中亚是以阿富汗战事仍在进行为借口,这种借口看来可以维持一年或更长时间。将来或许可以以中亚国家反恐需要或者以保护美国在中亚的巨额能源投资为借口,继续待在中亚。美军想在中亚待下去是明显的,但从中亚国家的具体情况和国际大局出发,美军待在中亚的方式可能有多种选择。它可能以现有方式,即以大部队驻扎方式待在中亚,也可能以其他方式待在中亚,例如,通过建立高科技侦听站、机场和其他军事设施等方式,将"耳朵""眼睛""无人兵站"留在中亚,以达到军事存在、实现对俄罗斯的军事牵制的目的。美军究竟以何种方式存在于中亚,在一定程度上还取决于国际形势的变化,以及中亚国家与俄罗斯等国的立场。美军不管以何种方式存在于中亚,对该地区的地缘政治格局已产生了并将继续产生重大的影响。

美军进驻中亚导致中亚地缘政治格局会发生哪些变化呢?

第一,俄罗斯"盟主"地位发生动摇,尽管还没有完全丧失这种地位。美军进驻中亚使俄美对中亚的争夺已不局限在经济、政治领域,更

---

[1] [英]西蒙·蒂斯德尔:《伸向其他帝国的势力触及不到的地方》,[英]《卫报》2002年1月16日。

发展到军事领域。美军进驻中亚国家是对不甘沦为二等国家地位的俄罗斯又一次沉重的打击。

从军事上看，美军进驻中亚不管是长期还是临时，对中亚国家甚至独联体的军事状况都已有了深入的了解。如果说过去是隔着篱笆看俄罗斯的"后院"，今天则是身在院中看"后院"。美军即使不长驻，它们与中亚国家的军事合作以及在驻扎期间修建的军事设施，也将为今后美军进入中亚提供方便条件和平台。

从心理上看，俄罗斯担心的事情，即美国对俄罗斯的合围形势出现了，俄罗斯面临新的现实，即它的西面有北约东扩的威胁，如今"后院"又起火了。失去中亚的俄罗斯将进一步丧失大国的地位。这对俄罗斯是重大的打击，心理上也难于平衡，对那些留恋昔日大国地位的俄罗斯人尤其如此。

俄罗斯从内心深处并不希望美国染指中亚五国，对美军进入中亚实属无奈，因为国际政治斗争的结局往往取决于实力。俄罗斯只希望美军在中亚能速进速撤，如果美国不撤兵或以某种其他方式留在中亚，俄美之间会形成军事对峙，因为目前俄罗斯在塔吉克斯坦不仅有201摩托化师，而且在其北部地区还拥有军事基地。这种情况一旦出现，即使俄罗斯实力不如美国，俄美之间的冲突也难于避免。一些本来想脱离俄罗斯控制的中亚国家如趁机转到美国一边，也会使俄罗斯迁怒于美国。"9·11"事件表明，俄罗斯对中亚国家的影响虽然仍在，但影响面已经缩小，影响力已经减弱。还要提及的是，美国铲除塔利班还有另外一个战略考虑，如德国《经济周刊》网络版2001年10月4日所指出的，美国在阿富汗动武是为了确保中亚石油不经过俄罗斯而通过阿富汗运到印度洋。美国在阿富汗战争中投入大量军力，当然要培植一个亲美政权。考虑阿富汗的政权更迭和中亚国家的态度变化，可以说，中亚地区俄守美攻的态势没有改变，而且会随着阿富汗问题的最终解决进一步加剧。

第二，中亚国家之间和中亚国家与俄罗斯的关系也会因美军进驻有可能变化。

"9·11"事件前，中亚国家之间在领土，水资源利用，跨境民族，贸易等方面存在矛盾，面和心不和并不是秘密。然而，由于"三股势力"对中亚各国都构成威胁，各国尚能顾全大局，在维护中亚地区安全问题上加强合作。可是，如今塔利班政权被摧毁了，阿富汗新政权已对中亚地区安全不构成威胁，一个可促使中亚国家团结起来的敌人不存在了，中亚国家之间的关系会怎样呢？可以预计，已有的矛盾将会进一步凸显，特别是在俄美加剧对该地区争夺的情况下。尽管中亚国家表面上都与俄罗斯和美国的关系不错，但事实上仍存在亲俄和亲美之分。乌兹别克斯坦作为独联体内的"古阿姆"集团成员，较多倾向美国，而作为独联体内"集体安全条约"的成员，哈、吉、塔三国较多倾向俄罗斯。后者也会随着形势变化而有所变化。俄美对中亚的争夺，会进一步影响中亚国家之间本不和睦的关系，加深彼此的裂痕。由美军进驻引起的中亚国家与俄罗斯关系的变化，是对普京弥合俄罗斯与中亚国家关系努力的重大打击。

第三，会在一定程度上影响中亚国家与中国的关系。

中亚国家独立10年来，中国奉行与它们睦邻友好的方针，与它们形成了"好邻居、好朋友、好伙伴"的关系。政治上高层互访不断，经济关系越来越密切。在打击"三股势力"问题上保持密切的合作，在打击影响中国西部稳定的"东突"问题上得到中亚国家的理解和支持。然而，尽管美国在"9·11"事件后大讲反恐，但在反恐行动中却奉行双重标准，在它独家确定的"恐怖组织"的名单中并没有包括"东突"。有迹象表明，美国有可能在保护"人权"的名义下继续支持"东突"分裂中国的活动。美国的这种做法有敌视中国的一面，同时也想借此影响中亚国家在"东突"问题上坚决支持中国的立场。今后美国肯定会更多地涉足中亚事务，势必会与作为中亚地区"盟主"的俄罗斯发生冲突，甚至会影响中国的利益，届时中国也必须做出表态，这必然会影响到中国与同美国关系密切的中亚国家的关系。美国军事进驻中亚已成现实。尽管中国与中亚国家之间的关系至今仍十分友好，但今后，由于增加了美军进驻中亚和美国加大对中亚事务的发言权的因素，中国与中亚国家的关系会较前相对复杂一些，这是肯定的。

第四，中美关系将面临又一新问题。

美军进驻中亚，对中国西部安全构成直接军事威胁。如果说，过去认为中亚地区对中国来说是相对安全的地区，那么，随着美军进驻中亚，这一命题将要重新考虑。"9·11"事件后，"东突"改变了从事分裂活动的手法，但实质没有变。美国不承认"东突"是恐怖组织，加之美军进驻中亚，无疑是对"东突"分子的精神支持，这将增加我国同"东突"斗争的难度。

中国近年来在与中亚国家发展能源合作方面取得重大进展。目前，中国正在对修建中哈输油管道问题进行论证，并有望于近期启动该项工程。美军进驻中亚国家，也使中国必须对修建输油管道的安全问题重新进行评价。

第五，美军进驻中亚使"上海合作组织"面临考验。

"上海合作组织"是一个区域性组织，它是在"上海五国机制"基础上于2001年6月在中国上海成立的。该组织目前包括中国、俄罗斯、哈萨克斯坦、吉尔吉斯斯坦、塔吉克斯坦和乌兹别克斯坦六国。该组织的基本宗旨是：维护地区安全与稳定，发展经济合作。该组织成员国由于受到"三股势力"的困扰，因此，最早提出反恐的任务。"9·11"事件后，该组织很快做出了反应，表达了支持反恐的立场。对该组织的成立，国际社会相当关注，当然怀有不同的动机，希望它发展壮大者有之，希望它软弱无力者也有之。对该组织感兴趣的国家有的想加入，有的则采用各种手段对其成员国施加影响。美国则属于后者。它通过"反恐"行动极力拉拢中亚国家，力图削弱上海合作组织的影响和作用。"9·11"事件使上海合作组织面临考验。但是，无论如何，正如唐家璇外长在中国九届全国人大五次会议记者招待会上所说的："上海合作组织将为本地区和世界的和平、稳定与合作，发挥积极、重要的作用"，将会"更加显示出它的特色"。[①]

"9·11"事件后，美军及其北约盟友，甚至澳大利亚和日本等国，都以不同方式加入攻打塔利班的战争，使中亚作为地区热点陡然升温。美军进驻中亚，则使中亚地缘政治格局发生重大和深远的变化。如果说，"9·11"事件后世界基本格局没有变化，但存在局部地区的战乱、紧张和动荡，那么，阿富汗至今仍是局部紧张和动荡的地区之一。中亚地区大部分国家目前尽管是稳定的，但不排除其未来可能出现紧张的可能性。因此，应该密切关注中亚地区正在和将要发生的变化，要通过地

---

① 《人民日报》2002年3月7日。

区各国包括上海合作组织的共同努力,制止因为新因素的出现而导致中亚地区发生新的紧张和动荡,使中亚能从地区热点的名单中尽快和永远地消除。

——原载苏格主编《新时期国际局势变化与中国对策》,中共中央党校出版社2002年版

论中亚地区安全格局的变化与稳定

【内容提要】 中亚国家独立时，国际社会认为这里可能发生动荡。10年过去了，中亚地区并没有因为世界局势发生变化而发生动荡，仍处于基本稳定状态。随着"9·11"事件发生和美军进驻中亚，关于中亚地区能否稳定的议论再度出现。本文通过回顾中亚国家独立10年来，分析其政治格局变化及其原因，进而探讨影响中亚地区稳定的因素，预测中亚地区近期和不久的将来是否会稳定。

20世纪90年代初，中亚国家独立时，国际社会有一种看法，认为这里可能会发生动荡。10年过去了，世界局势发生了很大的变化，中亚地区也发生很多变化，但是，有一点没有变化，这就是它仍处于基本稳定的状态。"9·11"事件的发生，使中亚地区在国际社会中的地位提高了，与此同时，随着美军进驻中亚，关于中亚地区能否稳定的议论再度出现。本文拟通过回顾中亚国家独立10年来，通过分析其政治格局变化及其原因，进而探讨影响中亚地区稳定的因素，预测中亚地区近期和不久的将来是否会稳定。

一 中亚地区从未出现过真空

1991年底苏联解体，中亚国家独立。当时，国际社会流行一种说法，即随着苏联的解体，中亚地区出现了"影响真空"。"真空说"至今仍为我国一些学者所认同，在著述中时而运用。

苏联解体后,中亚地区真的形成了"影响真空"吗?笔者认为,情况并非如此。中亚地区并没有形成"真空"。苏联解体后,为了维护后苏联地区的安全,或者说,从军事上控制这些新独立的国家,俄罗斯通过1992年5月15日签订的独联体《集体安全条约》,与"条约"参加国形成特殊的军事盟友关系。"条约"参加国中包括绝大多数中亚国家。此后,俄罗斯又与中亚国家签署了一系列有关军事和安全方面的协定,包括联合防空协议、在塔吉克斯坦驻军协议等。这就是说,中亚地区仍处在俄罗斯的军事控制之下,俄罗斯并没有让中亚地区成为"真空"。当时讲"真空",一是基于苏联解体后,莫斯科从政治上和经济上对中亚地区影响力有所削弱的事实;二是其他国家特别是西方国家,想以此为据为进入中亚填补"真空"制造舆论。现在回过头来看,中亚地区并未出现真空,而是出现了西方趁苏联解体之机挤压俄罗斯在中亚这个传统势力范围的利益和影响的局面。

西方国家中首先想进入中亚地区的是美国。可是,它并不急于从政治上或军事上进入,而是从经济援助入手。美国与中亚国家签订的最初一些协议多为经济协议,这一点与俄罗斯形成很大的反差。苏联时期,苏美两家长期谈不拢的合资开发田吉兹油田问题,在中亚国家独立后,美国与哈萨克斯坦很快就谈成了。美国这样做有自己的考虑。如哈萨克斯坦国务秘书兼外交部长卡·托卡耶夫所说:"对新独立国家提供经济援助,……鼓励美国私营企业对这些国家进行经济投资等,都是美国对外政策的内容之一。"[①] 美国这时的中亚政策是建立在承认俄罗斯在中亚有特殊利益的基础上的。美国利用自身经济优势挤压俄罗斯。它不是不想在军事上进占中亚,而是感到时机未到。

土耳其是抢先进入中亚的国家。时任总统厄扎尔有很大的政治抱负,在中亚推行"泛突厥主义"已经到了不加掩饰的地步。然而,一则此人过早病故,二则中亚国家对建立"统一突厥国家"没有兴趣,待德米雷尔任土耳其总统后,人们担心的"泛突厥主义"进展并不大,但土耳其并未彻底放弃这个念头。

---

① [哈] 哈卡·托卡耶夫:《哈萨克斯坦:从中亚到世界》,新华出版社2001年版,第207页。

伊朗、阿富汗等国也想趁苏联解体之机扩大自己在中亚地区的影响，推销泛伊斯兰主义。在塔吉克斯坦和乌兹别克斯坦已经形成一定的影响，而且影响在逐渐扩大。

作为中亚国家邻国的中国，从高层交往入手，从彼此关切的边境地区安全问题做起，与中亚国家加强睦邻友好，把成为"好邻居、好朋友、好伙伴"作为发展的目标。

历史已经证明，中亚地区一时一刻也没有形成"真空"，而是以多国的进入取代昔日苏联的主宰，开始走向多国竞争的格局，但仍以俄罗斯为主。

独立后的中亚国家，在制定的外交政策中都声称开展全方位外交。但从独立最初几年的情况来看，仍以发展与俄罗斯的关系为主。这不仅是历史原因决定的，也是现实所决定的。地缘、人文环境和密切的经济联系，使俄罗斯在中亚地区具有很大的优势。

20世纪90年代最初几年，俄罗斯在中亚地区的军事存在，以美国为首的西方国家的经济进入，中国与中亚国家建立睦邻友好关系，对维护中亚地区的稳定具有积极意义。没有俄罗斯的军事存在，就难于遏制塔吉克斯坦极端势力的扩张。没有西方国家的经济投入，中亚国家就难于在严重经济危机的冲击下站稳脚跟，因为俄罗斯自顾不暇，无力从经济上支持中亚国家。没有中国与它们建立睦邻友好关系，中亚国家也很难在和平的环境中治理自己的国家。

二　缺钱的中亚国家爱交富朋友

中亚国家独立后，很快陷入了经济危机。独立前，这些国家领导人就知道，国家一旦独立，经济可能会出现一些困难，但经济下滑如此严重却始料未及。1992—1994年，各国都出现了严重的通货膨胀，哈萨克斯坦在最严重的1992年和1993年通胀率竟达到3060.8%和2265%。当时中亚国家缺少很多东西，包括生产资料、生活资料，商店中商品奇缺，人民生活水平急剧下降。但是，各国最缺少的是钱。因为独立之初，百废待兴，建军队，办外交，启动生产，安抚民众，一切都离不开钱。应该说，中亚国家不缺少可以换钱的自然资源，包括世界上最为抢手的石油天然气资源和有色金属资源。但是，自然资源毕竟埋藏在地下，不开采出来，或者开采出来运送不到用户手中，自然资源还不是钱，还不能解决各国面临的火烧眉毛的财政困难问题。在这种情况下，谁能提供经济援助，谁能帮助开发自然资源，谁能帮助将开发出来的自然资源运到国际市场，谁就必定被认为是本国的朋友。

俄罗斯尽管被中亚国家认为是"第一战略伙伴"，但由于该国钱少，自顾不暇，无力支援中亚国家，有时出于维护自身利益的考虑还做出对中亚国家经济甚至政治不利的事情，这就引起了某些中亚国家对它的反感。

土耳其曾经给中亚国家以帮助，博得了中亚国家的好感。但它毕竟财力有限，少量帮助可以，多了则力不从心。中亚国家也看到了这一点，几年后与它的关系明显降温。

中亚国家希望中国能给它们以更多的帮助，希望能与中国合资建几个大项目，解决国家资金短缺和交通不畅的问题。可是中国也是发展中国家，也面临资金不足的同样困难。少量帮助是可以的，大量帮助也是困难的。尽管10年来中国与中亚国家关系不错，但双方都感到，在这种友好的背后缺少点什么东西，如果说得明确些，就是缺少强有力的经济支撑。

在国家关系中意识形态已经退居台下，国家和民族利益唱主角的今天，俄罗斯和中国的心有余而力不足，使世界上的富国——美国和欧洲国家趁机而入，它们迎合中亚国家的需要，当然也是为了自身的利益，将数十亿美元投到中亚地区。经济拉近了中亚国家与美国的距离。尽管中亚各国领导人对美国随着经济投入进而提出政治要求，对其政治状况说三道四的做法也心中不悦，但目前最需要的是美元，只有美元才能扭转国家的经济困境，能改善人民的生活，同时，也能稳固自己的统治地位。这是中亚国家领导人所要考虑的，也是将美国作为外交优先发展伙伴的重要原因。

尽管中亚国家想依靠美国，但美国却对是否到中亚大力"发展"犹豫不决。这主要是考虑到俄罗斯的因素。美国要权衡与中亚发展关系重要，还是与俄罗斯发展关系重要。在鱼与熊掌不能兼得的情况下，美国首先选择了熊掌。这时，美国对中亚地区的进入是有节制的，没有全面进军中亚，而是选择了经济渗透的方式。

美国在中亚的经济攻势也不无结果。随着美国经济力量在中亚的扩大，美国的影响也在扩大。年轻人以说美式英语为荣，各级领导都想去美国转转。到了20世纪90年代中期，人们已经明显看到，俄罗斯在中亚地区处于据守的状态，美国显出咄咄逼人的攻势。

这时再说俄罗斯是中亚国家的"第一战略伙伴"，对一些国家尚可，而对另一些国家如乌兹别克斯坦则已经有些牵强。因为中亚国家的外交方针已经明显出现不同。

三 实用外交、平衡政策与地区均势

认为在"9·11"事件中乌兹别克斯坦、吉尔吉斯斯坦等国的表现是为了铲除宗教极端势力，这种看法有正确的一面，但不全面。实际上这是它们执行的外交政策的必然结果。

这些国家外交政策的典型特点是实用主义。凡是对本国有好处的事都可以做。"船小好掉头"，外交政策随时可以改变。但是，只说实用主义还不够，在它们的外交中也有一个指导思想，这就是平衡原则，在大国中搞平衡，从中渔利。乌兹别克斯坦总统卡里莫夫说："只有在保持地区稳定和地缘政治平衡的条件下，（中亚）地区才能得到迅速和稳定的发展，才能成为国际社会的真正伙伴。对保证整个地区的坚定与稳定发展和防止冲突局势的产生与发展来说，如果考虑到中亚地区是各种政治、经济、军事、运输和生态问题的集中地的话，今天唯一能接受的仅仅是保持和维持内外平衡的原则。只有在保持地缘政治平衡和地区稳定的情况下，才能解决上述种种问题。"[1] 上述这段话引自他1997年写的一本书。从这段话中可以看出，卡里莫夫对地区平衡看得多么重要。中亚地区地缘政治力量是否平衡了呢？应该说，在"9·11"事件前并没有平衡，俄罗斯仍处于主导的地位。乌兹别克斯坦所担心的外来威胁，除南部的阿富汗外，再就是北部的俄罗斯及其盟友。玩弄大国平衡政策一般

---

[1] ［乌兹别克斯坦］伊·卡里莫夫：《临近21世纪的乌兹别克斯坦：安全的威胁、进步的条件和保障》，国际文化出版公司1997年版，第5—6页。

都是小国的伎俩。卡里莫夫正是运用这种办法以维持本国的安全，并从中渔利。"9·11"事件发生后，乌兹别克斯坦主动提出愿为美国提供机场的建议，正是出于把美国军事力量拉到中亚，以平衡俄罗斯，甚至中国和其他国家，并与以俄罗斯为靠山的哈萨克斯坦展开争夺中亚地区霸主地位的考虑。

乌兹别克斯坦很早就希望与美国合作，无奈美国对它的政治体制不满意。"9·11"事件给了两国各取所需的机会。美国在中亚地区得到了军事存在的机会，得以实施全面进入中亚的战略。乌兹别克斯坦则趁此机会拉近与美国的距离，并得到美国提供的1亿美元的援助和5000万美元的贷款。吉尔吉斯斯坦向美军提供马纳斯机场后，也得到一笔可观的收入。乌兹别克斯坦引进美军进驻正是为了在中亚地区制造地区均势，平衡俄罗斯的影响。也正是由于美军进驻中亚，使美国不再像过去那样仅在经济领域向俄罗斯提出挑战，如今在军事方面也可以与俄罗斯进行对话。

四 10年中亚地区稳定的原因

苏联解体后的10年中，中亚地区基本上是稳定的，尽管出现了俄罗斯的势力在衰减，美国的势力在增强的局面。10年稳定是多种原因综合作用的结果。归纳起来有：

第一，中亚国家本身不乱。这10年中，除1992—1997年塔吉克斯坦发生内战外，其他四国局势都基本稳定。除保证本国稳定外，各国还都希望本地区能够稳定，并把维护地区稳定作为外交的重点。为了达到本国稳定和地区稳定的目标，各国都采取了一系列国内措施和外交努力。国内措施包括加强强力部门，阻止反对派的发展，通过加强社会保护安抚民众等，国外措施包括组建和加入国际组织，如中亚合作组织、中西亚合作组织、独联体及其所属《集体安全条约》、上海合作组织、北约"和平伙伴关系"计划、国际反恐联盟等，试图运用政治手段，通过多边合作达到维护地区安全的目的。这是近年来国际通行的做法，它在中亚地区也基本上是有效的。中亚各国还主动召开国际会议，推动地区和平事业，如：亚洲相互协作与信任措施会议、中亚安全与合作论坛、中亚无核区国际会议、伊塞克论坛等。为促进地区的和平与稳定，中亚国家还积极参与调解塔吉克斯坦内战、阿富汗问题的"6+2"会议等活动。

第二，中亚国家之间没有出现大的摩擦和冲突。中亚国家之间不乱，地区就不会大乱。中亚各国之间虽然有矛盾，但还是从大局出发，把维护地区和平与安全视为重要的任务。它们还通过缔结各类"友好合作条约"，甚至"永久和平条约"来约束自己的行为。2000年初，哈萨克斯坦和乌兹别克斯坦因领土争端险些反目，但最终还是坐下来通过谈判解决了问题。中亚国家中有人想当头，但这些人也清楚，当头不能靠武力。现在看来，中亚地区的稳定，与中亚国家的努力和参与是分不开的。

第三，中亚地区存在一支强大的军事威慑力量，在对付形形色色极端势力方面起了一定的作用。在塔吉克斯坦，没有俄军201师就没有今天的和平局面。在阿富汗，没有美军的致命打击，也没有塔利班和本·拉登的垮台。当然，大国军事力量的存在必须是为了应对极端势力，而不是为了达到其他的目的。

第四，大国对自身行为的约束也很重要。大国势力在中亚存在是客观现实，美攻俄守的态势也是客观现实。但有一点是清楚的，在中亚地区，大国竞争也好，美进俄退也好，都是用和平的手段而非武装的手段进行。美国的经济攻势是通过市场规律运作的，美军进入中亚是得到俄罗斯的默许、中亚国家同意的。俄罗斯外交战略的调整为美国进入中亚提供了便利。美国虽然早就想进入中亚，但还是长期承认中亚地区是俄罗斯的势力范围。俄罗斯不想失去中亚，但无奈力不从心，只好以共同反恐为理由顺水推舟，从而对美军进驻中亚有心理上的慰藉。俄、美两家避免因"冷战思维"发生碰撞而导致中亚地区不稳。俄、美两大国约束自己的行为，通过和平的手段重新安排中亚地区的政治格局，这也是中亚地区得以稳定的重要原因。

第五，地区稳定的基础在于经济发展和人民生活的改善。各国独立初期，因经济形势恶化，各国局势有不稳的苗头。从1996年起，各国经济形势逐渐好转，因经济问题引起国内局势动荡的情况越来越少。另外，世界各国以不同方式对中亚地区的经济恢复给予帮助。在这个问题上，谁做出的贡献大，谁就容易受到欢迎。美国在中亚地区的影响在扩大，最主要的一条原因是它在中亚地区投资多，相应地给中亚各国带来的好处也多，从经济方面赢得了中亚国家的信任。今天中亚国家渡过了严重的经济危机，没有因为经济问题导致国家出现大的动荡，这与中亚国家的努力和世界各国的帮助分不开。

从总结中亚地区10年稳定的原因中可以看出，维护中亚地区稳定的条件应该包括：各国国内稳定、中亚各国之间和睦、一定军事威慑力量的存在、大国的自我约束、经济发展。或者用另外一种表述，即和平愿望、国际合作、发展经济、避免对抗。

那么，目前和不久的将来中亚地区能否继续拥有上述维护地区稳定的基本条件呢？换言之，中亚地区能否在美国军事进入的条件下保持稳定呢？这是目前普遍关注的问题，对此应该有所回答。

首先，近10年促进中亚地区稳定的条件会继续存在吗？应该说，有的会继续存在，如中亚国家渴求地区和平与稳定的愿望仍像从前一样强烈；大国的威慑力量在中亚地区有增无减；最近两年中亚国家经济形势不错，使更多的外国投资者增强了投资的信心，这会巩固作为稳定基础的经济；世界上绝大多数国家希望中亚地区稳定。正是这些基本条件可以看作是当前和未来一段时间中亚地区能够稳定的保证。

然而，应该注意到目前也存在影响地区安全的若干消极因素。如果处理得好，这些消极因素不会影响稳定大局。如果处理得不好，该地区发生动荡还是有可能的。

这些消极因素有：

第一，"9·11"事件后，有的中亚国家政局出现不稳，如2002年5月，吉尔吉斯斯坦发生反对派聚众闹事，当局干预造成人员伤亡的事件，国内形势因此变得紧张。哈萨克斯坦反对派队伍也有所壮大，甚至前政府副总理和一些前部长级官员都公开向当局发起挑战。中亚国家独立最初10年即使经济严重困难时，当局在政治上也没有遇到大的挑战。然而，目前的政治形势较以前明显复杂。今后随着美国更多地介入中亚国内事务，美国的影响会进一步增强，反对派的队伍肯定也会进一步扩大。如果考虑到今后几年中亚国家面临最高领导人的去留问题，届时因对国内事务（包括政坛变化、民族和宗教纷争等）的看法不同，国内争权斗争加剧，甚至引起周边国家和大国的干预，中亚地区的稳定局面将会发生动摇。

第二，中亚国家之间存在各种矛盾和分歧，包括领土、水资源利用、非法移民、贸易等方面的分歧和争端，有时达到尖锐的程度。这些矛盾如果能够通过谈判化解，就不会酿成大问题。可是，一旦有的国家依仗财大而变得气粗，向邻国炫耀武力，情况会立刻复杂起来。前几年，因面临"三股势力"的威胁问题，大家尚能顾全大局。现在，来自阿富汗的威胁不那么迫切了，有人就又想挑起冲突。一旦中亚国家之间发生冲突，届时中亚地区的稳定也会随之化为泡影。

第三，中亚地区能否稳定在一定程度上还要看俄、美两个大国的立场。上面谈到，迄今俄、美两家尚能约束自己，没有做出更多越格的事。但是要看到，近期美国奉行单边主义，对自己的约束越来越少，在任何事情上都想它一家说了算。如果美国在中亚越来越放肆，发展到不给俄罗斯面子、不顾俄罗斯利益的地步，俄罗斯也不会退出中亚，收缩到国内。届时，大国相争也会影响中亚地区的稳定。

第四，因经济问题引发地区动荡的可能性还是有的，但不大。起码在最近几年这个问题不会成为影响中亚地区稳定的主要原因。

总的来看，中亚地区虽然存在不稳定因素，但决定该地区稳定的因素仍然是主流，因此，可以预测，近期和未来几年，中亚地区不会因为有美军的进驻导致不稳。

五　结论

中亚地区过去10年没有出现真空，现在同样也不存在真空。所不同的是，影响和左右中亚地区发展的外部势力10年前以俄罗斯为主，现在呈现多元化，特别是美国逐渐发展到与俄罗斯平起平坐。中亚地区发展到今天这种样子，是世界局势变化的结果，也是中亚国家变化的结果。目前，保持中亚地区稳定的基本条件仍然存在，但影响地区稳定的变数增加。不管如何，人们希望地区稳定，只要对稳定有利的事情，就应该支持。中亚地区稳定同样符合中国的利益。对中亚地区美进俄退的发展趋势我国虽无法阻止，但在维护中亚地区安全与稳定问题上，我国并非完全无能为力。充分发挥上海合作组织的作用，将是我国对维护地区稳定做出的最大贡献。

——原载《欧亚社会发展研究》2002年年刊

关注世界未来发展 直击世界金融货币体系弊端

——评哈总统新著《国际社会全面革新战略与文明合作》

【内容提要】 本文是对哈萨克斯坦总统纳扎尔巴耶夫近期推出的一本新书《国际社会全面革新战略与文明合作》的评述。新书系统阐述了总统对世界现有矛盾和问题的看法，提出解决问题的总体思路，论述了影响世界未来发展的关键性问题，并为解决问题开出了药方。总统还对2008年席卷全球的国际金融经济危机谈了看法，并对未来防止此类情况再度发生提出建议。纳扎尔巴耶夫总统提出的几项战略涉及很多内容，非常重要。本文没有做全面的评论，仅就其中几个问题谈了笔者的看法。

哈萨克斯坦总统努尔苏丹·纳扎尔巴耶夫（以下简称总统）不仅是位杰出的政治家和国务活动家，而且是位著作颇丰的社会科学家、哈萨克斯坦国家科学院院士。他的著作译成中文出版的就有十来部。最近，他的又一部著作《国际社会全面革新战略与文明合作》中文版[1]又呈现给中国读者。这是一部论述人类未来发展前景的著作，由前言、四章正文和结束语组成。第一章为"全面革新战略与文明合作的基本轮廓"，第二

---

[1] 哈萨克斯坦驻华使馆散发。

章为"文明的能源生态合作战略",第三章为"创新—技术合作战略",第四章为"全面经济革新战略"。仅从各章标题就可以看出,这是哈总统对世界未来发展的战略思考,为后工业社会和经济全球化过程中出现的涉及全人类命运的若干问题,如能源生态安全、世界技术发展和完善经济体系等提出自己的建议。更值得关注的是,纳扎尔巴耶夫总统准备将自己提出的战略思考提交联合国大会审议,并建议在2012年召开的世界可持续发展峰会上讨论。哈方已经建议这次峰会在阿斯塔纳举行。由于纳扎尔巴耶夫总统提出的几项战略都极其重要,涉及多方面的内容,本文很难做出全面的评价,这里仅就其中几个问题谈点看法。

一 为解决世界诸多矛盾开出药方

睿智的国家领导人不仅要关注本国的事情,还要关注世界形势的变化,因为能否正确判断世界发展趋势,会直接影响本国执政方略和国家的发展,也会影响本国人民的命运。纳扎尔巴耶夫总统不止一次对世界形势发表看法,最近在其新著中再次对世界形势阐述自己的观点,其中不乏新意。

总统认为,21世纪是"文明一体化不断深化的时代,以文明对话与合作解决人类面临的新挑战的趋势日显"(总统新著第12页,以下除特殊注明者外皆引自该书),当今世界具有文明多样性的特点,"只有在合作的基础上维护和发展这一多样性,才能保障未来上述文明的繁荣,避免它们之间产生冲突和威胁使用武力"(第12页)。承认不承认文明的多样性是个原则性问题,也是世界能否和谐存在与发展的重要前提。当代世界确实存在这样的势力,它们把世界国家和人民分成"文明的"和"无赖的",认为自己的一切最好,妄图按自己的模式改造世界,它们不仅使用软实力,甚至动用武力或以武力相威胁,致使文明对话难于进行,更谈不上文明合作。总统强调世界已经呈现多极化的趋势,国际联系日益密切,所有的全球性性问题必须通过平等和相互尊重的文明对话与合作来解决,"这才是建立21世纪多极世界格局的根本"(第14页)。总统确定无疑地指出,"未来属于多极世界",文明对话与合作是应对21世纪全球性挑战的基础(第14页)。总统对当今世界文明多样性和未来世界多极化的发展趋势的判断是正确的，是解决当代世界矛盾和制定应对措施的前提。

不过总统也看到 21 世纪存在的各种矛盾与问题，如国际恐怖势力、气候变暖、流行疾病、能源安全等，更主要的是发达国家与发展中国家、富国与穷国之间的矛盾。总统认为，这些矛盾都可以通过文明对话与合作加以解决。笔者认为，这是总统充满对世界的关注和对人类热爱的表现，其想法令人敬佩与赞赏，如果世界各国都能用文明对话与合作作为解决矛盾和纠纷的手段，当今世界就不会将大量可用于改善人类福祉的资金和资源用在生产武器上，也不会发生某些大国动辄用战争或以武力相威胁制裁它们所不喜欢的国家的情况，更不会战争不断。如今世界仍不安宁，并不是势单力薄的小国挑战财大气粗、武库超群的某些大国，而是由于存在霸权主义和强权政治，某些大国不能以平等的姿态对待一些小国，总想用自己的"文明"改造别人的"文明"，用"强制推进和输出民主"代替"平等的对话与合作"。纳扎尔巴耶夫总统开出的化解矛盾的药方无疑是正确的，问题在于是否为世界各国所接受，特别是如今仍在影响世界进程的某些大国所接受。

总统关注的发达国家和落后国家由于技术水平不同造成的劳动生产率差距日益扩大问题，其关键因素仍在于发达国家。正如总统所引证的数据所示，2006 年 10.31 亿人口的"金十亿"国家与国民总数为 24.2 亿人口的低收入国家之间，其人均国内生产总值水平相差 56 倍，劳动生产率相差 13 倍，因此，总统认为，如果发达国家不从技术上帮助落后国家和双方开展技术协作，落后国家很难实现技术突破，经济也很难快速发展。然而，在当今世界，发达国家是否情愿帮助落后国家摆脱落后是个大问题。无数事例表明，发达国家对落后国家实施技术垄断，通过贸易保护主义和其他各种保护主义打压发展中国家，并将本国经济困难和污染环境的产业转嫁给它们。总统提出的建议肯定会受到发展中国家的欢迎，然而，现实生活常常使人们良好的愿望和设想碰壁。笔者记得纳扎尔巴耶夫总统在谈到经济全球化时曾说过，资本家前来投资不是为了施舍，而是为了赚钱。同样，发达国家不会为了帮助落后国家而牺牲自己的利益。可以理解发展中国家希望通过与发达国家合作为自己赢得快速发展机遇的一面，但更要看清发达国家不想让发展中国家能与自己比肩的一面。文明对话和文明合作实际是一场战争，胜利还要靠自己努力去争取。

笔者很高兴看到总统在书中几次提到中国。他认为包括中国在内的"金砖四国"已经在某些技术领域实现技术突破。笔者还注意到总统2009年在国立哈萨克斯坦民族大学的一次讲话中提到，到2050年中国的国内生产总值将可能位居世界第一位。[①] 这说明，发展中国家经过不懈的努力还是可以改变命运的，也能摆脱贫困成为较为富裕的国家。与中国相似的还有哈萨克斯坦。该国已经确立了争取进入世界30强的宏伟目标。丰富的自然资源、稳定的国内形势、强有力的国家领导，使哈萨克斯坦具备实现既定目标的有利条件。特别是哈萨克斯坦表现出来的愿意与世界所有国家开展文明对话与合作的强烈愿望，希望通过对话与合作而不是对抗解决问题的立场，是该国实现既定发展目标的有力保证。

还有一点值得关注，这就是总统所说的文明对话与合作并不仅限于政治领域，它还包括"科学、教育、文化、宗教等关乎文明活力的所有重要领域"（第21页）。他认为，科学合作首当其冲，因为科学可以为创建知识性社会，为提高劳动生产率和实现技术突破铺平道路。教育则可以决定人力资源的质量和劳动的成效。低收入国家由于居民受教育程度较低，成为技术和经济落后的重要原因之一。文化在广义上被视为某个社会或某个社会群体特有的精神与物质、智力与情感方面的不同特点的总和。除文学艺术外，文化还包括生活方式、价值观体系、共处的方式、传统和信仰等。尊重文化的多样性、宽容、对话与合作、信任与相互理解是国际和平与安全的最佳保证。宗教是社会文化体系的一个重要组成部分，宗教教义在于使信众相互信任、包容、非暴力，这同样符合文明对话与合作的基本精神。笔者注意到哈萨克斯坦是个重视科学与教育的国家，也是尊重文化、宗教多样性的国家。国内多种文化与宗教的和谐共处为世界树立了榜样，受到国际社会的高度称赞。笔者高度评价和赞同纳扎尔巴耶夫总统通过文明对话与合作解决世界矛盾和争端的思想。事实上这也是中国政府的主张。中国国家主席、中共中央总书记胡锦涛

---

① 引自哈萨克斯坦驻华使馆编《2009年哈萨克斯坦总统纳扎尔巴耶夫演讲选编》，第22页。

在中共十七大上所做的报告中指出："我们主张，各国人民携手努力，推动建设持久和平、共同繁荣的和谐世界。为此，……政治上相互尊重、平等协商，共同推进国际关系民主化；经济上相互合作、优势互补，共同推动经济全球化朝着均衡、普惠、共赢的方向发展；文化上相互借鉴、求同存异，尊重世界多样性，共同促进人类文明繁荣进步；安全上相互信任、加强合作，坚持用和平方式而不是战争手段解决国际争端，共同维护世界和平稳定；环保上相互帮助、协力推进，共同呵护人类赖以生存的地球空间。"[①] 谋求世界和平与发展是人类的共同愿望与企盼，这需要世界各国的共同努力。尽管这是人类的共同理想，但几千年的人类历史告诉我们，这不是一蹴而就的事情，需要经过多少代人的不懈努力才有可能实现。问题在于人人要关注这个攸关人类命运的大事，并要用实际行动加以推动。纳扎尔巴耶夫总统是为推动这一进程不懈努力的人，笔者对他关注世界的未来的崇高精神感到敬佩。

二　关注影响世界可持续发展的几大问题

在谈到影响世界未来命运的重要问题时，纳扎尔巴耶夫总统强调能源生态，说这个领域"具有全球性质，属于最迫切的地缘经济和地缘政治问题。世界各国和文明的活力、合作与未来均取决于上述问题的有效解决"（第30页）。

总统在书中十分内行地列举了世界能源储量与产量、现存问题，并在哈萨克斯坦和俄罗斯科学家科学论证的基础上提出解决世界能源问题的路线图。笔者对总统如此透彻地了解世界能源状况十分钦佩。在阅读关于能源生态危机一章时，有两点给笔者留下深刻的印象。

第一点是总统对世界能源前景充满乐观和信心。他指出，尽管世界现有碳氢化合物储量是有限的，但是，人类可以通过优化消费、节约使用、发展可再生能源和开发可替代能源等方式加以解决。他举例说，20世纪70年代能源价格曾一度暴涨，石油价格上涨了16倍、天然气价格上涨了9倍，煤炭价格上涨了2.7倍。在这种情况下，各国政府不得不在节

[①] 《中国共产党第十七次全国代表大会文件汇编》，人民出版社2007年版，第45页。

约能源上下功夫。此后5—10年单位能耗下降了20%—40%。(第50页)这说明，通过发展新技术可以大幅度节约能源，特别是在一些科技水平不高的国家仍存在很大的节约空间。例如，哈萨克斯坦单位电能创造的GDP产值为1.9美元，而欧盟为5.3美元。(第47页) 总统指出，节能应成为国际社会的一项战略任务，也是经济发展的一个重要条件，即使是盛产能源的哈萨克斯坦也应该如此。在节约能源的同时，还要发展新能源，即可再生能源和可替代能源。可再生能源包括水能、风能、太阳能、生物能等，人类开发和运用这些能源已经有多年的历史，只是由于多种原因发展速度缓慢和发展不平衡而已。可替代能源系指核能、地热、氢能等。一些能源资源在减少，但是人类又在通过科学技术发现和发明研制出新能源。因此，对能源前景持悲观态度是没有根据的。由于目前人类利用能源的方式带来严重的生态问题，据报道，由于大量使用碳氢燃料，世界每年排放到大气中的有毒有害物质达到人均300公斤；因此，发展新能源不仅是寻找可替代能源的需要，也是净化人类赖以生存地球空间的需要。总统在思考世界未来发展前景时将能源生态问题置于重要位置是非常正确和富有远见的。

第二点是能源生态问题上的政治因素。总统在书中指出，由于能源事关各国的经济发展和国家安全，因此，"动用武力争夺石油资源的控制权早已被视为事关国际和各国安全的问题"，"石油和天然气已经成为不可或缺的地缘政治因素和有效的政治施压杠杆"(第35页)，石油生产基地和运输通道也成为国际恐怖势力攻击的目标。他还提到，发达国家将高耗能的产业转移到发展中国家，使后者自然环境受到污染和破坏，而发展中国家难于承担高昂的环境治理费用，成为世界能源生态的一个新问题。

上述问题，无论是节能问题、开发新能源问题，还是生态环境治理和能源问题中的政治因素问题，都涉及发达国家与发展中国家的关系问题，它们都需要通过文明对话与合作加以解决。应该看到，这些问题解决起来同样不容易，因为这涉及各国的利益问题。事关利益问题如果互不谦让，特别是发达国家凭借自身实力向发展中施压，问题的解决就会难上加难。

总统在书中还用一章篇幅论述了创新问题，他指出："全球文明的整个历史表明开发突破技术、采用新的更有效的技术是文明发展的决定性因素。"(第74页)总统的论述十分精辟。世界发展史的确表明,创新是推动人类社会进步的动力之一。因循守旧、不求进取的国家或经济体是没有前途的,只能跟在不断创新的国家或经济体之后爬行,永远不会承担引领世界发展的重任,会永远处在后进状态。

20世纪后期科技革命已经蓬勃开展,21世纪科技革命不断深化。新科学、新技术、新材料、新工艺不断涌现,技术装备更新周期明显缩短。更为重要的是,发达国家虽然仍占据科技领域的前沿,但对新的科学领域已经无法全面垄断,一些新兴工业化国家正在崛起,在少数领域通过技术创新已成为该领域的骨干甚至是引领力量。如果说,世界各国,无论是发达国家还是发展中国家在各方面都存在竞争,那么,决定竞争胜负的还是科技创新的能力和成果。这就是为什么各国都重视发展教育、发展科技、鼓励创新、重视培养和引进甚至抢夺高端人才的原因。然而,现有的经济实力决定了发达国家与发展中国家在科技和人才竞争上不处在同一个水平线上。发达国家提供的优越条件使世界各国高端人才不断流入到发达国家,全球化的深入发展更为人才的不均衡流动创造了条件。于是世界就呈现出纳扎尔巴耶夫总统所描述的情景:"先进国家和落后国家文明之间的距离不断扩大,这就注定了落后文明的产品竞争力低下、世界贫富差距的拉大。"(第81页)同时由于发达国家与发展中国家创新能力的不同,"发达国家和发展中国家在运用创新技术和高技术产品方面存在的技术鸿沟,导致人类发展和生态—经济可持续发展出现全球性失衡,使得本已突显的世界危机进一步加剧"(第88—89页)。总统认为,解决目前存在的不合理状况的途径是"取决于文明和国家创新合作机制的制定"(第84、85页),通过发达国家与发展中国家的科技合作和人才培训改变现状。

总统的看法和解决问题的思路都是对的。但是目前存在的各国科技水平差距拉大的问题并不在于落后国家不想与发达国家合作,而在于难于实现这种合作。科技合作虽然表现为科学和技术两个层面,但关键问题在于政治和经济。"冷战"虽然结束了,但"冷战思维"仍然存在。西方国家出于政治原因而实行的科技封锁仍在继续,这是尽人皆知的事实,中国还有俄罗斯等国就是西方科技封锁政策的受害者。从经济角度来看,一些新技术的高昂转让费用让那些刚刚步入温饱阶段的发展中国家望而却步。因此，不解决政治和经济壁垒，只谈论科技合作，其合作的范围会十分有限。而解决政治和经济问题又不是短时期内能够做到的，其最大的阻碍因素恰恰是科技实力最强的美国等西方国家。因此，加强创新合作，特别是高端科技合作，说起来容易，做起来很难。但无论如何，纳扎尔巴耶夫总统指出的路径还是可行的，只是需要各方努力，特别是需要拥有巨大创新能力的发达国家认可并付诸实践才行。

提到创新，人们通常理解为科学技术创新。其实这是不全面的。创新不仅是指科技创新，还包括思想创新、观念创新、制度创新，等等。例如，改革现行不合理的世界政治经济秩序，改革现行世界金融货币体系等，都需要创新，需要运用人类的聪明才智破解现有的各种复杂的矛盾和难题。

中国是发展中国家，科技水平与发达国家存在较大差距。因此，中国政府大力提倡和扶持科技创新，这一点与哈萨克斯坦是相同的。同时中国政府也鼓励人们解放思想，实现观念、制度创新，并加快对创新人才的培养与合理使用，以尽快缩小与发达国家的差距，实现建设小康社会的目标。正因如此，中国与哈萨克斯坦在创新问题上存在很多共同语言。中国学者对纳扎尔巴耶夫总统提出的创新战略倍感兴趣，并进行认真研究，从总统提出的创新战略中获取宝贵的可资借鉴的思想。

在研究创新问题时，不能不提到这样一个事实，即美国华尔街的金融大鳄也以"创新"为名，制造多种金融衍生品，并由此引发一场波及全球的金融经济危机。这就是说，并非一切打着"创新"旗号的事务都会带来社会的进步，是否是创新还需要实践加以检验。正如科学存在真伪一样，"创新"同样存在真伪，对于伪创新也要予以揭露，防止其贻误社会，通过文明合作也可以防止伪创新的发生和流传。

三 世界不合理的金融货币体系必须改变

总统新著给我留下的另一个深刻印象是，总统本人对世界经济形势了如指掌。总统这部著作是在世界金融经济危机发生后写就的。为什么2008年世界会发生如此规模巨大和影响深远的金融经济危机？为什么这场金融经济危机会使广大发展中国家深受其害？世界各国应该如何应对国际金融经济危机？在后危机时代如何避免类似危机再次发生？总统对上述问题做了认真的思考，并提出了自己的看法。

总统认为，目前世界进入向后工业化文明的过渡时期，经济全球化在不断深化，而经济全球化本身具有积极和消极两方面作用。"当装备、技术突破和体系换代为所有经营体带来新的经济品质并使其成为共同财富时"（第111页），经济全球化才具有积极意义。经济全球化的消极方面是，世界各国"两极化程度越来越深，社会、经济和政治生活各领域的矛盾和其他作用因素趋向紧张"，特别是"为跨国公司和富国服务的新自由经济模式，其现行机制加剧和激化了世界经济结构性进程中的消极趋势"。（第111—112页）目前大型经济体并没有把主要精力放在解决贫国与富国、发达国家与发展中国家的差距上来，而是追求资本利益的最大化，使世界经济在20世纪后期逐渐转向危机。2008年发生的由美国次贷危机引发的全球性金融经济危机并非偶然，是主导世界经济的大国经济政策的产物。这场危机至今仍未完全克服，受影响最大的是中等发达国家和发展中国家。

为什么这场经济危机从金融领域开始？总统认为，这是由于"占据主导经济地位的不是实际生产行业，而是推出虚拟产品的金融机构，这就使虚拟行业快速增生，金融行业就是如此"（第115页）。而金融行业本身失去监管，出了问题，从而引发大规模经济危机。总统指出，问题还不仅限于此，造成全球性金融经济危机的深层次原因还在于与世界经济息息相关的世界货币体系存在先天的缺陷，这是指世界货币产生和运行机制，包括法律，程序，发行人，运行渠道，使用人等。总统将世界货币体系存在的缺陷或者说是问题归纳为以下几点：第一，它缺乏合法性，因为世界并不存在为各国认同的《世界货币法》；第二，现行世界货币工作程序缺乏民主性，"因为没有任何一国人民参与了世界货币发行人通过的决定和他们的活动"（第118页）；第三，世界货币供求关系缺乏竞争性，也缺乏自由，现行世界货币市场在保护发行人的特权；第四，现行世界货币市场不文明，因其游戏规则没有平等地保护所有参与者；第五，世界货币的使用者对世界货币的发行和运作制度不能也无权掌控；第六，世界货币发行人对其使用主体完全不负责任，这是导致全球性危机发生的重要原因；第七，全球性金融经济危机的发生说明现行世界货币体系根本无效。基于以上七点原因总统认为，现行世界货币体系已经陈旧老化，已经不适应自20世纪中期以来世界发生的变化。总统的结论是：必须改变存在严重缺陷的现行货币体系，在没有任何一种货币能承担"世界货币"职能的情况下，通过建立"超国家中转货币地区发行中心"暂时解决问题。总统呼吁世界各国都要重视解决"缺陷资本"或者说现行世界货币体系问题。总统认为，解决这样一个与世界各国有关的、涉及人类未来命运的问题，仅靠一个国家的努力是困难的，也是不可能的，需要通过全球和地区一体化努力才能实现。

应该说，总统对2008年发生的迄今仍未完全克服的世界金融经济危机根源的认识是深刻的，可谓一语破的。哈萨克斯坦是独立不到20年的发展中国家，在国家复兴和发展中历经坎坷，在进入21世纪经济快速发展之际，是世界某大国不负责任的经济行为，使该国经济再次遭受重挫。总统的精辟论述源于本国的实际。但他并没有仅停留在对本国经济遭遇困难的反思上，而是放眼世界，关注人类未来的命运，更重要的是思索了如何使今日发生的金融经济危机不再复制。这反映了总统是一位富有远见的政治家和思想家，充满对世界未来的责任感。

至于如何改变现行世界货币体系，能找到一种既不引起世界经济混乱、又能为世界绝大多数国家接受的方法，总统的建议有可取之处，可作为供各国考虑的方案之一。应该承认，现行世界货币体系确实存在诸多弊端，必须改变。但是，目前各国的主要精力仍放在克服金融经济危机之上，改革现行世界货币体系时机还不够成熟，特别是目前确实还没有一种理想的体系可以代替现行世界货币体系。因此，这项工作必须立足长远。当前紧迫的工作要放在加强对金融制度的监管上，呼吁世界货币发行人必须负起责任。各国也要针对现实调整本国的国内政策，在目前尚无法改变现行世界货币体系的情况下，将"不负责任的大国"给发展中国家带来的损失尽量减少。我们应该感谢纳扎尔巴耶夫总统，感谢他对世界货币体系弊端的直言和富有创意的建议，使世界各国增强了对改变现行世界货币体系重要性的认识和信心，也给各国领导人提供了可供参考的方案。

《国际社会全面革新战略与文明合作》是部富有创意的、有助于人们思考世界未来和如何保证世界可持续发展的重要著作和具有很高价值的科研成果,值得世界各国读者包括各国领导人一读。

——原载《欧亚社会发展研究》2010年年刊

（本书直接引语皆引自哈萨克斯坦大使馆提供的总统新著《国际社会全面革新战略与文明合作》一书中文版）

中亚国家进入新的选择期

【内容提要】 中亚国家独立20年，在复杂的国际和地区环境中摸索前行，2012年前后在总结经验的基础上，各国在国家体制和发展模式以及在外交方向上进入新的选择期。目前对中亚国家影响最大的国家是俄罗斯和美国，它们的体制和提出的设想与计划都对中亚国家的选择有一定的吸引力。相比之下，中国对中亚国家的影响力有限。在中亚国家新的选择期中，中国也应该有所作为，使中亚国家的关注点东移，这对中国的安全与发展非常重要。

1991年底独立的中亚国家，在"冷战"结束后的错综复杂的国际环境中面临国家体制和发展方向的第一次选择。时光荏苒，20年过去了，国际形势和中亚地区形势都发生了很大的变化，在新的形势下，中亚国家在经历了独立20年的探索之后，再次进入了对国家政体、发展模式和外交走向的选择。这次选择与独立初期的第一次选择相比更为自主和理性，不过这也不是最后的选择，年轻的国家总要经过多次反复实践，才能找到一条比较适合本国国情的道路。在中亚国家新的选择期，中国也应该有所作为，使中亚国家的选择对中国有利。

一 20年间世界形势和中亚地区形势发生很大变化

中亚国家独立已经20年。20年间世界形势和中亚形势都发生了很大的变化，其中对中亚国家影响较大的有以下几点：

第一，俄罗斯由20世纪90年代的衰落和疲软逐渐走向复兴和强大，国家政策也由媚西逐渐转向自主和自强。

苏联解体后,由叶利钦领导的俄罗斯处于一片混乱状态,国家面临再次解体的危险,经济处于危机状态,人民生活水平不断下降。更为严重的是,国家缺乏独立自主政策,任凭西方和国内媚西专家指点前进方向。当时俄罗斯的国际地位也在下降,几乎沦为西方不屑的二流国家。

从 2000 年起,普京执政八年之后,俄罗斯的情况发生了很大的变化,国家不仅避免了再次分裂的危险,经济也开始恢复,在国际舞台上又可以看到俄罗斯硬汉的身影,听到它敢于在西方面前示强的声音。对中亚国家而言,俄罗斯由企图抛弃它们转为拉住它们不放,彼此关系也在变化。俄罗斯政策上由全面媚西转向独立自主,极大地影响中亚国家的政策走向。

第二,美国实现了多年梦想,开始进入中亚,中亚地区形成大国逐鹿局面。

中亚是美国觊觎的地区,直到苏联解体后先是经济进入,"9·11"事件后借"反恐需要"为名实现了军事进入,填补了美国在世界军事布局的空缺。美军进驻中亚后,拉近了与中亚国家的距离,稀释了俄罗斯在中亚的利益和影响力,不断压缩着俄罗斯的战略空间。俄美矛盾逐渐积累和加深。2005 年美国在中亚策动"颜色革命",这是美国最为得意的时候,也是美国在中亚碰壁和俄罗斯反击的开始。俄美中亚博弈成为这两个大国在全球博弈的组成部分。由于美俄两国国内形势的变化,导致俄美两国在中亚的争夺态势逐渐发生变化,角色开始互换,由美攻俄守变为俄攻美守。

第三,阿富汗战争 10 年,美国获得的成果寥寥,却留下一堆问题。

2001 年美国打响了阿富汗战争,历时 10 年,造成 2000 多名美国大兵丧生,耗资数十亿美元,非但没有使阿富汗变成"民主国家",倒是制造了一大堆问题,如:造成阿富汗民众的分裂、数万人伤亡、经济遭受破坏、毒品泛滥等。毗邻的中亚国家受到牵连,安全形势严峻,社会问题增多。美国自己也获利不多,连打伊拉克和阿富汗两场战争,国内怨声四起,国际威望下降。

第四,世界经济由发展转向衰退,欧债危机使中亚国家思考欧洲模式是否完全适合于自己。

近20年世界经济全球化发展迅速,新独立的中亚国家也纷纷加入。世界经济形势一度很好,但不时发生发达国家为谋私利坑害发展中国家的事情,如1998年的东南亚经济危机和俄罗斯与中亚国家的经济危机都是典型的事例。2008年开始的、迄今仍未完全克服的世界金融危机也是美国大搞虚拟经济引发的,美国、欧洲都身陷其中,也殃及世界包括中亚国家的经济。中亚国家独立初期以欧美经济模式为榜样改造本国的经济体制。然而今日"老师"的窘境使作为学生的中亚国家不得不考虑自己今后的路该怎样走,有哪些教训值得吸取。

第五,中国快速发展,使中亚国家在与中国合作中获益匪浅。

1992年中国与中亚国家建交以来,彼此关系很好,成为好邻居、好朋友、好伙伴。最令中亚国家感兴趣的是,中国经济高速发展,已经成为世界第二大经济体。中亚国家通过与中国经济合作获益匪浅,上海合作组织的成立使中亚国家增加了与外部世界开展合作的平台,与中国的接触有了名正言顺的渠道。不过,迄今中国仍没有成为中亚国家学习的样板。

第六,中亚地区始终没有形成独立的板块,如何前行面临抉择。

20年来中亚国家常把一体化挂在嘴上,但实际上彼此关系渐行渐远,迄今没有形成统一的板块。俄美两国的争夺和提出的各种设想、计划,加剧了中亚国家的分裂。

第七,最近两年中东北非局势变化使中亚国家看到,选择能维护本国安全的朋友何等重要。

卡扎菲由于没有朋友,在紧急情况下无人出手相助,很快成了西方大国的鱼肉。叙利亚巴沙尔政权由于得到俄罗斯的支持,至今仍在与西方支持的力量抗衡。这种反差提示与中东北非相似的中亚国家,在重新选择朋友时必须三思而行。

二 中亚国家在探索中前进

1991年底,中亚国家独立。由于独立来得比较突然,各方面准备不足,又没有现成的治国理政经验可以借鉴,只能摸索前行。戈尔巴乔夫执政后期,给尚无自主权的中亚国家移植了"总统制""多党制"和

"三权分立"等西方政治体制,不过中亚国家独立后都按本国领导人的想法做了适当处理。在政治体制上,有的国家跟俄罗斯走,有的国家走"自己的路"。在经济上虽然都说要建立市场经济体制,但哈萨克斯坦等国和俄罗斯一样采取了"休克疗法",乌兹别克斯坦等国采取了"渐进"方式。这应该是中亚国家的第一次选择。当时哈、乌两国已经出现分歧。

尽管存在分歧,但在俄罗斯和西方推行的政治理念方面,中亚国家大多倾向于俄罗斯。例如,中亚国家基本赞同俄罗斯的"可控民主"和人权观,对西方的关于民主和人权的价值不接受,也不理会。

进入21世纪,普京执政后的俄罗斯发展很快,经济发展强化了政治欲望,政治设想也随之多了起来,建立关税同盟和欧亚联盟就是俄罗斯设想的与中亚国家建立新型关系的模式。关税同盟也好,欧亚联盟也罢,都是以俄罗斯为主导的国家集团,名义上是经济联盟,但实际很难局限在经济范畴,不涉及国家主权问题。短期内俄罗斯在经济上未必有多大好处,付出的可能要比拿到的多,但在政治上会获利颇多,明显是在朝建立更加紧密的国家集团方向努力,以此确保作为世界强国的地位。虽然俄罗斯表示没有恢复苏联的想法,但很多独联体国家还是有这种担心。即使已经加入关税同盟的哈萨克斯坦也一再强调其独立性,声明未来的"欧亚联盟"只是经济联盟。乌兹别克斯坦等国则拒绝加入。土库曼斯坦也不存在加入的可能性,吉、塔两国表示要加入,但何时加入仍不得而知。这除了俄罗斯认为这两个国家不符合标准外,恐怕也与吉、塔两国不够积极,心中另有想法有关。

我们知道,有的中亚国家独立初期一再说要"走自己的路",然而,这并不容易。这是由于它们都是各方面实力不强的小国,表达独立意愿可以,但真正走起来却困难重重。想使政治体制具有本国特点,西方国家不认同,利用各种机会施压。中亚国家中几乎没有一个国家的政治制度、民主和人权状况,没有受到西方的攻击指责,西方动用一切手段包括经济手段进行要挟。就连声称坚决"走自己的路"的土库曼斯坦,也在欧盟不予投资的压力下变一党制为多党制。2005年,乌兹别克斯坦为维护国家稳定,对武装攻击合法政权的极端分子进行反制,却受到西方的制裁,而对企图采用暴力推翻合法政府的行径,西方却称之为"革命"。这就是说,中亚国家不按西方的路线图解决国内问题会承受西方的巨大压力，在独立治国的道路上步履维艰。

三 俄美两国为中亚国家选择设定了标杆，对中亚国家的争夺不遗余力

回顾历史，20 年前苏联解体时中亚国家就面临俄美的激烈争夺。新独立的中亚国家在处理国内外事务时始终受到俄美两国的影响，例如，对政治体制、经济体制和对外战略的选择和如何处理国防、经济、安全、民族事务等。有的国家要看俄罗斯怎样做，有的国家要顾及西方的反应。众所周知，美国是作为世界宪兵到处插手的国家，俄罗斯仍然是在中亚地区影响力最大的国家。美国极力想取代俄罗斯的地位，填补自己全球战略的空白点。这就导致中亚国家独立伊始两个大国的争夺就开始了，中亚国家虽然想自己主宰命运，但由于经济的孱弱、话语权微小，在由大国掌控的世界里，不得不在大国的阴影下谋生存。美国发达的经济和科技对中亚国家有巨大的诱惑力，俄罗斯则凭借固有的联系和人文优势，对中亚国家也能施加影响。

20 年间俄美两国在中亚的争夺始终在进行，不过，随着这两国国内形势和国际形势的变化，争夺态势在发生戏剧性的变化。20 世纪 90 年代到 2005 年，基本争夺态势是，美国为攻方，俄罗斯为守方。在这种情况下，中亚国家由对美国的观望、接触到靠近，与俄罗斯的关系则由跟随、摩擦到疏远。当然，这种情况在不同国家也有所不同。哈萨克斯坦与俄罗斯的关系一直较为密切，乌兹别克斯坦与俄罗斯的关系则若即若离。2005 年以后，俄罗斯重新回到世界舞台中心，美国由于在国内外遇到更多的麻烦，特别是因为在中亚策动"颜色革命"和粗暴干涉中亚国家的内政，引起中亚国家的强烈不满并导致威望下降。美国被迫做出战略调整，不得不在中亚采取暂时收缩的政策。近两年，俄罗斯提出建立"欧亚联盟"的设想，美国抛出"新丝绸之路计划"，工作对象都包括中亚国家。面对如此现实，靠近谁，跟谁走，又成为中亚国家面临的选择。

不过应该指出，俄美两国目前的态势并不是终极态势，美国不会放弃中亚和精心炮制的"中亚战略"，也不会在 2014 年从阿富汗撤军后就

甩手而去，远离中亚。目前美国在中亚是暂时收缩，而不是放弃，起码在撤离阿富汗的过程中还会给某些中亚国家一些好处进行拉拢。俄罗斯虽然强势回归，但各方面能给中亚国家的好处有限，"欧亚联盟"设想的提出又触动了中亚国家主权这根敏感的神经。这些都成为影响中亚国家选择的因素。目前中亚国家只是再度进入选择期，而非选择节点，它们的走向还取决于其他一些因素特别是国内因素。

四 面临选择的不仅是外交，还有其他方面

上面提到的多是外交方面，其实需要选择的并不止外交，还有其他方面，如政体。中亚国家独立时都选择了总统制，2010年吉尔吉斯斯坦改为议会总统制，这是一次选择，尽管很多国际观察家对此并不看好，但这毕竟是解决困扰国内诸多问题的一次尝试。哈萨克斯坦总统纳扎尔巴耶夫也说过，在他之后的哈萨克斯坦要增强议会的作用，国家将实行总统议会制。这也是一种选择，只是目前仍处在酝酿阶段。土库曼斯坦已经由一党制改为多党制，对该国也是重大选择。中亚国家的社会保障制度由原有的经费由国家全部承担改为由国家、集体、个人共同承担，同样也是一种制度选择。乌兹别克斯坦决定本国国家安全不用由俄罗斯领衔的集体安全条约组织参与维护，改为靠自己的力量维护，这也是较为重大的选择。哈萨克斯坦逐渐改变"资源立国"的发展战略，实行"工业创新计划"和发展非资源性产业，这也是治国方针上的选择。总之，中亚国家在摸索独自管理国家事务20年之后，开始丢掉不切实际的幻想，能更清楚地认识自己和看待世界，在选择适合本国国情的制度和管理方式以及选择"最优先合作伙伴"问题上更加理性和谨慎。

五 中亚国家的走向取决于中亚国家的国内形势变化和俄美两国的博弈能力

可以预料，未来几年中亚国家国内政策的选择，在形式上会进一步向西方靠拢，西方采用的政治体制仍会继续成为各国的优先选择。至于

领导人任期制等恐难于实施，起码在土库曼斯坦，或者在塔吉克斯坦是如此。不管是总统制还是议会制，总统的权力会受到一定的限制，这也是一种趋势。至于外交选择方面，则与下列因素有关：

第一，取决于最高领导人的意志。中亚国家长期实行的"大总统、小政府、弱议会"的体制，这种情况一时还难于改变。国家外交大政方针基本取决于总统的意志。例如，哈萨克斯坦由于总统纳扎尔巴耶夫赞同建立"欧亚联盟"，故该国的外交与靠近俄罗斯是必然的。乌兹别克斯坦总统卡里莫夫对俄罗斯素无好感，乌兹别克斯坦外交方针就变得对俄疏远多于接近，乌兹别克斯坦不断与西方拉关系，这是现总统意志决定的。但纳扎尔巴耶夫和卡里莫夫毕竟年事已高，退出政治舞台是迟早的事情，其继任者是否仍延续原有的外交方针就不一定了。如果说哈萨克斯坦与俄罗斯友好的方针不会改变，那么后卡里莫夫时期的乌兹别克斯坦则很难预测。该国未必会延续特立独行的做法，作为选择，存在重回俄罗斯圈子的可能性。这些变化不仅取决于各国总统的意志，也与俄美两国的国内形势与政策有关。换言之，这些变化也与俄美两国能给予中亚国家的东西多少有关。

第二，中亚国家对大国的亲近程度在很大程度上是由大国的给予程度决定的，这种给予包括物质上的给予，也包括安全上的给予。俄美两国很清楚这一点，但是否给予，给予的程度，则取决于俄美两国的国内形势和外交重点的选择。

第三，俄罗斯不会放弃中亚，这一点可以肯定。多种迹象表明，普京第三个任期遇到的麻烦要多于前两个任期，但俄罗斯不会重新回到苏联解体时的状态。雄心勃勃的普京不会让中亚国家离己而去。不过，想让中亚国家与自己站在一起需要投入，而前些年俄罗斯只许诺不兑现，招致中亚国家的不满。俄罗斯如不改变这种做法，要中亚国家爱它并不容易。

第四，美国外交政策调整之后，中亚国家已经不是该国当前工作的重点。美国自身经济也不好过，因此对中亚国家的投入会相对减少，使中亚国家对其期望值缩水，客观上这对俄罗斯争取中亚国家有利。

需要指出的是，本文所说的选择是大方向的选择，并不意味着选择一方就完全拒绝或者摒弃另一方。

中亚国家多年来执行的是大国平衡战略，20年的外交实践证明，这种战略给它们带来很多好处，今后各国都不会放弃这个战略。这里所说的"大方向选择"，主要指是与俄罗斯为伍，还是更加靠近西方。大国平衡战略决定了，加入俄罗斯主导的"欧亚联盟"，并不意味着完全拒绝美国的"新丝绸之路计划"，哈萨克斯坦就是这样做的。只要对本国有利的事情，中亚各国都不会拒绝。依此推断，吉尔吉斯斯坦即使成为"欧亚联盟"成员，在2014年之后也未必令美国将吉"物质转运中心"撤走。中亚国家与大国发展关系的政策不会改变，大国拉中亚国家的政策也不会改变。"给予"即利益则成为影响中亚国家选择的砝码。中亚国家会根据本国国情和世界与地区形势变化，权衡利益关系，重新评估本国的内外政策，对未来走向做出新的抉择。

六 在中亚国家选择期中中国该怎样做

中国与中亚国家建交已经20多年。建交后彼此各方面友好关系发展很快，成为不同社会制度国家友好相处的典范。但20年的实践表明，中亚国家在国家体制特别是政治体制方面基本没有采用中国的做法，在经济合作方面它们虽然从中获得不少好处，但也存在不少微词。由于中国没有提出诸如"欧亚联盟"和"新丝绸之路计划"一类设想和计划供中亚国家选择，也就谈不上中亚国家跟中国走的问题。迄今中国缺乏明确的"中亚战略"，对中亚国家的选择影响有限。

然而，无论从哪个角度来看，中亚国家未来的选择包括对跟谁走的选择，对中国都很重要。国内存在一种看法，即中亚国家无论如何变化也不会忽视中国这个大邻国的存在。但我们是否能从另一个角度看问题，即中亚国家变化能否稀释中国在中亚的利益呢？小小格鲁吉亚的变化对俄罗斯的损害有目共睹，难道中亚国家永远不会成为另一个格鲁吉亚吗？或许不会。但不要忘记未雨绸缪这句古训。中国不追求在中亚建立自己的势力范围，但也不能在中亚国家新的选择面前袖手旁观、无所作为。20年前中国不具备让中亚国家选择中国道路的条件，今日情况变了，中国应该尽量发挥榜样作用，扩大自己的影响，通过经济合作和借助上合组织这个平台使中亚国家的关注点东移。另外，中国应努力在中亚国家进入新的选择期间避免其发生更大的分裂，这将有助于中亚地区的稳定和发展，客观上对中国也有利。当然，更为重要的是，中国要制定明确的中亚战略，使未来对中亚国家的工作有章可循。

——原载孙力、吴宏伟主编《中亚国家发展报告（2013）》，社会科学文献出版社2013年版

在中亚合作是中俄两国战略协作的重要方面

【内容提要】 俄罗斯是迄今世界上在中亚影响力最大的国家,但是,随着中亚地区形势的变化,俄罗斯面临巨大的挑战,对其影响力和利益诉求的最大挑战者为美欧等。中国与俄罗斯一样都是中亚国家的邻国,在中亚也有自己的利益诉求,但中国不是俄罗斯的竞争对手,而是与俄罗斯存在许多共同利益的合作伙伴。中俄两国在中亚合作,对彼此和中亚国家都有利,目前合作潜力远未用尽,应将发展中俄在中亚的合作作为中俄战略协作的一部分认真对待,携手共进,以取得互利共赢的结果。

中国与俄罗斯于1995年建立战略协作伙伴关系,2011年又将这种关系提升为全面战略协作伙伴关系,从而使中俄两国的战略协作更广泛、更深入,覆盖政治、经济、安全、人文、国际与地区事务等各个方面,从国家层面合作发展到地方层面合作,从全球事务合作发展到地区事务合作,本文论述的中俄在中亚地区的合作即属于中俄在与其毗邻地区的合作之一,同时也是中俄全面战略协作的重要组成部分。

一 俄罗斯是在中亚拥有最大影响力的国家

1991年底苏联解体,中亚国家独立,从此,俄罗斯与中亚国家皆自立门户,形成不同于苏联时期的新型国家关系。

由于历史原因,中亚国家与俄罗斯的关系不同于中亚国家和其他国家的关系。这种不同主要表现在俄罗斯对中亚国家的影响力和利益诉求明显大于其他国家,换言之,迄今俄罗斯仍是世界上在中亚拥有最大影响力的国家,这是俄罗斯与中亚国家存在如下特殊关系所决定的。

政治上,俄罗斯和中亚国家拥有相同或相近的政治体制、人权观和民主观。除土库曼斯坦外,其他中亚国家都是俄罗斯主导的独联体、欧亚经济共同体、集体安全条约组织的成员。鉴于集体安全条约组织具有军事同盟的性质,仅这一点世界上还没有一个国家能与俄罗斯相比。俄罗斯与中亚国家的领导人每年都要通过俄罗斯主导的各种合作机制会晤,协调彼此关系和对世界与地区事务的立场。完整的组织和会议机制将它们联系在一起。正因如此,国际社会通常把俄罗斯和中亚国家看作是一个由俄罗斯领衔的国家集团,形象地将中亚地区称作俄罗斯的"后院"。世界上其他国家至今在中亚并不享有这种"后院"主人的地位和感觉。

经济上,苏联时期形成的交通运输、电信、技术标准、管理方式的划一,以俄罗斯为中心的经济布局,虽然经过 20 年已经发生一些变化,但基础设施和经济联系的基本格局没有发生根本性的改变,这是俄罗斯企业进入中亚国家的优势。迄今俄罗斯仍控制着中亚国家的部分资源和油气运输管道,对中亚国家仍具有科学技术优势。特别是在制度安排上,俄罗斯已经与哈萨克斯坦建立了"统一经济空间",吉尔吉斯斯坦和塔吉克斯坦也准备加入。俄罗斯还准备进一步将其提升为"欧亚联盟"。这种关系也是其他国家不具备的。

军事安全上,俄罗斯军队与中亚国家的军队存在千丝万缕的联系。俄罗斯为中亚国家军队培养军事人才,提供军事装备,保护领空,提供核保护伞,还在塔吉克斯坦和吉尔吉斯斯坦建有军事基地。集体安全条约组织成立的中亚快速反应部队由俄、哈、吉、塔等国组成,是维护中亚稳定和抵御外来侵略的重要军事力量。

人文方面,俄罗斯在中亚国家社会、文化、教育、媒体等各方面的影响仍很大。俄语在中亚国家通行是俄罗斯联系中亚国家的一大优势。俄罗斯传媒仍是中亚国家民众获取信息的重要来源。共同抗击德国法西斯的历史记忆增加了彼此的亲近感。

除历史形成的各种原因外,现实原因也不可忽视。普京在 2000—

2008年任总统期间和2012年第三次出任总统后,十分重视发展与中亚国家的关系,将中亚国家视为俄罗斯外交的重点,将防止其他国家染指中亚定为俄罗斯的国策。俄罗斯的政策有助于稳定其在中亚的影响力和利益。

不过,俄罗斯在中亚也有短板:历史形成的积怨、经济实力不足和挥之不去的大俄罗斯沙文主义。中亚国家虽然能与俄罗斯开展合作,而且多数国家将其视为第一合作伙伴,但却不愿意与俄罗斯重新组成一个国家。俄罗斯的短板、中亚国家的外交自主性和加入全球化进程,为其他国家进入中亚和分流俄罗斯的影响力提供了可能。

不过应该看到,俄罗斯与20年前即苏联解体前相比,其影响力的范围和力度都明显下降,在某些领域已经不能覆盖中亚五个国家。目前影响最大的领域是军事安全领域和国际与地区事务,影响最小的是经济领域。俄罗斯的影响力在式微,但认为其他国家在中亚的影响力已经赶上甚至超过俄罗斯是缺乏根据的。

俄罗斯对中亚的利益诉求有三点:战略利益、安全利益和经济利益,其中前两点最为重要。

战略利益缘于俄罗斯的战略目标。须知,俄罗斯的战略目标是防止俄罗斯沦为二流国家,恢复在世界上的强国地位。普京总统还提出在2015年建立能囊括欧亚大陆的"欧亚联盟"的目标。俄罗斯为实现宏伟的目标,仅靠自身力量是不够的,必须以分布在欧亚大陆的独联体国家为其战略依托,这其中就包括中亚国家。没有中亚国家的加入,就谈不上"欧亚联盟"。为此,不能让中亚国家离己而去。俄罗斯将中亚地区视为自己的核心利益即是这种战略考量的反映。俄罗斯会不惜代价地保护中亚,不让任何国家染指。

中亚对俄罗斯的安全利益也很重要。中亚国家为俄罗斯的邻国或近邻,中亚稳定,俄罗斯南部就会稳定,如果中亚发生动乱,俄罗斯南部安全也会不保。特别是俄罗斯也像中亚国家一样存在非传统安全威胁问题。维护中亚地区的安全与稳定就是维护自身的安全与稳定。

经济利益对俄罗斯也不是可有可无。中亚的能源,特别是石油天然气资源,可以助俄罗斯在世界上处于强势地位,俄罗斯想在世界建立"天然气欧佩克",离开土库曼斯坦也难有作为。中亚国家的某些黑色金属、有色金属和稀有金属，农牧业产品也是俄罗斯需要的。当然中亚国家还是俄罗斯的传统市场。

在国际与地区事务上，俄罗斯需要中亚国家与其呼应，没有独联体国家的支持，俄罗斯在很多问题上也会孤掌难鸣。

总之，俄罗斯在中亚的影响力是巨大的，利益诉求是全面的、具有战略性质。

二 地区形势变化对俄罗斯的影响

近20年中亚地区形势发生很大的变化，这些变化在一定程度上稀释和动摇了俄罗斯在中亚的影响力和利益。

地区形势变化表现在两个方面：一是中亚国家自身变化，二是中亚国家与其他国家关系的变化。

中亚国家自身变化表现在：（1）作为独立主权国家，已经自主处理国家事务，不希望别的国家指手画脚，充当"教父"；（2）经济羸弱，资金匮乏、技术落后，渴望通过对外合作获得各方面帮助，以改变现状；（3）非传统安全威胁被看作是对本国安全与稳定的最大威胁，通过加强与各方合作保障自身安全；（4）对外奉行"全方位"外交和务实外交，在与多方交往中获取最大利益；（5）"去俄罗斯化""西化""伊斯兰化"并存，俄罗斯文化影响在式微，西方文化和伊斯兰教影响在扩大。

中亚国家与外界关系的变化系指中亚国家独立后很多国家和国际组织怀着各自不同目的进入中亚，有的国家制定了明确的"中亚战略"，有的国家与中亚国家建立了合作机制。例如，欧盟的"对独联体国家的技术援助计划"和"中亚战略"，北约的"和平伙伴关系计划"，美国的"大中亚计划"和"新丝绸之路计划"、日本的"5+1外长对话机制"，韩国的"韩国—中亚合作论坛"，土耳其的"突厥语国家元首会晤"等。此外，参与中亚地区合作的还有联合国所属的组织和国际金融机构，如联合国禁毒署和开发计划署、亚洲开发银行、世界银行、欧洲复兴开发银行、伊斯兰银行等。

形形色色的"合作机制"进入中亚对中亚国家来说并非是坏事，这为它们发展与大国、国际组织和金融机构的关系提供了机遇，既能提升自己的国际地位,也能得到相当数量的物质回报,但对俄罗斯来说无疑稀释了它的影响力,甚至严重威胁到俄罗斯的战略利益。如果说很多国家与中亚国家合作重点放在经济领域,这符合中亚国家的需要和利益,属于全球化条件下正常的经济竞争关系,那么,美国与欧盟推行的所谓"民主推进"政策则致力于改变中亚国家的政权,输出自己的意识形态和价值观,压缩俄罗斯的战略空间。正是"民主推进"政策和美欧大力扶持吉尔吉斯斯坦反对派,成为吉国政权更迭的重要外因。美国推行的"大中亚计划"及其变种"新丝绸之路计划"也是想使中亚国家脱离俄罗斯集团,使普京的"欧亚联盟"化为泡影。另外,美国趁"9·11"事件之机在中亚建立了军事基地,而且想长期在中亚保持军事存在。借阿富汗战事为名,行牵制和对付中俄两国之实。仅上述事实就能说明,对俄罗斯在中亚战略利益构成最大威胁的是美国和欧盟,它们觊觎中亚并非为了局部利益,而是具有战略考量。它们与俄罗斯的矛盾是根本性的矛盾,是俄美对抗在中亚的延伸。目前的态势是俄罗斯仍占据一定的优势,但优势正在逐渐丧失。这一点俄罗斯已经意识到,维护在中亚的影响力和利益已经成为其面对的现实问题。

三 中俄在中亚有更多的利益共同点

中亚国家独立后,中国是最早承认它们独立并与其建立大使级外交关系的国家之一。中国与中亚国家很快形成友好合作关系,建交20年来各方面合作进展迅速,彼此已经成为好邻居、好朋友、好伙伴。特别是在2001年中国、俄罗斯和中亚四个国家共同组建了上海合作组织,这为中国与俄罗斯在中亚地区开展合作搭建了很好的平台。

像俄罗斯和世界许多国家一样,中国在中亚也有自己的利益诉求,也具有一定的影响力。不过,与许多国家不同的是,中国与中亚国家的关系建立在"和平共处,五项原则"之上,特别是以不干涉内政为突出特点。中国不对中亚国家输出自己的价值观、意识形态和国家制度,在经济方面坚持平等互利、共同发展的方针。中国对中亚国家的影响力有限,利益诉求同样有限。

中国对中亚国家的利益诉求主要有四点:(1)政治方面,希望在事关国家核心利益和重大关切问题上得到对方的尊重和照顾。（2）安全方面，希望中亚国家和中亚地区保持稳定，从而为中国西部创造安全稳定的周边环境。（3）经济方面，希望通过优势互补、平等互利的合作实现共同发展的目标。同时中国也愿意与其他国家在中亚开展经济合作，实现多边共赢。（4）国际与地区事务方面，希望做到相互协调立场、取得共识。从上述各点来看，中国的利益诉求是有限的，局部的，不存在扩大势力范围的问题，更不存在取代俄罗斯地位的想法。中国以不干涉合作方的内部事务和努力维护中亚地区的稳定以及促进经济社会发展作为与中亚国家开展合作的宗旨。也正是中国的现行中亚政策和有限的利益诉求决定了中国在中亚的影响力不能与俄罗斯等国相比，肆意夸大中国在中亚地区的影响力或是误判，或是别有用心。

考察中俄两国在中亚的利益诉求，可以发现存在很多共同点：

第一，都希望中亚地区安全与稳定，认为这符合本国的利益，并将此作为与中亚国家开展合作的重要方面。中俄两国和中亚国家都深受"三股势力"、毒品和有组织犯罪之害，与远离中亚的美欧国家感受不同，因此，反对"三股势力"、禁毒和打击有组织犯罪已经成为共同的需要，换言之，共同的利益促成中俄和中亚国家在安全方面需要、能够而且正在进行广泛的合作。

俄罗斯通过集体安全条约组织和建立军事基地等方式加强与中亚国家的安全合作，这对打击"三股势力"有利，对维护中亚地区的安全与稳定有利，中国对此表示理解，认为这同样对中国有利。中国与中亚国家在安全方面的合作方式与俄罗斯不尽相同，但希望中亚地区和平与稳定的目标与俄罗斯一致。在对待中亚美军基地和阿富汗问题上，中俄也存在类似的主张。总之，在维护中亚地区安全问题上，中俄存在较多的利益共同点。

第二，在国际与地区事务方面，无论是在人权、民主和改变不合理的世界政治经济秩序问题上，还是在维护自身安全方面，中俄都面临西方的巨大压力，有维护自身利益和抵御外来攻击的共同需要，这就使得中俄对世界多极化问题、人权观和民主观，以及要求改变现有的不公正的世界政治经济秩序以及西方强行输出自己的价值关方面存在相同或相近的看法，在国际舞台上能相互策应，并引导处境与中俄相似的中亚国家与中俄站在一起。中俄和中亚国家主张的"互信、互利、平等、协商,尊重多样文明,谋求共同发展",更为构建彼此合作关系提供了理念支撑。

第三,在经济方面也存在局部契合点,例如,中国在中亚建设的油气管道和帮助中亚电信设施的升级换代,使中俄两国有了通过中亚国家连接两国的又一条油气管道和便捷彼此的通信设施,交通运输方面也存在通过中亚地区扩大合作的可能性。这些都有利于中俄两国以及与中亚国家一道开展经济合作。

应该说,上述各点决定了中俄在中亚存在合作的坚实基础,构成中俄在中亚合作的基本面。

当然,中俄两国在中亚也存在利益不同点,这主要表现在经济方面。中国对中亚油气资源、铀和其他金属资源的大量需求,以及中国廉价商品进入中亚市场,引起俄罗斯的不安,认为这是中国在挤压其经济利益。其结果导致俄罗斯对发展中俄两国在中亚开展经济合作缺乏兴趣,很少参与大型项目合作。如果说,俄罗斯对中国与中亚国家合作存在看法,这是最主要的,不过,这是中俄在中亚合作的次要方面。

四 共同努力,使合作取得更多成果

近20年中俄关系越来越好,两国已经结成全面战略协作伙伴关系,这种合作也延伸到中亚事务上。如上所述,中俄在维护中亚地区安全稳定、禁毒、打击有组织犯罪、阿富汗事务和遏制美军在中亚的存在与扩张方面都有较好的合作,特别是通过上海合作组织这个平台使合作更有成效和顺畅。在经济合作方面双方正在寻找更多的合作渠道和项目,扩大利益共同点。尽管目前具体合作成果还不多,但合作潜力却很大,合作前景令人看好。中国、俄罗斯和中亚国家已经加入或即将加入世界贸易组织,这为中俄两国除上海合作组织外又增加了一个合作平台。

未来10年,中亚地区形势由于存在许多不确定因素可能会变得复杂和严峻。这是由域内因素和域外因素所决定的。

域内因素是指:(1)中亚国家内部发展的不平衡性,加之未来几年中亚一些国家将会发生领导人变动，由此产生的问题。这首先涉及乌兹别克斯坦和哈萨克斯坦两个中亚大国，因为这两国现领导人年事已高，岁月不留人。国际社会普遍担心，一旦政权交接过程中发生不测，国内出现动乱，会影响到地区稳定。（2）近年来中亚国家极端势力活动猖獗且活动范围有所扩大，从中亚南部地区向北部地区蔓延。这种趋势会随着美军撤出阿富汗有所发展，非传统安全威胁将会对各国安全构成更大的挑战。（3）民族和部族矛盾问题也不可忽视。2005年和2010年吉尔吉斯斯坦国内出现的动乱，其原因之一就是民族和部族矛盾。迄今吉南部地区局势仍不稳定，安全形势仍令人担忧。

域内因素还包括中亚国家之间发展不平衡和因利益矛盾产生的问题。例如，乌兹别克斯坦和塔吉克斯坦之间因为水资源的利用和环境保护问题引发的尖锐矛盾，迄今还看不到解决矛盾的路线图，只能留待今后解决。另外，中亚国家之间还存在领土纠纷、经济矛盾等。

域外因素是指：（1）阿富汗问题。这是目前一直困扰中亚国家的问题。随着2014年美军从阿富汗撤走，留下一个烂摊子，对中亚安全的负面影响只能扩大，不会减少，非传统安全威胁、毒品问题在未来10年将会长期存在。（2）美国和西方对中亚国家，甚至对俄罗斯和中国的"民主推进"工作不会停止。这是美欧的既定方针，称霸世界的需要，哪个政党在台上都会这样做。

俄罗斯普京总统计划于2015年建立"欧亚联盟"，哈萨克斯坦等国将会加入，乌兹别克斯坦等国未必，这就使中亚国家之间的裂痕进一步加深，经济联系和其他关系将会变得更加复杂。

中亚地区可能发生的上述变化，将会直接影响到地区安全、经济合作和应对域外影响的协同努力。因此，中俄两国有必要加强合作，并带动和团结中亚国家共同迎接挑战。

近年来西方反华势力利用中国经济实力增长、中国企业走向中亚，挑拨中俄两国以及中国与中亚国家之间的关系，频频散布"中国威胁论"。俄罗斯国内也有一些不喜欢中国的人予以附和。显然这不利于中俄两国的团结与战略协作。然而，俄罗斯领导人和广大民众深谙中俄友好之重要，坚持发展全面战略协作，这将有利于中俄两国在中亚开展合作。

中俄在中亚开展合作须从两国友好关系的大局出发，坚持政治互信。俄罗斯应该相信中国没有在中亚坐大和取代俄罗斯地位的想法和能力，相信中国会尊重和支持俄罗斯在中亚的合理利益诉求，协助俄罗斯维护中亚地区的安全与稳定，通过发展区域经济合作带动中亚国家经济发展，在事关中亚问题的国际与地区事务上能与俄罗斯协调立场，共同应对。当然，中国也希望俄罗斯能持同样的立场。

需要指出的是，中俄两国都是大国，其主张和行为方式都会对中亚国家产生影响，对上海合作组织也会产生影响。中俄两国合作得好，中亚国家和上海合作组织就会团结和运行顺利，否则就会影响中亚国家和上海合作组织中亚成员国之间的关系。因此，加强中俄两国在中亚的合作，不仅是中俄两国自己的事情，也会涉及中亚国家。

另外还要指出的是，中俄在中亚开展合作时，必须要考虑中亚国家的意愿和感受，还要尽量吸收它们参与，毕竟它们是中亚大地的主人，中俄两国不可越俎代庖。对于中俄联手维护中亚地区的安全与稳定，两个有实力的大国帮助它们发展经济、改善民生，帮助它们走向世界，中亚国家对这些肯定是欢迎的，它们所不欢迎的是对其内部事务说三道四，横加指责。2005年美国对乌兹别克斯坦处理"安集延事件"不满并加以制裁，使乌兹别克斯坦政府格外愤怒，并因此将美国在乌军事基地赶走，就是典型例证。中俄两国和中亚四个国家同为上海合作组织成员国，在处理彼此关系和发展合作时，应以"上海精神"为准则，中俄是大国，更应该率先垂范。

2006年6月中国国家主席胡锦涛在上海合作组织国家元首理事会会议讲话中指出："中国将实施互利共赢的开放战略，真诚同各国开展互利合作，实现共同发展"，他特别强调，"上海合作组织是全面深化同俄罗斯和中亚国家长期睦邻友好和互利合作的重要平台，是中国对外政策的优先方向"。[①] 自中俄建立战略协作伙伴关系和共同组建上海合作组织以来，中国并不是将俄罗斯简单视为普通的邻国，而是将其视为最重要的朋友和优先合作伙伴。中俄合作同样适用于两国在与其毗邻地区的合作，包括在中亚和东北亚等地的合作。这些合作应该是两国全面战略协作的

---

① 胡锦涛：《共创上海合作组织更加美好的明天》，《人民日报》2006年6月16日。

重要组成部分。相信在两国高层重视和推动下，中俄两国在中亚的战略协作会越来越顺利，比现在做得更好。

——原载李凤林主编《欧亚发展研究（2013）》，中国展望出版社2013年版

论影响中国与中亚以及中俄关系的"俄罗斯因素"与"中亚因素"

【内容提要】 影响中国与中亚国家关系的有"俄罗斯因素",影响中俄关系的有"中亚因素",俄罗斯在这两个"因素"中都扮演着重要角色,是影响中亚事务和相关国家关系的重要力量。两个"因素"既有积极作用,也有消极作用。须辩证看待,特别应正确评价俄罗斯在中亚的存在与影响。中亚国家与俄罗斯的关系与20年前相比也发生了很大变化,对中国与中亚国家的关系也有影响,为使中、俄、中亚国家关系和谐发展,必须扩大两个"因素"的积极面,缩小消极面,通过增强互信,相互支持,互利共赢,达到携手前行。

在研究中国与中亚国家的关系时,有一个国家是无法绕开的,这就是与中国和中亚国家皆毗邻的俄罗斯。同时,在研究中俄两国关系时有一个因素也是无法回避的,这就是中亚。这就是为什么近年来在研究中亚事务和中俄关系时,时而会看到"俄罗斯因素"和"中亚因素"的提法,本文就这两个"因素"谈点看法。

一 俄罗斯是影响中亚事务的关键因素

中亚国家独立已经20年,它们在政治、经济、军事、安全、文化、外交等各方面都在执行独立自主的政策,并取得很大的成就。特别是在外交方面,它们执行全方位的外交政策,与世界很多国家建立了友好关系。然而,国际社会普遍注意到,在中亚国家的国内外政策和事务中,都能不同程度地看到一个国家影响的痕迹，并在影响中亚国家。这个国家就是俄罗斯。

众所周知，苏联解体后的20年间，中亚地区形势发生了很大的变化，由过去苏联时期封闭的一隅成为当今世界许多国家竞相逐鹿的地区。它们的政治经济体制与数年前也大不相同，但很多变化与俄罗斯相似。中亚地区已失去了昔日相对平静的状态，"三股势力"、毒品、有组织犯罪等毒瘤在侵蚀它们的肌体。相继进入中亚的大国都在以各种方式施加影响，妄图将中亚国家纳入自己的势力范围，其中以美国、欧盟最为卖力。尽管如此，迄今仍没有一个国家在中亚的影响力超过俄罗斯，没有一件中亚重大事务离开俄罗斯能得到顺利解决。"俄罗斯因素"就是由此而来，换句话说，这是能够左右中亚事务发展与变化的重要因素。"俄罗斯因素"的产生与存在是由一系列因素，包括历史因素和现实因素决定的，是俄罗斯与中亚国家存在"特殊关系"的产物。这种"特殊关系"表现在以下几个方面：

第一，政治上，俄罗斯与中亚国家有二三百年生活在一个国家的历史，仅苏联时期就长达70年。1991年苏联解体后，俄罗斯和中亚国家虽然都成为独立主权国家，但拥有相同或相近的政治体制、人权观和民主观。除土库曼斯坦外，其余中亚国家都是俄罗斯主导的独联体、欧亚经济共同体、集体安全条约组织成员。集体安全条约组织具有军事同盟的性质，独联体和欧亚经济共同体每年都要举行国家元首和政府首脑会议，通过大量文件，尽管文件并不能完全落实，但完整的组织和会议机制将它们联系在一起。正是因此，国际社会通常把俄罗斯和中亚国家看作是一个由俄罗斯领衔的国家集团。由于俄罗斯和中亚国家的实力相差很大，加上俄罗斯一贯想通过独联体等国际组织掌控中亚国家，将其视为自己的战略空间，故国际社会又将中亚地区称作俄罗斯的"后院"。世界上其他国家至今也不具有这种"后院"主人的地位和感觉，包括雄心勃勃、四处插手的美国。

第二，经济上，苏联的遗产之一是在铁路、公路、油气管道、电信等方面将俄罗斯与中亚国家联系在一起，原来以俄罗斯为中心安排的经济布局虽然有些已经被打乱，但在一些部门仍存在密切的联系。经济管理方式相近，技术标准统一，这是俄罗斯企业进入中亚国家的优势。俄罗斯仍控制着中亚国家的部分资源和油气运输管道，仍是中亚国家对外经济合作的重要伙伴。具有相当经济实力和领先技术的俄罗斯仍然是经济孱弱的中亚国家的依靠对象。哈萨克斯坦是 2010 年由俄罗斯等国组成的关税同盟的成员，吉尔吉斯斯坦和塔吉克斯坦也要加入。与其他国家相比，经济是俄罗斯对中亚国家施加影响最薄弱的环节，但近几年随着国力的提升，俄罗斯也在加强这方面的工作。

第三，军事安全方面，中亚国家的军队是在原苏军基础上组建的，与俄罗斯军队有千丝万缕的联系。中亚国家军队的高中级军官大部分毕业于苏联或俄罗斯的军事院校，军事装备主要来自俄罗斯。俄罗斯在塔吉克斯坦和吉尔吉斯斯坦拥有军事基地，中亚国家的空防预警多仰仗俄罗斯。中亚国家将俄罗斯强大的核武库视为自己的保护伞，俄罗斯也当仁不让地承担了这个重任。集体安全条约组织成立的中亚快速反应部队由俄、哈、吉、塔等国组成，是维护中亚稳定和抵御"三股势力"的重要军事力量。

第四，人文方面，尽管中亚国家独立后都在推行"去俄罗斯化"政策，但俄罗斯影响在中亚国家社会、文化、教育、媒体等各方面无处不在。迄今，俄语仍是中亚国家通用的语言，俄罗斯报刊在一些国家仍在公开出售，其电视仍是中亚国家民众获取信息的重要来源。中亚国家与俄罗斯的往来仍较其他国家便捷，历史记忆例如在抗击德国法西斯战争中并肩作战增加了彼此的亲近感。

以上各点是在俄罗斯与中亚国家发展关系时，历史地形成的长处，优于其他国家。现实因素是，普京执政后直到目前，中亚是俄罗斯对外战略的重点，防止其他国家染指中亚是俄罗斯的既定国策。

俄罗斯在中亚也存在不及他国的短板。这是指历史积怨、经济实力不足和挥之不去的大俄罗斯沙文主义。中亚国家虽然能与俄罗斯加强合作，将其视为第一合作伙伴，但却不愿意与俄罗斯重新组成一个国家，它们奉行的"全方位外交战略"，而非单靠俄罗斯就是明显的例证。但是迄今中亚国家对俄罗斯的向心力仍大于离心力，其他国家想取代俄罗斯在中亚的地位尚需时日。

近 20 年中国与中亚国家的关系发展很快，对中亚国家的影响力在逐步提升，特别是在俄罗斯的薄弱环节经济领域，这不能不引起俄罗斯的关注。于是,"俄罗斯因素"在中国与中亚国家的合作中也就有所闪现,并产生影响。由于世界各国的政治理念不同,价值观不同,看问题的角度和出发点不同,对"俄罗斯因素"在中国与中亚国家关系中的作用的评价也不同。

二 对"俄罗斯因素"的辩证分析

俄罗斯是世界上有着广泛影响的大国之一,是多极世界中的一极,尽管其经济实力稍弱,但军事实力,特别是拥有强大的核武库,使西方对其不敢小觑。从全球角度来看,西方学者使用的"俄罗斯因素"具有中性或者贬义,因为在国际政治领域,俄罗斯经常位于西方主张的对立面,是西方设想按自己的意愿改造世界和解决国际和地区重大问题难于逾越的一关。不过,就中亚事务而言,西方所说的"俄罗斯因素"通常具有贬义,因为俄罗斯是西方推行中亚战略的巨大障碍。

西方的中亚战略具有三个目标:安全、能源、"民主改造"。自西方大国进入中亚后就为实现这些目标投入大量人力和财力,与俄罗斯展开激烈的博弈。西方大国在石油天然气资源方面下手较早,趁中亚国家刚刚独立之机,在俄罗斯无暇顾及中亚国家的情况下,收购了哈萨克斯坦不少有开发潜力的区块,在其他中亚国家也以合资名义占有了大量自然资源。在安全方面,西方通过援助中亚国家的安全和军事部门施加影响,并以"反恐"为名,在中亚建立了军事基地,在俄罗斯的"后院"初步站住了脚跟。在"民主改造"方面,西方通过推行其价值观,培养亲西方人员,甚至策动"颜色革命",企图使中亚国家摆脱俄罗斯的影响,将它们拉入自己的势力范围,瓦解俄罗斯的战略空间。这就是说,西方提出的和目前仍在推行的中亚战略与俄罗斯的中亚利益大相径庭。须知,俄罗斯的战略目标是全面掌控中亚,不能让中亚国家离己而去,因此,在俄罗斯的外交构想中,是将包括中亚国家在内的独联体视为自己的核心利益,不惜代价地加以保护。这就使俄罗斯与西方在中亚产生了根本性的利益碰撞。尽管俄罗斯与西方在个别问题上例如在阿富汗战事上也有合作,但利益碰撞是主要的,难于调和的。

"俄罗斯因素"对中国与中亚国家的合作来说则不然。与俄罗斯将中亚国家视为自己的战略空间和"后院"不同，中国在中亚的利益是有限的，不同于西方竭力挤压俄罗斯甚至谋求取而代之。中国在中亚追求的是：通过保障中亚地区的安全与稳定来保障中国西部的安全与稳定；通过取长补短、互利共赢的经济合作谋求合作方的共同发展；通过在国际事务中的协作形成真正的朋友关系。中国的有限目标决定了中国在中亚与俄罗斯不存在根本性的利益冲突，中俄两国在中亚存在很多利益共同点：

第一，中俄两国都希望中亚地区安全与稳定，认为这符合本国的利益，并将此作为与中亚国家开展合作的重要方面。与此相关，中俄两国和中亚国家都深受"三股势力"、毒品和有组织犯罪之害，与远离中亚的美欧国家感受不同，因此，反对"三股势力"、禁毒和打击有组织犯罪已经成为共同的需要，换言之，共同的利益促成中俄和中亚国家开展广泛的密切的合作。

至于俄罗斯通过集体安全条约组织和建立军事基地等方式加强与中亚国家的安全合作，这对反对"三股势力"有利，对维护中亚的安全与稳定有利，中国对此表示理解和赞赏，认为这同样对中国有利。中国与中亚国家在安全方面的合作和俄罗斯与中亚国家的安全合作并行不悖，存在合作的巨大空间。"俄罗斯因素"不是中国与中亚国家安全合作的阻碍力量，而会助中国与中亚国家安全合作一臂之力。

第二，在国际事务方面，无论是在人权、民主和不合理的世界政治经济秩序问题上，还是在维护自身安全方面，中俄都面临西方的巨大压力，有维护自身利益的共同需要，这就使得中俄对世界多极化问题、人权观和民主观，以及要求改变现有的不公正的世界政治经济秩序方面，拥有相同或相近的看法，在国际事务方面能相互策应，并引导处境与中俄相似的中亚国家与中俄站在一起。中俄和中亚国家主张的"尊重多样文明，谋求共同发展"，更为构建彼此合作关系提供了理念支撑。

第三，在经济方面也存在局部契合点，例如中国在中亚建设的油气管道和帮助中亚电信设施的升级换代，使中亚国家有了可连接中俄两国的油气管道和便捷彼此的通信设施，同样有利于俄罗斯与中亚国家以及与中国的经济合作。

应该说，上述各点是"俄罗斯因素"在中亚的积极方面，而且是基本方面和主流。

当然，中俄两国在中亚也存在利益不同点，这主要表现在经济方面。中国对中亚油气资源、铀和其他金属资源的大量需求，以及中国廉价商品占据中亚市场，引起俄罗斯的不安，认为这是中国在挤压其经济利益。其结果导致俄罗斯对发展中亚经济多边合作不感兴趣，很少参与合作。如果说"俄罗斯因素"在中国与中亚国家合作方面存在消极作用，这是最主要的，不过，这是次要方面和支流。

三 关于中俄关系中的"中亚因素"

俄罗斯是中国最重要的合作伙伴。中俄战略协作伙伴关系建立10年，成绩斐然，今后还会继续发展深化。这就要求消除不利于友好关系发展的各种因素，其中也包括所谓"中亚因素"。

"中亚因素"系指由于中俄在中亚因利益碰撞导致关系不和谐的因素，构成该因素主体的既有俄罗斯、中国，也有中亚国家和其他力量。但就中俄关系而言，俄罗斯和中国是主要的。"中亚因素"与"俄罗斯因素"相同的是都涉及俄罗斯，所不同的是，"俄罗斯因素"中的俄罗斯是"因素"的主要方面，而"中亚因素"中的中亚并不是"因素"的主要方面，而是作为中俄关系中的相关因素存在。

"中亚因素"系中亚国家独立的产物，也是中亚国家积极参与国际事务，与世界各国和国际组织发展政治、经济、军事等合作的产物。但就中俄关系而言，"中亚因素"与俄罗斯对中国在中亚的活动误读有关，也与中国走向中亚的方式有关。

中亚国家独立后，中国很快与它们建立了外交关系，共同的需要使彼此关系发展很快。特别是中国与中亚国家的经济合作形成一定的规模和很多企业走向中亚，使俄罗斯极为不爽。俄罗斯看中国的最大误区是担心中国与它争夺中亚，担心"应归属"于它的资源被中国拿走，更担心中国影响力的扩大会使中亚国家改换门庭，使其丧失作为中亚主导国的地位。中国企业在中亚表现出来的"收购能力"和中国政府不断增加的"援助与贷款能力"以及中亚国家部分民众表现出来的学习汉语的热情，使俄罗斯的担心与日俱增。尽管中国一再声明，中国与中亚国家的合作遵循"互利双赢"原则，不存在其他政治诉求，不会挤压俄罗斯的传统利益和取代俄罗斯在中亚的地位，但声明并不能打消俄罗斯的疑虑。中俄关系中的"中亚因素"的不利方面被某些势力不断放大，并随着中国进入中亚的步伐加快日益显露。

"中亚因素"也并非与中亚国家完全无关。中亚国家国内政策的变化，例如，它们推行的"去俄罗斯化"政策和在一些看起来对中国的"过分"热情，都在影响俄罗斯的感受，不免间接地反映到中俄关系上。中亚国家领导人对中俄都很友好，但在一些国家推行的政治多元化政策下，有少数人附和西方的需要，攻击中国或俄罗斯，或者与俄罗斯国内少数对华不友好的势力相呼应诋毁中国，都会对中俄关系产生不利的影响。

四 两个"因素"自身关系的变化与相互影响

这里所说的两个"因素"自身关系的变化，就是指俄罗斯与中亚国家关系的变化，因为今日俄罗斯与中亚国家的关系也与各国独立初期时有所不同。

第一，俄罗斯在不断调整对中亚的政策。20世纪90年代上半叶俄罗斯曾一度认为中亚是个"包袱"，不愿充当"奶牛"角色，想放弃中亚。但俄罗斯很快意识到这个做法是战略性失误，并很快改正。从20世纪90年代下半叶开始特别是普京执政后，俄罗斯明确了中亚对俄罗斯的重要性，开始加大对中亚的影响力度。

中亚国家对俄罗斯的态度也发生了一些变化。最初它们设想依靠俄罗斯摆脱困境，但屡次碰壁后开始寻找其他出路，多元外交和全面发展对外经济合作拓宽了中亚国家的视野，给自己带来丰厚的回报，与俄罗斯的亲密关系开始被其他关系所稀释。

第二，尽管迄今俄罗斯仍然是对中亚最有影响力的国家，但影响的范围和力度都逊于20年前。俄罗斯对中亚国家的影响已经由全方位影响退到局部领域，由覆盖中亚五国退到有限国家。目前影响最大的领域是军事安全领域和国际事务，影响最小的是经济领域。与俄罗斯关系最密切的国家是哈萨克斯坦、吉尔吉斯斯坦和塔吉克斯坦，土库曼斯坦自成为中立国、推行"积极中立"政策后与俄罗斯的关系已经退到一般友好国家的水平,乌兹别克斯坦与俄罗斯的关系表现为若即若离。

第三,多个国际组织与合作机制覆盖中亚,使中亚国家在维护国家利益方面有了多种选择,客观上也分流了俄罗斯的中亚利益,增加了中国与中亚国家合作的复杂性。

如人们所知,目前覆盖中亚的国际组织和合作机制除俄罗斯主导的独联体、欧亚经济共同体、集体安全条约组织和关税同盟外,还有:欧安组织、上海合作组织、中西亚合作组织等,以及欧盟的"对独联体国家的技术援助计划"和"中亚战略",北约的"和平伙伴关系计划",美国的"大中亚计划",日本的"5+1外长对话机制",韩国的"韩国—中亚合作论坛",土耳其的"突厥语国家元首会晤",哈萨克斯坦主导的"亚洲相互合作与信任措施会议",乌兹别克斯坦等国倡议的"中亚无核区"等。此外,参与中亚地区合作的还有联合国所属的组织和国际金融机构,如联合国禁毒署和开发计划署、亚洲开发银行、世界银行、国际货币基金组织、欧洲复兴开发银行、伊斯兰银行等。

在中亚出现的形形色色的国际组织与合作机制对中亚国家来说并非坏事,这为它们发展与大国、国际组织和金融机构的关系提供了机会,既能提高自己的身价,也能得到相当数量的物质回报,同时,也向俄罗斯传递出一种信息,即中亚国家并非只能与俄罗斯发展关系、开展合作,它们还拥有其他渠道,从而使俄罗斯对中亚国家的态度发生了一些变化,对自己的傲慢和大国主义有所收敛。

中亚国家在与西方接触的同时,对西方推行的"民主改造"政策很反感,这有助于它们与中国和俄罗斯的合作,因为中亚国家接受俄罗斯主张的"主权民主"理念,也赞同中国倡导的"世界文明多样化"的主张。因此在政治方面,中国、俄罗斯与中亚国家有较多的共同语言,"俄罗斯因素"与"中亚因素"并不矛盾。

关于军事与安全合作,俄罗斯主导的集安组织的存在,对维护中亚地区安全与稳定有积极作用。上海合作组织同样将维护中亚地区的安全与稳定作为己任。中国通过上海合作组织与中亚国家、俄罗斯和集安组织建立密切的军事和安全合作关系,震慑了"三股势力",使彼此安全得到维护。同时,中国不反对中亚国家在欧安组织框架内发展军事合作,但应以不损害中国安全利益为前提。对与某国以"反恐"为名在中亚建立军事基地，同时行使填补全球战略空白和窥测与牵制中俄军事动向的使命，中国自然反对。

经济领域是世界许多国家与中亚国家热心合作的领域，也是中亚国家施展国家主权最重要的领域。20年间中亚国家积极开展对外经济合作，包括与中俄两国的合作，取得丰硕的成果。中亚国家与中俄两国的经济合作是在多种势力进入中亚的条件下进行的，这中间存在激烈的竞争，也存在适度的合作。对中亚能源有多年开发历史并占有能源开发与运输优势的俄罗斯具有先发优势，其地位得到中国的尊重。国际社会有人认为其他国家包括中国进入中亚能源开发领域是分割俄罗斯的既得利益，这种看法是不对的。须知，中亚国家毕竟是独立主权国家，它们与多国合作是自己的权利，而且从不断提高价码的资源竞标中坐收渔翁之利，符合自身利益。

总之，在经济全球化时代和中亚国家走向世界的过程中，"俄罗斯因素"和"中亚因素"的内涵也在发生变化，它们之间的关系并非是静止而是互动的关系，我们需要做的是不断拓展两个"因素"的积极方面，缩小消极方面，加强合作，避免摩擦，使俄罗斯与中亚国家的关系做到和谐，这同样有助于中国与中亚国家以及中国与俄罗斯关系的和谐。

五 促中、俄、中亚国家三方克服两"因素"负面影响，不断前行

从上述对"俄罗斯因素"和"中亚因素"的论述中可以看到，无论是在中国与中亚国家的关系中，还是在中俄两国的关系中，俄罗斯都扮演着重要的角色。今日中国与俄罗斯的关系已经不同于几十年前中苏友好时期，俄罗斯与中亚国家的关系也不同于它们生活在一个国家的情况，彼此关系的走向都与国家利益有关，受国家利益的驱动。

利益是推动事务产生与发展的动力之一，利益的契合与碰撞决定事务的进程与结果。国家利益亦然。在国家利益契合时，双边关系会和谐，相反，在国家利益发生冲突时，国家关系就会紧张，严重时会导致交恶。正因为如此，我们在与俄罗斯和中亚国家交往时，要扩大利益的共同点，

缩小和消除分歧点。就具体事务而言，我们要支持俄罗斯在维护中亚安全与稳定方面所做出的一切努力，支持俄罗斯在国际事务方面为维护世界和平、抵制西方强权所做的工作，支持俄罗斯成为世界上有分量的一极。

对于中亚国家，我们支持它们为维护国家主权和领土完整所做的努力，理解它们为振兴本国经济所做的工作，协助它们维护中亚地区的安全与稳定。

我们应该充分认识到"中亚因素"和"俄罗斯因素"在处理中俄关系和中国与中亚国家合作中的重要作用，在实践中多讲利益共同点，妥善处理利益分歧点，对一切有悖于中俄友好和中国与中亚国家友好的言论和行动要抵制。

对于最容易发生利益碰撞的经济领域，中国不能因为俄罗斯不爽而放弃走向中亚，但又必须照顾俄罗斯的利益，这就要求中国必须承认和尊重俄罗斯在中亚的存在与利益，其方法：一是合作开发；二是在其他地区或领域加以适当补偿；三是对可能与俄罗斯利益发生碰撞的大型投资要精心论证、三思而行。要使俄罗斯真正感受到中国的诚意和善意，感受到中国奉行"与邻为善，以邻为伴"的周边外交方针同样适用于俄罗斯。俄罗斯毕竟是对中国极其重要的国家，是我们的"战略协作伙伴"，不能因为"中亚因素"影响到两国关系。同样，中亚国家也是中国的"好邻居、好朋友、好伙伴"，不能因为"俄罗斯因素"影响彼此的关系。何况中亚国家与中俄两国都存在友好关系，它们也不愿意看到因为"中亚因素"或者"俄罗斯因素"的存在特别是其负面作用对与两国的关系产生不良影响。不过，应该看到，两个"因素"会使中亚国家在处理与中俄关系时处境尴尬，也会使局外势力渔翁得利。因此，化两个"因素"的消极为积极，通过增强互信、相互支持、互利共赢，做到不断携手前行，是中国、俄罗斯和中亚国家的共同使命。

——原载《新疆师范大学学报》（哲学社会科学版）2011年第4期

中亚国家一体化有望重启

【内容提要】 中亚国家的一体化问题从各国独立伊始就不断提及，前些年确也建立过合作机制，但说多做少，效果不大。进入21世纪后一体化进程受多种因素影响基本处于停顿状态。乌兹别克斯坦新总统调整对外政策，激活了中亚国家之间的关系，中亚国家一体化有望峰回路转，重新启动。本文简介中亚国家一体化一波三折的发展过程，对未来中亚国家一体化发展前景做了预测，尽管国际社会对中亚国家一体化有不同看法，但中国应对中亚国家一体化持乐观其成的立场。

2017年中亚国家出现很多新变化，其中最引人注目的是中亚国家关系开始走近，有望朝重启一体化的方向发展。中亚国家一体化问题是个老话题，各国独立后对一体化做过多次尝试，但说多做少，效果不大。进入21世纪一体化进程受多种因素影响基本处于停顿状态，直到2016年乌兹别克斯坦总统卡里莫夫去世后情况开始改观。乌兹别克斯坦新总统米尔济约耶夫开始调整国内外政策，激活了中亚国家之间的关系，使中亚国家一体化开始峰回路转，有望重启。

一 政策变化使中亚国家一体化有望重启

乌兹别克斯坦总统卡里莫夫于2016年9月2日去世，通过大选，米尔济约耶夫出任乌兹别克斯坦独立后的第二任总统。他在担任临时总统和就任国家正式总统后，在短短一年多的时间里对国内外政策做出重大调整，其中就包括改善与邻国长期不顺的关系，并得到邻国的积极回应，使中亚国家能朝相互接近、抱团取暖的方向发展，该国外长甚至提到中亚国家一体化问题。

中亚国家一体化对中亚国家都有利，也是它们长期企盼的目标，曾多次尝试和努力，但结果并不理想。在中亚国家中，哈萨克斯坦是中亚一体化最积极的倡导者和推动者。该国独立初期，就和乌兹别克斯坦等国一道大力推动这项工作，虽然遇到很多困难，但始终锲而不舍。近年来该国总统纳扎尔巴耶夫总统在多次讲话和"国情咨文"中提到中亚一体化问题。例如，2013年他在《哈萨克斯坦——2050》的著名"国情咨文"中，在谈到中亚局势时认为，中亚地区欲向好的方向发展，其"最佳方法是地区一体化。只有通过这条途径我们才能减少本地区的潜在冲突，解决事关社会经济的重大问题，化解水资源、能源等领域矛盾"①。当时，乌兹别克斯坦等国对纳扎尔巴耶夫总统的呼吁反应消极，致使纳扎尔巴耶夫总统的呼吁仍停留在纸面上。直到2016年9月乌兹别克斯坦米尔济约耶夫担任乌兹别克斯坦最高领导人后，事情才开始出现转机。2016年11月，米尔济约耶夫在塔什干举行的"中亚：相同过去和共同未来，合作、持续发展和共同繁荣"国际研讨会上首次阐述了乌兹别克斯坦的对外方针，特别是与邻国关系的看法。他强调中亚国家具有相同的历史、传统、文化、宗教，存在中亚国家发展密切关系的条件，提议首先从经济合作开始，为此他建议成立"中亚地区区域和企业界领导联合会"②，通过发展交通和相互交融促进中亚地区的经济贸易发展。该国外长卡米洛夫对中亚一体化问题表达得更直接。他在2017年8月一次国际研讨会上讲话时同样强调中亚国家之间的同质性，说"没有本地区国家间的相互协作和高水平的一体化，大型的互联互通、基础设施、油气能源等领域项目都不可能顺利实施，建设一个安全稳定、经济繁荣、可持续发展、团结友好的中亚，符合所有地区国家的共同利益"③。这番表述

---

① ［哈］纳扎尔巴耶夫：《哈萨克斯坦——2050战略：健全国家的新政治方针》，哈驻华使馆发布的中文稿。
② 潘大渭：《总统选举后的乌兹别克斯坦》，《欧亚社会发展研究》2017年第23期。
③ 2017年8月19日，中国驻乌兹别克斯坦使馆经参处网站。

与哈总统纳扎尔巴耶夫的看法几乎一致。这表明,哈乌两国在中亚一体化问题上正在或者说已经取得共识。

最近一年,中亚国家之间,特别是乌兹别克斯坦表现出与中亚邻国改善关系的强烈意愿和行动,中亚邻国也做出了友好的回应。米尔济约耶夫总统将发展与中亚邻国关系作为调整外交政策的重点之一,上任后首访国家是土库曼斯坦,两国签署了战略伙伴关系条约,这出人意料。此后他还访问了哈萨克斯坦和吉尔吉斯斯坦,就一些影响彼此关系的问题开始友好对话。例如,对塔吉克斯坦:2016年12月乌副总理阿济莫夫率团访问了塔吉克斯坦,极大缓和了两国关系;乌改变了坚决反对塔吉克斯坦修建大型水电站的立场,但强调必须考虑乌的利益;与塔恢复了中断20多年的杜尚别与塔什干的空中航线,方便了两国来往;乌在杜尚别还举行了工业展览。两国商讨乌对塔恢复从2012年中断的天然气供应,还将同步开展5条特高压输变电线路的重建,以恢复中断多年的两国电网,1—11月两国贸易额同比增长85%。与吉尔吉斯斯坦:两国最高领导人2017年内实现三次会见,在12月13日两国总统会见声明中称,"双方就进一步推动睦邻友好关系和深化传统友谊达成一致意见","以前积累的很多问题一年之内解决了";① 就边界和领土争议问题进行谈判,已经有80%的争议地块达成协议;开放2016年因两国冲突而中断的口岸,年底日过境达1万—1.5万人次,乌总统甚至表示终有一天两国会"无国界";从12月底吉航空公司恢复比什凯克至塔什干以及喀什至塔什干往返航线。两国还就加快推动"中吉乌"铁路建设达成一致,吉还支持乌提出的每年中亚国家元首举行非正式会晤的倡议等。乌哈两国关系走近更是令人瞩目。2017年以来,两国总统多次会面,就运输、贸易、油气过境运输、联合生产汽车和大型机械设备等达成合作协议,乌还降低哈农产品进口关税,在两国边境地区建立自贸区,商议将两国贸易额提升到50亿美元等。哈萨克斯坦同意恢复经过本国领土向乌输送俄罗斯的石油和天然气,还将在哈乌之间修建250公里的管道。两国总统在2017年4月29日的会面中,对两国友好合作的前景表示乐观。乌外交政策的调整带来中亚国家关系的变化,使该国与邻国处于僵化状态的关系开始被

---

① 2017年12月14日,中共驻吉使馆经参处网站。

激活。在推动中亚国家关系走近方面不仅是乌兹别克斯坦一国在努力，哈萨克斯坦也参与了这个过程。土库曼斯坦总统彼尔德穆哈梅多夫于2017年4月18—19日访哈，两国谈得很好，纳扎尔巴耶夫于10月利用参加亚洲室内和武道运动会的机会对土做了回访。两国就影响中亚国家之间关系的一些问题，如边界、跨境水资源利用、劳动移民等的解决办法交换了意见，两国还就通往伊朗的铁路运输合作达成协议。哈萨克斯坦与塔吉克斯坦关系也明显改善。2017年11月27日，哈外长阿布德拉赫曼诺夫在一次国际会议上说："中亚各家之间的合作关系得到日益加强，哈萨克斯坦将会为举行中亚国家首脑会议同各邻国讨论。"① 他说中亚国家已经好久没有举行这样的会议了，希望纳扎尔巴耶夫总统主持这次会议。同日，哈总统纳扎尔巴耶夫与乌总统米尔济约耶夫通电话，对两国关系的现状和前景进行了讨论，除讨论世界和地区热点问题外，还就进一步加深两国合作关系发展方向达成共识。乌兹别克斯坦还计划2018年举办题为"中亚过境运输运输走廊：战略前景和广阔机遇"的国际会议，邀请中亚国家参加，制订并通过交通运输发展共同计划。种种迹象表明，中亚多数国家关系在哈乌两个中亚大国的推动下，正在朝摒弃前嫌、友好合作，甚至一体化的方向发展。

不过，正当人们乐观看待中亚国家关系走近时，哈萨克斯坦和吉尔吉斯斯坦之间关系却出现龃龉。此事因在吉总统选举前，哈总统纳扎尔巴耶夫会见了吉反对派候选人巴巴诺夫引起。吉时任总统阿坦巴耶夫在2017年10月一次公众集会上公开指责哈干涉吉内政。哈总理等人公开发声对吉总统指责表示不满，纳扎尔巴耶夫总统在参加独联体元首峰会时也没有与吉领导人举行单独会谈，这是以往很少见的。哈萨克斯坦还对吉过境商品边检从严，引起吉不满。吉对哈的援助予以拒绝，此前哈为支持吉加入欧亚经济联盟允诺提供1亿美元援助，吉说援助没有兑现。这是在中亚国家多数国家关系逐渐转晴的蓝天下出现的一块阴云。但这块阴云并没有停留多久，很快就过去了，重现蓝天白云。11月30日，哈总统纳扎尔巴耶夫和吉新当选总统热恩别科夫在明斯克参加集安组织安全理事会期间举行了会谈，就恢复两国友好关系问题达成共识。12月3

---

① 2017年11月27日，哈通社中文网。

日，吉副总理率政府代表团访哈，与哈就贸易争端举行会谈，并签订了两国经贸合作路线图。12月6日，哈吉两国总统通电话，就吉总统访哈事宜商谈，吉对哈商检"正常"表示感谢。12月25日，吉总统热恩别科夫应邀访哈，吉哈两国签订了边界协定等文件，纳扎尔巴耶夫总统称哈吉两个民族是世界上最亲近的民族，边界应该是形式上的。[1] 哈吉友好关系恢复将有助于中亚国家一体化的推进。

二 中亚国家一体化曾一波三折

经济全球化和区域经济一体化是对各国都有利的事情，因此，近几十年来风靡一时，尽管世界大国美国自特朗普上台后推行逆全球化的政策，但经济全球化和区域经济一体化至今仍方兴未艾。作为世界一部分的中亚国家，也试图加入区域一体化进程，这既是顺应世界发展潮流，也是这些国家自身的需要。

中亚国家独立前是苏联的加盟共和国，主权有限，各项工作基本听从莫斯科指挥和安排。苏联的经济政策是实行劳动分工，全国经济一盘棋，中亚国家被分工生产能源、原材料和农牧产品，加工业落后，生产的产品多为半成品和初级原料，很多工业制成品和日用消费品需要从其他加盟共和国调运。正是因此，苏联解体使原有的经济合作链条断裂，中亚国家在独立后的最初几年经济和人民日常生活都遇到很大的困难。当时叶利钦领导的俄罗斯也自顾不暇，想甩包袱，不想帮助中亚国家。在这种情况下，中亚国家除靠自救外，想到能否将五个国家的资源和能力整合起来，通过互通有无，共克时艰。这就导致中亚国家想到采用一体化的办法。1994年1月，哈乌两国率先建立"统一经济空间"，也就是一体化的雏形。同年4月，吉尔吉斯斯坦加入，成为"哈乌吉三国统一经济空间"。当时，设想在交通、能源、金融、关税、海关和人员往来制度等方面实行一体化。1998年1月，实现民族和解不久的塔吉克斯坦加入。由于苏联时期存在统一的交通、电力、天然气和石油运输以及水资源的利用、农产品调剂网络，加上历史、传统、文化、语言相通，中亚

---

[1] 2018年1月3日，中华人民共和国商务部网站。

国家存在实现经济一体化的有利条件，这就导致中亚五个国家有四个在朝一体化的方向努力。1998年4月，"统一经济空间"更名为"中亚经济共同体"。中亚国家领导人在多次会晤中商讨如何推进一体化，并制定了一体化发展战略等一系列文件。2002年2月"中亚经济共同体"更名为"中亚合作组织"，这是在上海合作组织成立后发生的，其一体化已经超出经济范畴，具有更广泛的内涵。2004年10月，当时经济发展如日中天的俄罗斯加入，使中亚合作组织在资金、技术、人才等方面得到充实。不过，俄罗斯的加入使中亚合作组织的定位发生变化，2005年10月该组织并入欧亚经济共同体，以中亚国家为基本成员的一体化组织不复存在。

以实现经济一体化为目的的中亚经济共同体也好，中亚合作组织也罢，实际上并没有发挥预期的作用，中亚国家之间因各种利益冲突，使彼此关系复杂化，矛盾不断增多，一体化没有实现，倒是各种障碍增多。例如，各国独立时原本通畅的交通受阻了，有的国家间航空运输中断了，有现成的铁路网络却不能联运了，统一的电网不复存在，输气管道也时通时断，随着各国新护照的使用和通关制度的改变，民众自由往来也成为往事，有的国家在边境地区布雷，乌吉两国还因领土争议在边境地区发生过武装冲突。塔吉克斯坦想继续修建因苏联解体半路停工的罗贡水电站，既可解决本国能源短缺问题，还能靠丰富的水力资源实现"水电立国"战略。而乌兹别克斯坦坚决反对塔修建大型水电站，担心本国用水受到制约影响经济发展。由于乌的阻拦，世界有能力的大国都不愿卷入塔乌纷争，塔自身资金和技术能力有限，因此电站建设举步维艰。原来各国设想的海关制度和关税的统一也成为纸上谈兵。各国由于利益冲突，各不相让，使一些与各方都有关系、必须协同解决的边界、水资源利用、交通、能源、人员流动等问题长期得不到解决，对各国经济发展带来不利影响。

另外，这些年中亚国家都遇到极端势力和恐怖势力的袭扰和"颜色革命"的威胁，有些问题也需要协同应对。如果实现一体化，对应对来自敌对势力的挑战会大有裨益，会对各国安全都有利。

中亚一体化从1994年开始尝试，经过20多年的努力并没有取得预期成效，原因是多方面的，其主要有：一是各国作为独立主权国家都过分强调本国主权的一面，不愿意对部分主权有所让渡，担心一体化会损害本国利益，对别国的需求考虑不多，甚至不考虑。二是缺乏必要的物质基础，用于推动经济一体化的资金并不雄厚，资金短缺是制约一体化的短板。经济结构的同质化使各国感到经济合作难于满足需要，逐渐实行的对外开放使它们对世界有更多的了解，感到不少问题可以通过与域外国家合作解决。三是哈总统纳扎尔巴耶夫和乌总统卡里莫夫都想成为中亚地区的领袖，引领中亚地区走向，而他们的治国理念则存在很大的不同，两个中亚大国间的明争暗斗使中亚国家面临选边站队问题，难于步调一致。四是域外势力特别是一些西方大国和俄罗斯并不希望中亚国家实现中亚一体化。俄罗斯并非不要一体化，它所追求的是在欧亚地区能实现由它主导的经济一体化，而非中亚国家一体化。西方大国也认为中亚地区碎片化有利于它们的进入和便于施加影响。

三 对未来中亚一体化形式的预测

尽管存在影响中亚国家一体化的问题，但也存在有利于中亚国家一体化的因素。乌政府总理阿利波夫在2017年8月访问吉尔吉斯斯坦时说："乌吉两国人民有着共同的历史、传统、文化和宗教，命运将两个国家的发展紧密联系在一起。"[①] 不仅是乌吉两国，中亚五国的关系基本都是如此。这是发展一体化的重要前提和有利条件。的确，苏联时期遗留下来的一些基础设施稍加改造就能实现互联互通，在能源、水力资源、农业特别是粮食生产等方面也存在很强的互补性，近年来各国经济结构也做了一定调整，尤其是注重发展加工业，建设了一些利用国产原料的生产企业，其产品除实现进口替代外，还可以出口，包括进入中亚国家市场。特别是经过20多年的努力，各国经济都有不同程度的增长，已经与独立初期情况有所不同。这在一定程度上为实现一体化提供了必要的物质基础。

未来中亚国家有可能实现一体化吗？如果实现将会以何种形式实现？笔者认为，尽管实现一体化还存在不少问题，不确定因素还不少，不会一步到位，但由于实现一体化是各国的普遍愿望和要求，也是经济、社

---

① 2017年8月24日，中国驻乌兹别克斯坦使馆经商参处网站。

会发展和维护地区与本国安全的需要，是一项利国利民的大好事情，各国会在面对现实、权衡利弊的基础上加以推进，因此，一体化一定会实现，只是实现早晚而已。至于实现什么样的一体化，根据中亚国家的实际情况，预计有以下三种形式可供选择：

第一种是以20世纪曾经存在的中亚合作组织为模板（俄罗斯加入前），哈乌两国共同主导，或者由哈萨克斯坦主导，哈乌两国为骨干，基本成员为哈、乌、吉、塔四国，土库曼斯坦以非正式成员身份参与。这种形式的优点是中亚国家可以按自己的意志和需要行事，不受外部势力的左右，更多体现中亚国家的利益，提升中亚国家在国际社会的影响力。缺点是经济和科技实力有限，现有的对外关系和组织关系难于处理。例如，哈、吉两国作为欧亚经济联盟的成员，如何处理与联盟和其他成员国的关系比较棘手。这种一体化是基于地区发展需要的一体化，虽然不能达到很高水平，但可以解决彼此需要的一些问题。

第二种是以俄罗斯加入后的中亚合作组织形式出现。这种形式可以增强经济和科技实力，但有可能被俄罗斯重新整合，重蹈曾经有过的中亚合作组织的覆辙，被并入欧亚经济联盟，使中亚一体化围绕俄罗斯展开，较难体现中亚国家一体化的特点。迄今这种形式较难为乌、土等国所接受，如果乌、土两国不参加，就很难看作是中亚国家一体化。其结果就与目前存在的情况相似。

第三种形式是中亚国家与土耳其实现一体化。中亚国家与土耳其关系密切，而且有突厥国家合作委员会、突厥语国家议会等组织存在。但土耳其不是中亚国家，乌兹别克斯坦和土库曼斯坦并未加入上述两个突厥语国家组织，未必会接受当前为各种难题缠身的土耳其的主导。另外塔吉克斯坦并不是突厥语国家。目前看来这种形式可能性较小。

至于中亚国家与其他邻国，如：与中国、伊朗等实现经济一体化的可能性，目前并不现实。

总的来看，第一种和第二种皆有可能。哈乌两国有意实现第一种，俄罗斯希望实现第二种。因为中亚一体化还不能很快变为现实，需要一个较长的商讨过程，其间影响其进程的不确定因素很多，其最终形式还要看中亚地区形势变化和中亚国家与俄罗斯角力的结果决定。

四 如何看待中亚国家一体化进程

对中亚国家之间的关系,传统看法认为,尽管它们在某些问题上存在分歧,但在地缘、人文、传统等方面存在相同和相近的优势,存在实行一体化的客观条件和现实需要,也符合时代潮流,因此,实行一体化是合乎逻辑的发展方向和选择。与此同时,国际社会还存在另外一种看法,认为中亚并不是一个统一的整体,而是在很多问题上存在利益相悖和外交多向而非同向的国家组合,有的西方学者甚至认为中亚将成为"破碎地带",存在发生重大冲突的可能性。①

中亚国家在涉及本国利益的水资源分配和利用等问题上确实存在过尖锐对立。2009年4月29日俄罗斯《独立报》曾发表俄罗斯风险评估公司专家帕特萨耶夫如下看法:"双方在水资源问题上各执一词,这显然会导致地区陷入分裂,从而给地区经济合作蒙上阴影。"不过,对卡里莫夫逝世前或者再早几年的中亚地区做出可能成为"破碎地带"的结论仍有待商榷。

根据美国著名地理政治学家科恩的定义,所谓"破碎地带"是指那些"内部不稳定,外部有多个国家试图加以控制的地区。位于该地区的国家与外部的竞争国形成联盟关系。而竞争的利益纠纷可能被带到该地区,从而使该地区提高发生冲突的可能性"。可以说,几年前中亚地区形势并不符合"破碎地带"的定义,更不用说现在。目前中亚国家正在逐渐摒弃前嫌,走向和解,特别是主导中亚地区形势的哈乌两国正考虑携手促进本国和地区发展。中亚国家之间仍存在的分歧与矛盾基本上属于利益纠纷,而不属于意识形态或者国家集团的对立,可以通过协商解决。中亚国家除土库曼斯坦外都是上海合作组织成员国,对国际和地区重大问题存在相同或相近的看法。作为符合时代潮流的区域经济一体化,由于实现后会对所有参与国有利,因此仍是各国追求的目标。目前出现的中亚国家彼此向好的趋势就说明了这一点。

---

① [德]泽伦·肖尔:《中亚可能成为新"破碎地带"》,《参考消息》2009年3月29日。

那么，中国对有望重启的中亚一体化进程应持何种立场呢？笔者认为，中国应乐见其成，持鼓励和支持的态度。因为这符合中国一贯坚持和推动的世界经济全球化和区域经济一体化的立场。2017年11月10日，中国国家主席习近平在越南岘港举行的APEC工商领导人峰会上发表《抓住世界经济转型机遇，谋求亚太更大发展》的演讲中说，在面对世界经济的深刻变化时，亚太国家"是携手开辟区域合作新局面，还是各自渐行渐远?"，他为各国指出的发展方向之一就是，"加强互联互通，实现联动发展"。他进一步指出："联动发展是对互利共赢理念的最好诠释"，"坚持联动发展，既能为伙伴提供发展动力，也能为自身创造更大发展空间。"① 笔者认为，习主席的论述完全适用于中亚国家。与中国普遍友好的中亚国家如能实现一体化，不仅对自身有利，也会为与中国深化友好关系创造有利条件，特别是在经济合作和"一带一路"建设以及在维护地区安全合作方面。

中国目前应该鼓励和支持中亚国家一体化进程，尽最大努力帮助它们解决彼此间存在的矛盾和分歧。尽管中亚是大国争相进入的地区，但要相信，中亚国家并不是任人摆布的棋子。中亚国家正在朝重启一体化的方向努力，中亚地区也不会成为"破碎地带"。可以认为，中亚国家一体化进程目前尚处在探讨、接触和好事多磨阶段，前途是光明的，但道路仍很曲折。

在影响中亚国家携手共进的诸因素中，首先需要解决的是互信问题，其次才是阻碍一体化发展的其他问题。缺乏互信任何事情都做不好。目前中亚国家正在努力，争取尽快恢复互信。另外，中亚国家也要总结此前有过的一体化的经验教训，不要重走老路。

中共中央总书记习近平在中共十九大报告中指出："我们生活的世界充满希望，也充满挑战。我们不能因现实复杂而放弃梦想，不能因理想遥远而放弃追求。没有哪个国家能够独自应对人类面临的各种挑战，也没有哪个国家能够回到自我封闭的孤岛。"② 希望国家快速发展、人民有稳定的生存空间和美好的未来，是中亚各国的普遍梦想和为之奋斗的方

---

① 《人民日报》2017年11月11日。
② 《中国共产党第十九次全国代表大会文件汇编》，人民出版社2017年版，第47页。

向，而实现一体化则是实现各国诉求的有效途径之一。希望中亚一体化能在各国共同努力下尽早成为现实。

——原载孙力主编《中亚国家发展报告（2018）》，社会科学文献出版社2018年版

五　中国与中亚五国

与邻为善　以邻为伴　平等互利　共同发展
　　——学习十六大报告中关于"国际形势和对外工作"的体会

睦邻友好是促进中哈两国共同发展的必要条件
　　——在阿拉木图关于纳扎尔巴耶夫总统《哈萨克斯坦—2030年》国情咨文国际研讨会上的发言

中亚五国与中国西部大开发

评中国与中亚国家的经济关系

中国与中亚国家安全战略异同与20年合作绩效评价

加强人文交流　构建和谐中亚

中亚国家与中国周边外交新政

中国与中亚国家关系的发展与思考

与邻为善　以邻为伴
平等互利　共同发展

——学习十六大报告中关于"国际形势和对外工作"的体会

【内容提要】 本文为学习党的十六大关于"国际形势和对外工作"部分的体会，结合十三届四中全会以来中国与中亚五国的关系发展变化，认为中国与中亚国家迅速建交是"与时俱进"的具体表现，以友善态度对待中亚国家，使它们成为中国的好伙伴，"上海合作组织"的成立是中国"以邻为伴"外交的结晶与升华。

江泽民同志的十六大报告是一篇马克思主义的纲领性文献，它总结了我党自十五大以来的工作和十三届四中全会以来的经验，确立了"三个代表"重要思想与马克思列宁主义、毛泽东思想、邓小平理论一道作为我党必须长期坚持的指导思想。十六大报告对党和国家社会主义现代化建设第三步做了战略部署。正如十六大新选出的政治局对全党学习贯彻十六大精神所做出的决定指出的，"江泽民同志的报告从历史和时代的高度，深刻阐明了我们党在新世纪举什么旗、走什么路，实现什么奋斗目标等重大问题，对我国改革开放和社会主义现代化建设作出了全面部署，是我们党团结和带领全国各族人民在新世纪新阶段继续奋斗前进的政治宣言和行动纲领"①。

十六大报告的内容非常丰富，我们应该对每一部分都认真学习，深刻领会，并用于指导实践。笔者作为研究中亚问题的学者想结合十三届四中全会以来中国与中亚五国的关系发展变化，谈谈学习十六大报告中关于"国际形势和对外工作"这一部分的体会。

一 与中亚五国迅速建交是"与时俱进"思想在外交方面的具体体现

20世纪80年代末90年代初，国际局势风云变幻。东欧发生剧变，苏联经历了由国内动荡、民族纷争到最后解体的过程。当时西方国家对中国进行施压和制裁，中国面临非常困难的国际环境。如何应对国际形势的变化，如何看待苏联国内发生的事情，如何对待苏联解体后新诞生的一些国家，这些都是对中国外交工作的考验。以江泽民为首的党中央，忠实地执行了当时仍健在的邓小平同志的外交思想，在变幻莫测的国际风云中，引导中国这条大船，乘风破浪，勇往直前。

邓小平同志当时指出，"我们并不着急，也不悲观，泰然处之。尽管苏联、东欧出了问题，尽管西方七国制裁我们，我们坚持一个方针：同苏联继续打交道，搞好关系；同美国继续打交道，搞好关系；同日本、欧洲国家也继续打交道，搞好关系。这一方针，一天都没有动摇过。中国度量是够大的，这点小风波吹不倒我们"。"中国只要这样搞下去，旗帜不倒，就会有很大影响。"②

正是本着"同苏联继续打交道，搞好关系"的指导思想，中国在与苏联当局打交道的同时，也同与中国西部毗邻的当时仍属于苏联的哈萨克斯坦等中亚一些加盟共和国打交道，搞好关系，并取得良好的、影响深远的效果。

1989年7月，哈萨克斯坦最高苏维埃代表团；1990年7月，哈萨克

---

① 《人民日报》2002年11月17日。
② 本书编写组编：《邓小平外交思想学习纲要》，世界知识出版社2000年版，第103—104页。

斯坦政府代表团应中方邀请访问中国新疆，与新疆维吾尔自治区就发展双边经济技术合作和边贸问题进行谈判并达成若干协议，使睦邻友好关系得到发展。特别是1991年7月，时任哈萨克斯坦共和国总统的纳扎尔巴耶夫访问中国，江泽民总书记在北京会见了他，并与他进行了友好的会谈。这次外交活动相当成功，给纳扎尔巴耶夫留下深刻的印象，为后来中哈关系的顺利发展奠定了坚实的基础。若干年后，纳扎尔巴耶夫总统在回忆这次中国之行和与江泽民同志的会见时写道："我第一次出访中华人民共和国是在1991年。我会晤了中华人民共和国主席江泽民、总理李鹏以及北京和上海的市长。我们参观了中国东部的自由经济区。这次出访从根本意义上改变了我对这个国家的概念。摆脱了'纸老虎'，摆脱了中苏对抗时代的老框框。整个中国都在进行改革。在会见期间，所有的领导人和普通公民都谈到希望国内、国外稳定和安定的愿望，而这与我们对形势的看法是相吻合的"，"第一次出访后，顺利打开了所有的商路。因而在一年半的时间里，我们两国的商品流通增加了数十倍"。① 应该指出，纳扎尔巴耶夫出访中国正值苏联的"全部政治、全部宣传"让苏联人认为"中国是（苏联的）头号敌人"之际，他的所见所闻彻底粉碎了仇视中国的不实之词，是我国外交工作的胜利。

应该说，中国党政领导人会见纳扎尔巴耶夫总统体现了中国外交的原则性和灵活性。当时中国承认苏联中央政府，反对民族分裂活动。因此，中国并没有把纳扎尔巴耶夫作为独立国家的总统来对待。同时，中国友好地对待与中国毗邻的苏联一个加盟共和国的领导人，反映了中国领导人在外交方面的灵活性和远见卓识。②

1991年12月25日，苏联国旗从克里姆林宫黯然降下，苏联解体。在这种情况下，应如何对待包括中亚五国在内的新独立国家？这是个现在看来简单、当时并不容易的事情，因为此前国内对苏联问题存在各种意见，一些拥有"社会主义"情结的同志，对苏联解体并不愿意接受，而对新独立国家的政治走向存在担心。以江泽民为首的党中央高瞻远瞩，

---

① ［哈］努·纳扎尔巴耶夫：《站在21世纪门槛上》，时事出版社1997年中文版，第156页。

② 参见本书编写组《邓小平外交思想学习纲要》，世界知识出版社2000年版，第103页。

遵循"各国的事情应由各国人民自己决定"和"不同的社会制度和发展道路应彼此尊重","不计较社会制度和意识形态的差别"的原则,在苏联解体后两天,即12月27日就宣布承认中亚五国的独立。随后就派出了以李岚清为团长、田曾佩为副团长的中国政府代表团访问中亚五国,与它们商讨建交事宜,并与中亚五国于1992年1月初建立了大使级外交关系。中国是最早承认和与中亚五国建交的国家之一,要早于欧洲的英、法、德、意等国和亚洲的日本。这一点受到中亚五国的欢迎和好评。

二 以友善的态度对待邻国,使它们成为中国的友好伙伴

中国与中亚五国迅速建交,为发展彼此友好关系开了个好头。在中国与中亚五国的建交公报中都写进了"在相互尊重主权和领土完整、互不侵犯、互不干涉内政、平等互利、和平共处原则基础上,发展两国之间的友好合作关系"的内容。党的十六大报告肯定了运用"和平共处五项原则"处理与邻国的关系、争取良好周边环境的经验,同中亚国家的建交过程是很好的例证。

中国与中亚五国建交后,彼此关系迅速提升。从1992年2月中国政府接待捷列先科总理率领的哈萨克斯坦政府代表团起,中亚五国高层领导人访华不断。中国领导人遵循邓小平外交思想,从维护世界和平和地区稳定,促进共同发展的宗旨出发,平等地、友善地对待这些比中国小得多的邻国,将它们视为真正的伙伴,笔者从几个方面谈谈中国如何"与邻为善,以邻为伴"来对待中亚国家的。

第一,中国政府制定了对中亚国家的友好政策,这集中体现在1994年中国国务院总理李鹏访问中亚国家时在塔什干发表的演讲中和1996年江泽民主席访问中亚国家时在阿拉木图发表的演讲中。

1994年4月19日,中国国务院总理李鹏在塔什干发表的演讲中把中国对待中亚国家的政策归纳为四条,它们是:第一,坚持睦邻友好,和平共处。睦邻友好是中国和中亚各国人民的共同愿望,完全符合我们彼此的共同利益。中国需要一个长期稳定的和平国际环境,特别是良好的周边环境。我们对中亚各国人民始终抱有善意和友好之情。我们永远是

各国人民的好朋友、好邻居。中国永远不搞霸权主义和强权政治,永远同自己的邻国保持平等友好的关系。中国的这一方针永远都不会改变。第二,开展互利合作,促进共同繁荣。我们在同中亚各国的经济合作中,将严格遵守平等互利原则,不附加任何政治条件。中国愿同中亚国家互利互惠,走共同发展之路。第三,尊重各国人民的选择,不干涉别国的内政。中国认为中亚各国有权独立自主地选择适合本国实际情况的社会制度、价值观念和发展道路。第四,尊重独立主权,促进地区稳定。中国发展同中亚各国的关系不针对任何第三国。①

1996年7月,江泽民主席访哈期间,在与纳扎尔巴耶夫总统的会谈中再次表明了中国愿与哈萨克斯坦建立稳定的睦邻友好与相互协作的原则立场,强调哈萨克斯坦作为中国的邻国在中国对外政策中占据重要地位。他提出应该坚持"三个面向"来处理中哈关系,即面向未来、面向人民、面向地区和世界。江主席虽然讲的是与哈萨克斯坦的关系,但其精神适用于同所有邻国的关系。十六大报告中提到的"坚持与邻为善、以邻为伴,加强区域合作,把同周边国家的交流和合作推向新水平",集中体现了"三个面向"思想。访哈期间,7月5日,江泽民主席在阿拉木图发表《共创中国和中亚友好合作的美好未来》的演讲,再次明确阐述了中国对中亚国家的各项政策,包括哈萨克斯坦担心的中国核武器问题,强调中国愿意继续加强同包括中亚国家在内的广大发展中国家的协调与合作,以利于促进共同的发展与繁荣。江泽民主席充满感情地表示:"中国人民愿意与中亚各国人民一道,共同努力,发扬先辈们不畏艰险,在崇山峻岭和荒原大漠中开辟丝绸之路的精神和毅力,铺设一条更为宽广的通向美好未来的金光大道。"②

中国对中亚五国的友好政策在十六大报告中得到高度的概括和体现。

中国对中亚国家的政策中有"尊重各国人民的选择,不干涉别国内政"一条。这一点对发展中国与中亚国家的政治关系非常重要。它本来包括在和平共处五项原则之内。为什么又将它单独提出来呢?这是因为中亚各国作为原苏联的一部分,随着苏联的解体而获得独立。这些国家

---

① 《人民日报》1994年4月20日。

② 《人民日报》1996年7月6日。

独立后，从各自的国情出发选择了符合本国国情的政治制度、经济制度和发展道路。这些制度与苏联有很大的不同，与中国也有很大的不同。是尊重中亚五国人民的选择，还是以我画线来评价和对待这种选择，是检验一个国家对外政策是否真正符合和平共处五项原则的试金石。中国政府宣布的尊重中亚五国人民的选择的立场完全符合十六大精神。党的十六大报告指出："世界是丰富多彩的。世界的各种文明、不同的社会制度和发展道路应彼此尊重，在竞争比较中取长补短，在求同存异中共同发展。各国的事情应由各国人民自己决定，世界上的事情应由各国平等协商。"中国支持中亚国家人民自己选择国家制度的立场受到中亚各国的欢迎。这为发展双边政治关系创造了良好的前提条件和信任气氛。

第二，中国以友善的态度解决历史遗留给彼此之间的问题，最典型的是边界问题。

众所周知，早在苏联时期，中国和苏联政府就边界问题就进行过多次谈判，但始终没有达成协议。苏联解体后，中国政府先与由俄罗斯、哈萨克斯坦、吉尔吉斯斯坦和塔吉克斯坦四国组成的联合代表团进行谈判，后来又与各国分别进行谈判。边界问题和领土争端对世界各国来说都是棘手的问题，正如十六大报告所说的，"民族、宗教矛盾和边界、领土争端导致的局部冲突时起时伏"。在亚洲、非洲和世界其他一些地区都可以看到因边界、领土争端导致旷日持久兵戎相见的情况。因此，妥善地、和平地解决边界问题不是一件容易的事情。以江泽民为首的领导集体，运用邓小平的外交思想和集体智慧，成功地解决了中国与中亚国家的边界问题，完成了一件功在当代、利在千秋的伟业，为世界各国解决边界、领土争端问题树立了楷模。之所以能在短短几年解决多年遗留的问题，在于中国政府认真贯彻党中央的以友好情谊为重，平等协商、互谅互让的方针，同时也与我国领导人的高超外交艺术分不开。纳扎尔巴耶夫总统说：江泽民是位经历不同寻常的人，他把"中华民族的传统文化的深邃知识和西方文明的成就结合了起来"，"他很了解并能正确把握地缘政治形势"，"我认为，解决首要的和主要的问题——边界问题，是我们两国今后友好关系的基础。在我同江泽民主席进行几次诚恳的交谈后，边界问题的解决便成了可能"。①

第三，中国在经济上平等对待中亚国家，尽可能给予力所能及的帮助。

建交十多年来，中国与中亚国家经贸合作发展迅速。中国与中亚国家的经贸额由1992年的4亿多美元增长到2001年的15亿多美元。应哈萨克斯坦的要求，中国在连云港为该国提供了仓储码头，这使哈萨克斯坦有了加工和转运本国货物销往东南亚和南北美国家的基地。纳扎尔巴耶夫总统称"这是具有重大历史意义的事件"②。最近，中国还准备协助吉尔吉斯斯坦和乌兹别克斯坦修建与中国南疆铁路连接的铁路，以便使它们多一条走向亚太地区的通道。中国在自己经济也不十分富裕的情况下，多年来给予中亚国家一些援助。而这些帮助都是平等的、无私的和不附加任何政治条件的。同时，中国认为，这种经济上的合作是互利的，是相互支持，而不是单方面的。因此，中亚国家认为，同中国发展经济关系是可以信赖的。

中亚国家从本国实际出发，注重经济因素在外交中的作用。它们希望中国能在本国的经济发展方面发挥更大的作用。中国经济在十三届四中全会以来取得长足进步，人民生活总体上实现了由温饱到小康型的历史跨越。然而，中国仍然是发展中国家，与发达国家相比，经济仍属于后进状态，对发展中国家的贡献仍然有限。因此，十六大报告要求，必须把发展作为党执政兴国的第一要务，不断开拓现代化建设的新局面，这是完全正确的，只有有强大经济的支撑，才会有强大的外交，才能使伙伴关系更加牢固和亲密。

第四，中国理解中亚国家的合理要求，响应和支持它们为维护世界和地区和平与安全所做的努力。

中国作为联合国安理会常任理事国，支持土库曼斯坦成为永久中立国的要求，尼亚佐夫总统在本国议会演讲中对此表示感谢。中国响应和支持乌兹别克斯坦提出的使中亚成为无核区的建议，响应和支持哈萨克

---

① [哈]努·纳扎尔巴耶夫：《站在21世纪门槛上》，时事出版社1997年中文版，第157、158页。

② 同上书，第159页。

斯坦关于召开"亚洲相互协作与信任措施会议"的倡议和行动。江泽民主席还于2002年6月4日亲赴阿拉木图参加"亚信会议"最后文件签署仪式。中国以帮助修建铁路的实际行动支持吉尔吉斯斯坦总统阿卡耶夫的"丝绸之路外交"的构想。中国支持塔吉克斯坦为结束内战所做出的努力,并对其战后重建提供帮助。中国俗话说:"种瓜得瓜,种豆得豆。"又说:"善有善报,恶有恶报。"中国对中亚国家的支持得到中亚国家的赞扬与好感,换来的当然是对中国外交和其他方面的支持。

第五,中国在安全方面是中亚国家的可靠朋友。

早在中亚国家独立后不久,中国就表明了与它们和平相处的立场。在与中亚国家签署的关于发展友好关系基础的声明中,表明了与中亚国家在安全和军事领域合作的愿望和立场。1995年2月,中国政府发表的《对哈萨克斯坦安全保证》的声明,得到哈萨克斯坦方面的高度评价。1994年4月,乌兹别克斯坦总统卡里莫夫对来访的李鹏总理说,中国在保证中亚地区稳定和领土完整、防止分裂主义活动的作用是难以估价的。[①] 正是中国在安全与军事领域的坦诚立场和与中亚国家、俄罗斯加强合作的强烈愿望,促成了"上海合作组织"的成立。

这里,还想就党际关系谈几句,因为这不仅是中国外交的重要组成部分,它也会直接影响到与各国的关系。十六大报告对中国共产党的党际原则做出如下表述:"我们将继续坚持独立自主、完全平等、互相尊重、互不干涉内部事务的原则,同各国各地区政党和政治组织发展交流和合作。"之所以用"继续坚持"是因为这一原则立场曾写在中共十五大报告中。多年实践证明,这项原则是正确的原则,是符合中国实际的原则,表明中国共产党能够实事求是、与时俱进地对待国际社会的变化,彻底与昔日风行在苏联的"老子党"作风划清界限。中亚国家实行多党制,国内党派很多。中国共产党与中亚国家许多政党建立了关系,双方有密切的往来,这对增进中国与中亚国家的友好关系发挥了一定的作用。

中国也非常重视发展与中亚国家的民间外交。受各种因素的影响,中亚国家国内民众对中国了解得不多,特别是对改革开放后的中国的变

---

① 中华人民共和国外交部政策研究室编:《中国外交概览(1995年)》,世界知识出版社1995年版,第285页。

化了解得不多。在许多从未到过中国的人士的观念中，中国还是"贫困"与"落后"的代名词。然而，笔者访问中亚国家时接触到的来过中国的人，都对中国的翻天覆地的变化发出由衷的赞叹。一些访问过中国的记者在撰写的报道中不乏对中国的赞美之词。民间往来对增进相互了解和消除误区作用巨大，对发展国家友好关系有很大的推动作用。十六大报告要求"继续广泛开展民间外交"是明智的决策。近年来中国与中亚国家的民间交往史有力地证明了这一点。

三 "上海合作组织"的成立是中国 "以邻为伴"外交的结晶与升华

2001年6月15日，中国、俄罗斯、哈萨克斯坦、吉尔吉斯斯坦、塔吉克斯坦、乌兹别克斯坦六国国家元首会聚中国上海，签署了《上海合作组织成立宣言》，宣告一个新的地区合作组织在中国诞生。正如"成立宣言"中所说的，"上海合作组织的成立标志着各成员国合作进程开始迈入一个崭新的发展阶段，这符合当今时代潮流，符合本地区的现实，符合各成员国人民的根本利益"[1]。

《上海合作组织成立宣言》中有这样一段表述："'上海五国'进程中形成的以'互利、互信、平等、协商，尊重多样文明、谋求共同发展'为基本内容的'上海精神'，是本地区国家几年来合作中积累的宝贵财富，应继续发扬光大，使之成为新世纪上海合作组织成员国之间相互关系的准则。"[2] 应该说，"上海精神"中包含着中国领导人在构筑国家安全和和平外交方面的心血。

最近几年，在中亚国家、俄罗斯和中国新疆等地区，"三股势力"活动猖獗，严重威胁地区稳定和人民的生命财产安全。中国、中亚国家和俄罗斯都意识到，只有采取联合行动，才能制止"三股势力"的肆虐，还地区一个安定的环境。1998年，在阿拉木图"上海五国"峰会声明中，就明确了联合反恐的立场，在而后的峰会上决定建立联合反恐中心。在

---

[1] 《人民日报》2001年6月16日。

[2] 同上。

2001年上海峰会上，六国还签署了《打击恐怖主义、分裂主义和极端主义上海公约》，表明了共同反恐的立场和决心。中国和中亚国家、俄罗斯一样深受恐怖主义之害，因此，坚决反对一切形式的恐怖主义，主张加强反恐国际合作，努力铲除产生恐怖主义的根源。

上海合作组织的成立是中国与俄罗斯、中亚国家在安全、军事领域长期互信、合作的产物，是彼此友好关系的升华。上海合作组织规定的"上海精神"和反恐内容皆为十六大报告所首肯，成为指导中国对外活动的基本原则。十六大报告要求我国要积极参与多边外交活动，在联合国和其他国际及区域性组织中发挥作用，这是邓小平"有所作为"外交思想的体现，上海合作组织的成立则为中国在区域性组织中发挥作用提供了极好的平台。

党的十三届四中全会以来，中国在外交战线上取得了丰硕的成果，积累了丰富的经验。这是邓小平外交思想的胜利，是以江泽民为首的党中央在复杂的国际环境中坚持独立自主的和平外交政策的结果。十六大报告总结的中国对外工作的基本经验，将载入中国外交工作的史册，继续指导中国对外工作排除艰难险阻，争取更大的胜利。笔者相信，在十六大报告精神指引下，中国与中亚国家的友好关系将踏上一个新台阶，在睦邻友好、平等互利的基础上与中亚国家共同发展，携手前进。

——原载《俄罗斯中亚东欧研究》2003年第1期

睦邻友好是促进中哈两国
共同发展的必要条件

——在阿拉木图关于纳扎尔巴耶夫总统
《哈萨克斯坦—2030年》
国情咨文国际研讨会上的发言

【内容提要】认为纳扎尔巴耶夫总统提出的国情咨文的时机恰到好处,提出的目标符合实际,振奋人心,并且具备实现的条件。发言特别谈到中哈两国关系,指出自建交以来两国政治友好,解决了一些影响关系的重大问题,经贸有很大发展,这是两国坚持睦邻友好政策的结果,也是哈萨克斯坦实现国情咨文提出的发展目标的必要条件。

尊敬的主席先生,女士们,先生们:

我首先感谢大会组织委员会对我的邀请。我很高兴能出席这次国际讨论会并结识许多新朋友。刚才听了各位先生内容丰富的发言,受益匪浅。这将有助于加深我对纳扎尔巴耶夫总统提交的国情咨文的理解。

下面我想以一个中国学者的身份就纳扎尔巴耶夫总统的国情咨文谈四点看法。

第一,关于提出咨文的时机问题。哈萨克斯坦独立已经六年多,六年来哈萨克斯坦走过了一段不平常的路程。此间,它既经受了严重的经济危机,又对政治体制和经济体制进行了大胆的改革。在纳扎尔巴耶夫总统的领导下，经过全体哈萨克斯坦人民的共同努力，经济最困难的时期已经过去，危机即将克服，同时改革工作也取得了很大的进展。无论是国家的政治生活，还是国内的经济形势，都发生了巨大的变化。我在1993年到过阿拉木图，当时也是参加一次国际会议。我目睹了哈萨克斯坦的经济困难和危机。今天，我看到的阿拉木图已经远不是当年的样子。它变得充满生机，显示出改革的成果。新建筑物增多了，市场丰富了，人民的生活也有所改善。阿拉木图的变化是哈萨克斯坦变化的缩影，表明了哈萨克斯坦即将告别商品短缺时代，国家将开始一个新的时期，这就是国家走向繁荣、人民生活迅速改善的时期。纳扎尔巴耶夫总统正是基于这种现实，在国家面临转折的时期提出未来30年发展的蓝图，我认为这是一个及时的、同时又是大胆和明智之举。众所周知，对一个国家来说，如果没有明确的发展方向，没有令人鼓舞的奋斗目标，人民将会失去信心和斗志，国家的发展也将无从谈起。中国的经验证明，国家在适当时机提出切实可行的发展目标，制定相应的发展战略，将会鼓舞人民奋发向上，推动国家前进。1980年，邓小平提出在20世纪末使工农业总产值翻两番的任务，使全国人心振奋。经过二十来年的努力，中国实现了这个目标，摘掉了贫穷的帽子。接着邓小平又提出了中国将在21世纪中叶变成中等发达国家的目标。现在中国人民正在为此而奋斗。目标就是号召，就是动力。纳扎尔巴耶夫总统在国情咨文中说："具有强大的战略和坚定的目的性，我们才能克服前进道路上的任何巨大的障碍。"我认为他说得非常正确。我还注意到，在同时获得独立并经历同样经济危机的独联体各国中还较少有人提出这样的奋斗目标和战略。因此，我为哈萨克斯坦人民能拥有这样一位具有远见卓识的领导人而感到高兴。

第二，关于制定国情咨文的基点。在确定战略目标时，应该对本国国情有清醒的认识，即本国究竟处在什么样的位置上。历史经验表明，不能清醒地认识自己国家所处的发展阶段，往往通过的决定或者所做出的战略选择不能实现，甚至产生相反的结果。苏联和中国都有过这样痛苦的教训。苏联声称已建成发达社会主义，甚至说在20年内可以建成共产主义，这一提法已成为历史笑柄。中国是在重新定位处在社会主义初级阶段之后，一切政策和措施从这一基本认识出发，才取得了今天的快速发展。纳扎尔巴耶夫总统在国情咨文中正确地指明了哈萨克斯坦今天所处的位置，肯定了六年来取得的成绩，同时也指出了维护国家独立和发展经济所面临的艰巨任务。他没有满足于已取得的成就，而是在充分认识本国具有的发展优势的前提下，看到哈萨克斯坦还有许多弱点。他辩证地看待这些优势与弱点之间的关系，将有助于制定符合本国国情的方针政策。这种辩证地看问题的方法可以使国家发展避免出现大的摇摆，稳定地向前发展。

第三，关于实现预定战略目标的条件。我很高兴地看到，哈萨克斯坦确定了到2030年将成为"中亚的雪豹"，成为发展中国家榜样的战略目标。确切地说，这就是建设独立、繁荣和政治上稳定的、实现民族团结、社会公正和全体居民经济生活富裕、幸福的哈萨克斯坦。我认为，这个目标是令人鼓舞的，也是有可能实现的。当然要达到这个目标需要具备一系列条件。从中国和其他新兴工业化国家实现飞速发展的经验来看，这些条件包括：（1）国家的稳定，这包括政治上的稳定、社会和谐和民族团结。中国在改革开放的过程中注意调整三个方面的关系，这三个方面是：改革、发展、稳定。发展是目标，改革是动力，稳定是改革和发展的前提。没有一个稳定的社会政治环境，改革就难于顺利进行，经济也难于迅速发展。中国政府正是因为重视保持国家稳定的重要性，才使改革和建设得以顺利进行。（2）要有一个强有力的领导集团，包括受到人民拥护的领袖人物。他们要具备开拓精神，要有驾驭全局的能力，要对国家和人民负责。（3）要有正确的政策和措施，包括政治、经济、文化、军事等各方面的政策和措施。例如，是否执行对外开放的政策，使本国与世界经济接轨，都会影响到本国能否繁荣和人民生活水平能否提高。中国的经验证明，制定方针政策要实事求是，一切从实际出发，从本国的国情出发。可以借鉴外国的经验，但又不全盘照搬外国的做法。纳扎尔巴耶夫总统在国情咨文中谈到国家发展模式问题，他指出："我们是辩证的，我们将利用这种或那种模式，吸收所有的文明成果，并在实践中证明其有效性。"我认为，这种看法非常正确。（4）要有一个良好的国际环境和地区环境，特别是周边环境，这也是使国内各项事业得以顺利发展的保证。如果邻国发生战争，本国的国家安全必然会受到影响。良好的睦邻关系是本国顺利发展的保证。

第四，关于中哈关系。我想较多地谈谈中哈睦邻友好问题，因为这与两国共同发展有密切的关系。

中国和哈萨克斯坦是友好邻邦。两国建交六年来，一直保持着良好的关系。1996年7月，中国国家主席江泽民访问哈萨克斯坦时说："中哈两国领导人都非常重视发展两国的传统友好关系"，"在双方的共同努力下，两国在政治、经济、科技和文化领域的友好合作全面展开，取得了令人满意的成果"。[①] 哈萨克斯坦总统纳扎尔巴耶夫多次表示，哈萨克斯坦同中国建立友好合作关系特别重要，要"坚决维护同伟大的中国友好、睦邻和全面合作的关系"[②]。中哈领导人的看法为六年来中哈两国国家关系中的一系列事实所证实。

在政治上，两国高层领导人互访不断。中国国家主席江泽民、总理李鹏和其他一些高级官员访问过哈萨克斯坦；哈萨克斯坦总统纳扎尔巴耶夫和政府总理访问过中国。中哈两国领导人签署了一系列规范双边关系的文件，其中特别应该提到由江泽民主席和纳扎尔巴耶夫总统签署的《关于中华人民共和国和哈萨克斯坦共和国友好关系基础的联合声明》和《中华人民共和国和哈萨克斯坦共和国关于进一步发展和加深两国友好关系的联合声明》。中国国家主席江泽民1996年在阿拉木图发表《共创中国和中亚友好合作的美好未来》的讲演，也是一份重要文件。它阐述了中国对包括哈萨克斯坦在内的中亚国家的政策。此前，1994年中国国务院总理李鹏发表的关于中国对待中亚五国的政策也适用于哈萨克斯坦。中哈之间除高层互访之外，政府间和民间友好往来也很频繁。这也是两国睦邻友好的体现。

中哈国界问题的解决是两国互谅互让共同努力的结果。这将有助于发展两国的友好关系。

1996年4月签订的"中俄哈吉塔五国边境地区军事相互信任协议"和1997年4月中俄哈吉塔五国签署的"边境地区裁军协议"，是具有重大国际影响的文件，也是巩固中哈两国边境地区和平的法律保证。1995年2月，中国对哈萨克斯坦的安全做出了承诺，体现了中国对哈萨克斯坦的友好情谊。中国支持哈倡议召开的亚洲相互信任与协作措施会议，

---

① 《人民日报》1996年7月6日。
② 《哈萨克斯坦——中国（1992—1997）》，新华出版社1997年版，第115页。

表明了中国对亚洲安全的重视和关心，也是在重大国际事务中中哈相互理解和支持的证明。正如哈萨克斯坦驻华大使苏尔丹诺夫所说："哈中两国无论在外交领域还是在解决具体问题方面，相互间如此理解和合作所产生的积极作用，不仅表现在稳定各自国内局势上，同时也表现在同其他国家的友好关系上。"[1] 纳扎尔巴耶夫总统在国情咨文中称："目前和最近的将来对哈萨克斯坦的一切可能的潜在的威胁不存在，也不会具有直接战争入侵和威胁其领土完整的性质。这点是完全清楚的，即俄罗斯、中国、西方和穆斯林国家都没有进攻我们的动机。"[2] 我不想评论其他国家，就中国而言，这种看法是完全正确的。上述两个协议和中国的承诺为纳扎尔巴耶夫总统的论断提供了依据。中国政府多次声明，中国的发展不会对任何国家构成威胁。今后中国发达起来了，也永远不称霸。哈萨克斯坦的国家安全，从中国方面可以得到保证。纳扎尔巴耶夫总统表示，要与邻国建立可靠的友好的关系，与中国"在互利基础上发展信任和睦邻关系"。中国领导人也一再表明，"要坚持睦邻友好，这是我国的一贯主张，决不会改变"。双方对发展彼此关系看法的一致性，决定了国家关系的发展趋势。我们说，中哈睦邻友好是实现两国共同发展，也是实现纳扎尔巴耶夫总统战略目标的必要条件，这是其中理由之一。

另外，中国与哈萨克斯坦在经贸方面的合作也取得令人瞩目的进展。自1992年以来，中哈贸易额在不断地增长，1997年达到5.27亿美元。此外，中国在哈萨克斯坦还创办了一批合资企业。特别要提到的是，1997年中国和哈萨克斯坦签订了"世纪合同"，即投资开发哈萨克斯坦油田和建设输油管道。这是一项规模宏大的合作项目。如果这项工程能够顺利完成，将对两国经济发展起到积极的推动作用。纳扎尔巴耶夫总统在国情咨文中将发展能源列为第五个优先项目，并将此看作是促进国家繁荣和独立的重要资金来源。我认为，中哈睦邻友好、平等合作将为此做出贡献。

哈萨克斯坦是内陆国家，没有出海口。然而，连接亚欧两大洲的第二大陆桥却贯穿哈萨克斯坦。东起中国的连云港、西至荷兰的鹿特丹的

---

[1] 《哈萨克斯坦——中国（1992—1997）》，新华出版社1997年版，第32页。
[2] 《哈萨克斯坦真理报》1997年10月11日。

这条铁路大动脉，将哈萨克斯坦与中国，甚至与亚太地区连接起来，使哈萨克斯坦通过中国进入亚太地区。中国在连云港为哈萨克斯坦提供了货物仓储和转运场所，这意味着，哈萨克斯坦在中国的帮助下已经进入亚太地区。纳扎尔巴耶夫总统在国情咨文中提到的第六个优先项目，即基础设施建设，其中也包括提高亚欧第二大陆桥哈萨克斯坦境内地段过货能力的内容。而这条铁路大动脉欲发挥其巨大的运输功能，如果没有中哈两国的密切合作，也是不可能的。因此，中哈睦邻友好合作对于充分利用亚欧第二大陆桥为本国发展服务具有重要意义，也对实现哈总统战略构想有重要作用。

纳扎尔巴耶夫总统在国情咨文中把吸引外国投资作为一项长期任务来对待。他强调，为了使哈萨克斯坦不成为单一的原料供应国，必须发展轻工业、食品工业、基础设施建设、石油和天然气加工工业、化学工业和石化工业、某些机器制造部门、旅游业等。在这方面，中国对哈萨克斯坦完成总统战略目标也能做出贡献。中哈两国领导人发表的联合声明中指出，两国在上述领域合作存在巨大的潜力，因此，从这个意义上讲，中哈睦邻友好、互利合作也有利于发挥各国的优势，有助于纳扎尔巴耶夫总统战略目标的顺利完成。

1994年中国总理李鹏在塔什干发表了中国对待中亚国家的四项基本原则，它们是：第一，坚持睦邻友好、和平共处；第二，开展互利合作，促进共同繁荣；第三，尊重各国人民的选择，不干涉别国的内政；第四，尊重独立主权，促进地区稳定。上述政策至今仍是中国处理与中亚国家包括哈萨克斯坦事务的准则。哈萨克斯坦是中国的邻国，是中国外交优先考虑的国家之一。坚持与周边国家睦邻友好这一既定方针，中国不会改变。正如中国国家主席江泽民1996年在哈萨克斯坦议会发表演讲时所说的："中国与中亚国家有着3000多公里的漫长边界。我们双方之间有许多共同点和共同利益。中国愿同哈萨克斯坦一道，从面向21世纪的战略高度，共创我们友好合作、共同发展的美好未来。我们希望彼此真诚相待，友好相处，永远做好邻居、好朋友、好伙伴。"[①]

正是因为中哈睦邻友好对两国都至关重要，因此，我们两国都应该

[①] 《人民日报》1996年7月6日。

爱护它、发展它，不做有损于这种关系的事情。这不仅是指政府，也包括普通百姓。要使每个人真正认识到，维护中哈友谊对双方发展都有利，也是实现纳扎尔巴耶夫总统战略构想的重要条件。

最后祝愿总统咨文所列的七项优先发展目标顺利实现。

谢谢大家！

——原载哈萨克斯坦教育文化卫生部编《至 2030 年前哈萨克斯坦发展战略优先方面——国际会议俄文论文集》，阿拉木图出版社 1998 年俄文版

中亚五国与中国西部大开发

【内容提要】 西部大开发是中国经济发展战略之一，需要国际环境配合。与中国西部毗邻的中亚五国与此关系至关重要，它们与中国西部经济大开发和国家安全有密切的关系，特别是中亚地区能否安全与稳定会直接影响中国西部大开发的开展。为此，必须加强对中亚国家的研究并提出相应对策，这项工作对国际研究工作者来说责无旁贷。

西部大开发是当前中国经济工作的重点之一。尽管西部大开发主要是国内的事情，但也需要国际环境的配合。在可能影响中国西部大开发的诸多国际因素中，与中国西部地区毗邻的中亚五国的变化至关重要，因为它会直接影响中国西部的经济大开发和国家安全。其理由是：第一，中亚国家是中国的邻国或近邻，有长达3000多公里的边界线，有大量跨境民族存在，历史和现实都存在密切的关系。第二，中国与中亚国家在经济方面存在互补性，同时也存在竞争性。中亚国家经济状况的变化可为中国西部的开发提供广阔的开放空间，也可成为制约中国西部经济大开发的不利因素。第三，中亚国家政局变化和民族宗教问题会影响中国特别是西部的国家安全。当前中亚地区宗教极端势力、民族分裂势力和国际恐怖势力活动猖獗，在未来可能出现中亚地区政局动荡问题。在设计开发中国西部的蓝图时，不能不考虑这些因素，并有针对性地采取措施，以确保我国西部的安全和大开发战略的顺利实施。第四，大国角逐会威胁中国特别是西部的稳定。中亚地区的战略地位和丰富的石油资源引起大国的竞争。以美国为首的西方国家已插足中亚事务，俄罗斯不想放弃中亚，伊斯兰势力也想"绿化"这一地区。在未来 10 年中亚地区能否稳定，该地区的变化会对中国西部的安全和大开发有何影响，中国如何在大国角逐中确保西部安全，这也是应该关注的问题。

一 中亚国家与中国经济存在互补性，也存在竞争关系

中亚国家与中国在经济上存在互补性，这为人们所熟知。但这种互补性实际上是指与整个中国而言。中亚丰富的自然资源和中国强大的加工能力为经济互补提供了可能。然而，中亚与中国西部互补性并不大，因为它们在资源、产业结构和发展水平方面差距不大，目前，中国西部产品尚不能满足中亚国家的需求。中国西部与中亚国家之间更多的是竞争关系，包括在吸引外资方面的竞争、产品销售上的竞争，等等。更重要的是在中国与中亚国家之间存在国家体制的竞争关系，或者称作不同社会制度国家之间的竞赛。因为独立后的中亚五国在国家体制方面已经与中国不同。中亚国家独立九年来各方面发生了很大的变化。中国与它们互为邻国，在同一个时期内，中国与它们走了不同的路。实践证明，路不同，取得的结果也不同。中国从 1991 年到 2000 年，在前十年已取得重大成就的基础上，改革和经济工作又取得了令世人震惊的进展，而同期中亚国家却从作为超级大国苏联的一部分跌入到中下等收入的发展中国家的行列。如果说中亚国家在 1991 年前人民生活水平明显高于中国特别是新疆地区，那么，2000 年中国新疆人民生活水平已经高于多数中亚国家，与生活条件最好的哈萨克斯坦也基本接近。中国与中亚国家对比，有中国特色的社会主义显示出巨大的威力。但也应看到，中国和中亚国家体制竞赛并未结束。尽管迄今我国在竞赛中处于有利地位，特别是经济和社会发展处于领先地位，但我们不能满足，要清楚地看到中亚国家拥有自然资源丰富、人口少、智力资源雄厚的优势。它们当中有的国家，如哈萨克斯坦和土库曼斯坦，有可能依靠丰富的石油和天然气资源，较快地发展起来。苏联时期，我国新疆经济发展水平长期落后于中亚国家，是我国改革开放政策的成功和苏联的解体逐渐改变了这种态势。这使我国从经济上增强了抵御来自中亚方面影响的能力。苏联解体后我国不乱，与经济迅速发展有重要的关系。这些年新疆各民族绝大多数人不为境外

"回归"号召所动，也与我国经济和社会发展有直接的关系。但应看到，我国经济和社会发展水平较中亚一些国家并无明显优势。例如，1997年哈萨克斯坦人均国民生产总值为1422美元。新疆人均国民生产总值尚不到800美元。新疆有些地方特别是南疆经济很落后。这种经济状况使当地一些人对自身处境不满，容易接受外部势力的蛊惑宣传，易为民族分裂分子所利用。中亚国家经济如果持续快速回升，出现不利于我国的形势，也会增加我国维护新疆安全与稳定的压力。我国应该未雨绸缪，必须继续深化改革，并通过大力开发西部，使我国保持高于中亚国家的发展速度。如果我们在竞赛中落后，就不仅仅表明政策的落后，也会被说成是国家体制的落后，发展模式的落后。因此，我国与中亚国家的竞赛，不仅是经济竞赛，同时也是政治竞赛。我国应将中亚国家作为竞争对手来对待，在大力发展自身的同时，也要密切关注它们的国家体制和发展模式的变化及其对我国的影响，并适时提出相应的对策。

二　中亚地区稳定是保证我国西部大开发的必要条件

中国改革开放取得重大成就的实践证明，稳定的环境是发展的必要条件和重要保证。中国西部的开发不仅要求国内要有稳定的环境，也要求周边有稳定的环境，对与中亚国家毗邻的新疆地区尤其如此。中国新疆与中亚国家有3000多公里的共同边界，还有人口众多、宗教信仰相同的跨界民族。在新疆某些地区宗教氛围相当浓厚。这里存在宗教极端势力滋生和传播的土壤。同时，这里还存在民族分裂分子。他们往往以宗教为掩护，从事分裂祖国的活动。在境外也有民族分裂分子存在，一些人就隐藏在中亚国家。他们借助国际反华势力的支持和中亚宗教极端势力的猖狂活动，从事分裂祖国的活动，破坏我国西部地区的安全与稳定。如果中亚宗教极端势力得不到及时有效的遏制，如果来自阿富汗等周边国家和地区的宗教极端势力继续向中亚渗透和滋扰，不仅会严重地威胁中亚地区的和平与稳定，也将严重威胁我国西部的政治稳定和经济开发。一旦中亚地区出现动乱，国家间经贸合作和吸引外资工作必然受到影响，我国西部大开发战略也将难于按计划实现。因此，我们要努力促进中亚地区保持和平与稳定，对中亚宗教极端势力的活动及其影响不可掉以轻心，要密切关注那里事态的发展，保持高度警惕，并采取有效措施加以防范。

三 大国争夺与中亚稳定

国际舆论有种看法，认为 21 世纪中亚地区可能成为不稳定地区、世界新的热点，因为该地区的战略位置和丰富的石油储量令人垂涎，会引起大国角逐。

中亚位于欧亚大陆接合部，系多种文化宗教交汇地区。曾有人说，谁控制了中亚，谁就能控制世界。虽然此说当时并未成为现实，但今日仍未失去其重要意义。谁能控制该地区，谁就可能对其周边的俄罗斯、伊斯兰世界、中国乃至南亚、西亚等地进行遏制。对具有战略地位的中亚最为垂涎的当数欲称霸世界的美国，苏联解体后它以自己的经济实力为先导，迅速进入这一地区，率先在它摆设的国际"大棋局"中布下一颗与俄罗斯争夺的棋子。近年来美国高层军政要员访问中亚不断，并利用"北约"加强对中亚地区的军事渗透，呈现出咄咄逼人的进攻态势。

里海石油的发现增强了中亚地区作为 21 世纪石油主要供应地的地位。在尚不明确不久的将来是否有石油替代物的情况下，石油作为一种战略物资将继续成为各国争夺的对象。这就是为什么近几年美国等西方国家纷纷来这里找油、采油的原因。可预见，这个队伍还会扩大。由此可能产生利益冲突，并引发地区动荡。

中亚地区历来是俄罗斯的"后院"。近年来俄罗斯的衰落和政策的不定，为西方进入这一地区提供了契机。前几年出现了"俄退美进"的态势。普京执政后明确了不放弃中亚的立场并付诸行动，2000 年俄罗斯在中亚争夺石油天然气和加强军事存在方面胜了美国一局。但俄美在中亚的较量并未结束，斗争仍在后头。

以土耳其和伊朗为代表的伊斯兰世界也在争夺中亚。近年来，土耳其在中亚的影响逐渐扩大。土耳其不仅在一般商品上是中国的强大竞争对手，而且，它极力推销的泛突厥主义也是影响我国新疆稳定的外因之一。

中亚国家存在的民族问题、边界争端、潜在的政权危机、"三股势力"活动、毒品走私等都可能成为大国干预的借口。美国咄咄逼人的攻势，宗教极端势力加紧扩张，俄罗斯不想丧失传统势力范围而极力苦撑，它们之间的争夺增加了该地区的不稳定性。中亚局势能否在大国争端中保持稳定与我国的安全与发展息息相关，对中国西部地区尤其重要。

四 中国的战略和政策选择

近10年来，中国与中亚国家保持着良好的关系。但总的来看，如同我国与俄罗斯的关系一样，经济关系滞后于政治关系。如何进一步发展中国与中亚国家的关系成为专家们关注和思考的课题，并纷纷献计献策。

专家认为，中国应该进一步认识中亚对中国的重要性，并制定相关的战略。有关专家认为，中国在中亚的战略目标应该是：使中亚地区成为我国反分裂的前沿阵地、完成祖国统一大业的战略后方、西部大开发的商品市场、21世纪的重要能源供应基地。应该说，这是一个不错的构想。我国应以此为目标开展工作。但也应指出，实现上述目标的前提和核心是要保证中亚地区的稳定。中亚不稳定，一切目标都难于实现。当前确保中亚稳定的最佳机制当数"上海五国"会晤机制。该机制是抵御"三股势力"和以美国为首的西方染指中亚的有效机制。1996年诞生的"上海五国"会晤机制已初见成效。目前要做的事情是要不断充实该机制的内涵，特别是要使它具有可操作性，而不落入空谈的窠臼。

欲进一步发展与中亚国家的关系还必须认真解决"经济关系滞后于政治关系"的问题。限于财力，中国还不能与西方国家在大项目上展开全面的竞争。但中国在个别项目上，特别是中小项目上还能有所作为，关键在于引导、组织和制定相关的政策。

另外，中国在中亚的经济活动不可任其自流。国家应从战略目标出发，做些"政治投入"。国家对中亚的投入应区别于企业，应着重于政治效益，用于巩固现有的良好的政治关系。国家投入应统筹规划，少花钱多办事，防止多头施舍不见效果。

对中亚工作还要改变上热下冷的局面，为此，国家要有统筹规划的机构和机制，有计划地去实现战略目标。

由于我国西部与中亚国家在经济上存在竞争关系，同时也存在各国体制孰优孰劣的比较问题，因此，从维护国家安全的角度出发，我们也应该考虑在与中亚国家发展经济关系时的适度问题。我们应本着先内后外的原则，把开发西部经济特别是新疆经济放在第一位，以此为前提加强与中亚国家的经济合作。在"度"的问题上应组织国内专家进行研究论证。

总之，中亚五国与中国西部大开发关系重大，加强对中亚国家的研究并提出相应对策，是摆在国际问题学者面前的新课题。认真做好这个课题可看作是国际问题学者对西部大开发做出的贡献。

——原载《东欧中亚市场研究》2001年第9期

评中国与中亚国家的经济关系

【内容提要】 在中国与中亚国家的关系中，经济关系是非常重要的方面，也是成果最为丰硕的领域之一。本文没有详述经济关系的发展进程和取得的合作成就，而是重点总结中国与中亚国家经济合作快速发展的原因，分析阻碍关系深入发展的障碍及克服办法，并展望经济关系发展的前景。

在中国与中亚国家的关系中，经济关系是非常重要的方面，也是成果最为丰硕的领域之一。关于具体合作进程和成就，几乎在论述中国与中亚国家关系的著述中都有详细的介绍，这里不准备再一一列举，只想通过几个具有典型性的例子说明，包括最能反映双边经济合作水平的经贸额，经济技术合作的具体项目等。

中国与中亚五国的双边贸易额由1992年的4.6亿美元增长到2012年的459.4亿美元。459.4亿美元虽然数目不算大，但增长近100倍，可以称作是惊人的增长速度。经济技术合作也有优异的表现。如果说，中国与中亚国家建交初期，其合作不过是暖水瓶厂、面条加工厂、服装加工厂等投资只有几万或几十万美元的为数不多的小企业，到1997年才有了中哈两国合资的阿克纠宾斯克石油联合企业，这是第一个而且是当时唯一一个中国在中亚的大型企业。可是进入21世纪后，大型和超大型合作项目可以举出很多，例如：位于哈萨克斯坦的PK油田、中哈输油管道项目、由土库曼斯坦经乌兹别克斯坦和哈萨克斯坦抵达中国的中国—中亚天然气管道项目、塔吉克斯坦的公路建设和输变电工程项目等。这些大项目投资额都有数千万到几十亿美元之巨，彻底改变了经济合作只有小项目而无大项目的历史。另外中哈两国还斥巨资共同建设了霍尔果斯边境合作中心。至于中小型合作项目则更多。本文重点不在于介绍经济关系的全部，而主要谈谈中国与中亚国家经济合作快速发展的原因，分析阻碍关系深入发展的障碍与克服办法，并展望经济关系发展的前景。

一 经济合作快速发展的原因

这里拟用十六个字概括，即"彼此需要、有利条件、官方推动、互利共赢"。下面对这十六个字做些解释。

首先说说"彼此需要"。所谓"彼此需要"是指，中国与中亚国家对发展经济关系都存在需要。一般来说，需要就容易产生动力。中亚国家独立初期经济非常困难，各种生产和生活物质奇缺，迫切希望通过与外国的合作解决问题。而作为中亚国家邻国的中国，经过近20年的改革开放，经济已经得到快速发展。当时中国生活用品充足，不仅能够满足本国的需要，而且有大量商品可以出口。在这种情况下，大量生活物质销往中亚国家，帮助它们解决了暂时的困难。也正是在这种情况下，在中国已经遇到经营困难的新疆乌鲁木齐暖水瓶厂、四川一家羽绒服厂、北京朝阳区一家面条生产厂才能到中亚国家发展，并且受到落地国居民的欢迎。这种合作是当时环境下的产物，是经济合作的初步尝试和最初成果，在今天看来，这种规模的经济合作已经不算什么。但当时这种合作解决了各自的问题，是彼此需要的结果，其历史作用应该予以肯定。1997年中哈合资建立阿克纠宾斯克石油联合企业，也是各方需要的产物。中国需要的是石油，哈方需要的是资金、技术和赚取利税。两国合作使已经开发多年正在走下坡路的企业焕发了青春，成为哈萨克斯坦的最大采油企业之一。这也是彼此需要的产物。再如，在土库曼斯坦中国石油企业对该国大量报废或低产气井进行修复，使其成为高产气井，中国企业通过劳务输出获得收益，土库曼斯坦则提高了本国天然气产量，这也是彼此需要。在其他国家的经济合作项目也是如此。常言道："需要产生动力"，但必须是相互需要才能产生动力，而不是一方需要。一厢情愿无法使合作保持下去，更谈不上发展和深化。

其次说说"有利条件"。只谈需要，不顾条件和可能，也是无法合作或者合作不能持久的。条件包括政治关系、经济状况、地缘因素、合作理念、经营环境，等等。中国与中亚国家经济关系之所以能够在建交 21 年间发展得越来越密切，成为中国与中亚国家友好关系的标志之一，与彼此政治关系良好分不开。中国已经与中亚国家结成不同层次的战略伙伴关系，誓言"世代友好，永不为敌"，这是彼此友好关系的较高境界。良好的政治关系为发展经济关系创造了重要前提条件，使彼此开展广泛的经济合作有了可能性，也使中国企业在中亚投资大项目有了信心和安全保证。

经济状况是指，由于国力大小不同，经济结构不同，资源状况不同，中国与中亚国家存在广泛的互补性，彼此可以通过经济合作达到优势互补、共同发展。中国不仅在中亚国家开发能源和资源，也在努力帮助它们改善基础设施状况和改变原有的经济结构。中亚国家的交通和通信状况得到改善，中国企业功不可没。

地缘因素是指中国与中亚国家互为邻里，这是发展经济合作的有利条件，也是世界上大多数国家所不具备的。无论是从地缘政治、地缘经济，还是从地缘文化来看，毗邻国家都具有发展关系的优势。世界上许多政治和经济共同体都是在地缘基础上建立起来的，而且位于同一地区的国家都会为谋求本地区的安全、稳定和经济繁荣而协同努力。以经济合作为基本职能之一的上海合作组织，就是在地缘基础上建立的区域性国际组织。该组织在推动成员国间经济合作方面做了大量的工作，中亚国家也从中受惠。互为邻里使交通运输较为方便，容易形成网络化。建交 21 年来，中国与中亚国家之间交通运输状况得到很大的改善就证明了这一点。

合作理念是指用什么思想、原则指导经济关系、驾驭经济合作进程，将彼此置于什么位置。21 年来，中国和中亚国家都视对方为重要合作伙伴，中国执行"互利共赢、共同发展"的经济合作方针。中亚国家也将与中国发展经济合作看作是发展本国经济的重要方面。哈萨克斯坦制定的至 2050 年的发展战略中将中国列为最优先的合作国家之一，所规定的很多发展指标，如过境运输等，离开中国是办不到的。

合作理念自然还包括，用世界通行的规则指导彼此的经济关系。吉、塔两国已经成为 WTO 成员国，哈萨克斯坦即将加入，乌兹别克斯坦和土库曼斯坦也在考虑加入。在 WTO 规则框架下发展彼此经济关系是必然的趋势，当然，目前正在商讨中的上海合作组织框架内的贸易和投资便利化进程中的规则，也是需要共同遵守的合作理念。

经营环境是指贸易投资便利化、正规化和安全方面存在的问题在逐渐得到解决，尽管问题还不少。目前存在的双边与多边协商机制有利于解决经济活动中出现的问题，对推动经济合作发挥了积极作用。

再次，所谓"官方推动"是指各国政府都极为重视经济关系，从建交伊始就将经济合作作为构建和发展彼此关系的一项重要内容来对待。中国还特别提出"向西开放战略"，主要是发展与中亚国家以及与中国西部更多的国家的关系，为此还搭建了亚欧博览会和喀什经贸洽谈会等合作平台。中国政府为走向中亚的企业提供政策和其他方面的支持，使经济合作的规模不断扩大。今日中国与中亚国家经济合作取得的成就，没有中国政府的支持是不可想象的，也是办不到的。同样，如果没有中亚国家政府对发展与中国经济关系的重视，没有它们在政策和其他方面的支持，中国与中亚国家在经济合作方面达到如此高的水平也是不可能的。

最后谈谈"互利共赢"。这是中国与中亚国家发展经济关系的出发点和落脚点，也是中国与中亚国家开展经济合作的基本方针和政策。经济合作涉及相互关系，经济合作不能单方面受益，更不能损人利己。只有通过互利合作，达到双赢或多赢，才能使合作方有合作的愿望和动力，使合作能够发展和深化。正是由于与中国开展经济合作能给本国带来收益，而且很多项目例如交通通信已经惠及民众，管道项目还有利于本国经济安全，中亚国家才会采取继续深化与中国经济合作的方针。

由于上述原因，21 年来中国与中亚国家的经济关系变得越来越紧密，虽然还没有实现经济一体化，经济合作中还有许多问题需要解决，但经济合作继续向好的趋势不可改变。这不是中国单方面的看法，而是中国与中亚国家的共识。

二 深化经济关系的障碍和解决途径

中国与中亚国家经济关系总体形势大好，成绩斐然。但是，也存在一些影响彼此关系深化的障碍，需要双方共同解决。这些障碍和解决途径可以用二十个字概括，即"拓宽领域，重在落实，创新思路，加强信任，排除干扰"。

所谓"拓宽领域"是指，目前的合作领域还有些狭窄，仍存在拓展的空间。在贸易方面，除传统换货品种外，还可以增加各国通过引进技术生产的高新技术产品、纯天然农牧产品、各国需从外国引进而有关国家可以提供的商品，例如，中国市场广阔的肉类和优质婴儿奶粉等。在不断增加双边商品贸易额的同时，还可以提升服务贸易的水平，这方面还有很大的潜力。在文化产品和旅游方面也可以扩大贸易额，目前在这方面合作水平十分有限。

在经济技术合作方面仍有合作的巨大潜力。中亚国家和中国都在改进生产方式，致力于产业转型升级，大力发展绿色经济，发展新能源以减少对环境的破坏。在这些方面，双方不仅可以交流经验，还可以提供相关产品、技术和设备。中国正在根据中亚国家的要求，在投资资源开发的同时也注重投资非资源领域，特别是由输出产品向输出技术和设备转变。合作领域的拓宽是彼此发展的需要，目前各国经济发展水平为拓宽合作领域也提供了可能性。

所谓"重在落实"是指，21年间中国与中亚国家签订了很多经济合作协议，提出了很好的设想和合作项目。其中不少落实了或正在落实。已经实现的项目收到很好的经济效益和社会效益，例如，稍远有第二亚欧大陆桥的建成和运营，近期有输油和输气管道项目建设以及塔吉克斯坦的公路建设和电网建设等。不过，仍有一些项目经过多年论证，由于多种原因至今仍未启动。即使已经启动的项目，有的距离设计标准还有很大的差距。此外，双边和多边签订的协议有的执行得较差，在执行中节外生枝的情况也不少。"重在落实"就是要求"言必信，行必果"，一步一个脚印。只有认真落实已经达成的协议，才会对未来协议的落实充满信心。防止合作出现"独联体化"倾向，即协议停留在纸面上，这是必须注意的问题。

所谓"创新思路"是指，尽管经济关系中有不少成功的经验，但21年后的今天，仍习惯于用20多年形成的一套驾轻就熟的老办法处理当前的合作事宜，缺乏新思路。众所周知，情况在不断地变化，不仅是各国国情在变化，世界局势也在变化。必须对变化了的现实世界做出必要的反应。例如，哈萨克斯坦在独立初期欢迎外国对国内所有部门投资，包括资源开采。可是，进入21世纪后，该国对投资资源开发开始设限，还提出了"哈萨克斯坦含量"的新规，也就是在哈外资企业必须吸纳一定数量的哈籍员工，对外资企业在本国石油等资源占有的份额也有所考虑。另外，该国提出在2050年欲进入世界30强的发展战略，并提出一系列具体指标，其中很多与中国都有一定的关系。其他中亚国家也提出很多设想，希望与中国建立更加密切的关系，但具体规定与哈萨克斯坦有所不同。这就要求中国企业必须了解中亚国家的国情变化和政策变化，如果到中亚国家投资兴业，就必须适应那里的新情况，在前往投资时需要有新的思路，不能按老办法行事，否则就会碰壁。在世界经济复杂多变的情况下，对发展中国与中亚国家经济关系要有新的举措，特别是在哈萨克斯坦与俄罗斯结成关税同盟，吉、塔两国也将要加入，该组织将来还要变成欧亚联盟的情况下，如何使双边贸易额保持增长而不下降，在中国经济增长方式转型的情况下，如何与中亚国家经济发展能够对接，这一切都需要各方面集思广益，创新思路，拿出新办法。

所谓"增强信任"，这不仅是指政治方面，也包括经济方面。在某些中亚国家中流传着"中国威胁论""经济附庸论"等错误论调，将中国与中亚国家的合作看作是一种威胁，将中国与中亚国家的互利合作、优势互补说成是使本国经济成为中国的"经济附庸"。持这种错误看法的人有两种。一种是对中国的迅速发展和国力提升不了解，特别是对中国的对外政策不了解而产生的担心；另一种是追随西方仇视中国的人，别有用心地制造混乱以实现个人的政治目的。对前者可以通过实践扭转其错误认识，对后者必须加以驳斥，以正视听。对中国不怀好意的人虽然人数很少，但能量却不小，他们是从经济关系入手诋毁中国与中亚国家的关系，和西方宣扬的"中国威胁论"遥相呼应。这些人的行为不能代表中亚国家政府和人民，但多少也会影响政府的决策。这就是为什么中国与中亚国家领导人经常会将"增强信任"作为会谈的内容之一。信任是深化经济合作的前提，缺乏信任不仅会使合作止步不前，甚至会出现倒退，这是中亚国家和中国都不希望看到的事情。

所谓"排除干扰"，除指中亚国家国内的少数人的干扰外，还指来自中国与中亚国家之外的干扰。在影响中国与中亚国家的经济关系方面来自其他大国和跨国公司的干扰因素也不少。有的是经济竞争关系，有的是蓄意破坏和阻挠。正常的经济竞争关系需要通过经济手段应对和解决，对蓄意破坏者则要通过包括政治手段在内的综合措施应对。中亚国家和中国都会正确分析和处理这些干扰因素，将友好合作发展下去。

三 经济合作关系的前景

尽管经济关系中存在不少需要消除的障碍，合作中也存在一些需要解决的问题，中国和中亚国家对彼此经济关系的前景还是看好。这不是毫无根据的预测，而是从实际出发，从各国发展的前景做出的判断。这种看法是基于彼此关系的基本面做出的。如上述，互为邻里的地缘优势、不断增强的政治互信、依然存在的经济互补性、相似的国情和在国际社会的处境，这是中国与中亚国家开展密切经济关系的有利条件。

当我们看到，中国经济仍在快速发展，提出"两个一百年"的发展目标时，中国为发展确定的"向西开放战略"，就自然展示出中国与中亚国家发展经济合作的决心。

如果我们看到，中国与哈萨克斯坦商定 2015 年两国贸易额将达到 400 亿美元，同期，中国与乌兹别克斯坦的贸易额将达到 50 亿美元，都较 2000 年翻一番；当我们看到，再经过几年中国从哈萨克斯坦进口的石油将达到 2000 万吨，进口的天然气将达到 100 亿立方米，中国从土库曼斯坦进口的天然气将达到 650 亿立方米，中国从乌兹别克斯坦进口的天然气将达到 100 亿立方米，中国也有几乎等值的商品销往中亚国家；当我们看到，中国修建的公路、工厂、通信和电力设施出现在中亚大地，中国与中亚国家的交通通信更便捷，网络化格局正在形成，有谁会对经济关系的美好前景产生怀疑呢？如果我们再翻阅一下 2012 年 12 月哈萨克斯坦总统纳扎尔巴耶夫的国情咨文《哈萨克斯坦——2050 年》，会发现其中不少内容涉及与中国的经济关系。例如，哈将大力发展基础设施建设；将实行"走出去"战略，在境外建设生产性交通物流设施；大力开发本国的过境潜力；大力发展新兴能源；实现大规模农业现代化计划等。哈萨克斯坦为实现宏伟计划，必须与其他国家合作，中国是最重要的合作伙伴之一。其他中亚国家也有发展设想，也离不开与中国的合作。在这种情况下，有谁能对中国与中亚国家的经济合作前景不持乐观估计呢？

中国和中亚国家在经济合作方面形势大好，但也有问题，只要共同努力，路会越走越宽。

——原载《欧亚经济》2014年第4期

中国与中亚国家安全战略异同与 20 年合作绩效评价

【内容提要】 安全合作是中国与中亚国家合作的重要方面。中国与中亚国家建交 20 年来安全合作成果显著。不过，时而也会产生一些瑕疵。本文通过分析 20 年来各国安全战略和安全政策的异同点，可以看到产生瑕疵的原因。本文指出，20 年来，经过有关各国共同努力，保证了中亚地区和中国与中亚国家边境带的稳定，以及在重大安全问题上能相互支持与帮助，这是合作绩效的最大亮点。

中国与中亚国家建交 20 年来安全合作较为顺畅，成绩显著，不过时而也会产生一些瑕疵。本文通过分析 20 年来各国安全战略和安全政策的异同点，看产生瑕疵的原因，并对合作绩效予以评价。

一 安全战略与安全政策的异同点

20 年来，中国与中亚国家从维护国家安全稳定、保障领土完整和国家统一、不受外来侵犯来看，其目标是一致的。但是，由于国家大小、区位和周边环境的不同以及在世界上的重要性不同，各国的安全战略和安全政策仍存在一些差异。

（一）中国的安全战略与安全政策

中国是世界大国，其在国际社会所处的地位、其周边环境和国内存在的与安全有关的问题，远比任何一个中亚国家都要复杂。

第一,中国是世界几个社会主义国家之一,中国共产党是国家执政党。经过30多年改革开放、中国各方面实力大增,正以前所未有的面貌屹立于世界。在以美国为首的西方国家看来,中国的存在和发展成就都是对它们生存的一种制度性挑战。因此,它们以各种方法遏制中国的生存与发展,从运用传统安全威胁工具到扶持各种反华势力从事非传统安全威胁,多年来中国面临的来自西方的安全压力始终未减。

第二,中国的周边安全环境也相当复杂。这表现为:一是邻国多,而且存在各种问题的邻国多;二是中国与邻国间存在不少矛盾,包括领土纠纷、水资源争议、历史积怨等;三是现有政治制度和发展模式不同;四是随着经济的发展和中国公民走向世界的增多,与他国的矛盾和摩擦相应增多。

第三,中国国内存在许多影响国家安全与稳定的问题,如:台湾问题、达赖集团问题、"东突"及其他分裂组织问题、法轮功等邪教组织问题、其他一些影响中国安全与稳定的问题。这些问题,尤其是台湾、西藏、新疆存在的分裂问题,直接威胁到国家的统一和领土完整,其复杂程度和解决难度都超出一般。

第四,中国面临的其他安全问题,如粮食安全、能源安全、生态安全、信息安全、海洋安全等,都要多于中亚国家。

正是由于上述原因,中国的安全战略是综合性的,既要考虑传统安全威胁,也要考虑非传统安全威胁;既要考虑政治安全,也要考虑经济安全;既要通过发展硬实力维护国家的安全,也要通过增强软实力捍卫国家的安全。

总的来看,中国安全战略的最突出要点是维护国家的核心利益,这是指:国家主权、国家安全、领土完整、国家统一、中国宪法确立的国家政治制度和社会大局稳定、经济社会可持续发展的基本保障。当然,也包括维护中国所有公民能在国内和平、安全的环境中自由生活和在国外能安全发展与体面活动。总之,如胡锦涛总书记在庆祝中国共产党成立90年大会讲话中所指出的,发展是硬道理,稳定是硬任务。为此,要坚决捍卫能保证实现上述目标的中国共产党的领导,保证国家能沿着有中国特色的社会主义道路前进;不断加强国防力量,坚决回击一切来犯之敌;坚决打击破坏国家稳定和企图分裂国家的势力,保证国内有安全的、稳定的建设和生活环境,保护中国侨民的合法权益。

为此,中国不断加强武装力量建设,使其做到革命化、现代化、正规化,同其他肩负维护国内安全使命的部门一道,成为维护国家安全与稳定的钢铁长城。

武装力量的不断强大离不开经济基础。强大的经济是强大国防的保证。经济的发展同样是社会发展的保证。人民群众实现安居乐业,国家安全与稳定才会有可靠的保证。将发展作为第一要务,使经济发展的成果惠及全民,这才能为国家安全与稳定奠定坚实的物质基础。

国家安全为了人民群众,国家安全的基础是人民群众。人民群众对中国共产党领导的信任、对政府的信任,积极参与维护国家安全与稳定工作,是确保国家安全与稳定的重要方面。安全环境的创造与维护同样离不开人民群众。因此,增强人民群众的爱国情感和凝聚力,增强各民族的国家意识和公民意识,同样是中国安全战略的一部分。

在维护国家安全方面,外交担负重要的使命。中国外交的基本宗旨是为国内发展创造良好的外部环境。所谓外部环境,既包括政治经济环境,也包括安全环境。中国外交的重点是与中国利益攸关的大国、周边邻国和发展中国家,从安全角度来看,某些大国和邻国格外重要。对待大国,中国不卑不亢,对待邻国,中国实行睦邻友好政策。通过建立良好的国家关系达到共同安全的目标。

中国还通过执行"与邻为善,以邻为伴""睦邻、富邻、安邻"的周边外交方针,与邻国建立互利共赢的经济关系,以求得共同发展,为安全合作奠定坚实的经济基础。

推进人文合作也是中国发展与世界各国的关系特别是与邻国关系的一个重要方面。这是增信释疑、消除历史积怨的重要途径,也是维护国家安全的不可或缺的方面。

采用各种手段保护海外中国公民的利益和中国资产的安全,也是中国安全战略必须考虑的问题。随着中国走出去的企业和人员数量的不断增加,维护它们安全的任务越来越繁重。中国公民不论是在国内还是在国外,在遵守法纪的情况下享有安全感,这是中国安全战略的重要目标和责任。中国的强大使其有力量运用世界通行的手段维护国外公民的合法权益,例如,在吉尔吉斯斯坦发生动乱时及时派飞机撤侨就是一例。

（二）中亚国家的安全战略与安全政策

中亚国家与中国相比在维护自身安全问题上有相同的方面，也有不同的方面。作为独立主权国家，它们同样将维护国家的统一和领土完整，捍卫国家不受外来侵犯作为安全战略的核心内容。同时，维护国内的安全与稳定，保证国家能在预定的轨道上前进，保证人民生命财产的安全，同样是各国安全战略的重点。

然而，中亚国家的地理位置与中国相比要简单得多，或者说具有一定的优势，哈萨克斯坦和吉尔吉斯斯坦尤其如此。中亚国家的邻国主要有俄罗斯、中国、伊朗和阿富汗。中亚国家与俄罗斯的关系具有特殊性，哈、吉、塔等国与俄罗斯属于同盟关系，它们在应对外来之敌问题上依靠俄罗斯的保护，并不担心俄罗斯的军事进犯。乌兹别克斯坦和土库曼斯坦与俄罗斯并不接壤，这两国与俄罗斯的关系虽然不如哈、吉、塔三国，但从传统安全角度来看，它们也不担心俄罗斯。

中亚国家对中国都很友好。中国是负责任的大国，曾对中亚国家做出安全保证。因此，中亚国家并不担心中国会用武力侵犯它们。中国与它们签订了《建立永久睦邻友好合作条约》，使中亚国家感到来自东方的威胁不存在，东部方向是安全的。

中亚国家对西方大国尤其是美国的态度呈现两面性：一方面它们担心美国通过"民主改造"政策破坏其国内的稳定，另一方面不担心美国会对自己实行军事进犯。相反，它们希望美国能在中亚国家保持一定规模的军事存在，用于平衡俄罗斯和中国，也就是常说的，通过全方位外交来维护自身安全。

如果说，中亚国家感到威胁最大的方向，那就是南部：伊朗和阿富汗，特别是后者。伊朗政权的性质和在核问题上与西方的对峙，都使这个国家存在很大的不确定性。中亚国家并不担心伊朗会侵犯它们，所担心的是伊朗会否将本国的政权模式即政教合一的国家体制向北移植。如果说，中亚国家独立初期担心较多，近年来这种担心已经明显减弱。而对南部的另一个国家阿富汗却忧心忡忡。中亚国家不同程度地认为，塔利班和基地组织是威胁中亚地区安全的最大策源地。在美国奥巴马政府宣布分阶段从阿富汗撤军之后，中亚国家的危机感越发增加。

中亚国家视阿富汗塔利班和基地组织为威胁自身安全的大敌出于以下考虑：一是认为塔利班和基地组织是活跃在阿富汗的武装集团，是美国、北约和卡尔扎伊政权全力对付却又难于消灭的力量，塔利班和基地组织不仅想控制整个阿富汗，还想将其影响扩展到中亚地区；二是塔利班和基地组织支持中亚国家的"三股势力"，是"乌兹别克斯坦伊斯兰运动"等恐怖组织的后台；三是阿富汗已经成为世界上的最大毒品生产国和输出国，与其毗邻的中亚国家深受其害。

近年来，巴基斯坦塔利班也日趋活跃，成为与美国和巴基斯坦政府对抗的力量，并与阿富汗塔利班有合作的趋势，特别是基地组织头目本·拉登被美军击毙在巴基斯坦，引起塔利班的疯狂报复，中亚国家不能不为自身的安全担心。

中亚国家由于互为邻里，历史和现实积怨很多，因此，从传统安全角度来看，彼此防范甚至超过对世界上一些大国的防范。

由于地理位置、国情不同和在世界上的地位与作用不同，对于传统安全和非传统安全威胁的感受与看法与中国相比存在差异。近20年来，中亚国家更重视非传统安全威胁。每当谈到安全问题时，提到更多的是来自阿富汗的威胁、毒品与有组织犯罪问题。而在国内安全方面，则强调恐怖势力和极端势力的威胁，如上所述，这是指"乌兹别克斯坦伊斯兰运动""伊扎布特"等恐怖组织和极端组织。

中亚国家除哈萨克斯坦外都不同程度地存在粮食和能源供应不足的问题，有的国家例如塔吉克斯坦经常受到能源短缺的困扰，因此，各国都很强调维护粮食安全和能源安全的重要性。咸海问题已经造成巨大的生态灾难，因此，维护生态安全也是各国，特别是乌、哈两国特别关注的事情。

中亚国家独立后已经经历过几次经济危机或金融危机，使它们吃尽苦头。这些经济危机与各国经济结构和管理失误有关，但更多是国外势力作用的结果。1998年的金融危机和2008年开始并至今仍未完全克服的国际金融危机，都给脆弱的中亚国家经济造成重大损失。经济安全自然成为各国安全的重要组成部分。

针对上述安全问题，中亚国家制定了并非完全相同的安全战略和安全政策。

从传统安全角度，各国的重点皆放在维护国家主权、独立与领土完整和边界不受侵犯方面。各国的方法也有一定的差异。例如，哈萨克斯坦认为，世界上没有一个国家是它的敌人，对任何国家没有领土和其他要求。哈萨克斯坦坚持边界不可侵犯和不干涉别国内政的原则，无条件地反对使用武力解决国家之间的矛盾和争端。承诺不首先使用武力。该国还主张，一切国际争端要在国际法范围内通过和平方式解决；军事行动公开，实行加强安全信任的措施。

乌兹别克斯坦从本国的具体情况出发，认为极端势力和恐怖势力是对国内安全的最大威胁，强调武装力量除保证国家统一和边界不受侵犯外，还担负维护国家安全的重任。

土库曼斯坦则实行"积极中立"政策，不参加任何军事集团，不与任何国家结怨，充分利用联合国赋予的"中立国"的地位，利用国际舆论维护自身安全。土库曼斯坦特别担心其周边国家的动荡会波及本国，因此，将促进周边地区的稳定作为维护自身安全的重要任务。

从近20年的实践来看，多数中亚国家并没有将美军和西方国家军事力量进驻中亚视为对自身安全的威胁，甚至认为这对本国的安全有利。在该问题上中亚国家的看法与俄罗斯和中国存在差异。

与传统安全相比，中亚国家更重视非传统安全威胁问题。独立20年来，"三股势力"、毒品、有组织犯罪、非法移民等问题使各国都深受其害，因此，各国都非常重视应对非传统安全问题的部门的建设。由于非传统安全问题已经不是一国范围内的事情，具有跨国作案的特点，因此，强调发挥国际合作的作用，包括与集安组织、上合组织、联合国禁毒署以及与美国和北约的合作，共同应对"三股势力"、毒品等问题的挑战。

除了加强武装力量和强力部门的职能外，中亚国家还通过外交手段维护自身安全。事实上中亚国家很多与安全关系密切的问题都不可能通过武力手段解决。例如，中亚国家的特殊地理位置决定了它们与国际社会的联系必须通过其他国家的领土，这就要求保证运输通道包括油气管道的安全。又如，外国驻军问题，这也是更多需要通过外交处理的问题。鉴于此，中亚国家外交肩负起为国内的稳定与发展创造良好的外部环境包括安全环境的重任。

正是基于上述考虑，中亚国家基本都奉行全方位的外交，同一切国家发展最广泛的联系，不管其政治制度和经济制度以及意识形态和宗教信仰如何；主张不是通过军事而是采用政治手段，通过签订可保证安全与稳定的国际条约和协议，以及制定和运用有效的预防外交机制来实现。

（三）中国与中亚国家安全战略与安全政策的异同点

中国与中亚国家在安全战略和安全政策上存在相当多的共同点，这是促成合作的基础。这些共同点是：

第一，各方都将维护国家的独立、主权、统一和领土完整作为国家安全的首要任务，都重视与邻国发展睦邻友好关系，对存在的争议问题主张运用和平手段而非军事手段加以解决，这实际上消除了来自邻国的传统意义上的安全威胁。

第二，由于各国不同程度上存在"三股势力"、毒品、有组织犯罪等非传统安全威胁问题，可谓"同病相怜"，因此，在维护国家安全方面很容易形成共识，并加强合作。

第三，面对西方的"民主改造"攻势，相似的历史和国情也使彼此感到有必要通过密切合作回击西方的挑战，在有关国家遇到困难时给予必要的支持和帮助。

但是，中国与中亚国家由于国情不完全相同，在安全战略和安全政策上确实也存在一些差异：

第一，中国是个大国，中国的安全环境明显比中亚国家复杂。而且中国作为一个大国、不参加任何军事集团的国家，不可能将传统安全问题置于某个大国的保护之下，一切都要自力更生。中国必须全面加强本国的军备，维护本国的领土和海疆不受外来的威胁与侵犯。

中亚国家虽然也存在外来威胁问题，但它们中一些国家与俄罗斯结成了军事同盟，将传统安全威胁问题与俄罗斯共同应对，或者说，将本国的安全部分置于俄罗斯的保护之下，而将强力部门的有限军力用于应对非传统安全威胁。有的国家如土库曼斯坦，则充分利用联合国赋予的"中立国"的地位，运用国际舆论维护自身安全。中亚国家虽然也重视加强军备，但其规模有限，不得不依靠外力的保护。

第二，对中亚地区安全威胁来自何方，中国与中亚国家也存在认识的差异。

中国认为大国在中亚的争夺，特别是俄美两个大国的激烈博弈是造成中亚地区不稳定的重要原因之一，特别是美国和北约军事力量进驻中亚加剧了地区形势的动荡。同时，美军在中亚的存在使中国西部又增加了一个不安全的因素。在中国东部和南部已经面临美国强大军事压力的情况下，西部再出现美军基地，中国则面临美国的军事包围，传统安全威胁明显加大。

中亚国家对大国在中亚的看法与中国似有不同。它们也承认大国博弈中亚的事实，但并不看作是对本国安全的重大威胁，特别是对美国在中亚的军事存在并不畏惧。它们所反感的是美国推进"民主改造"的做法，但欢迎美军在中亚威慑"三股势力"和牵制俄罗斯和中国方面发挥作用。同时，也想利用美军在中亚的存在捞取经济实惠。这就是说，中亚国家并不完全认为美国是本国传统安全威胁的制造者，相反，中亚某些国家倒是担心本国安全会受到企图恢复苏联的俄罗斯的威胁。这就是为什么俄罗斯希望将美军基地从吉尔吉斯斯坦赶走，却至今难于如愿的原因。乌兹别克斯坦和塔吉克斯坦至今也存在北约的军事基地，这种情况的存在除塔、乌两国有反恐的需要外，也与它们有其他利益诉求不无关系。

第三，对经济安全也存在认识上的差异。

中国认为中国与中亚国家发展经济合作是互通有无、优势互补，是在经济全球化条件下的劳动分工，通过发展经济合作达到互利共赢、共同发展的目的。而在有的中亚国家中却存在"中国威胁论""经济附庸论"等追随西方不利于发展睦邻友好合作关系的看法，对地区安全无益，很容易为居心叵测者所利用。一些国家发生的针对华商的不友好事件，给中国经营者带来巨大的经济损失，使很多想到中亚地区投资的人望而却步，这不仅对中亚国家本身不利，也在一定意义上构成对中国经济安全的威胁。

中亚国家则认为，大量出口原材料和能源不利于本国经济的发展，会导致本国加工工业的萎缩，造成本国员工的失业和对外国的依附，从而带来经济安全问题。

总的来看，中国与中亚国家在安全领域存在的共同点还是多于不同点，这构成了合作的基础，也是安全合作取得巨大成就的重要原因。我们所以较多谈论不同点，旨在指出存在的问题，以求将来使安全合作做得更好。

二 对安全合作的绩效评估

由于安全合作是中国与中亚国家合作的重要合作领域之一，有必要在总结20年彼此友好合作成就时对其进行初步总结与评价。一般来说，总结好做，评价较难。因为评价需要有个标准，而标准本身会有各种说法，很难形成统一看法。我们尝试提出几点作为评价标准：一是看是否形成了保障彼此安全的法规与机制；二是看影响安全合作的重大问题是否得到解决；三是看安全合作方面有无不利于合作的重大事件发生；四是看合作双方是否都拥有充分的安全感；五是看在对方遇到安全难题时能否果断出手相助；六是看安全合作能否与时俱进，在应对威胁国家安全新手段方面加强合作。如果以上各点都做到了，我们说这是高水平的安全合作。我们将中国与中亚国家的安全合作与上述标准加以对比。可以说，有的标准达到了，有的还没有完全达到。这就是说，双方安全合作达到了一定的水平，但尚未达到最高水平，作为"好邻居、好朋友、好伙伴"的中国与中亚国家，应该朝高水平目标努力。

我们拿已经达到的合作水平与上述标准对比可以看到：

（一）双方已经签署了若干事关安全合作的法律文件，有的已经具有很高水平

1992年1月中国与中亚五国建交。建交公报确认，以"和平共处五项原则"作为发展彼此关系的基础。建交公报向国际社会昭示：友好合作为处理彼此关系的基本准则，相互敌视和以武力相威胁的时代已经成为过去。在安全问题上已经建立了初步的信任，安全合作开始起步。

此后，中国与中亚国家签署的规范彼此关系的文件很多都包括安全合作的内容。例如，中乌两国签署的《中华人民共和国和乌兹别克斯坦共和国关于相互关系的基本原则和发展与加深合作的声明》的第4条写道："任何一方不参加、不支持针对对方的任何政治或军事同盟；不同第三国缔结损害对方国家主权和安全利益的任何条约或协定；不允许第三国利用其领土损害对方国家主权和安全利益。"在第 12 条写道："双方将全力促进亚洲地区及全世界的和平、稳定与安全。"这两条可以理解为是针对传统安全而言的，而同一文件第 13 条写道："双方将在反对国际恐怖活动、有组织犯罪、贩毒、走私和其他国际犯罪活动的斗争中进行合作。"这就是说，早在 1992 年两国建交初期，就将反对非传统安全威胁问题列入合作的议程。1993 年中哈两国领导人签署的《关于中华人民共和国和哈萨克斯坦共和国友好关系基础的联合声明》的第 2 条写道："双方确认，应以和平方式解决两国间的一切争端，相互不以任何形式使用武力或以武力相威胁，不采取可能对对方安全构成威胁的行动。"第 3 条写道："任何一方不参加针对另一方的任何军事政治同盟；不同第三国缔结损害另一方国家主权和安全利益的任何条约或协定；不得允许第三国利用其领土损害另一方国家主权和安全利益。"对上述条款可以理解为针对传统安全而言，从安全角度看不存在相互威胁问题。这为稍后中国与俄、哈、吉、塔四国签署的边境地区军事信任和从边境地区撤军协议奠定了基础。在哈萨克斯坦完成无核化进程之后，1995 年 2 月应哈萨克斯坦政府的要求，中国政府发表了《中国政府关于对哈萨克斯坦安全保证的声明》。这是一份重要文件，全面反映了中国针对哈萨克斯坦的安全立场。这份文件虽然是对哈萨克斯坦的安全保证，但它同样适用于所有中亚国家。

1996 年中哈两国领导人签署的《联合公报》第 3 条："双方一致认为，进一步巩固两国边境地区的和平、睦邻与合作气氛不仅有利于加强两国间的相互信任和相互理解，而且有助于促进本地区的安全与稳定。为此，双方将严格遵守 1994 年 4 月 26 日签署的哈中国界协定，尽快开始上述协定规定的勘界立标工作，并愿意继续为遗留的边界问题进行谈判。双方高度评价 1996 年 4 月 28 日签署的哈萨克斯坦、吉尔吉斯斯坦、俄罗斯和塔吉克斯坦同中国关于在边境地区加强军事领域信任的协定，决心采取切实措施落实该协定，并将继续努力加速制定在边境地区相互裁减军事力量的协定。"

1996 年和 1997 年中国与俄、哈、吉、塔四国签署的在边境地区加强军事领域信任和相互裁减军事力量的两份协定，表明彼此信任已经达到很高的程度。20年的实践表明，来自对方的传统安全威胁已经不存在。

进入21世纪，安全合作再上新台阶。在2001年上海合作组织成立峰会上，包括中国与中亚国家在内的各成员国签署了《打击恐怖主义、极端主义、分裂主义上海公约》和以后签署的与打击"三股势力"有关的若干文件，巩固和深化了中国与中亚国家在非传统安全领域的合作基础。2000年中塔两国签署的《中华人民共和国和塔吉克斯坦共和国关于发展两国面向21世纪的睦邻友好合作关系的联合声明》、2002年中吉两国签署的《中华人民共和国和吉尔吉斯斯坦共和国睦邻友好合作条约》、2003年中国与哈萨克斯坦等国签署的《中哈睦邻友好合作条约》以及后来上海合作组织成员缔结的《睦邻友好合作条约》等文件是彼此充分信任和安全合作升华的证明。

（二）影响安全合作的重大问题得到解决

在国际关系中很多问题可以影响国家间的合作包括安全合作，其中最大和最敏感的问题莫过于领土争议问题。领土纠纷是非常棘手的问题，因领土纠纷而引发国家间冲突并不鲜见。中国与中亚国家的边界划分问题则通过友好协商、互谅互让，得到圆满的解决，边境地区已经成为和平的、繁荣的、和谐的地区。这与世界上仍存在诸多领土争端的现实形成鲜明的对照。由于消除了影响彼此关系的一大隐患，才为后来中国与中亚国家签署《睦邻友好合作条约》奠定了坚实的基础。对比标准第二点，可以认为，中国与中亚国家的安全合作是高水平的。

（三）近20年中国与中亚国家之间并没有发生影响彼此安全合作的重大事件

这一点甚至强于中亚国家之间。我们知道，1999年和2000年恐怖组织窜入塔吉克斯坦、吉尔吉斯斯坦、乌兹别克斯坦三国，使三国的安全受到重大威胁。2005年吉尔吉斯斯坦的所谓"颜色革命"和乌兹别克斯坦的"安集延事件"，都存在相互影响和难民问题。2010年吉尔吉斯斯坦的民族冲突，也给乌兹别克斯坦带来数以万计的难民。然而，20年来，无论是塔吉克斯坦内战，还是上述各种严重影响国家安全的事件都没有或者很少影响到中国。相反，中国与中亚国家通过业已建立的安全合作机制，有效地打击了影响中国甚至中亚地区安全的"东突"势力，在禁毒和打击有组织犯罪方面的合作也很顺畅和富有成效。

（四）与独立初期相比，在安全感方面有进步，但仍存在提升的空间

20年来，中国因公出差人员和经商人员在中亚丧生事件皆有发生。在2005年和2010年吉尔吉斯斯坦发生的两次动乱中，中国公民的生命安全受到威胁，财产遭受重大损失。2010年中国政府还不得不派出专机接回在吉骚乱地区的公民。缺乏安全感既反映了有关国家的安全环境较差，也说明双方应该加强安全领域的合作。

（五）中国与中亚国家在事关安全问题上能够做到相互声援、相互支持和帮助

在严重影响中国安全与稳定的台海问题、涉疆和涉藏问题上包括对2009年新疆"七五事件"上，中亚国家都给予中国政府以声援和支持，在北京奥运会和上海世博会安保方面，中亚国家给予了积极配合与帮助，在打击"东突"问题上双方开展了有效的合作。中国则在中亚国家倡导的维护地区安全的机制方面给以支持。例如，对哈萨克斯坦倡议召开的"亚洲相互信任与协作措施会议"、乌兹别克斯坦提出的建立"中亚安全与合作论坛"以及建立"中亚无核区"的倡议等都予以积极回应和支持。时任中国国家主席江泽民和胡锦涛还分别亲自出席了第一届和第二届"亚信会议"。

在军事和反恐方面也有具体帮助。例如，2000年8月，中亚发生恐怖分子突袭事件后，中国立即发表声明谴责这一行径，对中亚国家表示支持。中国向乌兹别克斯坦提供了价值300万人民币的军事援助。对吉尔吉斯斯坦和塔吉克斯坦的反恐行动，中国也给予了必要的声援和物质帮助。中国还与中亚国家举行联合反恐军演。中国与中亚国家强力部门的交流与合作已经成为常态，这对"三股势力"形成巨大的威慑。

（六）近年来日益凸显的信息安全和网络安全等新的安全问题，也成为彼此关注的对象和合作的具体方面

2011年西亚、北非发生的大规模反政府并导致政权易帜事件，使各国都看到了网络安全的重要性，强调加强网络安全合作的必要性。

20年来，经过中国与中亚国家的共同努力，消除传统安全威胁的目标基本实现，解决非传统安全威胁问题也取得重大进展。在中国东部和南部面临很多麻烦需要解决的情况下，中国西部来自中亚国家方向呈现安全与稳定的局面。这是安全合作的最重大成果，也是对安全合作绩效的最好评价。

有通过法律保证的"世代友好，永不为敌"的共识，有在具体事务方面的合作，我们说彼此安全合作已达到较高水平并不为过。之所以不用最高水平，是因为还有许多工作要做，如法规还要完善，需要增强公民的安全感，需要探索新的安全合作方式与扩大安全合作的内涵等。鉴于安全合作是国家合作的重要方面，有必要增强各方面对加强安全合作重要性的认识，不要将此项工作只看作是强力部门的事情。安全事关人的生命和国家存亡，安全合作也必须将此作为出发点和落脚点，即为人的安全而合作，为国家的安全而合作。中国与中亚国家的安全以此作为合作的宗旨，必将取得更大的成效。

——原载《俄罗斯学刊》2012年第2期

加强人文交流　构建和谐中亚

【内容提要】以个人经历谈中亚国家独立15年来的变化，中亚国家多数人对中国充满好感，但也有些人对中国存在疑虑和误解，因此，为构建和谐中亚，使"好邻居、好朋友、好伙伴"关系进一步巩固和深化，加强人文交流十分必要。

在中国，提到丝绸之路，知道的人非常之多，可是，说起中亚五国，却不尽然，了解者相对较少，有些人甚至连具体国名都说不清楚。其实，丝绸之路出中国西行，最先经过的就是中亚地区，也就是今日中亚五国。这就是说，早在中国汉代，中国就与中亚地区有了密切的往来，至今已有两千多年的历史。

本文所说的中亚地区系指中亚五国，它们是哈萨克斯坦、吉尔吉斯斯坦、塔吉克斯坦、土库曼斯坦和乌兹别克斯坦，总面积400万平方公里。在这片广袤的土地上居住着100多个民族，人口总数达5800万人。五个国家的主体民族都信仰伊斯兰教。其他民族或信仰伊斯兰教或信仰其他宗教，例如俄罗斯族信仰东正教。中亚是多种宗教和多种文化交汇的地区。

中亚地区由于位于欧亚大陆的接合部，因此，战略地位非常重要。中亚还以自然资源蕴藏丰富而闻名于世。特别是当今世界非常紧俏的资源——石油和天然气，在这里有大量的蕴藏。此外，还有多种有色金属矿藏以及盛产棉花和粮食。正因为如此，世界大国争相进入这个地区，形成群雄角逐的局面。中亚地区也是恐怖势力、极端势力、分裂势力活动较为猖獗的地区，非传统安全威胁严重。

由于工作关系，十多年来我多次造访中亚国家，与各界人士有广泛的接触和交往。我第一次出访中亚是在 1993 年。当时中亚国家刚独立不久，我怀着忐忑的心情来到这片土地。我看到苏联留给这些国家的基础设施还不错，起码比当时的中国新疆要强。人民热情好客，彬彬有礼。只是当时各国经济状况太差了，除基本食品还有保障外，日用品相当匮乏，商店的货架上几乎看不到值得购买的东西。这是中亚国家独立后经历的最困难时期。中亚朋友虽然对经济状况不佳也不满意，但当时尚陶醉在国家独立的喜悦中，认为困难会很快过去，光明就在前头。1995 年，我再次来到中亚国家，看到的情况更糟糕。如果说 1993 年经济已经较独立前差了许多，1995 年经济则下降到谷底。此刻的中亚朋友虽然仍对未来充满憧憬，但对困难持续如此之久也始料未及。好在还有廉价而实用的中国商品供应市场，多少起到了帮助中亚国家渡过难关的作用。在与中亚国家民众接触中，我感到最大的问题是，他们对中国知道得太少。例如，有人问我，中国是不是楼房不多？小汽车很少吧？是不是出国很困难？他们能说出中国的事物一是长城，二是人多。同时，一些学者对中国充满矛盾的心情。一方面，对中国商品价格低廉实用感到满意；另一方面，又怕中国商品的大量进入影响本国工业的发展。我们接触到的学者更关心中国的政治走向以及经济发展方针等，在当时各国正在探索国家如何发展时，中国的经验也被认为是值得借鉴的一种。访问中给我留下深刻的印象是，中亚国家人民对中国了解得仍然不多。为什么会这样呢？道理很简单，中亚国家原来是苏联的一部分，由于中苏两国长时间交恶，中亚人民听到的关于中国的信息都是负面的。独立后，由于各种原因，中亚国家媒体关于中国的报道很少，偶尔有些报道，其消息也是来自西方或者俄罗斯，而且也是负面多正面少。这使中亚各国人民对改革开放后中国的变化和建设成就知道得并不多。反观中国，人们对中亚情况了解的又有多少呢？中国媒体关于中亚国家的报道同样也很少。中国人很少了解哈萨克斯坦有世界一流的拜克努尔航天中心；乌兹别克斯坦有可以生产大型运输机的契卡洛夫飞机制造厂，在撒马尔罕、布哈拉、希瓦等地还有数十处建于六七百年前的大型伊斯兰教古建筑群；吉尔吉斯斯坦有碧波荡漾、宛如大海般的疗养胜地——伊塞克湖；土库曼斯坦有世界文化遗产——拜阿姆古城遗址。这与中国报刊津津乐道远隔万里的一些大国的情况,却对毗邻小国不屑一顾有关。其实,无论是从国家利益,还是从民众的要求来说,都希望改变这种状况。

时光如梭,转眼间中国与中亚国家建交已经15年了。中国与中亚国家已经成为好邻居、好朋友、好伙伴。领导人高层互访不断,经贸额快速增长。特别是2001年上海合作组织的成立,使中国与中亚国家的关系更加密切了。这些年,彼此到对方国家访问、旅游、贸易、求学、就医的人员明显增加了,民众对对方的了解有所增多。但总的来看,中国和中亚国家人文交流还不够。由于历史和文化上的一些原因,彼此之间还存在一些疑虑或误解。比如说,中亚国家少数精英担心,中国发展了,会不会对他们产生威胁?中国在中亚投资多了,会不会使中亚国家成为中国的经济附庸?等等。这些都反映了彼此了解还不够,还缺乏足够的信任,这些看法无疑会影响国家关系的进一步发展。因此,各国都感到有必要通过发展人文交流,促进文化合作,进一步增进彼此的了解,以便使业已建立的睦邻友好关系进一步巩固和发展。

胡锦涛总书记在中共十七大报告中说:"我们主张,各国人民携手努力,推动建设持久和平、共同繁荣的和谐世界。"和谐世界无疑应包括和谐中亚。正是因此,我国领导人无论是在上海合作组织框架内,还是在双边交往中,都强调建立稳定、和平、和谐的中亚地区的重要性,在政治、经济、安全、国际事务领域加强合作的同时,还要努力加强人文交流。例如,不久前温家宝总理在塔什干召开的第6次上海合作组织成员国总理会晤时再次建议:"上海合作组织还应大力推动成员国之间在人文、卫生、青年组织等领域的交流与合作。"我作为一名研究中亚问题的学者,认为温总理的这个建议非常重要。我们不仅要使中亚国家领导人清楚中国的对外方针政策,也要使各国民众懂得中国执行的"与邻为善、以邻为伴"的周边外交政策。特别是要通过人文交流,在青年中做工作,在中国和中亚国家年青一代中播下世代友好的种子。我注意到不久前刚刚落幕的中俄友好年取得了丰硕的成果,对增进中俄世代友好发挥了重要作用。中国和中亚国家为何不也搞一个友好年呢?最近两年我在中亚访问时了解到,现在中亚国家年轻人对学习中文很感兴趣,许多大学都开设了汉语系或汉语班,这反映了中亚国家人民对中国的关注度的增加。中国对中亚国家感兴趣的人也在不断增多。我国有数以千计的年轻人在中亚国家高校中学习，中亚国家也有大量年轻人在中国高校读书。媒体交流也在增多。随着中乌两国确定互为旅游目的地国，前往中亚旅游的团队将会明显增多。中国与中亚国家在人文交流方面，有很多事情可做，也应该去做，只要各有关部门和单位重视人文交流的重要性，将会收到明显的效果。最近中国与相关国家一道将丝绸之路申报世界遗产，就是其中一例。人文交流与政治互访和经贸工作相比是增进国家和人民友谊的软手段，但其作用是长远的。我相信，随着各国的重视和大力推动，人文交流会大力开展，在建设和谐中亚方面起到水滴石穿的作用。

——原载《和平与发展》2008 年第 2 期

中亚国家与中国周边外交新政

【内容提要】 2013年是中国外交非常活跃的一年，也是外交成绩斐然的一年。中国新一届领导人以其特有的外交风格和新的外交理念引起国际社会的广泛关注。在这一年中，中国国家主席习近平不仅会晤了俄美等大国的元首，还出访了世界多个国家，其中包括与中国毗邻的中亚国家。国务院总理李克强也出访了包括印度、越南在内的周边邻国和其他一些国家。中国还接待了世界一些发达和发展中国家领导人的来访，其中也包括一些中国邻国领导人。中国外交保持了对外政策的连续性，同时也不故步自封，2013年赋予了外交工作许多新质，使国际社会对中国新一届领导人刮目相看。本文论及的中国周边外交新政和作为周边外交的延伸——"丝绸之路经济带"倡议的提出，便是2013年中国外交最突出的亮点之一。

一 外交新政提出的背景与新在何处

（一）外交新政提出的背景

一个国家在外交方面提出新政策或者突出强调外交政策的某个方面，通常是国内外形势变化所要求的，中国自然也不例外。中共中央总书记、国家主席习近平在论述中国外交的任务，特别是周边外交工作的战略目标时指出：中国"周边外交的战略目标，就是服从和服务于实现'两个一百年'奋斗目标、实现中华民族伟大复兴"[1]，他还指出，"全面发展

---

[1] 习近平：《在中央周边外交工作座谈会上的讲话》，2013年10月25日，新华网。

同周边国家的关系",旨在"维护国家主权、安全、发展利益,努力使周边同我国政治关系更加友好、经济纽带更加牢固、安全合作更加深化、人文联系更加紧密"。[①] 习主席提到的"两个一百年"的奋斗目标是1997年中共十五大提出来的,2012年中共十八大重申这个奋斗目标,并将此作为实现中华民族伟大复兴的"中国梦"。"两个一百年"具体是指:第一个一百年,是到中国共产党成立100年时全面建成小康社会。第二个一百年,是到新中国成立100年时中国建成富强民主文明和谐的社会主义现代化国家。这是一个宏伟的目标,也是一项系统工程。为做好这项工作,不仅需要国内的努力,也需要有良好的外部环境的配合。外交工作特别是周边外交工作就担负起营造良好外部环境的重任。

外部环境系指国际环境和中国周边地区环境。中国处于怎样的国际环境?概括地说,大乱没有,小乱不断,相互影响,很不安宁。世界大战打不起来,但在叙利亚、伊拉克、阿富汗,今日又有南苏丹战火纷飞,朝鲜半岛和中东形势依然紧张;全球合作在深化,经济一体化在发展,但超级大国穷兵黩武随处可见,经济危机不断出现;全球发展不平衡加剧,世界新的热点不断出现;传统安全与非传统安全并存,局部动荡频繁发生,粮食安全、网络安全等全球性问题更加突出。国际社会注意到,世界不稳定元素很多与世界唯一超级大国有关。这就是说,中国面对的国际环境虽然总体上看和平与发展仍是主题,但世界仍存在诸多不稳定因素。

中国周边环境又如何?概括地说,总体良好,但麻烦在增多。中国是世界上拥有众多邻国的国家之一,也是陆疆和海疆边界线很长的国家之一。新中国成立后与绝大多数邻国建立了睦邻友好关系,成为不同层次的战略合作伙伴,历史遗留的边界问题得到妥善解决。经济合作进展很快,人文合作也在顺利开展。不过,迄今中国仍与个别邻国存在领土争议,近年来,由于有的国家在东海和南海侵占我国岛礁引起中国与它们关系紧张。西方散布的"中国威胁论"在中国周边国家也有一定的市场,"东突"和"藏独"也以周边国家为基地,不断破坏中国的安全与稳定。正如习主席指出的,"无论从地理方位、自然环境还是相互关系看,

---

[①] 习近平:《在中央周边外交工作座谈会上的讲话》,2013年10月25日,新华网。

周边对我国都具有极为重要的战略意义"，由于"我国同周边国家的关系发生了很大变化，客观上要求我们的周边外交战略和工作必须与时俱进、更加主动"，① 以便使周边国家同我国的政治关系更加友好、经济纽带更加牢固、安全合作更加深化、人文联系更加紧密，一句话，使周边外交工作做得更好。

（二）中国周边外交新政新在哪里

新中国历代领导人都很重视周边外交工作，并制定了"与邻为善，以邻为伴""睦邻、安邻、富邻"的周边外交方针。以习近平为首的中国新一届领导人继承了原有的传统，并推出了中国周边外交新政，使中国外交在以往重点基础上又增加了一个重点领域。

第一，新高度。以往中国政府重视周边外交工作，但在中国外交史上还没有召开过由所有国家当政领导人参加并进行公开报道的专门研究周边外交工作的会议。这是中国周边外交工作的里程碑，具有战略意义。正如泰国《亚洲日报》副社长钱丰发表评论文章指出，"在当前国际形势下，中国将周边外交工作提到一个更新、更重要的高度，非常必要"，"感受到中国有容乃大的大国胸怀"。②

第二，新见解、新理念。这包括：（1）更加强调互利共赢，共同发展；（2）与周边国家建立"命运共同体"；（3）强调"诚信"对推进周边外交工作的重要性；（4）推进"和平外交"是与周边国家发展关系的基本方针；（5）倡导全面安全、共同安全、合作安全；（6）提出建设"丝绸之路经济带"倡议和发展"21世纪海上丝绸之路"。上述各点有的是对原有看法的进一步深化，有的是全新理念，综合来看给国际社会带来新的舆论和理念冲击，正如印度联邦议会上院议员、人民党全国发言人塔伦—维吉伊表示，习近平关于中国周边外交重情义、讲诚信的理念非常重要，这一理念将加深亚洲国家与中国的友好关系，在互利互惠的基础上建立命运共同体。"如果我们把这一理念放大，世界也将大大

---

① 习近平：《在中央周边外交工作座谈会上的讲话》，2013年10月25日，新华网。
② 《外国人评习近平主席周边外交工作座谈会讲话》，2013年10月28日。

受益。"①

第三，新动作。与中国历届政府相比，以习近平为首的新一届领导人当选后的第一年出访周边国家和接待来自周边国家的领导人最多。这包括中国国家主席习近平在2013年出访了俄罗斯、中亚四国、印尼、泰国等，中国国务院总理李克强访问印度、巴基斯坦、越南、文莱，接待了来自俄罗斯、塔吉克斯坦、蒙古、巴基斯坦、印度、老挝、柬埔寨、越南等国主要领导人的来访。这些出访和接待来访都获得很大的成功，对增进与周边国家的友谊和解决彼此间存在的问题发挥了重要作用。

第四，提出合作新倡议，即"丝绸之路经济带"和"21世纪海上丝绸之路"。

"丝绸之路经济带"倡议是中国国家主席习近平2013年9月访问哈萨克斯坦时在纳扎尔巴耶夫大学演讲时提出的。"21世纪海上丝绸之路"是同年10月在印尼提出来的。他在稍后举行的周边外交工作座谈会的讲话中再次提到这些倡议。这不是普通的倡议，而是具有世界意义的构想，是落实周边外交工作的具体行动。关于这个问题将在下面详细论述。

二 中亚国家与中国周边外交新政

（一）中亚国家是中国周边的重要一环

位于中国西部的五个中亚国家：哈萨克斯坦、吉尔吉斯斯坦、塔吉克斯坦、土库曼斯坦、乌兹别克斯坦是中国的邻国或近邻，其中哈、吉、塔三国与中国有3000多公里的共同边界线，无论是从经济合作角度，还是从安全角度，对中国都十分重要。从经济角度来看，中亚国家不仅是重要贸易伙伴，也是中国同欧亚国家贸易的重要通道，扮演着"丝绸之路经济带"转运国的角色，它们是中国从陆路通往西亚不可逾越的地区。从安全角度，出于维护漫长边界安全和实现国家发展目标的考虑，彼此都要求建立良好的周边环境，利益的交汇很容易形成利益共同体。另外，中国与中亚国家都属于"东方国家"，又存在多个跨境民族，对加强民心相通较为有利。总之，中亚国家是中国周边的重要一环，在中国周边外

---

① 《外国人评习近平主席周边外交工作座谈会讲话》，2013年10月28日。

交工作中占有极其重要的位置。习主席就任后中亚国家成为其首批访问的国家之一，就足以说明这一点。

（二）与中亚国家的外交是中国周边外交的成功之作

自1992年中国与中亚国家建交以来，彼此友好关系发展很快，成为中国与周边国家开展和平外交的成功之作。这表现在：政治方面，彼此互信在不断增强，解决了历史遗留的边界问题，已经成为好朋友、好邻居、好伙伴，并建立了"战略伙伴关系"，签订了睦邻友好合作条约，声明"世代友好，永不为敌"。各国还通过上海合作组织和双边协商，使得一些政策已经沟通或正在沟通。经济方面，基本实现了互利共赢，20年间双边经贸额增长了近100倍，相互投资达百亿美元，建成了中哈输油管道和连接中亚多国的中国—中亚天然气管道，以及其他一些非资源性项目。道路联通已见雏形，货物运输通过铁路可以从中国经过哈萨克斯坦、俄罗斯直达欧洲。安全方面，以共同声明、交换情报、联合军演、携手办案、提供援助等方式共同应对非传统安全、毒品和有组织犯罪威胁，特别是在上海合作组织框架内初步实现了全面安全、共同安全、合作安全，使中国与中亚国家周边形势基本稳定。国际方面，共同组建了上海合作组织，定期举行国家元首和政府首脑会晤，通过友好协商，对重大国际和地区问题取得共识，对世界发出共同的声音。人文方面，由"老死不相往来"到机构与民间往来如梭。作为"丝绸之路经济带"覆盖地区的一部分，尽管2013年9月前并无"丝绸之路经济带"的提法，事实上中国与中亚国家已经形成多个联系渠道。这意味着，中国与中亚国家经过20年的合作与互动，已经为"丝绸之路经济带"建设奠定了一定的基础。中亚国家作为"丝绸之路经济带"的重要组成部分，以其具有的与中国和西亚、南亚、欧洲相连的独特地缘优势，将从"丝绸之路经济带"建设中获益。

（三）2013年习主席成功访问中亚国家，为中国周边外交谱写新的篇章

习主席就任国家主席不到一年，即2013年9月实现了对中亚四个国家：土库曼斯坦、哈萨克斯坦、乌兹别克斯坦和吉尔吉斯斯坦的访问。此前6月，习主席在北京接待了来访的塔吉克斯坦总统拉赫蒙，完成了中国新一届最高领导人与所有中亚国家最高领导人的工作接触，使彼此友好合作关系得到令人满意的平稳的延续。

2013年9月3—4日习主席访问了土库曼斯坦，此行受到土方极其热烈的欢迎，访问成果丰硕。此行最大成果是双方一致决定将两国关系提升至战略伙伴关系，强调不管国际和地区形势如何变化，发展中土战略伙伴关系都是中土两国外交政策的优先方向之一。另外在经济、安全、人文合作方面表达了开展密切合作的愿望，特别是在天然气合作领域确定了合作的目标和实施途径。

习主席在参加了圣彼得堡20国集团峰会后，2013年9月6—8日访问了哈萨克斯坦。此行受到哈方高规格的接待，结束在首都阿斯塔纳的访问后，纳扎尔巴耶夫总统亲自陪同习主席前往阿拉木图访问。9月7日习主席在纳扎尔巴耶夫大学发表了《弘扬人民友谊 共创美好未来》的重要演讲，阐述了中国对中亚国家的政策，提出了建设"丝绸之路经济带"的倡议，引起国际社会的广泛关注。习主席此行同样成果丰硕，达到了深化友好、密切合作的目的。

9月8—10日，习主席对乌兹别克斯坦进行访问，同样受到乌方高规格的接待。习主席与乌总统卡里莫夫就深化两国合作问题进行友好和深入的会谈并签订多项协议，在乌议会发表了演讲。习主席此行的重要成果之一是签署了《中乌友好合作条约》，把两国关系发展的原则和方向以法律形式固定下来，推动中乌战略伙伴关系迈上新台阶。卡里莫夫总统还亲自陪同习主席访问乌著名古城萨马尔罕。

9月10—12日，习主席对吉尔吉斯斯坦进行了访问，并出席上合组织成员国第13次国家元首理事会会议。习主席此行同样受到热情的接待，中吉两国签订了若干合作文件，更为重要的是两国建立了战略伙伴关系，使合作又上了一个台阶。

9月13日，习主席在上合组织成员国第13次元首理事会的讲话中涉及了与"丝绸之路经济带"建设的有关问题。

习主席此次中亚之行实现了中国新一届领导人与中亚国家领导人的工作对接，建立了个人友谊，深化了合作，使彼此友好关系向前迈了一大步，在中国周边外交史上写下重要篇章。

2013年5月19—20日塔吉克斯坦总统拉赫蒙访华，受到中方的热烈欢迎与接待。中塔两国领导人一致同意加强合作，并将两国关系提升为战略伙伴关系。

2013年是中国与中亚国家深化友好合作的一年，也是展现中国周边外交新政的一年。习主席在访问中亚国家中的讲话精神，在稍后举行的中国周边外交工作座谈会上得到进一步的肯定和发展。

三 "丝绸之路经济带"与中亚国家

（一）"丝绸之路经济带"倡议的提出

2013年9月7日，中国国家主席习近平在哈萨克斯坦纳扎尔巴耶夫大学演讲时提出建设"丝绸之路经济带"。他说："为了使我们欧亚各国经济联系更加紧密、相互合作更加深入、发展空间更加广阔，我们可以用创新的合作模式，共同建设'丝绸之路经济带'，这是一项造福沿途各国人民的大事业。"[①] 习主席还对建设"丝绸之路经济带"提出了具体路径，即加强"五通"：第一，加强政策沟通；第二，加强道路联通；第三，加强贸易畅通；第四，加强货币流动；第五，加强民心相通。这个倡议将会造福数十个国家30亿人口，因此很快受到世界的广泛关注。

同年9月13日，中国国家主席习近平在上海合作组织成员国第13次元首理事会的发言中也有关于"丝绸之路经济带"建设的内容。习主席说："上海合作组织6个成员国和5个观察员都位于古丝绸之路沿线。作为上海合作组织成员国和观察员国，我们有责任把丝绸之路精神传承下去，发扬光大。"[②] 他提出的关于开展务实合作的建议很多属于"五通"范畴。习主席在10月24—25日召开的中央周边外交工作座谈会讲话中，再次提到"丝绸之路经济带"。他说，中国要同有关国家共同努力，加快基础设施互联互通，建设好"丝绸之路经济带"和"21世纪海上丝绸之

[①] 习近平：《弘扬人民友谊　共创美好未来》，《人民日报》2013年9月8日。
[②] 习近平：《弘扬上海精神　促进共同发展》，《人民日报》2013年9月13日。

路"。① 习主席的讲话表明，建设"丝绸之路经济带"是中国周边外交工作的重要组成部分。

(二) 中亚国家对于"丝绸之路经济带"建设的重要性

我们知道，"丝绸之路经济带"覆盖的国家并非全是中国周边国家，但中国周边国家构成了"丝绸之路经济带"的主体。长期以来，中亚国家历史上通过丝绸之路与中国、西亚以及欧洲相连，由此倍感自豪，也以今日作为连接欧亚两大洲的纽带颇感骄傲。的确，中亚国家在未来"丝绸之路经济带"建设中的重要地位不可小觑，建设"丝绸之路经济带"不可缺少的"五通"，其中任何一项离开中亚国家都是困难的、不完整的，甚至是不可想象的。

中亚国家在"丝绸之路经济带"建设中的重要性不仅仅在于其地缘优势，还在于它们具有的政治优势和民族宗教优势。

政治优势表现在多数中亚国家，特别是与中国毗邻的三个国家，它们既是上海合作组织成员国，也是欧亚经济共同体成员国。习主席曾经指出："当前世界经济融合加速发展，区域合作方兴未艾，亚洲地区已经建立起多个区域合作组织。欧亚经济共同体和上海合作组织成员国、观察员国，地跨欧亚、南亚、西亚，通过加强上海合作组织同欧亚经济共同体合作，我们可以获得更大发展空间。"② 这就是说，哈、吉、塔三国可以利用自己的特殊身份，在促进两个地区性国际组织合作方面发挥特殊的作用。这首先是指政策沟通，其次是指道路联通。中亚五国中有四个国家是讲突厥语的国家，它们与土耳其和阿塞拜疆建立了"突厥语国家元首会晤"机制，定期召开会议，对一些重大问题交换看法和协调立场。迄今土耳其和阿塞拜疆已经对建设"丝绸之路经济带"做出了积极反应。相信如何对待"丝绸之路经济带"问题也会成为六个突厥语国家元首会晤的议题之一。期待中亚国家在这个问题上同样会有积极表现。中亚国家还是中西亚合作组织的成员国，该组织成员国基本位于"丝绸之路经济带"上，同样期待中亚国家也能在该组织内与巴基斯坦、伊朗、

---

① 习近平：《在中央周边外交工作座谈会上的讲话》，2013 年 10 月 25 日，新华网。
② 习近平：《弘扬人民友谊　共创美好未来》，《人民日报》2013 年 9 月 8 日。

土耳其等国一道推动该组织在"丝绸之路经济带"建设上发挥作用。塔吉克斯坦与伊朗、阿富汗之间也有国家领导人之间会晤机制，它们都对"丝绸之路经济带"建设表现出积极态度。

从宗教角度看，中亚国家和"丝绸之路经济带"上的许多国家都信仰伊斯兰教，信仰相通，也有助于民心相通。

习主席提出的"五通"中，包括"道路联通"。中亚国家之间，在苏联时期就已经实现了道路联通。目前，由于彼此关系不和，道路并不十分畅通。但道路基础设施仍在。有关国家在解决矛盾和分歧后，道路畅通应该不是问题。中国已经与哈萨克斯坦实现了铁路、公路和管道联通，中亚国家与俄罗斯也有铁路、公路和管道联通，土库曼斯坦与伊朗有铁路和管道联通，这就是说，在政策沟通问题解决后，从中国到中亚国家，并经中亚国家到俄罗斯和乌克兰、白俄罗斯等国，以及从中国经过中亚国家到伊朗的道路联通基本上没有问题，中亚国家作为连接欧亚大陆东西方交通纽带的作用十分明显。

"丝绸之路经济带"建设，也会推动中亚国家的贸易发展。一旦"丝绸之路经济带"覆盖地区的政策沟通和道路联通后，中亚国家的能源和其他货物就可以销售到更多国家，也可以从更多国家获得本国需要的物美价廉的商品。

当然，中亚国家由于参加了很多国际组织，难免不受参加的国际组织的约束，使得与其他国家的政策沟通存在一些困难。这在下节中将会谈到。

四 前景看好，也有问题

2013年中国国家主席习近平访问中亚国家收获颇丰，彼此满意。在中国的周边外交工作实践中，我认为与中亚国家的关系堪称典范并不为过。但这并不意味着不存在任何问题。这既表现在双边和多边关系上，也表现在未来"丝绸之路经济带"建设问题上。

中国周边外交秉持"己所不欲，勿施于人"的理念，坚持"平等、友好、互利、共赢"的基本原则，强调通过"和平外交"，做到"共同发展""共同安全"。事实上，中亚国家从中国快速发展中获益匪浅，中国周边国家中存在奉行与中国友好政策的中亚国家也是一件幸事。"远亲不如近邻",20多年的友好与和平共处使共赢成为现实,各国都认为这种关系应该继续保持下去,而且需要进一步深化,并对美好未来充满信心。

不过也应该看到,中亚国家中仍有少数人无视已经取得的成就,追随西方反华,散布"中国威胁论",妄图在彼此关系中打楔子。这表明,增强彼此政治互信仍很必要,中国周边外交在这方面还应该多做功课。

在经济领域,中亚国家对中国商品出口种类过少和双边贸易额增长趋势放缓是需要关注的问题。在大项目合作有所改观的情况下,对酝酿已久并做了大量前期准备工作的中吉乌铁路,外电报道说吉方打算放弃这个项目,这个消息令人震惊。如果情况属实未免遗憾。这个项目反反复复长期不能上马,折射出很多问题,起码表明吉尔吉斯斯坦对于与中国建设直接的铁路联通并不热心,另有考虑。中哈两国间还在跨境河流的利用和保护方面存在不同意见。中亚国家对于中国努力推进的自由贸易区建设也不积极,这与东盟国家相比形成较大的反差,这个问题也要考虑如何解决。

问题存在需要解决,也能够解决。中国周边外交新政是有利条件之一。相信中国与中亚国家会共同努力,相向而行,彼此关系一定会越来越好。

——原载孙力、吴宏伟主编《中亚国家发展报告(2014)》,社会科学文献出版社2014年版

中国与中亚国家关系的发展与思考

【内容提要】 本文介绍中国与中亚国家60年来关系呈U形发展的情况,中华人民共和国成立初期与作为苏联加盟共和国的中亚国家关系很好,20世纪60年代至80年代关系紧张。中亚国家独立后,中国与它们建立了睦邻友好关系,而且友好关系不断深化。60年来的关系如同"美酒加苦酒"。好在苦酒时代已经过去,其教训为当代和后人所牢记,当今中国与中亚国家世代友好、共同酿造的美酒将永远飘香。

中亚国家系指哈萨克斯坦、吉尔吉斯斯坦、塔吉克斯坦、土库曼斯坦、乌兹别克斯坦五国,总面积400万平方公里,人口近6000万人。它们是中国的邻国或近邻,其中哈、吉、塔三国与中国新疆山水相连,边界线长达3300多公里,其地缘意义对中国相当重要。

中亚国家与中国的关系有其特殊性:第一,在中华人民共和国成立60年间,有42年基本上是中国或中国地方政府与作为苏联加盟共和国的中亚五国打交道,这种关系并非真正意义上的国家之间的关系,其往来有很大的局限性,主要表现在经贸关系上。只是在1991年底中亚国家独立和1992年初中国与中亚五国正式建交之后,中国与它们之间的关系才表现出作为平等的独立主权国家之间的关系。这种关系迄今只有近17年,还不到60年的1/3。第二,中国与中亚国家60年间的状况大体上分成四个时期,1949—1959年为友好时期,这个时期是与中国与苏联友好关系时期同步的,或者说是在中苏友好大背景下实现的。1961—1981年为关系逐渐冷淡、恶化直到断绝来往的时期,这种状况的出现与中苏关系的恶化息息相关，当时，中亚五国作为苏联的加盟共和国，没有独立的外交权，一切听命于莫斯科，与中国关系的变化并非主观意愿；1982—1991年为坚冰逐渐融化时期，在戈尔巴乔夫改革苏联政治体制，向加盟共和国放权的情况下，中亚五国开始与中国新疆逐渐恢复经贸和人员往来，但当时的关系仍定位在地方关系层面上，并不具有正式外交关系的性质。1992年至今，是中国与中亚国家作为独立主权国家全面发展各种关系的时期，这种关系与1991年前相比不仅是各种关系的表现形式和规模数量上的变化，更是质的变化。以上四个时期的状况可用U字形形象地描绘，即1949—1959年为U字左侧一竖，1960—1991年为U字圆弧底，1992年至今为U字右侧一竖。下面我们将中国与独立前的中亚五国的关系和独立后的中亚五国的关系分两部分简述，重点放在后者。

一 新中国与作为苏联加盟共和国时期的中亚五国的关系

这个时期包括1949年至1991年的42年间的关系，是从友好转向恶化的时期，在最后几年关系有所好转，但仍受中苏两国关系大环境的制约，关系好转是局部的，远未达到1992年后的水平。

1949年10月1日，中华人民共和国成立，开始独立自主的外交活动。中华人民共和国宣告成立后，苏联政府很快就宣布承认并与中国建立了大使级外交关系，从此，中国与苏联的历史翻开了崭新的一页，特别是1950年2月签署的《中苏友好同盟互助条约》，使中苏关系进入蜜月期。这种关系一直保持到1959年，这是中国与独立前中亚国家发展友好关系的客观前提，因为当时的中亚各加盟共和国属于苏联地方政权，一切大事，特别是涉外事务必须听命于莫斯科，本身没有决定权，这不仅是指政治、军事、安全等方面事务，也包括外贸活动，因为苏联的外贸活动由中央统管。当时，中国的情况也与苏联相似。

在中苏友好的大背景下，中国地方政府主要是新疆，与作为苏联加盟共和国的中亚各国也保持着密切的友好关系。这种友好关系有很大的局限性，更多表现在经济活动特别是外贸上。

20世纪50年代初期，中国新疆与中亚各加盟共和国经济关系的发展受到三个因素的推动：第一，刚刚解放的新疆百废待兴，急需与外界建立关系，以振兴经济和改善人民生活；第二，由于抗美援朝战争的爆发，西方对中国实行经济封锁，苏联成为中国所需物资的主要提供国，与苏联毗邻的新疆变成与苏联开展外贸的重要省份；第三，新疆与内地交通不便（当时还没有兰新铁路），历史形成的传统贸易联系发挥了作用。

新疆是1949年9月和平解放的，同年10月新疆省人民政府成立。由于历史和地缘原因，刚刚解放的新疆开展对苏贸易成为该地区开展外贸活动的首选。而所谓对苏贸易也就是对中亚各加盟共和国，特别是对哈萨克、吉尔吉斯、塔吉克三个加盟共和国的贸易。为适应发展对苏经贸的需要，新疆从本地区实际出发制定了《新疆省对外进出口贸易管理暂行办法》等文件，得到中央的首肯。同时，新疆恢复了一些原有的对苏通商口岸，建立维护双边正常贸易秩序的机构，采取一系列有助于推动双边贸易发展的举措，使新疆对苏贸易发展很快。1950年至1952年新疆对苏贸易年均增速达到34%。

在20世纪50年代初期，中国和苏联在中国建立4家合营企业，包括1950年在新疆建立的中苏有色金属股份公司和中苏石油股份公司，主要负责普查、勘探、开采和加工新疆地区的有色金属和石油天然气。这些股份公司名义上称中苏共营、权力平等，实际上苏方说了算。由于经营矛盾频生，1954年苏联在得到中方相应补偿后将这些合营股份公司移交给中国。

1958年，中苏商定在关税等问题上给予对方最惠国待遇，在对方首都的大使馆设立商务代表处，在领事馆设立商务代表。据此，苏联驻乌鲁木齐领事馆设立了商务代表，主管苏联对新疆的贸易。

中苏两国官方贸易的发展带动了边境贸易的发展。1956年，中苏两国做出了鼓励发展边境贸易的决定。新疆与苏联中亚地区的边境贸易也蓬勃开展起来。1958年，新疆提出拟与苏联的哈萨克、吉尔吉斯和塔吉克三个与中国毗邻的加盟共和国开展边贸业务并派常驻代表。中国政府很快同意了新疆的方案。但苏方三个加盟共和国无权自行决定遂请示莫斯科。后经中苏两国贸易主管部门协商，达成新疆与中亚三个加盟共和国开展边贸的协议。

由于中国新疆与中亚各加盟共和国的贸易存在互补性，经贸合作惠及双方，受到普遍欢迎。当时，中国新疆向苏联中亚地区出口主要是原料，新疆进口的主要是机械产品和交通工具等。

然而，好景不长，1960年后，中苏两党的分歧影响到国家关系。在政治关系恶化的同时，经济关系也受到株连。两国中央政府关系的冷淡与恶化，使地方关系也随之转向，但地方关系存在滞后效应。1960年新疆与苏联中亚三个加盟共和国的贸易额达到29013万卢布，是新中国成立以来新疆对苏贸易的最高水平。此后，情况急转直下。1962年9月，苏联撤走驻新疆商务机构，关闭苏联公司驻口岸代表机构。在1962年5月发生苏联策动中国边民大规模外逃事件之后，中苏关系急剧恶化。由于中国外逃边民大量滞留在中亚地区，苏联当局利用其中某些人从事反华活动，中亚国家曾一度成为苏联反华活动的前沿。此后，中国西北地区与苏联的贸易越来越少。1965年新疆对苏进口贸易接近零，到70年代，中国关闭了新疆最后一个对苏贸易口岸——霍尔果斯，而此前贸易繁忙期开设口岸有6个。中国新疆与中亚各共和国的关系处于"鸡犬之声相闻，老死不相往来"的地步，彼此关系进入冰冻期。

20世纪80年代初，中苏紧张关系开始缓解。1983年中国黑龙江省和内蒙古自治区沿边地区开始恢复对苏边贸活动。1983年11月，新疆霍尔果斯和土尔尕特口岸开始对苏通商。1985年12月中央批准新疆提出的对苏中亚地区边贸计划，赞同从1986年1月起，新疆与苏联的哈萨克、吉尔吉斯、塔吉克、乌兹别克和土库曼五个加盟共和国开展贸易活动，并规定了从事贸易活动的主体、经营商品的种类和其他相关事宜。中苏边贸政策的对接和经济发展的客观需要，推动边贸活动不断发展。从1986年起，展销会、订货会、洽谈会在双方大城市中不断举行，经贸活动逐渐活跃。

中国的改革开放政策推动了新疆对外开放，从区位优势出发，主要是对苏联中亚地区的开放。在不断改善新疆对中亚经贸活动硬件条件的同时，中国政府还将外贸权下放给新疆维吾尔自治区政府。自治区政府也不失时机地利用好中央给予的各项政策，大步走向中亚。新疆暖水瓶厂等企业走出国门，在乌兹别克斯坦建立了合资企业，中国劳务也开始向中亚输出。

中国新疆与苏联中亚各加盟共和国的关系日益密切，这一方面得益于中苏两国关系的改善，也得益于中国和苏联国内形势的变化。

众所周知，中国于1978年开始实行改革开放政策，经过十来年的实践，积累了一定的经验，各部门、各省区制定的一系列改革开放政策不断完善。新疆等西北五省区提出了"共建大通道，联合走西口"的对外开放战略，新疆作为向西开放的桥头堡，在对中亚地区开放中发挥了重要作用。

在中国执行改革开放政策后的7年，苏联国内政局发生变化。1985年戈尔巴乔夫上台。他执政后在猛烈抨击苏联以往执行的政策的同时，推出一套不符合苏联国情的改革政策，导致从1988年起苏联国内局势出现动乱。尤其令苏联领导人始料未及的是民族纷争迭起，有的加盟共和国公开要求退出苏联独立。在不得已的情况下，苏联开始向加盟共和国放权，允许加盟共和国独立开展对外政治活动和经济活动，从而使加盟共和国对外交往突破经贸领域，扩大到政治方面。1990年中亚各加盟共和国皆通过了《主权宣言》。哈萨克斯坦的《国家主权宣言》称，哈萨克斯坦是"国际关系中的主体"，可以独立"确定对外政策"，甚至"建立外交和领事关系，向联合国及其机构派驻代表"。正是在这个大背景下，中亚各加盟共和国与中国新疆的往来急剧增多，其中也包括政治往来。以哈萨克为例。1990年7月哈萨克部长会议主席乌·卡拉曼诺夫率代表团访问了中国新疆，这是多年来哈萨克首次派高级代表团独立访问中国。哈萨克代表团受到新疆维吾尔自治区的热情接待。稍后，11月，中国新疆维吾尔自治区主席铁木尔·达瓦买提率代表团对哈萨克进行了回访。双方签署了关于经济、科技和文化合作协议以及至2000年的长期合作综合纲要。这次互访推动了哈萨克与中国新疆地区的经贸合作，也增进了中哈之间的友谊。1991年，哈萨克总统努·纳扎尔巴耶夫于7月9—16日对中国进行了正式访问。他除了在新疆、广州、深圳参观访问外，在北京还会见了江泽民总书记和国务院副总理田纪云。努·纳扎尔巴耶夫总统希望恢复中哈传统友谊，特别希望能使现代"丝绸之路"——欧亚第二大陆桥尽快修通和运营。

在中苏关系不断缓和的情况下，两国就存在争议的包括中国西部边界在内的边界问题开始谈判，在尚未取得具体成果的情况下，1991年底苏联解体，这个问题只能留给中国与新独立的中亚国家解决。

二 中国与独立后的中亚国家的关系

1991年12月25日，苏联国旗从莫斯科克里姆林宫黯然降下，次日苏联最高苏维埃宣布苏联解体，至此，一个存在近70年的庞然大物瓦解，在苏联的废墟上新生的中亚各国成立，成为名副其实的独立主权国家。

12月27日，中国正式承认中亚各国，1992年1月2—6日，中国分别与中亚五国建立了大使级外交关系。中国与中亚国家的关系从此翻开了新的一页，进入一个崭新的、全面发展的时期。

彼此关系的基础。在中国与中亚国家建交公报中明确规定了将"相互尊重主权和领土完整、互不侵犯、互不干涉内政、平等互利、和平共处原则"，作为发展彼此关系的基础。对此，中国《人民日报》发表的社论写道："中国政府在国际交往中的一贯立场是，坚决奉行和平共处五项原则，不干涉别国的内政，尊重各国人民自己的选择"，从这一立场出发，中国承认了包括中亚国家在内的原苏联加盟共和国的独立，并愿同它们发展友好合作关系。[①]

建交后，在经过一段交往后，中国政府明确地表明了自己的中亚政策。1994年4月，中国国务院总理李鹏访问中亚国家。访问期间，李鹏总理在乌兹别克斯坦首都塔什干发表了阐述中国中亚政策的演讲，首次提出中国发展同中亚国家关系的四项基本原则，它们是：第一，坚持睦邻友好，和平共处；第二，开展互利合作，促进共同繁荣；第三，尊重各国人民的选择，不干涉别国的内政；第四，尊重独立主权，促进地区稳定。[②] 此后，中国国家主席江泽民和胡锦涛先后访问过中亚国家，它们都谈到了中国的中亚政策，特别是提出了在国际社会中产生广泛影响的"与邻为善，以邻为伴""睦邻、安邻、富邻"的周边外交政策，这为指导中国与中亚国家的关系指明了方向和奠定了发展友好关系的基础。在中共十五大上，中国明确了发展党际关系原则，即"独立自主、完全平

[①] 参见《人民日报》1992年1月8日"社论"。
[②] 《人民日报》1994年4月20日。

等、互相尊重、互不干涉内部事务"①，明确了发展国家关系是第一位的，发展党际关系是第二位的，后者要服从前者。这同样成为处理与中亚国家关系的基本原则。

与中国的主张相似，中亚国家同样重视与中国发展关系。它们希望通过与中国建立友好的关系推动本国经济发展和维护国家主权与领土完整；希望能利用中国的国际地位和影响，帮助它们进入国际社会，支持其外交主张和行动；希望借助中国的力量来平衡俄罗斯、西方、伊斯兰世界和其他势力的影响，维护中亚地区稳定。基于以上考虑，中亚国家制定对华友好政策，将对华关系列为对外关系的优先方面。

由于存在发展友好关系的强烈愿望和制定有利于发展这种关系的政策，中国与中亚国家的友好关系发展进入快车道，建交后不到20年的成就超过以往数十年。

彼此关系的成就。中国和中亚国家建交后，在政治、经济、军事、安全、人文等领域建立了密切的关系，取得了引人注目的巨大成就。

第一，在政治方面，建立了友好互信的关系，这表现在：（1）双方高层交往频繁。领导人通过互访、国际会议会见以及其他方式，建立了良好的工作关系和个人关系。鉴于中亚国家是领导人意志较强的国家，这一点对促进双边友好关系的建立和发展十分重要。迄今中亚国家是世界上中国领导人访问最多和受中方接待最多的国家之一，来往频繁反映了关系密切。除执政者互访外，党际交流、群众团体以及民间往来也十分频繁，每年都有成千上万的人进行友好交流、探亲访友和从事经贸活动，这在中亚五国独立前是不曾有过的。（2）双方在重大国际和地区问题上形成广泛的共识，对彼此关切能够理解和予以必要的支持。2005年当乌兹别克斯坦因"安集延事件"受到西方制裁时，中国照常接待该国总统的访问并对乌当局采取的行动表示支持，就是典型的例子。（3）双边关系层次显著提升，由建交时的一般友好国家关系提升至永久睦邻友好国家关系，并以平等身份组建了上海合作组织。（4）影响彼此关系的边界问题，经过平等协商和互谅互让得到彻底的圆满的解决。这是一件相当了不起的事情，为世界解决同类问题树立了榜样。

---

① 《中国共产党第十五次全国代表大会文件汇编》，人民出版社1997年版，第45页。

第二，在经济方面，彼此关系发展之迅速超过历史上任何时期。这表现在：（1）经贸合作规模不断扩大。以中国与中亚五国贸易为例。刚建交的 1992 年，中国与中亚五国的贸易额只有 4.59 亿美元，而 2008 年已经达到 308.13 亿美元，增长 66 倍。在中亚国家的外贸额中，与中国的贸易已经占到举足轻重的地位。与 20 世纪 50 年代和 80 年代相比，双方换货种类也发生变化。如果说，20 世纪 50 年代中国主要靠出口原料和农产品换取苏联的机械设备，独立后的中亚国家则主要用能源和原材料换取中国的制成品。这种外贸格局变化是各国经济发展变化的结果，也反映了彼此经济结构存在巨大的互补性。（2）经济技术合作领域广泛。这涉及投资、技术引进和合作经营等各个方面。20 世纪 50—80 年代，中国在中亚几乎没有投资，劳务输出和其他经济技术合作也很少。在中苏友好时期，不少苏联专家在中国工作，而中国在中亚地区工作的人凤毛麟角。中亚国家独立后情况发生了很大的变化。建交 17 年来，中国在中亚国家的投资不断增加，兴办独资与合资企业数量和规模不断扩大。如果说 20 世纪 90 年代初期，中国在中亚国家的独资和合资企业以小型为主，而 90 年代后期特别是进入 21 世纪后，中国在中亚国家的大型企业逐渐增多，有的一个项目（例如收购哈萨克斯坦 PK 石油公司）投资额就达到 41 亿美元。目前，中亚国家是中国在独联体国家中投资最多的国家集团，仅在哈萨克斯坦一国至 2008 年的投资额就已经达到 80 多亿美元，超过中国对俄罗斯的投资。中国在哈萨克斯坦的阿克纠别油田项目、PK 石油公司项目、中哈输油管道项目、中土天然气管道项目、中吉乌公路项目，都是投资很大、具有世界影响力的项目。（3）贷款和无偿援助也逐年增加。2005 年中国为上海合作组织成员国提供 9 亿美元低息买方信贷，这笔钱基本上由塔吉克斯坦等中亚国家使用；后来中国又增加了贷款数量。2008 年国际金融危机爆发后，中国向遇到困难的哈萨克斯坦提供 100 亿美元贷款，在 2009 年 6 月召开的上海合作组织成员国峰会上，中国表示，将提供 100 亿美元的信贷帮助其他成员国主要是中亚成员国应对金融危机，并组成贸易投资促进团赴成员国推动贸易和双向投资。危难时刻见真情。中国与中亚国家面对国际金融危机共克时艰的合作将推动彼此关系的进一步深化。中国每年还以各种形式对中亚国家提供一定数量的无偿援助，这也是中国对中亚国家友好的表示。（4）基础设施改善和网络化有助于彼此交往。20世纪50年代，中国与中亚国家没有铁路，也没有定期航班，通商口岸不多。通往口岸的公路状况也很差，电信落后。90年代欧亚第二大陆桥建成，极大地改善了运输条件，即将投入运营的精河经伊宁通往霍尔果斯的铁路，使中国又有了一条通往中亚国家的铁路大动脉。连接中国与中亚国家的光缆线路和数条高等级公路的建成，也极大地方便了双边联系。目前连接中国与中亚国家的口岸与20世纪50年代相比成倍增加，过去中国对塔吉克斯坦没有口岸，现在也有了。北京和乌鲁木齐与中亚国家定期航班的开通使中国与中亚国家形成铁路、公路、航空三位一体的交通运输网络。交通、电信、口岸条件的改善，不仅为经贸合作提供了方便，也为人文交流和中亚国家通过中国走向环太平洋国家提供了有利的条件。

第三，在军事和安全方面，中国与中亚国家不断加强联手打击"三股势力"的力度，为维护中亚地区和中国西北部地区的安全共同努力。

17年来，中国与中亚国家在军事与安全领域形成了良好的合作关系。1996年签署的《在边境地区加强军事领域信任措施的协定》和1997年签署的《关于在边境地区相互裁减军事力量的协定》，增进了中国与中亚国家间的信任。特别是2001年后陆续签署的《打击恐怖势力、分裂势力、极端势力上海公约》等一系列与打击"三股势力"有关的文件，在协调和打击"三股势力"方面发挥了重要作用，并使中国与中亚国家的安全环境得到改善。中国与某些中亚国家的联合军演不仅是对"三股势力"的震慑，也反映了两国两军之间的友好关系，这种演习在苏联时期不曾有过，也不可想象。军事与安全合作的深化是彼此友好关系深化的标志和结晶。

第四，在人文领域，交流活动受到重视，往来日渐增多。

中国和中亚国家都重视发展科技、文化、教育、体育、媒体等方面的交流与合作。在这方面笔者有亲身的体会。笔者是从事中亚研究的学者，但在苏联时期没有也不可能前往中亚地区。只是在中亚国家独立后的1993年，笔者才第一次访问中亚国家。此后，又多次出访。这些年中国与中亚国家学术交流频繁，笔者所在的中国社会科学院俄罗斯东欧中亚研究所中亚研究室的学者几乎都到过中亚国家，有的人甚至一年出访几次。中国与中亚国家都互派留学生，中国在一些中亚国家还开设了孔子学院。人文交流增进彼此的了解，有助于深化政治互信。不过，与政治和经济领域相比，人文交流还不够，存在很大的提升空间。

中国与中亚国家友好关系迅速升温与下列原因有关：一是缘于中亚国家独立和执行对华友好政策，以及中国执行对外开放政策和重视发展与中亚国家的关系。这是最重要的原因。政策决定导向，决定行动的效果。中国的对外开放政策打开了中国通往世界的大门，与中亚国家关系的升温是中国对外开放政策结出的硕果。当然，中亚国家的回应也相当重要，中亚国家也同样实行对外开放政策和对华友好政策，可以看作是彼此政策对接的结果。二是出于各方的需要。中亚国家希望中国尊重它们的独立、主权和领土完整，搭乘中国经济发展的快车带动本国经济的发展，借助中国力量维护中亚地区安全与稳定；中国也希望中亚国家在台湾、涉藏、涉疆等问题上支持中国的立场，在经济上实现优势互补，与中亚国家一道打击"三股势力"，特别是"东突"势力，维护中国西北部的安全与稳定。三是各级政府和民间力量的推动。正确的政策、各方的需要和人民的支持，是推动友好关系不断前进的动力。四是地缘和人文因素。中国有句俗话"远亲不如近邻"。中国与中亚国家互为邻国或近邻，同属发展中国家，有相似的历史遭遇和文化传统，交通方便，这些都有利于彼此的了解和发展各种关系。而中国存在多个与中亚国家主体民族一样的跨境民族，是发展友好关系的便利条件。五是各国经济的发展。中亚国家独立 17 年来经济有所发展，对外交往有了一定的经济后盾。

当然，在友好关系不断发展的同时，也存在一些需要引起重视和亟待解决的问题，例如，中国与哈萨克斯坦在水资源的利用和保护问题上的分歧，在经贸合作中时而出现的摩擦，在伴随友好合作主流声音中也夹杂一些不和谐的音符等。特别是要看到，中国是个大国，这些年经济快速增长，已经成为世界第三大经济体。中国企业走向中亚的步伐不断加快。尽管中国一再声明，中国对中亚各国人民始终抱有善意和友好之情，中国在中亚地区从不谋求任何私利，不搞自己的势力范围，就是将来经济发展了，国家强盛了，也决不搞霸权主义和强权政治，中国将永远同自己的邻国保持平等友好的关系，中国的这一方针永远不会改变。但作为小国的中亚国家面对大块头的中国，存在疑虑心理和易接受"中国威胁论"的西方说教是可以理解的。面对这些问题我们需要做工作，要相信问题可以通过友好协商解决，不会成为友好关系向前发展的绊脚石。

三 牢记教训，让美酒永远飘香

回顾中国与中亚国家关系60年的风风雨雨，可以看出，这种关系经历了从友好到敌对再到友好的发展过程，基本符合国际关系中流行的一种说法：没有永久的朋友，也没有永久的敌人。然而，60年中有近一半的时间是在相互交恶中度过的，因为意识形态的分歧导致国家关系的严重恶化，给双方经济和民众生活带来极大的损害。这种关系犹如一杯苦酒，令双方都苦不堪言。而友好时期，特别是中亚国家独立后双方友好关系的发展，明显惠及双方，给民众带来了实实在在的福祉。这种关系犹如一杯美酒，双方在幸福和欢乐中陶醉。60年间存在的好恶交替虽然符合国际关系中的一种现象，但教训深刻，人们并不希望这种交替现象再现。今后60年中或者更长时期，中国与中亚国家的关系通过《永久睦邻友好条约》的签署有望推翻这个国际关系中不时出现的现象。当今世界和平与发展是两大主题，包括中国和中亚国家在内的世界各国都在为维护世界和地区和平与促进本国和地区的发展而努力。政治文明和发展模式多样化是客观存在，应该予以尊重，因为意识形态分歧而导致国家关系恶化的实践已经证明其危害性，并为中国和中亚国家所摒弃。中国和中亚国家将"互信、互利、平等、协商，尊重多样文明，谋求共同发展"作为处理彼此关系的准则，这既是中国与独立后的中亚国家发展国家关系的经验总结，也是促进彼此关系良性互动的保证。我们对今后彼此关系的良性发展充满信心，这是重要理由之一。

回顾中国与中亚国家关系60年，可以看到中国外交的不断成熟。60年间，中国与中亚国家经历了基本上由中国和苏联地方关系到与独立主权国家关系的转变。中国政府根据国际法原则较好地应对了这种转变。特别是在苏联解体前夕，哈萨克政府代表团访问中国期间，中国把握了接待的尺度，并没有将这个代表团作为主权国家代表团对待，体现了中国在处理国家关系中尊重苏联领土完整的一贯立场，而不像某些西方国家那样参与肢解苏联的行动。当苏联宣布解体之后，中国则迅速承认中亚国家的独立，并很快与它们建立外交关系并派驻大使，反映了中国能够迅速适应形势的变化，做出正确的决定。中国如此迅速果断的外交举动，不仅受到中亚国家的欢迎，而且赢得国际社会的好评。中国在1991年两次处理与中亚国家关系的外交实践，至今仍具有指导意义，这就是在处理国家关系时要坚持国际法准则。只有这样，才能树立良好的国家形象，赢得国际社会的尊重和支持。

中国与中亚国家能够成为"好邻居、好朋友、好伙伴"关系，还有一个重要原因，这就是处理国家关系不以意识形态画线，也不以国家大小论英雄，做到"平等待人"，"真诚相助"。

中亚国家独立后政体发生了很大的变化，各国都放弃了建设共产主义的目标，共产党或更名或解散。中国并没有因为中亚国家意识形态的变化而疏远它们，反而与它们建立了密切的关系。这是中国将国家关系与意识形态分离的成功范例，也是对新中国成立初期特别是"文革"时期执行的外交政策的修正。中国同样改正了将党际关系置于国家关系之上的做法，有利于同包括中亚国家在内的世界上不同社会制度的国家发展关系。

与中国相比，中亚国家都是小国、弱国，在国家刚刚获得独立之际，百废待兴，急需外国的帮助。中国虽然不算富国，但毕竟是个大国，改革开放使国家有所积累，有能力对发展中国家提供力所能及的帮助。中国能够善待中亚国家，在它们面临困境或需要帮助时伸出援手，而不像有的国家那样盛气凌人，这也是中国与中亚国家关系和谐的重要原因之一。

中国与中亚国家风雨60年，美酒加苦酒。苦酒时代已经成为过去、成为历史，为后人作为教训所牢记，使其今后不再出现，而美酒时代就在眼前，为当今中国与中亚国家上下一致赞颂。香醇美酒是双方共同酿造，其美味由相关国家人民共享。愿中国与中亚国家关系世代友好，像香醇美酒一样永远飘香。

——原载张蕴岭主编《中国对外关系：回顾与思考（1949—2009）》，社会科学文献出版社2009年版

六　上海合作组织与亚信

国际金融危机与上海合作组织

2017年上海合作组织新形势与新问题

增强互信是提升经济合作水平的关键

上海合作组织成员国关注民生问题

上合、亚信与亚洲安全

习主席的"亚洲安全观"与纳扎尔巴耶夫总统的倡议

国际金融危机与上海合作组织

【内容提要】 简述国际金融危机对上合组织成员国产生的不同影响，各国应对措施的异同点，指出上合组织在应对国际金融危机方面 2010 年和稍后应做的工作。

2008 年爆发 2009 年仍在继续的国际金融危机，对绝大多数国家都产生了影响，此前正在谋求经济起飞的上合组织成员国也未能幸免，只是由于各国国情不同，受到的影响程度不同。从目前的情况来看，俄罗斯、哈萨克斯坦等国受到的影响较大，中国、乌兹别克斯坦受到的影响较轻。然而，不管受到的影响是大还是小，遇到的困难是多还是少，对上合组织各成员国以及上合组织本身都经历了一次巨大的考验。

一 国际金融危机对上合组织成员国的影响

国际金融危机对各成员国的影响是多方面的，包括经济、社会、彼此关系、对世界重大问题特别是对世界政治经济秩序的看法等，其中对经济和社会领域的影响最大。

国际金融危机首先对各国经济造成巨大的冲击，使一些国家刚刚复苏的经济再度受挫，使经济发展较好的国家也遇到较多的困难。

国际金融危机前，俄罗斯和哈萨克斯坦等国的经济在渡过了独立初期的经济危机和 1998 年的金融危机后，从 2000 年起开始复苏，其后六七年经济呈现快速发展的态势，例如，2007 年俄罗斯国内生产总值同比增长 8.1%，哈萨克斯坦同比增长 8.9%，这两个国家的国库开始充盈，人民生活也开始改善。其他几个中亚成员国经济发展速度虽然不如俄、哈两国，但也呈现不同程度的增长。中国经济则连续多年保持9%以上的高速增长，经济总量已经跃居世界第三位。上合组织成员国经济总量占世界经济总量的比重明显提升，成为国际社会广泛关注的对象。

然而，2008年下半年世界经济形势突变。国际金融危机使俄罗斯和哈萨克斯坦等国遭到独立后的又一次沉重打击。2008年俄罗斯国内生产总值仅同比增长2.8%，2009年则同比下降8.7%。哈萨克斯坦2008年国内生产总值增长2.7%，2009年仅同比增长1.1%，为2000年以来经济增长的最低值。吉尔吉斯斯坦和塔吉克斯坦的情况大同小异。只有乌兹别克斯坦和中国的情况较好。乌兹别克斯坦2008年国内生产总值增长9.5%，2009年增长约为8%。同期中国经济增长分别为9.6%和8.7%。中乌两国尽管经济在增长，但也感受到国际金融危机的沉重压力。2009年中国全国经济会议指出，2009年是中国经济进入21世纪以来最困难的一年。乌兹别克斯坦总统卡里莫夫也说："全球金融危机，特别是它的负面后果已经并且将继续对乌兹别克斯坦经济造成影响"，他告诫说，认为国际金融危机对乌兹别克斯坦没有影响，或者离乌兹别克斯坦已经远去，"是非常幼稚的，是无法原谅的误解"。[1]

上合组织成员国在经济方面受国际金融危机影响的表现不尽相同。俄、哈等国受外资撤出的影响遇到流动资金不足的困难，使实体经济首先是建筑业和房地产业受到严重的影响。而国际社会对能源和原材料以及制成品需求的减少并导致价格下降，使一些依赖这些产品出口的国家财政收入急剧减少。很多企业因拿不到足够的订单，不得不减产甚至倒闭。国家财政收入的减少也使一些国家不得不靠前几年的积蓄度日，大量压缩固定资产投资规模。国家为应对金融危机大量投入货币也带来通货膨胀加剧或存在通胀预期等问题。这些问题在成员国普遍存在，只是程度有所不同。例如，在固定资产投资方面，多数国家有所减少，中国却在增加。2009年中国全社会固定资产投资同比增长高达30.1%。[2] 另

---

[1] ［乌兹别克斯坦］伊·卡里莫夫：《乌兹别克斯坦应对世界金融危机的途径和措施》，《俄罗斯中亚东欧市场》2009年第7期，第2、3页。

[2] 《人民日报》2010年1月21日。

外，由于各国抗危机的能力和采取的措施有所不同，经济恢复的速度也存在很大的差异。

国际金融危机也给各国社会和安全带来很多问题。由于各国实体经济受损，用工数量减少，普遍出现失业人员增加、就业困难等问题。俄罗斯是国际金融危机前雇用外籍劳工较多的国家。国际金融危机发生后，该国失业率上升，由2007年的6.1%增至2008年的7.7%。[1] 在此情况下，俄罗斯实行本国公民就业优先的政策，哈萨克斯坦也通过了类似的决定，从而使塔吉克斯坦、吉尔吉斯斯坦和乌兹别克斯坦等在外劳工纷纷回国，使塔、吉、乌三国就业问题雪上加霜。在失业者增加和物价上涨的双重困扰下，各国治安形势较前恶化，普遍面临维护国家稳定的艰巨任务。当前俄罗斯和中亚国家当局还面临反对派的攻击和压力，维护国家稳定的任务较危机前更加艰巨。

二 各成员国积极应对危机，彼此伸出援手

对于突如其来的国际金融危机，成员国没有慌张，没有被困难吓倒，都采取各种措施积极应对。中国提出"保增长、保民生、保稳定"的目标，斥资4万亿人民币用于拉动内需，力争使国内生产总值增长不低于8%，同时提出了实施积极的财政政策和适度宽松的货币政策、汽车农机家电下乡、十大产业振兴计划、扶持中小企业发展、解决农民工和大学生就业等一系列具体政策和措施。俄罗斯则在石油天然气出口减少、财政困难的情况下，提出了国家注资银行业解决流动性不足、支持行业骨干企业、调整就业政策、关注民生和加强社会保障等措施，力保国家稳定和克服经济困难。中亚成员国也积极应对。具体措施包括向金融部门注资、改善企业经营环境，扶植重点部门和企业、鼓励出口、扶植中小企业发展、发展农业、解决就业和改善民生、寻求国外帮助等。

总的来看，各成员国应对金融危机的措施虽然有所不同，但都取得了一定的效果，2009年下半年多数国家已经度过了最困难的时期。虽然这场国际金融危机给各成员国带来不少困难，但也带来了一些机遇，得

---

[1] 《2009年俄罗斯东欧中亚国家发展报告》，社会科学文献出版社2009年版，第318页。

到一些经验教训，使各国认识到，必须对原有的经济结构和发展方式进行改造，必须加大对银行和企业的监管力度，必须重新审视发达国家的一些所谓"金融创新"，必须改造原有的世界政治经济秩序。从2009年的情况来看，各国也意识到，仅靠本国的努力是不够的，还必须加强国际合作。而上合组织则是成员国认为可以借助的国际组织之一。

国际金融危机的确是对上合组织实际能力的一次考验。上合组织也以出色的工作业绩通过了这次考试，赢得了成员国的信任和国际社会的赞许。人们看到，无论是2009年6月在俄罗斯叶卡捷琳堡召开的上合组织国家元首理事会，还是10月在中国北京举行的政府首脑理事会，都极为重视国际金融危机问题，将应对国际金融危机纳入重要的议事日程，并取得积极成果。例如，在国家元首理事会会议通过的《联合公报》中强调："应采取有效措施，减少国际金融危机影响，推动本组织所在地区更加紧密的经贸和投资合作。"在这次会议上，中国国家主席胡锦涛发表了《携手应对国际金融危机　共同创造和谐美好未来》的演讲。胡主席在演讲中指出："在国际金融危机面前，我们应该坚定信心、相互支持、同舟共济、共克时艰，全力推进本组织政治、安全、经济、人文等领域务实合作，增强自身实力，把本组织的事情办好。只有这样，才能有效应对危机、防范风险，推动本地区实现持久和平、共同繁荣，为世界和平与发展作出更大贡献。"他还详细地列举了在应对金融危机时可以合作和应该合作的领域，强调"我们要携手合作，共同应对国际金融危机冲击、推动恢复世界经济增长。我们要有效利用上海合作组织这一重要平台"。胡主席为表示中国愿与各成员国携手合作、共克时艰的决心和诚意，做出如下表示："中国将恪守承诺，继续支持本组织框架内的多边和双边项目合作。为此，中方将提供100亿美元的信贷支持，为上海合作组织成员国应对国际金融危机冲击作出自己的努力。此外，中方将组织贸易投资促进团赴成员国，推动同各成员国的进出口贸易和双向投资。"[①]

其他成员国国家元首也在国家元首理事会会议期间做出同样的表示。乌兹别克斯坦总统卡里莫夫在与胡锦涛会见时说："在当前国际金融危机的背景下，乌方愿同中方加强经贸、能源资源等领域合作，共同应对国

[①] 《人民日报》2009年6月16日。

际金融危机冲击。"① 吉尔吉斯斯坦总统巴基耶夫在与胡主席会见时表示："吉方愿同中方在交通、边贸、矿产开发等领域进一步加强合作，共同应对国际金融危机挑战。"②

2009年10月举行的上合组织政府总理理事会会议进一步研究了成员国加强合作、共克时艰的措施。在会议发表的《联合公报》中指出："为有效应对国际金融经济危机，迫切需要促进地区发展，落实《〈上海合作组织成员国多边经贸合作纲要〉落实措施计划》，以提高各国防范风险的能力，加强本组织经济职能。"③ 本次总理会议还通过了《上海合作组织成员国关于加强多边经济合作、应对全球金融经济危机、保障经济持续发展的共同倡议》的文件，所有与会成员国都认为这个文件的出台非常及时。在政府总理理事会会议的讲话中温家宝总理指出："国际金融危机、'三股势力'、毒品、跨国犯罪等威胁本地区和平、稳定与发展。面对挑战，本地区国家深化合作、联合自强的愿望更加迫切。社会合作组织应该在加强成员国团结互助、推动区域合作方面发挥更大作用。"④ 温总理在稍后一次讲话中也指出："这场百年罕见的金融危机，从一开始我们就认为，没有一个国家可以独善其身，也没有一个国家可以独自应对，必须加强合作，同舟共济，共同应对危机。"⑤

三 国际金融危机对上合组织本身的影响

国际金融危机对上合组织的影响是正反两个方面都存在，只看到一个方面而忽视另外一个方面是不对的，不承认存在影响更是错误的。

这里先谈谈积极影响。

第一，国际金融危机增强了成员国对上合组织作用的认同，使成员国更加认识到上合组织可以在成员国遇到外来冲击时发挥相互支持和帮助的作用。俗话说"患难见真情"。为支持俄罗斯等国抗击国际金融危

---

① 《人民日报》2009年6月15日。
② 同上。
③ 《人民日报》2009年10月15日。
④ 同上。
⑤ 《人民日报》2009年12月28日。

机，中国向俄罗斯提供了250亿美元贷款，用于支持俄两家石油公司的资金短缺，向哈萨克斯坦提供了130亿美元贷款用于支持哈国内大企业的流动资金不足。中国还为上合组织成员国提供了100亿美元贷款用于应对国际金融危机。俄罗斯科学院远东研究所所长季塔连科院士认为，上合组织应对金融危机的能力不能只根据2009年一年的表现来评价。他指出："2003年9月北京总理会议通过的《上海合作组织成员国多边经贸合作纲要》争取至2020年实现商品、服务、资金和技术自由流动，2004年9月比什凯克总理会议通过的《〈上海合作组织成员国多边经贸合作纲要〉落实措施计划》也无疑会成为反危机的强有力的武器。"①

第二，国际金融危机推动成员国在建立国际政治经济新秩序问题上立场更加坚定和统一。鉴于各成员国普遍认识到国际金融危机爆发是世界金融体系存在严重的问题，需要从根本上进行改革，2009年上合组织国家元首理事会确认了这种看法，这反映在各国元首通过的《叶卡捷琳堡宣言》中。该宣言指出："本组织成员国认为，开展国际合作是应对新威胁和新挑战、克服国际金融危机、保障能源和粮食安全，以及解决气候变化等迫切问题的重要有效途径。"同时强调："当前世界经济和金融形势要求国际社会加强国际金融监管合作，共同防范金融危机风险积聚和扩散，保持经济稳定。本组织成员国将与国际社会共同努力，建立更加公平、公正、包容、有序、兼顾各方利益、使全球化惠及各国的国际金融秩序。为此，应在本组织区域内就国际金融问题和应对国际金融危机问题加强合作和信息交流。"在本次会议发表的《联合公报》中也明确提出："本组织成员国对构建更加公正合理的国际关系架构持相同立场。"② 这一点与中国政府一贯主张的建立"国际政治经济新秩序"是一致的。

第三，国际金融危机推动了成员国加快和深化经济合作的步伐。这种看法可由2009年中俄经济合作取得重大突破得到验证。国际金融危机使俄罗斯经济严重受挫。与俄罗斯经济形势关系密切的石油天然气出口的数量和价格的下降，直接影响到俄罗斯的国家收入，使国家预算捉襟见肘。俄乌斗气等原因使欧洲感到进口俄罗斯天然气潜在的风险，通过

---

① 《俄罗斯中亚东欧研究》2009年第5期，第5页。
② 同上。

修建纳布科天然气管道等手段设法维护自己的利益。俄罗斯意识到未来对欧洲出口天然气存在巨大的风险，与欧盟合作会遇到更多的困难，因此，实现石油天然气出口渠道多元化十分必要，而加强与亚洲国家特别是与中国合作是最佳选择之一。这就是为什么在中俄石油管道谈判 10 年无果的情况下，2009 年出现重大突破，使中俄输油管道有了令双方基本满意的结果。俄罗斯对中国参与远东地区开发的立场也有所松动。可以认为，这尽管是俄罗斯对外经济合作方针调整的产物，但也不能不承认，此举与国际金融危机使俄罗斯经济遇到很大困难有关。可以设想，如果俄罗斯经济仍以前些年 8% 以上的速度增长，上述中俄两个合作项目可能仍会后拖，未必能在 2009 年实现。这就是说，国际金融危机使上合组织成员国进一步认识到加强彼此经济合作、携手共克时艰的重要性和必要性。中国与中亚国家的经济合作也取得较大进展，不能不说与国际金融危机有关。

第四，国际金融危机推动成员国加快制度改革、加强金融监管、鼓励技术创新、加快经济结构改造和发展方式转变，以增强抵御外来冲击的能力。中国国务院总理温家宝就中国的经济发展方向问题指出："我们作出了一个判断，就是每一次国际金融危机都会带来一场科技的革命，或者说大的变革，而决定经济危机应对取得胜利的关键还是在人的智慧和科技的力量。"他还指出："占领科技的制高点，也就是占领新型产业的制高点，这些才真正决定着一个国家的未来。除了发挥诸如像装备制造业我们传统的优势以外，应该大力发展互联网、绿色经济、低碳经济、环保技术、生物医药，这些涉及未来环境和人类生活的一些重要领域。中国的经济问题，根本上还是结构性问题。我们经济上还存在着不平衡、不协调、不可持续的问题，这些问题的焦点还在于如何调整经济结构，包括一、二、三产业的结构、地区结构、积累与消费的结构。更为重要的就是要运用科技的力量来转变发展方式，这是中国经济发展的关键之所在。"[1]

俄罗斯在 2009 年 6 月通过的《2009 年俄罗斯政府反危机措施纲要》中要求强化制度改革，构建强健的金融体系。哈萨克斯坦总统纳扎尔巴

---

[1] 《人民日报》2009 年 12 月 28 日。

耶夫也说："我深信，经过这场全球经济危机，世界金融体系，也许还包括各国的政治管理方式都将发生变化。"① 乌兹别克斯坦为本国规定的应对金融危机的优先任务之一，是"继续经济体制改革，促进经济结构多元化"，该国认为，"国际经济危机使市场技术更新和现代化这一任务显得更加迫切，需要我们为此集中所有的力量和资源"。②

第五，从世界层面来看，这场金融危机对美国等发达国家的打击相当严重，使它们的国力有所减弱，也使它们对外扩张受到一定的遏制，对中亚和中俄的压力有所减轻。由中俄和中亚国家组成的上合组织受到来自外部的压力和挑战也相对有所减轻，与西方大国主导的国际组织的合作，特别是在维护中亚地区安全和反恐领域的合作有所前行。

然而，不能只看到积极影响，国际金融危机对成员国关系方面也有负面作用。

如上所述，国际金融危机对成员国的经济和社会领域影响很大，对彼此关系也有负面作用。例如，出于维护自身利益考虑，乌兹别克斯坦和塔吉克斯坦原本在塔修建大型水电站问题上就存在矛盾，国际金融危机发生后的 2009 年，由于塔吉克斯坦国际收支减少、支付能力下降，为缓解能源危机，执意要建大型水电站。而乌兹别克斯坦担心塔此举会影响其作为下游国家的用水而坚决反对，两国关系十分紧张。又如，受国际金融危机影响致使国家实力大减的俄罗斯，在国际社会的话语权也受到削弱。

四 2010 年和稍后上合组织在抗击国际金融危机方面应做的工作

迄今国际金融危机并没有完全过去，正如 2009 年中国经济会议指出："世界经济复苏基础并不稳固，国际金融危机影响仍然存在，全球性挑战

---

① 2009 年 3 月 6 日哈总统国情咨文：《克服危机，走向复苏和发展》，哈驻华使馆提供文本，第 7 页。
② 《俄罗斯中亚东欧市场》2009 年第 7 期，第 7 页。

压力增大。"① 那么，2010年和稍后在抗击国际金融危机方面上合组织还应该做些什么？这是普遍关注和需要认真思考的问题。

第一，成员国要在应对国际危机危机方面采取更加符合本国国情的对策，将已经制订的反危机行动计划认真落实并不断补充和修正。搞好本国的事情，使本国经济能尽快摆脱危机并得到发展，这不仅是对本国人民负责，而且也是对增强上合组织能力的贡献。2009年成员国间的外贸额多数都在下降，这是多数国家经济尚未真正摆脱危机的反映。使本国经济得到恢复和发展，就会密切彼此的经济关系，使相互贸易更上一层楼。欲落实2009年成员国政府总理理事会会议达成的共识，也必须在各成员国经济迅速回升的条件下才有可能。在各国内外环境仍很困难的情况下，欲使经济尽快恢复和发展也并非易事，这既要保持国家稳定和改善民生，还要促进地区和世界和谐，需要下很大气力，而且要求上下一致，同心同德。上合组织的发展与强大源于各成员国的发展与强大，因此，搞好本国的事情是硬道理。2010年各成员国都对本国经济发展做出规划，例如中国提出国内生产总值增长8.5%左右的目标，俄罗斯提出国内生产总值增长3.1%的目标，中亚成员国也都提出自己的增长目标。这表明，各国都想搞好本国的事务，以新的姿态应对尚未远离的国际金融危机。

第二，需要进一步增强成员国之间的合作，使合作能落实到具体项目上。承认合作的重要性是一回事，而在实践中真正做到反对贸易和投资保护主义、将彼此关系视为真正的朋友和伙伴关系则是另外一回事。这里存在国家利益问题。但无论如何，国际金融危机是客观存在，是一个国家难于克服的问题，同舟共济，共克时艰，是世界绝大多数国家在应对国际金融危机过程中总结出来的经验，值得成员国借鉴。

在加强合作时不能只讲经济合作，还要重视其他领域的合作，特别是政治合作。这是指，必须将增强政治互信置于重要位置。互不信任的关系不是伙伴关系，也不是朋友关系，有悖于"上海精神"，也有悖于上合组织通过的《上海合作组织成员国长期睦邻友好合作条约》的宗旨，自然也不利于携手应对金融危机的需要。国际金融危机本身是经济问题，

---

① 《人民日报》2009年12月6日。

但已超出经济范畴本身,具有广泛性,波及多个领域,其影响也超出经济范畴,具有全面性,因此,上合组织成员也必须以多种手段应对国际金融危机,仅局限在经济范畴肯定收效有限,难于达到预期的结果。

第三,应该将落实"共同倡议"置于优先考虑的地位,同时也应考虑在改造经济结构、科技创新、转变发展方式、占据产业制高点等方面加强合作。

这场金融危机对成员国的经济都是一次重大的考验。无论是经济发展较快的中国,还是以能源和原材料出口为主的其他国家,都遇到很多不曾想象到的问题。中国"两头在外"、以"中国制造"见长的发展模式,俄罗斯和哈萨克斯坦以能源出口带动的发展模式,都因外界环境的变化造成自身的困难。面对危机,中国意识到,除了发挥诸如像装备制造业等传统优势外,应该大力发展朝阳产业,如:互联网、绿色经济、低碳经济、环保技术、生物医药等涉及未来环境和人类生活的一些重要领域。必须解决经济中存在的不平衡、不协调、不可持续的问题,必须调整经济结构,要运用科技的力量来转变发展方式。[1] 中国将逐渐用"中国创造"来取代"中国制造"。[2] 俄罗斯和中亚国家都感受到目前经济结果存在的问题,但如何改变这种状况将是未来的任务。

第四,上合组织应推动成员国加强国内金融体系建设和改革世界政治经济秩序。

各成员国都注意到金融监管失控带来许多问题,都表示要加强和正在加强金融监管。但建立有利于经济发展和易于监管的金融体系是个系统工程,不是一蹴而就的事情,在新的一年或更长时间内需要继续努力。为应对金融危机,各国都以不同方式投入大量资金,普遍出现通货膨胀或通货膨胀预期。因此,在上合组织成员国内构筑健康的金融体系仍是繁重的任务。

另外,引起本次国际金融危机的外部因素仍然存在,特别是改变现有国际金融体系的话题仍不绝于耳,但目前仍停留在议论阶段,改变以

---

[1] 参见《人民日报》2009年12月28日"温家宝总理访谈录"。
[2] 参见《胡锦涛珠海考察:企业要从中国制造转向中国创造》,2009年12月22日,中国新闻网。

美元为基础的国际金融体系任重道远。上合组织成员国应该在加强自身经济实力的过程中继续推进改变世界政治经济秩序的进程，为建立公正、合理的世界政治经济新秩序继续努力。

第五，为应对国家金融危机和经济发展创造一个稳定的环境是上合组织必须做的工作。

众所周知，没有稳定的国内国际环境是任何事情也做不好的，甚至是做不了的。上合组织应该为成员国创造稳定的国内和国际环境。这就要求成员国加强除经济合作外的其他方面的合作，特别是旨在维护地区安全稳定方面的合作，以及有利于政治互信的人文合作。在国际金融危机致使各国社会问题明显增多、影响社会稳定的因素明显增加的情况下，加强安全合作显得尤其重要。除成员国间加强合作外，上合组织本身也要面对动荡不定的国际大环境采取稳定地区形势的措施，通过加强与其他国际组织和国家的合作实现稳定地区形势的任务，目前最迫切的问题是解决成员国间存在的争端和威胁地区安全的恐怖势力问题，其中包括阿富汗问题和毒品问题。

最后还要提到，2010年世界经济形势会逐渐转好，但国际金融危机是否会被完全克服，或者是否还会反复，目前尚不十分清楚。但从世界主要经济体的情况来看，世界经济大势在好转是肯定的。上合组织成员国的情况与世界经济大势基本吻合。彻底摆脱国际金融危机只是时间问题。因此，从前瞻性考虑，似应对后金融危机时代上合组织的走向，后金融危机时代世界经济新常态与上合组织成员国的关系，特别是对其成员国经济如何发展与合作提出大致的方向，做进一步的规划。这项工作首先应在学者层面进行，让上合组织论坛承担这项任务。各成员国的学术机构和上合组织研究中心都要对此献计献策，做出自己的贡献。

——原载吴恩远、吴宏伟主编《上海合作组织发展报告（2010）》，社会科学文献出版社2010年版

2017年上海合作组织新形势与新问题

【内容提要】 2017年，上海合作组织实现第一次扩员，中国担任轮值主席国，扩员后不久就发生了印度入侵中国的洞朗事件。洞朗事件对上海合作组织造成了伤害，同时也表明该组织存在短板。中国担任上海合作组织轮值主席国后，应采取措施，推动上海合作组织朝更加完善和更有效率的方向发展。

一 2017年上海合作组织的新变化

2017年，上海合作组织的最大变化是酝酿多时的扩员问题有了结果，2017年6月9日，上海合作组织元首理事会第十七次会议确认印度和巴基斯坦两国在"已履行2016年签署的关于两国加入上海合作组织义务的备忘录"后，决定吸纳两国成为正式成员国。印巴两国签署的备忘录允诺遵守《上海合作组织宪章》和该组织签署的其他协议，不将两国的矛盾带入上海合作组织。至此，上海合作组织成员国由六个变成八个。

印巴两国是国土面积很大、人口超亿的亚洲大国，它们的加入体现了上海合作组织的开放性，也增加了上海合作组织的体量，对提升上海合作组织的国际地位和影响力应该有所帮助。正如阿斯塔纳峰会宣言所指出的："成员国坚信，上海合作组织扩员以及进一步深化与观察员国和对话伙伴合作，对发展和提升本组织潜力具有重要意义。"宣言还说，"接收印度共和国和巴基斯坦伊斯兰共和国为本组织成员国"是"具有历史意义"的事件。①

本年度上海合作组织的另外一件大事是庆祝《上海合作组织成员国长期睦邻友好条约》签署10周年。在北京举行了隆重的国际研讨会，与会者对该条约的签署予以高度评价。上海合作组织的重要使命之一就是维护地区安全与稳定，给各国以和平安定的生存空间与发展环境。该条约宣示缔约国世代友好，永不为敌，不仅是为本地区构筑和平、安全与稳定的环境提供法律保证，也为国际社会提供了国家间友好相处的样板。

上海合作组织另外一件大事就是，中国在阿斯塔纳峰会后担任上海合作组织轮值主席国。这意味着，中国有责任引领上海合作组织在未来一年向新的高度进发，赋予该组织新的发展目标，为该组织做出新的贡献。2017年阿斯塔纳峰会宣言指出，在世界政治和经济发生深刻变革的背景下，各成员国应该以相互尊重、考虑彼此利益、合作共赢、不冲突、不对抗、平等和不可分割安全等国际法原则和准则为基础，构建更加公正合理、符合各国共同及各自利益的多极世界格局，推动构建人类命运共同体。② 2017年恰逢中国共产党召开全国第十九次代表大会。中共十九大是开辟中国特色社会主义建设的新时代和新征程的一次代表大会。中共十九大报告在谈到中国对外政策时指出："中国将继续发挥负责任大国的作用，积极参与全球治理体系改革和建设，不断贡献中国智慧和力量。"中国将"推动人类命运共同体建设，共同创造人类的美好未来"。③这一点与上海合作组织阿斯塔纳宣言的精神完全契合。中国必将在推动上海合作组织建设和发展方面做出更大的贡献，共创上海合作组织的美好未来。

上海合作组织出现的新问题是，印度2017年6月9日加入上海合作组织后，不久就发生了令国际社会震惊和上海合作组织始料未及的洞朗事件。6月18日，印军200多人和2台推土机侵入中国领土，不理中国令其退回的警告，在那里停留了两个多月，直到8月28日才被迫从中国

---

① 《上海合作组织成员国元首阿斯塔纳宣言》，2017年6月9日，人民网。
② 同上。
③ 习近平：《决战全面建成小康社会　夺取新时代中国特色社会主义伟大胜利——在中国共产党第十九次全国代表大会上的报告》，《人民日报》2017年10月28日。

领土退出。在此期间，印度与巴基斯坦在克什米尔地区还发生了炮战，双方各有伤亡。洞朗事件违反了《上海合作组织成员国长期睦邻友好条约》，打破了上海合作组织自成立以来成员国间形成的和谐局面，也违背了印度自己做出的信守上海合作组织签署的文件的承诺。洞朗事件本身是对上海合作组织的伤害，也给该组织出了难题。其伤害表现在：

第一，印度的所作所为破坏了上海合作组织成员国成立16年来的和谐气氛，使上海合作组织的形象受损。我们知道，一个国际组织的声望和力量要靠其成员国的团结协作来维护。在印度加入前，上海合作组织成员国基本做到了这一点，还签署了《上海合作组织成员国长期睦邻友好条约》。而印度加入只有十多天，上海合作组织就面临成员间有发生战争的危险，这等于给上海合作组织出了难题。虽然事件和平解决，战争没有发生，但这一事件给上海合作组织的声誉造成伤害已成事实。

第二，印度制造的这一事件为上海合作组织维护地区安全和反恐合作的使命带来麻烦。维护地区安全与反恐需要成员国齐心协力，而印度则在边界地区挑事，发泄多年来对中国的积怨，致使中印两个大国怒目相视，不仅造成地区一时紧张，还会使联合反恐变得困难。

第三，上海合作组织的使命之一是为开展经济合作铺路搭桥，通过互利合作达到共同发展。为国际社会包括上海合作组织所肯定的"一带一路"倡议，就是通过"共商、共建、共享"达到互利共赢，共同发展的目的。上海合作组织成员国都欢迎这个倡议，并积极参与。唯独印度反对这个倡议。印度的做法使国际社会看到，在上海合作组织成员国间即使是在对各方都有利的经济合作问题上也存在矛盾。印度此举是对推动上海合作组织发展的两个"轮子"之一的经济合作的挑战，也等于是对上海合作组织本身的伤害。

第四，这一事件使印度国内一时出现了疑华、仇华和反华情绪，印度的反华宣传恶化了两国关系，使两国刚刚起步的人文合作遇到阻碍。这与上海合作组织倡导的加强人文合作的精神背道而驰。

二 洞朗事件表明上海合作组织仍存在短板

在洞朗事件的整个过程中，上海合作组织并没有在制止事件发生和发展方面发挥多大作用，暴露了上海合作组织在处理成员国关系问题上的能力有限。上海合作组织作为国际组织不能干涉成员国的内政，但对成员国破坏共同签署的协议的行为也无动于衷，就不正常了。任何事情都应该有规矩，没有规矩不成方圆。假如中印两国因洞朗事件真的动起武来，其后果就很难想象了。因此，洞朗事件提示我们，需要对破坏《上海合作组织宪章》《上海合作组织成员国长期睦邻友好条约》和违背"上海精神"的行为建立制约机制，否则一个国家可以不顾上海合作组织的利益任意行事，使上海合作组织受到伤害，假如类似事件一再发生，上海合作组织就会面临困境。

另外，上海合作组织在成员国间发生冲突时，也缺乏调解机制，无论是洞朗事件，还是此前乌塔两国在水资源利用方面的矛盾以及乌吉两国因领土争议引发的冲突，上海合作组织都没有发挥应有的调解作用。据了解，在有些地区性国际组织中就存在调解机构或机制，例如，非盟就设有和平与安全委员会。东盟虽然没有此类机构，但会通过召开成员国外长会议的方式解决成员国间出现的争端，柬泰两国因柏威夏寺的归属争端就是通过外长会议调解解决的。因此，外长会议也是一种可供选择的调解方式。实践证明，调解机制的存在对维护一个国际组织的正常运转可以发挥重要作用。

因利益不同，一个国际组织的成员国间存在矛盾和冲突并不奇怪。这时，国际组织应该担负起对成员国间矛盾和冲突加以调解的责任，应该做到：一要充分认识调解工作的必要性；二要制定规范成员国行为准则和调解冲突的机制；三要将促进成员国团结和谐作为自己工作的一部分。这是保证一个国际组织顺利运行的必要条件。在一个国际组织中，成员国间如产生龃龉或者冲突，不光会影响组织的形象和工作效果，而且易为别有用心者提供离间成员国关系的机会。成员国之间的矛盾或冲突有时可以通过双边协商自行解决，有时则很困难。在这种情况下，就需要外部力量的介入，充当调解员的角色。国际组织则是扮演调解员的最佳选择。

维护成员国团结和和谐十分重要。习近平主席在2017年阿斯塔纳峰会讲话中就呼吁成员国要"保持团结协作的良好传统，新老成员国密切融合，深化政治互信，加大相互支持，构建平等相待、守望相助、休戚与共、安危共担的命运共同体"①。随着上海合作组织启动扩员进程后将来成员国会越来越多,出现矛盾或冲突不可避免。因此,应未雨绸缪,尽早建立调解成员国间矛盾或冲突的机制,以促和为基本目标,将冲突解决在萌芽阶段。该机制的工作原则应遵循国际法准则、《上海合作组织宪章》、《上海合作组织成员国长期睦邻友好条约》和"上海精神",不行使国际法院或者仲裁机构的职能,而是通过协商的途径解决相关问题,以缓解矛盾和促进团结和谐为基本目的。

2017年中国是上海合作组织轮值主席国,为使上海合作组织在国际社会中能发挥更大的作用和影响力,应该在上海合作组织的组织建设和行为规范方面有所建树。笔者注意到,在《上海合作组织宪章》中第13条"成员"中有关于"中止和开除"成员国资格的规定,却没有"制约和调解"成员国间矛盾或冲突的规定。因此,在宪章有可能修改时,建议将建立"调解和制约机制"补充到《上海合作组织宪章》第13条中。

另外,洞朗事件也表明,一些成员国间仍缺乏政治互信。加强人文合作则可为增进彼此政治互信奠定民意基础。这是一项非常重要的工作。目前上海合作组织在教育、文化等领域存在有关部长会晤机制。为更好地发展人文合作,应该将教育、文化、科技、体育、媒体等领域以及旅游部门的合作加以整合,使其在促进人文合作发展方面发挥更大的作用,为此有必要建立上海合作组织人文合作委员会。中国作为轮值主席国似应对此加以倡导和推动。

——原载兰立俊主编《国际问题纵论文集(2017/2018)》,世界知识出版社2018年版,本文为节选

---

① 习近平:《团结协作 开放包容 建设安全稳定、发展繁荣的共同家园——在上海合作组织成员国元首理事会第十七次会议上的讲话》,2017年6月10日,新华网。

增强互信是提升经济合作水平的关键

【内容提要】 在世界经济面临新形势和新挑战的情况下，为应对贸易保护主义对世界经济发展的危害，上合组织成员国必须开展广泛的合作，建立区域内经贸合作的制度性安排，促进贸易和投资便利化。尽管上合组织成员国经济合作已经取得很多成绩，特别是中哈、中巴合作成果显著，但上合组织经济合作仍不够理想。本文认为，提升成员国间的互信是关键。

2017年上合组织阿斯塔纳峰会取得的重大成果之一是实现了将印度和巴基斯坦吸纳为正式成员国，从而扩大了本组织覆盖的面积、人口数量和经济体量，对世界的影响增大。从经济合作角度来看，这无疑是利好因素，各成员国如能按上合组织章程和通过的一系列文件行事，会有利于之间的沟通与合作。

一 合作是应对新形势和新挑战的良策

本次峰会发表的宣言像历次峰会一样，经济是不可或缺的内容，这不难理解，因为经济合作是推动上合组织发展的两个"轮子"之一，它与安全合作同等重要，从某种意义上讲，一些国家钟情上合组织更看重的是能与其成员国开展经济合作，有利于本国经济发展和提升人民的福祉。

本次峰会宣言在谈到经济问题时，在指出世界经济面临新形势和新挑战后，强调贸易保护主义对世界经济发展的危害，认为必须推进经济全球化进程。宣言中关于经济论述有以下几点值得关注：（1）在强调开展广泛国际合作的同时，强调要加强区域内经济合作；提出建立区域内经贸合作的制度性安排，促进贸易和投资便利化，逐步实现《上海合作组织宪章》规定的商品、资本、服务和技术自由流通。（2）关注发展交通运输领域多边合作，通过新建和改造国际交通线路中的路段，扩大地区互联互通潜能，发展包括高铁在内的铁路交通，建设多式联运物流中心。（3）对"一带一路"倡议持欢迎态度，高度评价在北京举行的"一带一路"国际合作高峰论坛取得的成果，支持在相互尊重、平等互利原则基础上促进可持续发展的各项国际、地区和国别倡议对接合作。（4）对与各国关系密切的能源合作予以特别关注。（5）推动地方合作，支持中小企业发展，改善营商环境。

本次峰会对经济方面各项主张的宣示，既是应对新形势和新挑战之策，也是在总结以往经验基础上做出的工作安排。阅读各项经济主张可以领会其基本精神，概括为两个字：合作。

二 上合组织在经济合作方面已经取得成果

扩员前的上合组织就十分重视经济合作，而且取得了一系列成果，包括完成了不少大项目。例如，中亚—中国天然气管道工程就是在上合组织成员国和土库曼斯坦的合作下，使四条线路建成或即将建成，为有关国家带来红利。又如，俄罗斯的石油通过哈萨克斯坦输送到中国，也是三国成功合作的结晶。

习主席在本次峰会讲话中说，上合组织可以为推动"一带一路"建设同欧亚经济联盟建设等区域合作倡议以及哈萨克斯坦"光明之路"等各国发展战略对接，发挥重要平台作用。[1] 我们知道，这些年上合组织成员国之间已经就贸易和投资便利化做了不少工作，签署了一系列合作协议，为消除影响合作的障碍在不断努力。当然，取得的成果仍是初步的，距实现贸易和投资便利化仍存在很大的差离。在 2013 年中国提出"一带一路"倡议后，上合组织成员国积极响应。2015 年 5 月 8 日习主席与普

---

[1] 新华网 2017 年 6 月 9 日。

京总统发表"一带一盟"对接的联合声明,这也可视为在推动上合组织成员国之间开展经济合作。人们注意到,欧亚经济联盟打造的运输统一空间的五大运输走廊项目,有些就是与"一带一路"道路联通的对接。此外,铁路运输方面实现了由中国经过哈萨克斯坦、俄罗斯通往欧洲国家的铁路运输,这不仅涉及运输硬件方面,也涉及软件方面,没有有关国家的协同努力是办不到的。公路方面,西欧—中国西部的公路已经开始运营,这同样涉及哈萨克斯坦和俄罗斯等国。物流方面。中国与俄罗斯、中国与哈萨克斯坦、俄罗斯与哈萨克斯坦已经初步建立电子网络销售平台。金融合作正在深化。中国人民币正在走向上合组织成员国。亚投行建立后,上合组织成员国均加入。这些项目所以能够顺利实现,除各方存在需求外,更重要的是国家关系在这些年有明显的改善,彼此信任明显增强,从政治方面消除了影响经济合作的障碍。当然,这些事例还不能表明,上合组织成员国经济合作和互信已经达到很高的水平。迄今上合组织成员国的经济合作多以双边合作为主,多边合作的大项目不多,与中国自贸区建设仍未提上议事日程等,都反映了合作层次仍不高的现状,这与成员国间对开展多边合作仍存在疑虑,或者说缺乏足够的信任有关。

三 中哈、中巴经济合作红火的重要原因

人们注意到,多年来特别是在"一带一路"倡议提出后,中哈两国经济合作相当红火。在铁路运输方面,几乎每天都有由中国发出通往欧洲的货运专列经过哈萨克斯坦驶往欧洲,迄今这种运输已经制度化,给过境国——哈萨克斯坦带来巨大的红利。中国经哈、土两国通往伊朗的直达货运也已经实现。除铁路外由中国西部经哈萨克斯坦通往欧洲西部的公路,即两西公路基本建成,已经实现过货3000吨,是丝绸之路经济带的重要组成部分。哈萨克斯坦在中国连云港设立了货物转运中心,哈萨克斯坦货物通过中国铁路到达连云港后销往其他国家,例如已经实现了将粮食通过海运抵达越南胡志明港。乌兹别克斯坦也实现了利用中国铁路和连云港口岸向韩国出口商品。哈萨克斯坦开始与中国企业合作,建设了电子商务平台和物流中心。中哈两国还有很多大项目合作,如:

东哈州阿克托盖铜选矿厂、混合动力汽车和江淮（JHC）电动车组装厂、马萨勒采矿冶金综合体、克孜勒奥尔达玻璃厂、肉类联合加工厂、养殖基地等。2017年中哈两国签署的总值达262亿美元的51个项目已经或即将启动。此外，在金融合作方面也有很大的进展，阿斯塔纳国际金融合作中心已与中国上交所等单位展开合作。

中哈经济合作是上合组织创始国间成功合作的典范。在中国与上合组织新成员国间，中巴两国经济合作则是另外一个典范。

多年来中国与巴基斯坦包括经济关系在内的合作相当密切，人们习惯称巴基斯坦是中国的"铁哥们"。"一带一路"建设开展后，中国投巨资建设中巴经济走廊项目。这个项目将带动巴基斯坦瓜德尔港和经济走廊沿线地区的经济发展，会极大改善有关地区人民的生活，是"一带一路"建设的示范项目。

为什么中哈、中巴经济合作会如此红火？除各自经济需要外，彼此高度互信是重要原因。中国与它们建立的全面战略合作伙伴关系处于高位，经济合作高水平则是这种关系的具体体现。

四　增强互信是提升经济合作水平的关键

很明显，高度互信提升了经济合作的水平。经济合作虽然是经济问题，但离不开政治关系。并非政治关系不好，就不能开展经济合作，但政治关系不好欲达到经济合作高水平就很难，即使已经形成的经济合作关系，也会因为政治原因受到影响，近来中韩、中日经济合作遇冷就是这个原因。

尽管上合组织成员国间经济合作有很多亮点，但还不能认为合作都一帆风顺，不存在任何障碍。出于自身利益考量，本来是对各方都有利的好事也未必都能很快实现。例如，议论几年的上合组织发展银行在本次峰会上仍没有结果，农业合作本是成员国间可大有作为的合作领域，但也进展缓慢，在俄罗斯远东地区是如此，即使与中国关系很好的哈萨克斯坦也因为能否将土地出租给中国在国内闹得沸沸扬扬，政府被迫对反对者做出让步。造成这种状况的原因主要是信任问题，"一带一路"建设虽然写进峰会宣言中，但作为亚洲大国和中国邻国、如今又是上合组织新成员的印度居然不参加"一带一路"国际高峰论坛，令人费解和遗憾，其主要原因也与政治因素有关。政治原因是重要原因，但不是唯一原因，也有经济原因。本次峰会强调反对贸易保护主义，不能理解为单指发达国家，在本组织成员国中多少也存在。2017年5月29日俄罗斯总理梅德韦杰夫在参加欧亚国家政府委员会会议时表示，在与会国家中服务、资本和劳动力流通仍存在障碍，在工业、农工综合体、电力以及技术领域需要消除的障碍有20多项。[①] 在以俄罗斯为首的欧亚国家中都存在这样的问题，更不用说对域外国家了。峰会宣言中提到"一带一路"战略与欧亚经济联盟战略对接问题。但现实中该联盟对中国仍存在防范和排斥，担心与中国发展密切的关系会妨碍本国经济发展和既定一体化目标的实现。目前，欧亚经济联盟可以与不少非上合组织成员国开展自贸区谈判，但却没有考虑与上合组织重要成员国——中国开展这方面的工作。这反映出欧亚经济联盟的心态。毋庸讳言，欧亚经济联盟对中国也存在保护主义问题。因此，无论是深化经济合作，还是实现各国发展战略对接，首先必须增强互信，上合组织遵循的"上海精神"的真谛之一就有互信。上合组织创始国经过15年的磨合，彼此信任度明显提高，由此带来经济合作水平的不断提升。印巴两个新成员国，除它们自身需提高互信外，在与创始国之间的关系上也需要以提升互信作为深化经济合作的重要抓手。如能将"亲望亲好，邻望邻好"作为处理彼此关系的心态，经济合作的水平必然会随着互信水平的提升水涨船高。

——原载《欧亚经济》2017年第5期

[①] 2017年6月3日，俄罗斯新闻中文网。

上海合作组织成员国关注民生问题

【内容提要】 简要论述民生对上合组织成员国的重要性，概要介绍各国民生状况的变化、存在的问题，指出近年来各国都在转变观念，关注民生事务，投入普遍加大，有的国家还将民生工作列为国家未来发展的中心任务。文中指出，上合组织成员国民生问题存在许多共同方面，但也存在不同点。特别是由于各国经济实力相差很大，执政理念也不完全相同，民生问题解决的程度也存在差异。本文还介绍了各国发展民生事务的战略部署及其欲实现的目标和具体任务。本文认为，在解决成员国民生问题上，上合组织应该有所作为，而且有条件做很多工作，特别是在发挥组织和协调作用方面。

"民生问题"通常是指与普通民众的生存、生活和发展相关的事务，也包括当局对普通民众基本权益的保护状况。这涉及民众的衣食住行以及教育、医疗、社保、治安、就业等。所谓"关注民生问题"，是指国家对上述领域的关注，并通过制定法规政策和采取各种措施加以保证。"关注民生"主要是指关注普通民众。

一 民生问题的重要性

民生问题自古有之，但对上合组织成员国来说，更关注的是近几十年它们的民生状况。因为这些年各国国情都发生了重大变化并带来很多经济与社会问题，其中不少与民生有关，如就业难、住房难、看病难、上学难等，此外还有社会保障不足、贫富差距拉大、地区和城乡矛盾加剧等。民生问题为国家治理带来难度，各国都将其列入国家重要议事日程。

民生问题对上合组织成员国的重要性在于：

第一，影响社会和谐与国家稳定。

民生问题涉及千家万户，解决不好就会出大事情。吉尔吉斯斯坦发生的两次非正常政权更迭，2011年12月哈萨克斯坦发生的"扎瑙津事件"，2012年塔吉克斯坦发生的"霍罗德事件"等，除国内外反对派和敌对势力作祟外，民生问题解决不好也是原因之一。常言道"水能载舟，亦能覆舟"。国家政权是舟，普通民众即为水。解决民生问题就是解决舟与水的关系问题。前些年，本文论及国家普遍对民生问题关注不够，民众存在不满，在这种情况下，社会和谐的目标就很难达到，国家的稳定也难于保证。因此，民生问题作为社会和谐的凝固剂，国家稳定的助推器，必须给予高度的重视。

第二，民生问题事关国家的发展与长远目标的实现。

民生领域是与人的生存与发展关系密切的领域。一个国家国民素质不高，公共服务不能为提高人的素质和保证其健康和生存提供较好的条件，换言之，如果国家不能使全体国民安居乐业和有质量地生活，使人的素质能适应社会进步的需要，欲实现预期的发展目标是困难的。最近一两年上合组织一些成员国提出了未来几十年的发展规划。欲使其实现，必须最大限度地释放全体国民的潜能，民生工作则肩负这个重任。

第三，民生问题是检验国家发展与社会进步的标尺，对上合组织成员国具有特殊意义。

世界各国都存在民生问题，但程度不一。一般来说，发达国家情况相对好些，发展中国家问题多些。这与物质基础和对人的重视程度有关。上合组织成员国基本属于发展中国家，物质条件有限，而且它们都存在与本国的过去比较，与发达国家比较的问题。中国民众通过民生问题看本国制度的优越性，俄罗斯和中亚国家民众则通过民生问题看国家独立能给自己带来什么，这些都直接影响到民众对国家的信心和凝聚力。

第四，由于民生问题与民众的切身利益息息相关，在国家生活中的地位日益重要，在俄罗斯等实行"政治多元化"的国家中，民生问题还经常被政治反对派用作攻击当政者的政治工具，"三股势力"也利用民生问题煽动民众，制造事端。

二 成员国的民生状况及其变化

（一）民生状况及其变化

俄罗斯和中亚成员国都源于苏联，21年前各国独立。最初，各国政治不稳，经济极度困难。难以维系苏联时期民生水平。苏联时期，俄罗斯和中亚各共和国执行的是"低水平、广覆盖"的教育、卫生和社会福利政策，资金来源于国家。苏联长期将大量资金用于军备和生产，对民生事务采用"剩余原则"，投入经费有限。当时也存在住房困难、药品短缺、城乡和地区发展失衡等问题，但基本民生需要尚能维持，当时各共和国都声称"不存在失业问题"。

苏联解体后，俄罗斯和中亚各国的国家体制发生重大变化，民生工作也受到很大的冲击。受独立初期经济危机和体制转轨的影响，各国在就业、住房、教育、医疗、社会保障、城乡交通、社会治安等方面都出现了大量问题，经费短缺使各国民生情况明显恶化。其中最突出的是失业问题，这是困扰各国的最大难题，此外还存在社会分化加剧、贫困人口猛增、医疗和教育机构运转困难、社会治安恶化等问题。当时，各国也做出一些旨在改善民生状况的决定，但"巧妇难为无米之炊"，各国的政策和计划大多无法兑现。

20世纪90年代后期至2007年，俄罗斯和中亚成员国政治形势趋于稳定，经济形势好转，对民生方面的投入明显增加。各国工资和养老金都有不同程度的提高。1997年哈萨克斯坦发布了至2030年的国家发展战略，其中就提出关于"哈萨克斯坦公民的健康、教育和福利"的长期优先发展目标。2000年以后，哈萨克斯坦经济得到快速发展，2030战略提出的目标逐步得到落实。例如1997—2012年的15年，哈萨克斯坦公民的收入增长了15倍。收入低于贫困线以下的人口数减少了5/6，失业人口减少了一半。国家的教育支出增长了8.5倍。[①] 俄罗斯在2000年普京执政后经济状况明显好转，加上执行的是将国家财政收入的多半数用于民

---

① 引自哈驻华使馆提供的纳扎尔巴耶夫2012年1月27日国情咨文。

生，俄罗斯民生状况出现良性变化。当然，经济状况较差的吉尔吉斯斯坦和塔吉克斯坦等国，民生状况差强人意，一些方面甚至不如苏联时期。俄罗斯和中亚国家独立后经济发展差距拉大，民生状况也明显不同。试想2012年俄罗斯和哈萨克斯坦人均国内生产总值都在10000美元以上，而塔吉克斯坦只有1000美元左右，相差十多倍，再想回到苏联时期靠中央划拨达到民生状况"基本拉平"已经完全不可能。

这些年俄罗斯和中亚成员国都制定了民生工作目标。正当各国在朝发展目标前行时，2008年爆发了国际金融危机，多数国家受到影响，俄罗斯和哈萨克斯坦等国受到的危害最大。俄罗斯经济倒退了3—4年。各国财政收入减少，用于民生项目的投资被压缩。即便如此，各国还是尽量力保民生。《2009年俄罗斯政府反危机措施纲要》中将"保民生"置于非常重要的位置。重点关注和解决弱势群体和年轻人的社会保障、就医、住房、就业等问题。近年来，社会保障支出占预算的一半以上，特别是2008—2012年的最近4年，社会保障支出经费增长50%，占国内生产总值的比例由21%提升至27%。[①] 哈萨克斯坦在2009年总统国情咨文中将解决就业问题置于重要位置，称能否"提供足够的就业岗位，应成为衡量政府成员和每位州长在保障哈萨克斯坦经济稳定发展方面能力的基本指标"。乌兹别克斯坦则通过提高职工工资和养老金应对通货膨胀，通过扶持中小企业和农业发展解决就业难问题。政府还设法与其他国家合作，为劳工输出创造条件。吉尔吉斯斯坦和塔吉克斯坦尽管国力不强，也尽其所能，将改善民生的重点用于解决就业难和在通货膨胀的情况下民众生活水平下降过快方面。塔吉克斯坦2008—2012年共完成了56个项目，其中不少是在国内能源不足的情况下关注解决民众的能源需求项目。

中国多年来也强调政府要为人民服务。然而，改革开放前，由于国家底子薄，希望能尽快改变"一穷二白"的面貌，故较长时间将发展生产放在第一位，即所谓"先生产，后生活"。长期执行的计划经济体制使民生方面积累了不少问题。

20世纪80年代中国改革开放使经济得到快速发展，国家财政收入快速增长，对民生工作的投入也显著增加，教育、卫生、交通、通信、住

[①] 《普京竞选纲领转述》，《人民日报》2012年2月14日。

房情况得到不同程度的改善。特别是在2004年胡锦涛同志提出了"以人为本"的执政理念。胡锦涛同志认为"以人为本","就是要以实现人的全面发展为目标,从人民群众的根本利益出发谋发展、促发展,不断满足人民群众日益增长的物质文化需求,切实保障人民群众的经济、政治和文化权益,让发展的成果惠及全体人民"。① 中共十七大报告提出将"科学发展观"作为党的指导思想之一,指出"科学发展观,第一要义是发展,核心是以人为本,基本要求是全面协调可持续,根本方法是统筹兼顾"。② "以人为本"理念的提出使全国各级党政领导空前重视民生工作,为进一步开展民生工作和民生事业提供了理论根据和方向指南。现在,中国依然以经济建设为中心,但已经不再提"先生产、后生活",而是强调"以人为本""关注民生"。近年来,民生工作除指导思想转变外,工作对象也发生了变化,由过去"重城市、轻农村"的"二元体制"到今日"城乡并重""统筹安排"。工作标准同样发生了变化,由过去"解决温饱"为主到今日"注重提高生活质量"。中国民生工作的变化,主要是治国理念的变化,也是经济快速发展的结果。中国国内生产总值从2007年的26.6万亿元增加到2012年的51.9万亿元,跃升到世界第二位;公共财政收入从2007年的5.1万亿元增加到2012年11.7万亿元,③ 经济发展为民生改善提供了有力的物质支撑,当然,民生的变化也与人民诉求提高有很大的关系。

正是在"以人为本""执政为民"的指导下,近年来改善民生的法规政策不断出台,涉及对弱势群体的社会保障、新型城乡社保制度、医疗和教育制度、解决中低收入人群的住房问题、有利于农民工和大学生的就业问题、社会治安管理和改善人居环境等,由于国家不断加大对民生领域的投入,中国民众的衣食住行状况得到较大的改善。仅2007—2012年的5年间,累计新增城镇就业5870万人,新增4万亿元投资,其中中央财政投资1.26万亿元用于保障性安居工程、农村民生工程、基础设施、社会事业、生态环保等方面;新建各类保障性住房1800多万套,棚户区

---

① 《科学发展观重要论述摘编》,中央文献出版社、党建读物出版社2008年版,第29页。
② 同上。
③ 温家宝:《照顾工作报告》,2013年3月5日,新华网。

改造住房1200多万套，改建农村公路146.5万公里，改造农村危房1033万户，解决了3亿多农村人口的饮水安全和无电区445万人的用电问题，国家财政性教育经费支出年均增长21.58%；实现高校毕业生就业2800万人；建立了新型社会养老保险制度，企业退休人员基本养老金从2004年人均每月700元提高到现在的1721元；全民基本医保体系初步形成等。

中国受到国际金融危机的影响也不小，由于很多生产外销产品的企业特别是中小企业减产或关闭，使原本并不轻松的就业问题更加严重。

(二) 存在的问题

迄今上合组织成员国仍存在大量需要解决的民生问题。在众多民生问题中以失业问题最为突出。目前，各国登记失业率都不很高，在4.5%—7%，但实际失业人口要多于这个数字。由于国内就业困难，塔、吉、乌三国每年有数万甚至近百万人到国外打工。例如，塔吉克斯坦在俄罗斯的务工人员就有一百万人。失业是导致贫困的重要原因之一。贫困会带来大量社会问题。

房价和医疗费用不断上涨也是各国面临的共同问题。住房问题对年轻人尤其严重。房价不断上涨令无房者叫苦不迭，莫斯科、北京、阿斯塔纳的住房每平方米的价格高达几千甚至上万美元，使工薪阶层难于承受。而高昂的医疗费用也使普通民众看病难。特别是药品主要依靠进口的中亚成员国，普通民众看病更加困难。

贫富差距拉大，城乡发展和地区发展失衡，也是上合组织成员国普遍存在的问题。这类问题很容易引起民众的不满，影响社会和谐。

解决上述问题需要大量资金，而各国能够用于解决上述问题的资金有多有少，这就使得解决的程度有所不同。资金匮乏会使一些国家民生状况不佳长期化。

属于民生领域的人居环境、社会秩序、民族关系等问题，还有地区和城乡发展差距问题，不仅影响社会稳定，而且还影响到国家形象和对外关系，因此，对民生问题不能小觑。

三 发展民生事务的战略部署与措施

由于民生问题影响国家的稳定和经济发展，因此，各国都将解决民生问题置于重要位置。特别是在国际金融危机给各国带来很多困难、广大民众生活负担加重的情况下，民生问题成为检验各国当政者执政理念和执政能力的标尺。各国都在解决民生问题方面有所考虑，做出战略部署，制定落实措施。

在俄罗斯，普京2012年第三次出任总统后，在当年12月发表的《国情咨文》中明确表示，他将逐步落实在竞选总统时提出的改善民生的许诺，涉及增加民众收入、提高医疗和教育水平、鼓励生育、保障居民住房等方面，改变长期存在的工人生活水平和教育水平"双低"现象。到2020年，经过培训的职工将达到1000万人。在增加民众收入方面，普京承诺政府将在连续10年提高退休金的基础上，根据物价水平继续上调退休金，并酝酿制定针对中产阶级的新的退休政策。在教育方面，未来四年内解决幼儿园入园难的问题，提高大学生的助学金和教师工资。俄政府已与100万名教师签署了新的劳动合同。保证教师平均工资不低于本地区平均收入。针对目前俄罗斯只有1/4的公民有能力建设或购买新住房，俄政府将通过多种途径解决民众住房难问题，2020年前可以让60%的家庭获得新住房，2030年前可以解决该问题。俄将继续鼓励生育，制定相应政策。[①]

哈萨克斯坦从2009年起将解决就业问题置于重要位置，称能否"提供足够的就业岗位，应成为衡量政府成员和每位州长在保障哈萨克斯坦经济稳定发展方面能力的基本指标"。在2001年12月发生"扎瑙津事件"后，该国更加重视民生工作。2012年初发表的总统国情咨文与往年国情咨文不同之处在于，首次突出了社会领域即民生领域在国家发展中的重要性，称发展社会领域是"当务之急"，是"巩固经济和提高人民福利的新任务"，是"哈萨克斯坦未来十年发展的主要方向"。在这篇国情咨文中详细规划了未来十年国家社会经济发展的目标和任务，包括：解

---

① 《人民日报》2012年2月14日。

决就业、住房，缩小地区发展差距，提高国家服务质量，提高人力资源水平，完善退休制度，解决"三农"问题等多项任务。[①] 哈将国家财政收入的60%用于上述领域。2012年底哈萨克斯坦发表了另一份总统国情咨文——《哈萨克斯坦——2050》，这是阐述哈萨克斯坦至2050年发展战略的文件，其中也用很多篇幅谈到改善民生问题，包括对弱势群体的社会保障，解决就业、教育、医疗等问题，以及改善人居环境，建立便捷交通通信系统，提高全民素质，消除地区发展差距等问题。该国还通过多次提高工资和养老金、改善弱势群体的生活状况来应对金融危机对广大民众的冲击。

乌兹别克斯坦在2013年总统国情咨文中也将改善民生置于重要位置。2013年该国预算60%用于社会领域，将进一步扩大农村民房建设与改造作为国家稳定与改善农村居民生活的长期任务。此外，国家还注重社会基础设施和城市住宅建设。计划2013年将建设8500—10000座新住宅，这项投资较上年增加54%。2013年将新增97万个工作岗位。[②]

吉尔吉斯斯坦和塔吉克斯坦将改善民生的重点用于解决就业难和在通货膨胀的情况下民众生活水平下降过快方面。

中国目前也存在教育、就业、社会保障、医疗、住房、生态环境、食品药品安全、社会治安等关系群众切身利益的问题。中国政府将继续坚持"以人为本，民生为重"的治国理念，下大气力解决上述民生问题。2012年9月召开的中共十八大强调，中国要"继续推动科学发展、促进社会和谐，继续改善人民生活、增进人民福祉"[③]。2013年3月新任中国国家主席习近平在全国人大第一次会议闭幕式讲话时说："我们要随时随刻倾听人民呼声、回应人民期待，保证人民平等参与、平等发展权利，维护社会公平正义，在学有所教、老有所得、病有所医、老有所养、住有所居上持续取得新进展，不断实现好、维护好、发展好最广大人民根本利益，使发展成果更多更公平惠及全体人民，在经济社会不断发展的

---

① 引自哈驻华使馆提供的哈总统纳扎尔巴耶夫2012年1月27日国情咨文。
② 引自乌驻华使馆提供的2013年乌兹别克斯坦总统卡里莫夫国情咨文。
③ 胡锦涛：在中共十八大上的报告《坚定不移沿着中国特色社会主义道路前进，为全面建成小康社会而奋斗》，人民出版社2012年，第34—38页。

基础上，朝着共同富裕方向稳步前进。"① 新任国务院总理李克强表示：政府将"不断改善民生。也就是说要着力提高城乡居民，特别是低收入者的收入，持续地扩大中等收入的群体"②。这充分表明，中国新一代领导集体更加主动地落实"以人为本"的理念，把实现好、维护好、发展好最广大人民根本利益作为任期内工作的出发点和落脚点。第十二届全国人民代表大会的政府工作报告具体落实中国党政领导人的讲话精神，表示对民生工作的拨款将会继续增加；千方百计扩大就业。坚持实施就业优先战略和更加积极的就业政策，仅2013年一年要解决就业900万人以上，使城镇登记失业率低于4.6%；实现城乡居民人均收入实际增长与经济增长同步，劳动报酬增长和劳动生产率提高同步；大力加强生态文明建设和环境保护；推动城乡发展一体化，建立新型城乡关系；完善社会保障制度，不断扩大社会保障覆盖面；2013年企业退休人员基本养老金继续提高10%，城乡低保和优抚对象补助标准也进一步提高；对新农合和城镇居民基本医疗保险财政补助标准由每人每年240元提高到280元，人均基本公共卫生服务经费标准由25元提高到30元；2013年城镇保障性住房基本建成470万套、新开工630万套；等等。

上合组织成员国采取的措施有很多相同之处，例如，都关注解决就业问题，此外就是关注弱势群体的社会保障和与民众切身利益攸关的问题。各国都力求通过改善民生达到社会稳定与和谐的目标，为民众创造满意和安全的生活空间。当然，各国国情不同，对民生工作支持的力度也不同，民生工作的结果存在差异也是自然的和可以理解的。

四 上合组织为解决民生问题应该也能够做出贡献

各成员国存在不同的民生问题，都在设法解决。然而，各国的国情不同，国力相差很大，有的国家仅靠自身力量解决难度较大，上合组织

---

① 习近平：《在第十二届全国人大第一会议闭幕式上的讲话》，2013年3月17日，新华网。
② 李克强：《在第十二届全国人大第一次会议闭幕式后答记者问》，2013年3月17日，新华网。

可以给予帮助。上合组织本身并没有解决问题的物质能力，但是可以通过其工作机制，发挥组织和协调作用，就像上合组织没有军队，却可以组织军演一样。

近年来，上合组织积极推动成员国之间的人文交流。这项工作与民生工作有很大的关系。例如，作为民生工作组成部分的教育和卫生领域，在上合组织内已经建立了部长会议机制；这将有助于成员国相关领域的合作与交流。此外，成员国间在运输和通信领域的"互联互通"战略的实施，将为各国民众出行和信息交流提供方便。这就是说，上合组织在推动民生工作方面已经做了和正在做很多工作。

上合组织成员国经济实力相差较大，这就要求经济实力较强的国家，应该在解决民生问题方面对经济实力较弱的国家提供力所能及的帮助。这种帮助可以以无偿援助的方式进行，也可以通过互利合作的有偿方式进行。

对于目前困扰成员国的就业、减贫等问题，上合组织也有工作可做。例如，如何促进成员国间劳动力的合理有序的跨国流动，解决一些国家劳动力短缺另外一些国家劳动力过剩问题，上合组织可以提出建议，这就是对解决就业问题做出实际贡献。2012年10月俄罗斯总统普京访问塔吉克斯坦时，俄塔两国签订了简化塔在俄务工人员注册程序协议，对解决塔吉克斯坦就业难问题帮助很大，同时也缓解了俄罗斯劳动力不足的难题，可看作是一举两得的事情。俄罗斯远东地区开发遇到的困难之一就是缺乏劳动力，然而，俄罗斯却不想让别的国家劳动力大量进入。上合组织在这方面应该发挥解惑释疑的作用。此外，上合组织应该尽快建立自己的银行，为各国中小企业甚至个体户提供贷款，这也会有助于缓解各国的就业难问题。在改善人居环境方面，在保障民众安全方面，成员国已经开展卓有成效的合作，但迄今深化合作的空间仍很大。总之，上合组织应该关注成员国的民生问题，即使不能将其与安全、经济、人文等职能列为同一档次，在一定场合例如在高峰会议或在政府首脑理事会会议上提到这项工作并给予一定的关注，还是必要的。

鉴于民生工作涉及面很广，上合组织不可能都顾及，必须选择重点加以推动。所谓推动，就是发动成员国提出相应的提案，建立相关工作机制，举办与民生攸关的国际研讨会，与其他国际组织开展合作等。当然也可以参考其他一些国际组织的做法，在条件许可时建立解决民生问题的专项基金，以惠及成员国民众，扩大上合组织的影响。

——原载李进峰、吴宏伟、李伟主编《上海合作组织发展报告（2013）》，社会科学文献出版社2013年版

上合、亚信与亚洲安全

【内容提要】 亚洲是世界上传统安全与非传统安全问题最集中的大陆，亚洲的安全需要亚洲国家共同维护。上合组织与亚信都肩负着维护亚洲安全的责任。迄今亚洲还没有一个统一的洲际安全组织，在亚洲众多的区域性国际组织中，上合组织的影响力最大，亚信的覆盖面最广，使人们对这两个机制有很高的期望。目前上合组织是区域性国际组织，有行为能力，而亚信是论坛，无行为能力，这是两个机制的不同。根据形势需要，两个机制都要发展，其发展方向应是避免上合组织虚化，而使亚信由虚变实。从有利于维护亚洲安全考虑，务必朝这个目标努力。本文最后还对上合组织和亚信当前在维护亚洲安全方面应该和有能力做的工作提出具体建议。

上合组织成员国第十四次元首理事会会议于2014年9月11—12日在塔吉克斯坦首都杜尚别举行。这是一次重要会议，因为美国声称2014年底将从阿富汗撤走作战部队，这一点与中亚地区甚至与整个亚洲安全息息相关。同年5月20—21日，亚信（亚洲安全与信任措施会议）第四次峰会在中国上海举行，这是亚洲绝大多数国家参加的会议，会议主要议题是研讨亚洲安全问题。习近平主席在大会所做的主旨演讲中提出了亚洲安全观，即"共同、综合、合作、可持续"的安全观，为亚信峰会所接受，被写入峰会通过的《上海宣言》中。这次会议还有一个与上合组织有关的亮点，就是上合组织与亚信签署了谅解备忘录，这是亚洲很多区域性国际组织中第一个与亚信合作共谋亚洲安全的文件。中国是上合组织的重要成员国，亚信又决定让中国担任2014—2016年亚信主席国，因此，如何推动上合组织与亚信的合作，特别是借助上合组织和亚信这两个平台，在维护亚洲安全方面发挥重要作用，是中国需要考虑的问题。

一 亚洲是热点和敏感问题多而复杂的地区

2014年8月22日习主席在访问蒙古时曾说过，"亚洲是经济发展最具活力的地区，同时也是热点敏感问题较多的地区"[①]。的确，世界上还没有一个大洲像亚洲这样充满传统安全威胁和非传统安全威胁，热点频生，在阿富汗和中东地区战火纷飞，无辜生命正在遭受涂炭。说到亚洲安全问题，不能不提到叙利亚、伊拉克、阿富汗、巴勒斯坦、以色列、巴基斯坦等国家，在那里几乎每天都有人因战争或恐怖事件在流血。在亚洲其他一些国家，恐怖势力、分裂势力和极端势力也在从事各种破坏活动，对人民的生命财产和国家稳定造成威胁。目前引起世界公愤的恐怖组织"伊拉克黎凡特伊斯兰国"也出现在亚洲。此外还有"基地组织""乌伊运""东突""阿布扎耶夫""伊斯兰解放党"等大大小小的恐怖组织。与此同时，在朝鲜半岛、东海和南海也飘浮着战争阴云，随时都有因擦枪走火爆发战事的危险。世界三大毒品产地有两个在亚洲，阿富汗和"金三角"的毒品四处扩散，闹得世界不得安宁。至于历史遗留且长期得不到解决的印巴矛盾、朝韩对峙、"纳—卡问题"等，也是亚洲安全问题的组成部分。日本安倍上台后否认二战成果，阴谋复辟军国主义，也给亚洲增加了安全隐患。

亚洲的安全问题所以复杂，与亚洲国家多、民族宗教关系复杂，国情相差悬殊有关，也与历史上和近些年大国特别是美英等国侵略亚洲国家，介入亚洲事务，挑动亚洲国家之间不和分不开。众所周知，美国以"世界领袖"自居，但普遍认为它是自以为是的"世界警察"，别国的事情，不管是否与它有关，它都要管，而且戴着有色眼镜，用它的价值观判断是非曲直。美国在亚洲有不少军事基地，美国的航母战斗群常年在亚洲周边游弋。正是当年美国以莫须有的罪名出兵伊拉克，才造成今日

[①] 习近平：《守望相助，共创中蒙关系发展新时代——在蒙古国国家大呼拉尔的演讲》，2014年8月22日，中国新闻网。

这个国家内战不止,安全形势严重恶化。朝鲜半岛的局势紧张,巴以冲突长期得不到解决,东海和南海岛礁之争升级,背后都有美国的身影。近年来,随着世界格局的变化,美国也在调整战略,将重心东移,推行所谓"亚太再平衡",与日本、澳大利亚等国结成军事联盟围堵中国和俄罗斯,从而加剧了亚洲东部的紧张。当然,造成亚洲安全紧张的不仅有美国,日本大力扩充军备,拉拢菲律宾等国在东海和南海制造事端,锋芒直指中国,也是亚洲麻烦的制造者。

二 亚洲区域组织多,但却没有洲际组织

尽管亚洲安全问题很多,但却没有一个能管控起码能调解地区冲突的洲际组织。亚洲区域性国际组织不算少,有上合组织、东盟、南盟、阿盟、中西亚合作组织、突厥语国家元首会晤等。这些组织成立的时间有早有晚,成员多少不一,多数以政治和经济合作为主,也兼顾安全问题,但有一点是共同的,这就是像铁路警察一样各管一段,只管本组织范围内的事情,对组织外的事情,有时发表一些看法,有时不闻不问。对亚洲发生的一些重大安全事件或者军事冲突,如本年度发生或已经持续几年的巴以战争、伊拉克内战、叙利亚内战、阿富汗战争等,亚洲国家自己不能解决,还要靠域外势力调解,例如,对中东发生的一些事情,亚洲区域组织几乎发挥不了作用。而亚洲本身又没有类似于欧安组织那样的洲际组织。尽管欧安组织的作用也很有限,但在欧洲内部发生事情时人们还会想到它,起码能发挥调解的作用,例如,在乌克兰问题上就是如此。这种情况会使人们考虑,亚洲是否应该建立一个洲际安全与合作组织。20年前哈萨克斯坦总统纳扎尔巴耶夫就有过这样的想法,只是由于亚洲的复杂性和条件不成熟,只建立了一个论坛,即亚洲相互协作与信任措施会议(以下简称亚信),由于亚信并不是具有行为能力的国际组织,没有执行能力,这个以维护亚洲安全为己任的论坛,对亚洲国家之间正在流血的冲突和恐怖组织猖狂活动只能在会议上发表一些谴责言论,没有任何实际行动。

亚洲发生的战争和流血冲突令人痛心和不安。期望国家和地区安全与稳定,为本国发展创造良好的外部环境,是亚洲国家的共同愿望和诉

求。2014年5月召开的亚信第四次峰会通过的《上海宣言》中对谋求亚洲安全的表述，就反映了这一点。

三 上合组织和亚信在维护亚洲安全中的作用

如上所述，亚洲区域性国际组织很多，但对维护全亚洲安全方面的作用虽然有，但都不大。这种状况需要改变，不能让亚洲安全问题全要靠域外大国维护，一来做不到，二来效果也不好。域外大国常常用自己的价值观判断所发生的安全问题的是非曲直，缺乏公正性，招致当事方的不满和反对，使问题长期得不到解决。中东和亚洲其他地区的安全形势如此糟糕就说明了这一点。亚洲如果存在一个统一的洲际安全与合作组织，使亚洲发生的事情由亚洲国家解决，情况就会好些。但在目前这个组织难于很快成立的情况下，就需要有一个或几个区域性国际组织联手过问亚洲的安全事务，即使一时不能完全解决，也会显示亚洲国家有自行解决本大洲事务的能力。

在亚洲区域性国际组织中，上合组织和亚信在维护亚洲安全方面具有自己的优势，因为这两个组织都将安全职能作为本组织的重要甚至是首要职能。

成立于2001年的上合组织在其成立宣言中就明确了肩负维护中亚地区安全的使命，在第一次峰会通过的文件中就包括《打击恐怖主义、分裂主义、极端主义上海公约》，此后该组织通过了一系列维护地区安全的文件，并提出了新的安全观。该组织还成立了地区反恐怖机构，并举行多次反恐军事演习。2014年8月举行的"和平使命——2014"反恐军事演习，参演兵力有7000人之多。这个基本由亚洲国家参加组织的武器配备和反恐能力，是其他亚洲区域组织所不具备的。上合组织与其他亚洲区域性国际组织比较具有如下特点：

第一，在亚洲众多区域性国际组织中，如果不算亚信，上合组织的覆盖面最大，其成员国、观察员国和对话伙伴国遍及亚洲。

第二，上合组织是亚洲经济、科技和军事实力最强的组织，特别是经济方面有能力带动亚洲发展，这与中国和俄罗斯是其主要成员有关。

第三，上合组织中有两个国家即中国和俄罗斯是联合国安理会常任理事国，其国际影响力和维护亚洲安全事务的能力和可以发挥的作用是其他亚洲区域性国际组织无法相比的。

第四，亚信倡导国哈萨克斯坦系上合组织成员国，也是亚信两次峰会的东道国和主席国，亚信另外两次峰会的东道国和主席国：土耳其和中国，也是上合组织成员国或对话伙伴国。

第五，从亚信第四次峰会发表的《上海宣言》来看，亚信的许多理念和主张与上合组织有很多相同和相似之处。上合组织在维护地区安全和反恐等方面行之有效的做法同样可以为亚洲其他区域性国际组织和国家所借鉴。

第六，亚信强调发展对解决安全问题的重要性。上合组织也将开展经济合作作为己任。上合组织主要成员国——中国提出"丝绸之路经济带"和"21世纪海上丝绸之路"倡议，为亚洲多数国家所接受。"一带一路"建设可以成为推动上合组织和亚洲发展的共同事业。

1993年发起和筹备并于2002年举行第一次峰会的亚信，以促进亚洲安全合作作为其基本职能。该组织也设有秘书处，定期召开外长等高官会议和元首会议，但由于是论坛，无行为能力，其国际影响力不如上合组织和某些亚洲区域性国际组织。

不过，亚信在存在的20多年中也发挥了一定的作用，其作用起码有三点：一是发挥平台作用。它作为一个论坛，为亚洲各国包括立场严重对立的国家提供了沟通和表达自己诉求的场所，为有关国家提供了增进相互理解和信任的机会。二是宣示作用。它对涉及全球的问题发出亚洲国家的声音，表达亚洲国家的期望。正是由于上述两个作用，亚信能够存在下去，且规模在不断扩大。三是打基础作用。与其他大洲不同，迄今亚洲还没有一个统一的洲际安全与合作组织，尽管目前成立这样的组织时机还不成熟，但有一个组织还是必要的。起码能显示亚洲事务可以由亚洲国家自己解决的态度。亚信的存在与活动可以为将来建立亚洲统一洲际组织奠定一定的基础。国际形势的变化和亚洲国家的发展，有必要建立一个有行为能力的统一的洲际安全与合作组织。亚信如能对现有机制进行调整，加强其行为能力，做到由虚变实，虚实结合，将会对维护亚洲安全发挥更大的作用。

上合组织成立14年，在维护中亚地区的安全与稳定方面发挥了很大的作用，但该组织只有6个正式成员国，覆盖面较小，对解决全亚洲的事务作用有限。亚信目前是拥有26个成员国的论坛，对维护亚洲安全只起舆论作用，对解决实际问题难有作为。如何能使这两个组织在维护亚洲安全方面发挥更大的作用，这是应该考虑的问题。

四 上合与亚信的关系

上合组织与亚信都致力于维护亚洲的安全与稳定，这是两个组织的共同点。两个组织的最大不同在于，上合组织是区域性国际组织，有行为能力，而亚信是个论坛，没有行为能力。

然而，亚信也有自己的长处，这就是成员国多，迄今已经有26个，遍及亚洲。亚信成员国包括很多亚洲彼此关系不好甚至严重对立的国家，该论坛的开放性和包容性使亚洲多数国家有了表达诉求的机会。亚信所起的平台作用和发挥影响的方式与上合组织有所不同，如果说，上合组织是以其拥有的强大的经济和军事实力表明是硬实力很强的组织，那么，亚信则是显示软实力的场所，这种软实力是指，亚信通过峰会发出亚洲的声音，显示亚洲国家对国际事务的立场和诉求，对世界发展走向有一定影响作用。

目前上合组织和亚信都存在扩员问题。上合组织如何扩员和扩谁是正在考虑的问题，2014年杜尚别峰会已经制定了相关法律文件。如果这个问题解决不好，上合组织就面临虚化的可能性，使一些决议难于通过，或者通过的决议难于执行，朝论坛方向发展，这不仅有悖于上合组织建立的初衷，也对维护中亚地区甚至亚洲的安全不利，这是人们所不愿意看到的。而亚信扩员则不同于上合组织，亚信力求扩大覆盖面，目标是囊括所有的亚洲国家，使其更具有代表性。这也有助于其将来朝建立统一的亚洲洲际组织的方向发展。亚信扩员和将来实行职能转变，由虚变实，对维护亚洲安全有利。

上合组织仅是亚洲区域性国际组织中的一个，它有自己的宗旨和任务，并不肩负维护整个亚洲安全的责任。它只要能保证成员国的安全与稳定，就是对亚洲安全的最大贡献。亚信的情况有所不同。它确有维护整个亚洲安全的想法，但由于不具备行为能力，其想法很难变成现实。

可以设想，如果亚信被赋予一定的行为能力，使其变成欧安组织那样的国际组织，其参与维护亚洲安全的作用肯定会大得多。

上合组织不能也没有必要成为洲际组织。亚信则不同，它确有必要从论坛变成亚洲安全与合作组织，只是目前条件还不具备，但可以朝这个方向努力。

五　亚洲安全要靠亚洲国家共同与合作维护

成为上海共识的亚洲安全观，其构成的四个部分（共同、综合、合作、可持续）都很重要，但欲使复杂的亚洲能做到综合安全和可持续安全，仅靠上合组织和亚信是不行的，必须靠亚洲国家共同参与和合作维护才行。就拿目前对各国都存在威胁的恐怖问题、宗教极端势力问题、毒品问题、有组织跨国犯罪来说，哪个亚洲国家能保证自身不存在这样的问题或者不受危害？这些问题仅靠一个国家或几个国家就能解决吗？回答是否定的。此外还有其他各类安全问题。这些传统安全问题和非传统安全问题都是祸水，会外溢到亚洲各国，这就需要由亚洲国家携起手来共同围堵和应对。

在谈到亚洲安全需要亚洲国家共同与合作维护时，就不能不提到安全与发展的关系。习主席指出："发展是安全的基础，安全是发展的条件。贫瘠的土地上长不成和平的大树，连天的烽火中结不出发展的硕果。对亚洲大多数国家来说，发展就是最大安全，也是解决地区安全问题的'总钥匙'。"[1] 在经济全球化风靡世界的今天，欲解决发展问题，不进行广泛的合作也不行。

习主席在亚信第四次峰会发表的主旨演讲中说："亚洲的事情归根结底要亚洲人民来办，亚洲的问题归根结底要亚洲人民来处理，亚洲的安全归根结底要亚洲人民来维护。亚洲人民有能力、有智慧通过加强合作来实现亚洲和平稳定。"[2] 这是让亚洲人民感到振奋的话语，也是为亚洲

---

[1] 习近平：《积极树立亚洲安全观　共创安全合作新局面》，2014年5月21日，中国政府网。

[2] 同上。

人民立志的声音。这个目标同样不是由亚洲几个国家所能办到的，也需要亚洲国家摒弃前嫌，增强信任，加强团结，共同努力。

习主席还呼吁："推动亚信成为覆盖全亚洲的安全对话合作平台，并在此基础上探讨建立地区安全合作新架构。"① 这个"新架构"是什么，需要由亚洲国家共同协商和讨论。笔者认为，使亚信逐渐转变为亚洲安全与合作组织是其中一种选择，而且是最可行的选择方案。

六 上合组织和亚信应该和能够做的工作

亚洲的安全需要全亚洲的力量来维护，上合组织和亚信责无旁贷。上合组织和亚信应该根据本组织（论坛）的优势为维护亚洲安全，凝聚亚洲各方面力量做如下工作：

第一，亚信似应朝扩大影响力和加强行为能力的方向努力。习主席曾建议，"推动亚信成为覆盖全亚洲的安全对话合作平台，并在此基础上探讨建立地区安全合作新架构"②。他还建议，"可以考虑根据形势发展需要，适当增加亚信外长会乃至峰会频率，以加强对亚信的政治引领，规划好亚信发展蓝图"③。习主席进一步建议，"在亚信框架内建立成员国防务磋商机制及各领域信任措施落实监督行动工作组，深化反恐、经贸、旅游、环保、人文等领域交流合作"④。笔者理解，这是在推动亚信朝更有影响力的方向转变。如果亚信只停留在四年开一次峰会，且只发表言论的做法上，由于跟不上形势的变化，其作用肯定是有限的。如果"新架构"能够增加行为能力，由虚变实，而且扩大合作的内涵，必然会发挥更大的作用。笔者认为，使亚信朝建立亚洲安全与合作组织的方向转变是适宜的，也是有可能的。

第二，上合组织应积极呼应和落实亚信第四次峰会通过的《上海宣言》的精神，配合亚信工作。由于亚信提出的亚洲安全观已经为2014年

---

① 习近平：《积极树立亚洲安全观 共创亚洲安全合作新局面》，2014年5月21日，中国政府网。
② 同上。
③ 同上。
④ 同上。

上合组织杜尚别峰会所接受,并写入峰会宣言中,上合组织似可考虑为了维护亚洲的安全与稳定,在落实亚洲安全观方面为亚洲其他区域性国际组织发挥榜样作用。

第三,在亚信发展和建立新架构的过程中,特别是将来有可能建立统一的亚洲安全与合作组织方面,上合组织应该发挥推动作用,并成为未来亚洲统一的安全与合作组织的支撑力量。鉴于上合组织与亚信签署了《谅解备忘录》和亚信表示愿意与其他国际组织和论坛对话与合作,上合组织应更积极和主动开展这方面的工作。

第四,"一带一路"倡议在亚信峰会上受到热烈欢迎,上合组织杜尚别峰会也表态积极,应在上合组织和亚信成员国中推动和落实这个倡议的落地工作,因为该倡议有助于各国的共同发展,并成为构建亚洲安全的基础。

第五,为实现亚信建立新架构的目标,亚信或者与上合组织一道,倡议召开亚洲区域性国际组织协商会议,商讨落实《上海宣言》事宜,并探讨建立亚洲统一的亚洲安全与合作组织的可能性。

第六,上合组织和亚信似应多召开由亚洲国家参加的专题研讨会,如:关于亚洲安全观、打击"三股势力"、"一带一路"、媒体合作、网络安全、人文合作等,以扩大影响。

笔者认为,实现"亚洲的事情归根结底要亚洲人民来办,亚洲的问题归根结底要亚洲人民来处理,亚洲的安全归根结底要亚洲人民来维护"的目标,应该是上合组织和亚信目前和未来工作的基本方针之一和为之努力的方向。

——原载刘古昌主编《国际问题纵论文集(2014/2015)》,世界知识出版社 2015 年版

习主席的"亚洲安全观"与纳扎尔巴耶夫总统的倡议

【内容提要】 2014年5月21日习主席在亚信第四次峰会上发表了主旨演讲,提出了"亚洲安全观"重要理念,并建议在亚信基础上建立亚洲"地区安全合作新架构"。2016年11月8日,哈萨克斯坦总统纳扎尔巴耶夫提出将亚信改名为亚洲安全与发展组织的倡议。本文重温习主席亚信峰会讲话精神,认为这是对世界安全理论的重大贡献。本文对纳扎尔巴耶夫总统的倡议也给以高度评价,认为他是富有远见卓识的政治家,为亚洲和世界的安全与发展不遗余力。笔者认为,习主席提出的"亚洲安全观"是构建未来亚洲"地区安全合作新架构"的理论基础和行动指针,纳扎尔巴耶夫总统提出的建立"亚洲安全与发展组织"与习主席的建议不谋而合。在习、纳两位领导人的倡导和推动下,亚信在未来必将转型成功。两位领导人对亚洲安全与发展所做出的贡献将永载史册。

2014年5月21日亚洲安全与信任措施会议(下简称亚信)第四次峰会在中国上海召开。中国国家主席习近平于5月21日在大会上做了《积极树立亚洲安全观 共创安全合作新局面》的主旨演讲。这篇重要演讲阐述了中国对亚洲安全的看法,为维护亚洲安全提供了理论基础和行动指针,该演讲自然适用于位于亚洲中部的中亚国家。演讲虽然是三年前做出的,但至今仍具有重大的现实意义和理论价值。特别是要注意到,2016年11月8日哈萨克斯坦总统纳扎尔巴耶夫访问日本期间,在日本国会演讲时提到了亚信问题,说"如今占据亚洲大陆90%面积的26个国家已经加入亚信会议","如今是时候将亚信会议更名为亚洲安全与发展组织了"。① 这不由得使笔者想到习主席 2014 年在亚信峰会演讲中曾提到,在亚信会议基础上"建立地区安全和合作新架构"②的问题。因此,重温习主席在亚信第四次峰会上的主旨演讲,可以为纳扎尔巴耶夫总统的倡议提供理论根据和行动指针。

一 习主席客观、辩证地分析了包括中亚在内的亚洲形势

（一）指出亚洲的重要性,乐观看待亚洲的发展前景

习主席说:"今天的亚洲,拥有全世界 67% 的人口和 1/3 的经济总量,是众多文明、民族的汇聚交融之地。亚洲和平发展同人类前途命运息息相关,亚洲稳定是世界和平之幸,亚洲振兴是世界发展之福"。中亚国家不仅是亚洲的一部分,是世界文明的交汇地区,而且更为重要的是,它们还是连接欧亚两大洲的枢纽地带,是中国从陆路通往西亚、欧洲的必经之地。中亚国家的安全稳定与国家发展不仅对亚洲,而且与欧洲和世界的安全稳定和发展息息相关。

谈到今日亚洲的情况,习主席乐观地指出:"今天的亚洲,虽然面临的风险和挑战增多,但依然是世界上最具发展活力和潜力的地区,和平、发展、合作、共赢始终是地区形势主流,通过协商谈判处理分歧争端也是地区国家主要政策取向。"他特别强调,"今天的亚洲,区域经济合作方兴未艾,安全合作正在迎难而上,各种合作机制更加活跃,地区安全合作进程正处在承前启后的关键阶段","亚洲在世界战略全局中的地位不断上升,在世界多极化、国际关系民主化进程中发挥着越来越重要的作用"。今日中亚地区的情势,充分说明了习主席论断的正确性。目前,中亚各国正在为促进地区稳定和谋求经济发展做不懈的努力。独立 25 年来,各国经济都取得了不同程度的进步和发展,逐步走出闭关锁国的状态,积极开展国际合作,参与不同形式的经济全球化和区域经济一体化

---

① 2016 年 11 月 9 日,哈萨克国际通讯社。
② 习近平:《积极树立亚洲安全观 共创安全合作新局面》,2014 年 5 月 21 日,中国政府网。下面习主席演讲直接引语皆引自此处。

进程。尽管中亚国家之间也存在一些矛盾和利益冲突，但通过协商谈判解决分歧争端也是各国普遍采取的政策取向，例如，大多数国家间存在的边界纠纷得到解决。中亚国家并没有因为存在矛盾发生大规模的武装冲突，整个地区处于和平共处状态。从全球来看，中亚五国属于较为安全稳定和稳步发展的国家之列。

（二）为亚洲安全合作指明方向

针对亚洲的现状，习主席认为："应该积极倡导共同、综合、合作、可持续的亚洲安全观，创新安全理念，搭建地区安全和合作新架构，努力走出一条共建、共享、共赢的亚洲安全之路。"这是他为亚洲安全开出的药方，适用于亚洲各国，自然也包括中亚国家。

"亚洲安全观"是一个全新的理念，是指秉持"共同、综合、合作、可持续"的安全理念，走一条"共建、共享、共赢"的亚洲安全之路。这是前人不曾提出过的理念，包含丰富和深刻的内涵。

亚洲安全观要求尊重和保障每一个国家安全，不管其国家大小、贫富、强弱如何，应该使生活在亚洲的国家能做到，利益交融、安危与共，成为一荣俱荣、一损俱损的命运共同体。

我们知道，亚洲是拥有40多个国家和地区的大洲，各国和地区情况各异，发展不平衡，既有中国、印度这种地域广阔、人口众多的大国，也有面积不大、只有几十万人口的小国；既有日本、以色列这样的发达国家，也有阿富汗等世界最贫困的国家。就拿我们研究的中亚地区来说，哈萨克斯坦与塔吉克斯坦的面积和经济实力就相差很大。因此，能保证大小不同、贫富相差悬殊的国家形成一个利益交融、安危与共的命运共同体，应该是各国的愿望和目标，当然也是一项很艰巨的任务，需要有人去组织和推动。

亚洲安全观还要求大小国家权利平等，肩负共同维护地区安全的责任，任何国家不能以大欺小，充当地区警察，垄断地区安全事务。地区大国特别应该以身作则做到这一点。

包容性是亚洲安全观具有的重要特征之一，也是当今在处理国际事务时应该提倡和采用的准则。尊重各国自主选择的社会制度和发展道路，做到和平共处，应该是世界各国都要遵守的准则。亚洲，其实也不仅是亚洲，都存在拥有不同社会制度和意识形态的国家，这是由于国情不同、在不同历史时期形成并保留至今的政治生态，试图用武力或所谓"颜色革命"将社会制度和发展模式强行划一是办不到的，凡试图这样做的国家，哪怕你经济再强盛，武力再强大，软硬实力都用上，也都会碰得头破血流，这些年在阿富汗、中东，甚至在中亚地区发生的事件就充分证明了这一点。

亚洲是世界上安全问题最多的大洲，传统安全问题与非传统安全问题并存，在阿富汗、伊拉克、叙利亚、也门等国迄今仍战乱不止，非传统安全事件在很多国家频发，有些国家间还处于"新冷战"状态。在2016年经济与和平研究所发布的全球恐怖主义指数报告中，恐怖主义指数最严重的10个国家中竟有6个在亚洲。[①] 因此，亚洲安全观提出要统筹维护传统领域安全和非传统领域安全，尤其强调要对"三股势力"采取零容忍态度，通过国际合作，加大打击力度，是非常正确的政策选择。这种关于安全问题的主张为很多亚洲国家包括中亚国家所接受。中亚国家对安全问题特别是非传统安全问题相当重视，因为它们都深受其害，充分认识到维护地区安全是本国，而且是世界各国的重要课题和使命。

亚洲安全观将通过对话沟通，增进战略互信，以以合作谋和平、以合作促安全作为处理安全问题的手段，反对以邻为壑、损人利己。安全与和平是人类社会之必需，缺少哪一项，国家都会遭受灾难，人民生活难得安宁。

亚洲安全观强调安全应该是永久的安全、可持续的安全，而不是一时的安全。维护永久和可持续的安全需要很多条件加以保证，经济和社会的发展与民生的不断改善是最重要的条件之一。发展是安全的基础，安全是发展的条件。对亚洲大多数国家来说，发展就是最大的安全，发展是硬道理，是解决地区安全问题的"总钥匙"。因此，努力促进经济和社会发展，不断改善民生，缩小贫富差距，这是为确保安全夯实根基。现今世界所处的已经不是靠闭关锁国可以发展的时代，必须通过经济全球化和区域经济一体化来实现发展。实践证明，区域经济合作离不开安全合作的保证，只有将经济和社会发展与安全联系起来，才能保证安全

---

① 2016年11月8日，哈萨克国际通讯社阿斯塔纳。

的可持续性。将发展问题与安全捆绑考虑，是亚洲安全观对世界安全理论的发展和重大贡献。

（三）亚洲需要建立地区安全合作新架构

习主席在演讲中充分肯定了亚信成立以来取得的成就，在中国接替土耳其成为亚信主席国后，他对亚信未来发展提出了若干建议，其中建议之一就是根据世界和地区形势发展的需要，在已经有20多年历史的亚信基础上考虑建立"地区安全和合作新架构"。习主席的建议很快得到亚信的发起者、哈萨克斯坦总统纳扎尔巴耶夫的支持。他在亚信第四次峰会闭幕后的记者会讲话中说："作为（亚信——引者注）倡导者，哈萨克斯坦对中方担任主席国寄予厚望。相信中方有潜力进一步将亚洲各国发展成就叠加，在求同存异中实现共同发展。相信中方将做最大贡献，进一步实现亚信从论坛向真正加强合作与安全的多边机制过渡。"[①] 不过，当时习主席和纳扎尔巴耶夫总统虽然都强调亚信需要转变，但具体变成一个什么组织并没有说明，三年后，2016年11月8日哈萨克斯坦总统纳扎尔巴耶夫在日本国会演讲时明确提出亚信应该改名为"亚洲安全与发展组织"。

亚信为何要改变，为何要形成"新架构"？这并不仅仅是简单更名的问题，而是形势发展的需要，是一种由低向高的质变。亚信成立以来虽然取得很大的成就，但毕竟是论坛，是与会者发表自己主张的平台，像所有的论坛一样，没有必须执行的规则，也没有执行能力，对成员国并没有任何约束力。会议结束后，成员国各奔东西，各行其是，因此，在世界上的影响虽然有，但并不大。如果亚信转变为区域性国际组织，情况就会不一样了。它有自己的规则，有一定的执行能力，其决议对成员国有一定的约束力，成员国间如果发生问题，也能行使调解职能。比如，欧安组织对调解乌克兰事件就发挥了一定的作用，尽管有限。非盟也能对非洲国家间发生的某些冲突起到调解甚至制止作用。亚洲没有这种统一的洲际组织，所发生的事情不得不靠联合国甚至域外国家干预，事情往往由于干预大国的利益冲突，非但得不到解决，有时甚至变得复杂化。

---

① 2014年5月21日，人民网上海世博中心。

至于经济合作与一体化，由于没有一个统一洲际组织存在就更困难了。因此，建立一个统一的洲际组织尽管不能解决所有的问题，但有比没有要好。这就是为什么亚洲以外的大洲都存在一个统一的洲际组织的原因。

二 亚信转变为区域性国际组织的益处和条件

第一，有利于解决与安全有关的问题，维护亚洲的安全与稳定。受历史、民族、宗教、域外大国干预等因素影响，安全问题特别是非传统安全问题在亚洲要多于其他大洲。亚洲很多安全问题得不到解决，原因很复杂，但也与缺少一个能肩负调解职能的统一的洲际组织有一定的关系。本可以通过协商解决的问题，由于受域外大国的挑唆和利益冲突的影响，非但解决不了，甚至越闹越大。

第二，亚洲是经济发展不平衡的大陆，经济问题与安全问题有密切的关系。如果有一个统一的洲际组织存在，能使各国在统一规则下做到互利合作，共同发展，实现区域经济一体化，不仅可以解决经济和社会发展中遇到的难题，也会减少安全问题频发的状况。更重要的是对能给很多国家带来好处的"一带一路"建设有利。"一带一路"虽然是中国提出来的，但而今已经为联合国所接受，成为推动世界发展的战略。"一带一路"覆盖国大部分在亚洲，道路联通主要症结也在亚洲。如果有个统一的洲际组织协商解决，问题解决起来要快些，也容易一些。"一带一路"提出的"五通"，是很多国家的愿望和需要，在亚洲由于缺乏一个统一的洲际组织协调，办起来就困难得多。

第三，假如能够建立亚洲安全与发展组织，亚洲国家在世界的话语权也会增大，会在全球治理方面发挥更大的作用。目前亚洲次区域组织不少，但真正能代表亚洲发声的还没有。能将多个亚洲次区域组织协调起来，将它们的诉求通过亚洲统一洲际组织表达出来，这对亚洲各国都有利。

第四，可以排除，起码减少域外大国对亚洲事务的干预，争取做到亚洲的事情由亚洲人民来办，亚洲的问题由亚洲人民来处理。目前的情况是，亚洲存在的很多安全问题都离不开大国介入。实际上并非亚洲国家没有解决问题的能力。正如习主席在演讲中所说的，"亚洲的事情归根结底要亚洲人民来办,亚洲的问题归根结底要亚洲人民来处理,亚洲的安全归根结底要亚洲人民来维护。亚洲人民有能力、有智慧通过加强合作来实现亚洲和平稳定"。亚洲国家应该自强,树立这个自信。

因此,无论是从哪个角度来看,将亚信转变为亚洲安全与发展组织是一件具有重大意义的事情,也是有利于亚洲国家的事件。

那么,目前建立这种组织是否具备条件呢?纳扎尔巴耶夫总统说"是时候了",我同意这种看法。理由是:

第一,已经有了作为洲际组织的基本架构,这就是亚信。

早在1992年纳扎尔巴耶夫总统在联合国第47届大会上就提出了亚洲应该效仿欧安会建立亚安会的建议。只是由于当时条件不具备,没有成为现实。翌年即1993年,哈萨克斯坦发起召开了亚信,有10多个国家的专家参加,探讨建立维护亚洲安全的机制问题。此后亚信又举行了多次专家会议和高官会议包括外长会议,为举办亚信峰会奠定了基础。2002年亚信在哈萨克斯坦举行了第一次峰会,中国国家主席江泽民出席。2006年、2010年、2014年又举行了第二次、第三次、第四次峰会。2014年第四次峰会在中国上海举行,有47个国家和国际组织的领导人和代表与会。习近平主席就是在这次峰会上发表了《积极树立亚洲安全观 共创安全合作新局面》的主旨演讲,提出了"亚洲安全观"这个令人耳目一新的命题,并首次将发展问题与安全联系起来。须知,2002年第一次峰会只有16个国家参加,到2014年第四次峰会时已经发展到有26个成员国,参会的有47个国家和国际组织,其影响已经扩大到整个亚洲和世界。亚信具有完整的组织结构,有秘书处,也有定期举行的峰会和外长会晤的机制,还举行过其他论坛,例如2016年就举行了第五届商业论坛。其实,亚洲次区域组织并不少,如:东盟、上合组织、中西亚经济合作组织、南盟、海合会、突厥语国家合作委员会、欧亚经济联盟、中西亚经济合作组织等,但它们却像铁路警察一样各管一段,彼此配合不多。亚信却与上述组织不同。它是覆盖亚洲90%面积的组织,在上述次区域组织中都有亚信的成员。加上亚信现有的组织架构,完全具备由论坛转变为国际组织的条件。

第二,有组建洲际国际组织的理论支撑。这就是在第四次峰会上习主席提出的"亚洲安全观"以及将安全合作与发展合作同步发展的理论指导。

第三，有一定的物质基础保证。亚洲有占世界67%的人口，1/3的经济总量。亚洲也是当今世界最充满经济活力的地区。特别是2013年中国提出的"一带一路"倡议和2015年成立的亚洲投资发展银行，有众多亚洲国家参加，已经取得第一批成果，显示出它们所具有的强大的生命力。此外，还有"丝路基金"等财力支持。习主席所说的"亚洲人民有能力、有智慧通过加强合作来实现亚洲和平稳定"，这也可以理解为亚洲人民可以通过合作取得经济和社会的快速发展。"一带一路"倡议和亚投行的建立和运作，就反映了亚洲人民的能力和智慧。目前世界的第二和第三大经济体都在亚洲，此外还有经济快速发展或具有一定经济实力的印度、印度尼西亚、韩国、土耳其、沙特以及横跨欧亚大洲的俄罗斯和富有发展潜力的东盟、中亚各国，亚洲国家需要发展，也具有发展的物质基础。

第四，当前，亚洲人民对安全稳定的渴望更加强烈，对携手应对安全挑战的需求更加迫切。同时，各国都在努力谋求发展，通过对外开放、参与全球化进程，以便跟上世界发展的脚步。特别是有哈萨克斯坦纳扎尔巴耶夫总统这位具有远见卓识、锲而不舍的政治家的倡议和积极推动，都给亚洲安全与发展组织的成立提供了助力。

三 仍存在很多困难，须做艰苦的努力

应该承认，欲将亚信转变为亚洲安全与发展组织也不是一件容易的事情，需要时间，也需要一个转变过程。这是因为：

第一，亚洲的复杂性远多于其他大洲。当今世界热点大部分集中在亚洲或与亚洲有关的地区。例如阿富汗战争、中东乱局、朝鲜半岛危机、伊核问题、南海与东海问题、以巴对立等。这些问题都属于重大安全问题，其中相当多的问题已经成为世界性问题，特别是ISIS等问题的波及面已经超出亚洲，而且在许多问题上亚洲国家的立场截然不同，看法严重对立。这就使得建立能够囊括亚洲所有国家的统一洲际组织变得十分困难。

第二，亚洲已经拥有不少次区域组织，碎片化严重。各组织都有自己的主张，彼此看法有的能够包容，也有的看法对立。特别是各个组织

都由一个或几个大国统领，都想成为地区领袖，加上历史、宗教等因素的干扰，很难一时形成共识。

第三，亚洲国家中有的国家迄今依然严重依靠美国，担心加入新成立的统一洲际组织会影响与美国的关系。在亚投行组建的过程中就明显存在这种情况。亚投行仅仅是一个国际金融机构，尚且如此，更何况欲建立的亚洲统一洲际组织包括安全与发展等各个方面，会对世界政治格局产生重大影响。

第四，由于纳扎尔巴耶夫总统的倡议刚刚提出，各国并不一定事先知晓，思想准备不足，因此，对这个倡议还需要对本国加入后的利弊进行研究，需要有个消化的过程。因此，不会很快就做出反应。

第五，更为重要的是，域内域外一些大国，特别是域外大国，会对此倡议不欢迎，会设置种种障碍加以阻拦。这对一些欲加入的国家多少会产生不利的影响。

第六，新的洲际组织即使能够成立，也一时不能承担起次区域组织现有的功能，也不能排除域外大国对解决亚洲安全与发展事务的参与。对成立亚洲统一洲际组织是否自信是影响该组织能否成立的关键。

这里有个问题必须解释清楚，这就是成立亚洲统一洲际组织并不排除与域外国家的合作。习主席在亚信第四次峰会主旨演讲中就明确表示："亚洲是开放的亚洲。亚洲国家在加强自身合作的同时，要坚定致力于同其他地区和国家、国际组织合作，欢迎各方为亚洲安全和合作发挥积极和建设性的作用，努力实现双赢、多赢、共赢。"此后在多次国际会议上，包括2016年在中国杭州举行的G20峰会和在秘鲁利马举行的APEC第24次领导人非正式会晤上，习主席都强调坚定不移推进经济全球化进程，提升经济开放水平，倡导建立互信、包容、合作、共赢的亚太伙伴关系。因此，认为建立亚洲统一洲际组织是门罗主义，歪曲该组织成立的本意，对其怀疑、恐惧是错误的，是某些大国"只许州官放火，不许百姓点灯"的扭曲思维与表现。

纳扎尔巴耶夫总统的倡议符合亚洲实际和顺应世界发展潮流。他曾作为亚信的倡导者，为亚洲的安全做出杰出的贡献。20多年后，他又成为将亚信升级为亚洲安全与发展组织的倡导者，为此应该对这位当今仍活跃在世界舞台，为亚洲和世界安全与发展不遗余力的伟大政治家表示崇高的敬意。

习主席在亚信第四次峰会上的主旨演讲为未来亚洲安全和合作新架构的诞生奠定了坚实的理论基础和行动指针,纳扎尔巴耶夫总统倡导的亚信为转化成亚洲统一安全与发展组织提供了架构,尽管目前新的亚洲统一的洲际组织成立尚需时日,需要亚洲国家不懈努力、共同促进,但相信有纳扎尔巴耶夫总统的大力推动和众多亚洲国家在深谙组织成立的重大意义后会做出积极响应,亚洲安全与发展组织迟早会成立,期待这一天能早日到来。

——原载李凤林主编《欧亚发展研究(2017)》,中国展望出版社2017年版

七　苏联问题

苏联民族工作的理论与实践
十月革命与苏联民族关系

苏联民族工作的理论与实践

【内容提要】 简述苏联民族工作的理论基础和后列宁时期的苏联民族工作实践，指出其取得的成就与存在的问题，并从苏共、民族关系理论和国体等角度探讨苏联民族工作失败的原因。

苏联是世界上第一个社会主义国家，也是存在70余年而今已消失的国家。70余年历史犹如一部百科全书，记载了人类初次社会主义实践的经验与教训，使后人得以"以史为镜"，其中包括民族工作。

苏联是多民族组成的国家，复杂的历史和多种宗教，使苏联及其前身——沙俄帝国，成为世界上民族关系最为复杂的国家之一。无论是在革命时期，还是在苏联成立以后，民族问题始终是苏联共产党及其前身俄共（布）面对的和必须解决的棘手问题之一。在苏联存在的70余年间，苏共为解决民族问题做了大量的工作，取得很大的成就，也存在很多问题，有些问题的影响甚至外溢到其他国家。应该说，苏联解体本身以及苏共民族工作的得失都成为启迪后人的教材，世界其他国家都会从中吸取经验与教训。

一　苏联民族工作的基本理论和指导思想

虽然马克思等革命导师对民族问题有过精辟的论述，但是，苏联民族工作的理论和指导思想基本源于列宁。因为苏联的成立源于列宁的主张，苏联解决民族问题的基本思路也源于列宁的思想。

列宁对解决苏联民族问题有哪些基本想法？有学者将其归纳为以下

几点：一是"民族平等——列宁处理民族关系的基本原则"，二是"民族自决权——列宁解决民族问题的一项重要原则"，三是"联邦制——列宁设想的统一苏维埃国家的结构形式"。[①] 这就是说，列宁将解决民族平等问题置于最重要的位置，将其视为处理民族关系的基本原则。之所以如此，是因为在沙俄历史上民族关系极为不平等，沙俄政府推行大俄罗斯沙文主义政策，视少数民族为"异族人"，对其实施残酷的压迫和蹂躏。列宁曾经说过，沙俄政府在民族压迫方面打破了世界纪录。[②] 列宁对大俄罗斯沙文主义疾恶如仇。因此，在建立无产阶级政权以后，他领导的苏维埃政权以立法形式废除任何民族特权，实行民族平等政策。列宁还提出，由于历史等原因，苏联还存在民族间"事实上不平等"问题，因此将消除民族间的"事实上不平等"作为苏维埃政权的重要任务。苏联执行的民族平等政策包括：政治上使少数民族享有建立民族国家和实行民族自治的权利；经济上为少数民族建立赢得平等地位的物质基础；语言文化上使少数民族取得享有法律规定的平等发展的条件。

关于"民族自决权"，列宁将其视为一种工具，认为它要服从于"无产阶级的革命利益"。提出民族自决权问题并不意味着民族分立、成立小国家，特别是在社会主义制度下提出民族自决权问题在于促进各民族在平等的基础上实现紧密的团结。

十月革命前，列宁主张建立民主集中的单一制国家。然而，十月革命后，俄国国内形势的变化使列宁的想法难于实现，从维护红色政权生存的现实需要出发，列宁不固守己见，很快转变思路，提出建立联邦制国家的主张，并经过党内激烈斗争，使其最终成为现实。

1922年12月30日苏联成立。这是由俄罗斯联邦、乌克兰、白俄罗斯和外高加索联邦4个已经宣布独立的共和国以民族为特征组建的联邦制国家。苏联学者声称，这种联邦制形式是列宁的创造。为体现列宁主张的平等、自愿、民主原则，在《苏维埃社会主义共和国联盟成立条约》

---

① 参见赵常庆、陈联璧等《思路民族问题研究》，社会科学文献出版社2007年第2版，第2章。

② 参见《列宁全集》第28卷，人民出版社1990年版，第56页。

中明文规定,"每个加盟共和国都有自由退出联盟的权利"①,而且没有规定退盟的条件。

列宁的上述思想奠定了苏联民族关系理论的基础。

二 苏联民族工作的实践

自1922年12月30日苏联建立后,列宁一直重病缠身,无法理政,直至1924年1月病逝。斯大林在列宁病重期间和逝世后承担起国家领导工作,直至1953年。其后,赫鲁晓夫、勃列日涅夫、安德罗波夫、契尔年科、戈尔巴乔夫先后担任苏联最高领导人,直到1991年底苏联解体。

虽然苏联是根据列宁主张建立的,但苏联社会主义进程的实际领导者却是斯大林等人。苏联民族工作是苏联社会主义事业的一部分,苏联的发展变化同样在民族工作中有所体现。

后列宁时期苏联民族工作大体上经历三个阶段。

斯大林时期为第一个阶段。该时期,苏联在形式上保留了联邦制,并有所完善,例如,组成苏联的加盟共和国数量由最初成立时的4个变成16个(1956年卡累利阿—芬兰加盟共和国撤销,变为15个)。政治上实行苏共统一领导,经济上实行高度集权的计划经济体制。这种体制要求各加盟共和国必须一切服从于联盟中央,共和国享有的权力很小。一些学者称这种体制是"形式上的联邦制,实际上的单一制"。应该说,这种体制并不完全符合列宁的"联邦制"构想,但在苏联面对复杂的国际国内环境的条件下,从维护国家统一和发展经济角度出发,还是符合当时实际的。该时期,随着苏联开展大规模的社会主义建设,各加盟共和国经济和文化等都得到较快的发展,建立了工业基础,扫除了文盲,教育、科学、文化、卫生事业有长足进步。为培养少数民族干部,国家还建立了专门的学校或在普通高校中设立专门的民族班。为体现民族平等和关注小民族的教育和文化事业,苏联还为20多个没有文字的民族创造了文字,并从资金和物质上给予支持。民族矛盾虽然不少,但没有发生大规模的民族分裂事件,多民族国家经受住了第二次世界大战的考验。

---

① 《苏联民族问题文献选编》,社会科学文献出版社1987年版,第79页。

不过，这一时期是苏联在民族问题上犯错误最多的时期，留下很多民族积怨。

赫鲁晓夫、勃列日涅夫时期是第二个阶段。该时期，苏联虽然对计划经济体制有所调整，但总体方向没有改变。就民族工作而言，该时期基本纠正了斯大林时期所犯的一些错误，扩大了加盟共和国的自主权，推行发达和后进的加盟共和国"接近"和"拉平"的政策和民族"融合"政策。苏联利用计划经济的有利条件，从资金、物质、人才和技术等方面扶持民族地区的发展，例如，经济较为落后的塔吉克斯坦等共和国每年都要从联盟中央得到大量补贴填补共和国预算资金的不足。中亚和外高加索的一些加盟共和国的工业大多建于这一时期。科学、文化、教育、卫生事业得到进一步的发展。各加盟共和国和民族地区基本上实现了干部本地民族化，民族知识分子队伍已经形成。民族地区人口增长迅速。这一时期全苏实行"低水平、广覆盖"的福利制度，落后的加盟共和国和民族地区居民与发达共和国居民享受的福利差别不大。由于某些民族地区多子女家庭多，从国家得到的补贴也多，其实际享受的福利不亚于甚至超过发达地区家庭。

赫鲁晓夫和勃列日涅夫执政时期，虽然民族关系方面已经出现一些问题，主要是加盟共和国和民族地区领导人向联盟中央争权，为谋私利虚报成绩，有时也出现民族分立的苗头，特别是在波罗的海沿岸三个加盟共和国，但总的来看还没有发生影响国家稳定的特别重大事件。苏联领导人对本国民族关系状况做出乐观的评价，认为"过去遗留给我们的那种状况的民族问题已经完全解决，已经彻底和一劳永逸地解决了"[1]。该时期民族关系理论新提法不多，基本停留在对列宁民族理论的解释上，再就是长篇大论地颂扬苏联民族工作的成就，而对民族工作中存在的问题往往一带而过，特别是对潜伏的危机缄口不言。联盟中央偶尔做出的一些事关民族工作的决议也是针对加盟共和国或基层的，而对中央的方针政策是否存在问题几乎很少考虑和提及。在该时期苏联提出的唯一有些新意的民族关系理论是苏联建立了"人们新的历史共同体——苏联人民"，并写入苏联1977年宪法。当时，苏联民族学界对该理论大肆

---

[1]《苏联民族问题文献选编》，社会科学文献出版社1987年版，第343页。

颂扬，但后来在戈尔巴乔夫时期又遭到批评。这一时期的苏联领导人不会想到苏联后来会解体，因此，在制定1977年宪法时没有取消加盟共和国"可以自由退盟"的规定，也没有制定规范加盟共和国退盟问题的《退盟法》。

总的来看，第二阶段苏联民族工作已经呈现成绩与错误并存，非俄罗斯民族的离心倾向与联盟国家的凝聚力同在，民族矛盾和冲突时有发生的现象。不过，由于这一时期苏联综合国力不断壮大，多数非俄罗斯民族地区经济和文化发展较快，各民族人民的物质文化生活水平有明显提高，因此联盟国家对各民族人民的凝聚力要大于离心力，特别是有统一的苏共的存在及其在苏联政治生活中发挥较大的作用，这一时期的民族矛盾和冲突对苏联作为统一多民族国家的存在还不构成重大威胁。

戈尔巴乔夫执政时期为苏联民族工作的第三阶段。戈尔巴乔夫上台前，苏联经济已经处于停滞状态，各加盟共和国对联盟中央的工作已经不满，苏共已经貌似强大、实际虚弱并呈现联邦化的趋势。戈尔巴乔夫上台时，尽管国内已经存在不少问题，但民族问题并不是苏联政治生活中的最重大和最紧迫的问题，国家亦未出现即将解体的先兆。然而，在戈尔巴乔夫推出"新思维"、猛烈攻击苏共和苏共前领导人之后，特别是在经济改革不灵的情况下转向所谓"政治体制改革"之后，苏联国内开始混乱，也使民族关系变得极其复杂，民族矛盾明显激化。戈尔巴乔夫不顾苏联民族关系的复杂性和存在的历史积怨，提出"民主化""公开性""政治多元化"和"不留历史空白点"的错误政策，使多年的民族积怨火山般爆发，有的地区还出现民族矛盾的极端表现：民族战争和民族分立活动，并与政治等因素相结合，最终导致苏共亡党和苏联解体。

三 苏联民族工作的成就与问题

苏联已经消失了，它以解体的方式退出历史舞台。但是，苏联民族工作并非一无是处，它确实也存在一些亮点，时至今日在苏联废墟上建立的一些新独立国家的多数民众也不否认这一点。

苏联民族工作的成就主要表现在：

第一，民族地区经济发展较快，产业结构发生很大的变化，一些经济十分落后的民族地区，例如中亚五个加盟共和国，已由昔日落后的农牧业地区变成工业农业国。在苏联废墟上建立的新独立国家，其国民经济的基础，包括现代化的工农业设施，如飞机制造厂、有色金属采炼与加工厂、大型油气设施等，基本上都是苏联时期建成的。

第二，民族地区教育、文化、科学、卫生事业取得很大进步。各加盟共和国不仅扫除了文盲，而且建立了完整的教育体系。以最能反映教育水平的指标——每万名居民拥有的大学生为例，外高加索和中亚地区8个加盟共和国已超过或接近英、美、德、意、日等发达资本主义国家的水平。[①] 苏联解体后，中亚和外高加索多数国家人均国内生产总值在世界上属于低收入国家行列，但它们的教育事业却达到高收入国家水平，这得益于苏联时期打下的基础。科学、文化和卫生事业也基本如此。每万名居民拥有的医生数量也堪与发达国家相比。

第三，少数民族干部和民族知识分子队伍基本形成。至20世纪80年代初，各加盟共和国及其地方党政干部基本实现本地民族化。在科研、教育、文化、卫生机构工作的专业人才大部分为当地民族人士。

第四，社会结构发生积极变化。都市化进程加快，职工和工人人数增加，农牧民数量减少。

问题主要有以下几点：

第一，对民族问题的认识和在民族理论方面出现了偏差。

长期以来，苏联领导人对社会主义与民族关系的看法有误。斯大林的阶级斗争扩大论，混淆阶级斗争与民族矛盾的关系；赫、勃等人急于向共产主义过渡，夸大成绩，粉饰矛盾，这些对民族工作都有影响。正是由于苏联领导人不承认苏联存在民族问题，因此对民族工作往往报喜不报忧，竭力掩盖事实上存在的各种问题。一旦掩盖不住，就以敌我矛盾的方式处理，结果使大量民族问题积累下来，或失去最佳处理时机，或处理失当，这些都形成了积怨。

---

① 根据《1922—1982年苏联国民经济统计年鉴（纪念版）》资料，1980/1981学年，各加盟共和国万名居民拥有的大学生数：哈萨克斯坦176人、吉尔吉斯斯坦155人、塔吉克斯坦138人、乌兹别克斯坦172人、土库曼斯坦125人、格鲁吉亚171人、亚美尼亚185人、阿塞拜疆172人，而英国165人（1977/1978年）、美国98人（1978/1979年）、意大利122人（1981/1982年）、西德106人（1979/1980年）、日本152人（1978/1979年）。

第二，高度集权体制对民族关系亦有影响，大小民族皆有怨言。

苏联长期实行高度集权的计划经济体制，通过"一平二调"拉平不同地区的发展差距，其结果是，落后地区常常嫌联盟中央照顾不够，认为自己处于"不平等"状态；发达地区称自己充当"奶牛"角色，苦了自己，养了别人。各方都认为自己吃亏，不同利益难于摆平。苏共的"拉平"政策亦即平均主义政策，助长了一些落后地区的依赖性，挫伤了发达地区的积极性。

第三，对民族自我意识增长缺乏足够的认识，仍以老办法处理相关问题。

随着民族干部和民族知识分子队伍的形成，民族自我意识也在不断地增长，在这种形势下如何处理好大民族与少数民族的关系，苏共没有找到一种合适的办法，通常以增加物质帮助来弥补精神上存在的鸿沟，结果，直到苏联解体时，苏共的民族政策仍被少数民族看作是"大俄罗斯沙文主义政策"，少数民族的某些合理诉求被某些人看作是"民族主义的表现"。

第四，有些民族地区党组织或表现出软弱无力，或滋长民族主义情绪，格鲁吉亚和波罗的海沿岸共和国最为严重，这些加盟共和国后来成为闹分立的先锋。

第五，具体工作中犯过很多错误。

经常被提到的有：二战期间对 12 个少数民族强行迁徙，涉及 440 万人；"一刀切"的农业集体化政策给少数民族经济社会带来重大损失；对波罗的海地区强行扩张，由此留下后患，并成为苏联解体的突破口；等等。

此外，还存在教条主义和思想僵化问题。关于这一点下面还要提到。

四　对苏联民族工作的思考

泱泱大国，顷刻瓦解，教训深刻。苏联民族工作的成败给世人留下众多反思，有些问题在苏联解体前还看不出来，或者看不清楚，而在苏联解体后才逐渐明晰。笔者也就苏联民族工作及其有关问题的教训谈几点看法：

第一,苏联民族工作与苏共变化的关系。

苏联民族工作与苏共的变化息息相关。苏联从诞生之日起就表明,没有苏共就没有苏联。苏共强大时,民族工作就较为顺畅,即使出现一些问题,也较容易解决。苏共缓慢蜕变和逐渐丧失战斗力后,民族问题就显著增多,有些则在苏共自安自慰中被掩盖下来。多年来,苏联民族工作取得的成绩是苏共领导的结果,而产生的问题苏共负有重大责任。苏联民族方面产生的积怨很多与当时的苏共政策有关。赫鲁晓夫和勃列日涅夫等人执政后,苏共貌似强大,实际内部已经分化变质,以民族为特征的联邦体制使苏共内部呈现联邦化倾向。戈尔巴乔夫时期民族冲突迭起,更与苏共政策和苏共自身变化分不开。戈尔巴乔夫推行的"政治改革"不仅毁掉了苏共,也毁掉了国家。长期以来,苏共是维系联邦制国家的纽带,而戈尔巴乔夫一帮人剪断了这条至关重要的纽带,最终导致苏联分崩离析。

苏联民族关系中出现的问题暴露了以往苏共中央及其各加盟共和国党中央建设中问题很多。苏共的变化是从中央开始的,各加盟共和国的党中央也并非没有问题。苏共在民族地区的工作形式主义盛行,官僚主义严重,贪污腐化,广大党员群众尽管对苏共各级领导人的表现不满,却无力改变这种状况。苏共严重脱离群众,从而导致苏共在关键时刻得不到人民的支持。

第二,教条主义和理论僵化带来致命的后果。

苏联民族关系理论多年没有变化,更不愿意涉足民族关系中存在的问题。党政官员和民族学家言必称列宁,实际并没有学到列宁主义的精髓。以苏联联邦制为例。列宁在十月革命前长期主张建立"统一的单一制的大国",只是在十月革命后看到原来的主张不适合这种形势,很快改为实行联邦制。列宁从不固守陈规,是实事求是的典范。他根据形势变化不断提出新的看法,其正确性为后来的实践所验证。因此,我们说列宁创造性地发展了马克思主义。而苏联后来的领导人多数迷信教条,不能根据形势的变化提出新的主张。

上面谈到苏共曾提出"人们新的历史共同体——苏联人民"的理论。应该说,该理论如果真的运用于实践,对维护苏联的统一是有益处的。问题在于,苏联一方面想使各族民众建立统一苏联的观念,要各民族承认拥有统一"苏联人"的身份,如同在美国不管其种族属性都认为自己是"美国人",在瑞士所有居民都称自己是"瑞士人"一样;另一方面,则又不断强化加盟共和国的地位,强化民族属性,赋予"主权",承认拥有"国语",其矛盾性显而易见。这个理论之所以收效不大,除有些论述不符合当时的苏联实际外,与苏联民族政策的矛盾性也有一定的关系。

在苏联后期,该国国内曾就"民族平等"和"公民平等"的关系问题有过争论。"民族平等"是耳熟能详的提法,也是苏联长期追求的目标。与此同在的还有民族"事实上不平等"等提法。然而,苏联后期不少人已经认识到,由于各种原因,如民族大小、地域分布、文化传统、利益诉求等的不同,很难做到民族的"事实上平等"。例如,以某个民族命名的加盟共和国,其他民族特别是小民族代表很难在政治上与主体民族享有同等的地位,起码不能担任主要领导人,即使某个人有能力担任此职位。在语言上小民族也不能与俄语或主体民族语言同日而语。因此,直到苏联解体,苏联大小民族都不承认自己已经处于"平等"地位。的确,由于各种原因,欲使大小民族都达到各方面的平等是很困难的事情,而且随着时空的变化,经过努力已经实现平等的事情,可能会出现新的不平等。因此,一些苏联学者提出可否参照国外某些国家处理民族问题的经验,以"公民平等"代替"民族平等",这样做起来较为容易一些,而且有利于维护国家的统一。这种看法是在戈尔巴乔夫实行"舆论多元化"后提出来的,由于当时的苏共领导人已经"火烧眉毛",根本无暇顾及后者的提法,只是当时学者讨论而已。直到苏联解体后,多数新独立国家都不再突出"民族"观念,在许多证件和文件中不再登记"民族"属性,而是以"公民平等"取代"民族平等"。这种变化是否有利于国家的统一和缓解民族矛盾,有待实践的检验。

第三,关于以民族为特征的联邦制问题。

苏联是由15个加盟共和国、20个自治共和国、8个自治州和10个民族专区组成的以民族为特征的联邦制国家。这样复杂的联邦制构成为世界少有。15个加盟共和国既有宪法,也有除军队和外交机构以外的所有国家设置。格鲁吉亚等加盟共和国的宪法还明文规定,共和国有自己的"国语"和"主权"。苏联宪法也规定,各加盟共和国拥有"自由退出联盟的权利"①。以主体民族命名、"双重主权"和"自由退盟"是苏联联邦制的突出特点。

苏联这种特殊的国家构成和规定与1922年苏联成立时的国内形势有关。当时已经独立的由统一俄共（布）领导的俄罗斯、乌克兰等共和国，为应对经济危机和在帝国主义包围下的生存需要，提出了建立联盟的设想，尽管当时党内存在不同意见，最终还是按列宁的主张，即各共和国以平等身份结成联盟的方案组建了苏联。应该指出，当时除存在求生和发展经济的需要以及国家发展方向的共同性外，还有非常重要的一点，这就是有统一的俄共（布）的存在。在苏联成立前，尽管各共和国是独立的国家，但共和国的布尔什维克党却是统一的，即各苏维埃共和国的俄共（布）党组织皆隶属于俄共（布）中央，它们只拥有相当于俄共（布）区域委员会的权利。强大的具有战斗力的俄共（布）如同一条纽带把各共和国捆绑在一起。如果没有统一的俄共（布）这个重要条件，苏联或许不能成立，即使能够成立也不会十分顺利，或许不是当时那个样子。

当时组成苏联的加盟共和国都是以主体民族命名的，因此，苏联的联邦制是以民族为特征的联邦制。这种联邦制与世界上已经存在的以地域为特征的联邦制有所不同。

苏联宪法对加盟共和国退盟权的宽松规定是当时条件的产物，事实上这种规定潜伏着可能造成苏联解体的制度性危机。列宁作为一位伟大的无产阶级革命家，从当时的实际情况出发采用上述联邦制形式组建苏联是顺应形势的需要，符合大多数民族的愿望和利益，体现了他对"民族平等"理想的追求和对大俄罗斯沙文主义的憎恨。正是由于苏联的成立，使一批以社会主义为取向的小国得以生存下来，使社会主义事业得到发展。从这个意义上讲，列宁在组建苏联问题上功不可没。但同时也应看到，列宁提出的以民族为特征的联邦制，并未经过历史的检验，列宁的过早病逝使他无法看到以民族为特征组建的联邦制的局限性。因此，在这个问题上无法苛求列宁。只是在苏联、南斯拉夫、捷克斯洛伐克解

---

① 中国社会科学院苏联东欧研究所、国家民族事务委员会研究室合编：《苏联民族问题文献选编》，社会科学文献出版社1987年版，第111页。

体之后，人们才逐渐看到这种联邦制的弊病所在。在苏联、南斯拉夫和捷克斯洛伐克版图上建立的新独立国家除已经采用这种形式的俄罗斯联邦外，没有一个国家再采用以民族为特征的联邦制国体，俄罗斯联邦也对退出联邦问题做出了严格的实际难于实现的规定。这说明它们已经注意到以民族为特征的联邦制的弊端。另外，苏联的成立是特定条件下的产物。如果促成苏联成立的诸条件发生变化，比如，各加盟共和国已不担心本国生存会受到外来威胁；加盟的共和国感到在联盟内已经不平等，经济发展因为加盟的国家政治和经济体制受到阻碍；特别是在维系苏联存在的统一的共产党本身发生了变化，已经起不到维系国家统一的作用时，其结果又会如何呢？简言之，当初苏联成立的前提条件因为主客观原因变化了或丧失了，苏联是否还会继续存在下去呢？这是值得思考的问题。

邓小平同志要我们"解放思想""实事求是"。胡锦涛同志也指示全党要"坚持一切从实际出发，理论联系实际，实事求是，在实践中检验真理和发展真理，是马克思主义最重要的理论品质"[①]，他倡导的"科学发展观"同样要求人们以科学的态度和发展的眼光看待问题。本文意在遵循中国领导人的教导，对苏联民族工作的成败提出自己的看法，愿与学界同人共同探讨。

——原载《科学社会主义》2010 年第 2 期

[①] 胡锦涛：《在"三个代表"重要思想理论研讨会上的讲话》，人民出版社 2003 年版，第 9 页。

十月革命与苏联民族关系

【内容提要】 十月革命实现了一种制度创新，建立了人类历史上从未有过的制度——社会主义。苏联在社会主义建设中形成了新型民族关系，提出了"民族平等"的口号，受到苏联各民族的欢迎和拥护。苏联民族政策基本上体现了民族平等精神，说苏联实行的是完全错误的民族政策有些言过其实，但在实践中有些做法没有完全摆脱大俄罗斯沙文主义的阴影是存在的。苏联70多年民族关系大部分时间是良好的。但是，苏联忽视民族问题的长期性，在错误理论的支配下，提出了一系列想过早消灭民族差别、加速民族"融合"的政策，这是影响民族关系的重大问题。社会主义民族关系需要有正确的理论指导，政策过紧和过松都会产生不利后果，特别是在民族问题上，实行"民主化"，就等于放纵民族分裂势力。苏联在社会主义建设阶段对民族地区经济和文化发展投入巨大，所缺乏的是如何科学发展、持续发展、协调发展。苏联解体后新独立的国家对当年苏联政策的指责，多与苏联政府缺乏科学的领导和指挥有关。苏联在原苏联民族地区加大投入的同时又留下诸多问题和积怨，教训深刻，应引以为戒。

十月革命开辟了人类历史的新纪元，实现了一种制度创新，建立了人类历史上从未有过的制度——社会主义。社会主义与以往的社会制度有重大的不同，它体现在政治、经济、社会、文化等各个方面，其中也包括民族关系。如果说，十月革命创建了苏联这个社会主义国家，那么，十月革命也在革命过程和之后的苏联社会主义建设中形成了新型民族关系。

一 列宁提出了社会主义条件下解决民族问题的基本原则——民族平等,但却没有来得及从事解决大小民族之间"事实上不平等"的实践

苏联是在沙俄帝国的废墟上建立的。沙俄帝国的民族关系十分复杂,民族压迫相当严重,用列宁的形象说法,沙俄是"各民族的监狱"。民族不平等是沙俄时期民族关系的典型特征,也是引起国内各民族民众奋起反抗沙俄统治的原因之一。正是看到了沙俄统治的这个顽疾,布尔什维克党在革命的过程中和之后建立苏联以及在建设社会主义的实践中,鲜明地提出了"民族平等"的口号,受到苏联各民族的欢迎和拥护,成为团结各民族人民建设国家和保卫国家的动力之一。

民族平等,这既是俄国革命时期布尔什维克党唤起各民族广大民众参加革命的动员令,也是和平建设时期的政策。民族平等虽然只有四个字,却蕴藏着非常丰富的内涵。例如,它包含政治平等、经济平等、文化平等,等等。苏联在社会主义革命和建设实践中,在探索如何实现民族平等问题上,可以说,有经验,也有教训。

在苏联历史上,列宁是坚决主张民族平等和在实践中坚持民族平等的领导人。中国学者指出,民族平等是列宁处理民族关系的基本原则。[1]正是在列宁的倡导和坚持下,苏联以联邦制形式建立,体现了大小民族的政治平等。列宁也注意到苏联大小民族之间存在"事实上的不平等"问题,这是指大小民族经济发展的不平衡,文化教育发达程度不同,公共事业上的差距,等等。这些问题是历史、地域、人口数量等因素造成的,列宁清醒地看到了这一点,并提醒布尔什维克党注意这个问题。不过,由于他过早地离世,没有来得及解决这些会长期影响民族关系的问题。这也就是说,社会主义民族关系除民族平等以外,还应该考虑如何

---

[1] 赵常庆、陈联璧等:《苏联民族关系探究》,社会科学文献出版社 2007 年第 2 版,第 28 页。

解决"事实上的不平等"问题。对这个问题，列宁并没有做出十分明确的回答。

二 苏联民族政策基本上体现了民族平等精神，但大俄罗斯主义阴影时隐时现，对社会主义民族关系产生负面影响

苏联作为世界上第一个社会主义国家，在国家建设中也是摸着石头过河。在考察苏联民族关系时可以看到，苏联存在的70多年中，民族政策基本上体现了"民族平等"的基本原则。说苏联执行了一条错误的民族政策有些言过其实，但在实践中有些做法没有完全摆脱大俄罗斯沙文主义的阴影是存在的，但这并不是苏联民族政策的主线。

首先，苏联政府把"民族平等"作为解决民族关系的一把钥匙，致力于解决影响民族平等关系的实际问题。苏联作为联邦制国家，任何一位领导人都没有废除联邦制这种形式，而是逐渐完善，使一些较大民族都有了自己的政治实体。其次，苏联较少（不能说没有）存在因民族属性而受到人格歧视的情况，即使一位领导人犯了这类错误，例如20世纪50年代斯大林对犹太人的不公正做法，下一位领导人也做了纠正，并没有形成国家长期的政策。至于民族地区发展问题，这是任何一位苏联领导人都关注的问题。正是由于苏联政府关注民族地区的发展，在计划经济的条件下，通过财政支付转移的方式解决落后民族地区的发展问题，才使苏联各民族地区发展差距得以缩小（并不是消除）。苏联落后民族地区的发展是有目共睹的。没有在苏联共同生活的这一段历史，如今已经独立的一些国家就不会有今天这样的基础设施。这就是为什么已经独立的中亚国家在重新撰写本国历史时，或许存在诸多抱怨，但都没有否定苏联时期经济和文化的建设成就，特别是对教育的发展都给予肯定。

苏联时期大小民族关系如何？回答这个问题需要有个判断标准。笔者认为，苏联70多年民族关系大部分时间是良好的。卫国战争苏联没有解体，赫鲁晓夫和勃列日涅夫时期苏联民族关系较前明显改善，较少发生民族闹分立的事件，这就是证明。有人会问，民族关系既然良好，苏

联为何又解体了呢？对这个问题可做如下解释：第一，大方向正确不等于每项政策都正确。例如，提到苏联民族问题时，研究人员时常提到"大清洗"对民族干部的伤害问题。这无疑是影响民族关系的错误决策。但这项措施并非仅针对少数民族，包括俄罗斯民族在内的全体苏联人都受到此政策的伤害。因此，这不是民族政策，而是政治错误。但也应看到，政治错误对民族关系同样会产生重大影响，因此不能为错误政策辩解。又如，经常提到的还有民族地区经济发展的单一性问题，这是苏联"劳动分工"政策的结果。"劳动分工"是从经济效益角度制定的政策，而不是从民族角度制定的政策。当时，能源和有色金属资源蕴藏丰富的中亚地区以发展能源工业和原材料工业为主，而同样作为少数民族地区的波罗的海三国却以发展计算机、电子等高科技产业为主。这两个地区的居民同样是少数民族。尽管在执行中有时也有不当之处，但将此做法说成是民族歧视也是不合适的。说不当之处，可以举中亚地区盛产棉花，但纺织工业不发达，等等。这并不是民族歧视，而是计划经济体制下存在的布局不合理问题。第二，造成苏联解体的原因很多，民族因素是其中之一。但这并不是最主要的原因。现在主流的看法是因为政治路线问题和经济问题。如果苏联在政治、经济方面都执行正确的政策，仅仅因为民族方面的问题，苏联是不会解体的。

三 忽视民族问题的长期性，急躁冒进是影响民族关系的重要问题之一

苏联对民族问题的长期性和复杂性认识不够，在急躁冒进、超越阶段的思想支配下，提出了一系列想过早消灭民族差别，加速民族"融合"的理论和政策，这是影响民族关系的重大问题。例如，苏共提出"苏联人民——人们新的历史共同体"的理论，"加速民族融合"的理论等。关于"苏联人民——人们新的历史共同体"的理论的错误，已经有不少学者提到过。该理论的要害是想过早消除民族之间的差别，特别是消除民族的个性。过多强调共同点，忽视不同点。苏联100多个民族的历史、文化、风俗习惯、语言、经济状况等有很大的不同，欲使它们融合是很困难的事情，也不是社会主义阶段能解决和需要解决的问题。在社会主义

阶段，应该使各民族得到充分的发展，使它们感受到生活在一个大家庭中的温暖，既感受到平等，又能体现本民族存在的价值，才能激发它们共同建设国家的积极性。这是最重要的。民族融合政策必然带来民族数量的减少，实际上是变相同化，而不是现有民族在发展中和谐共存。在社会主义阶段，要尽量为各民族的发展创造条件，而不是对它们的各种发展设置障碍，更不要将"民族融合"作为民族关系的发展目标。苏联的解体在于，没有明确社会主义民族关系的阶段性，而是犯了急性病，就像它提出的"20年建成共产主义"或者认为已经进入"发达社会主义"一样，是不符合历史发展规律的，是超越历史发展阶段的产物，其结果是欲速则不达。

四　社会主义民族关系需要有正确的理论指导，要通过教育、引导和管理形成，政策过紧和过松都会产生不利后果，特别是在民族问题上实行所谓"民主化"，就等于放纵民族分裂势力

在苏联存在的70多年中，苏联各民族的状况都发生了很大的变化，总的来看，各民族都取得了不同程度的发展。经济状况改善了，文化教育水平提高了，涌现出大批民族精英。苏联的民族工作实践也证明，民族关系的良性发展需要正确的理论指导。一旦理论出了问题，如上面提到的急躁冒进问题，就会影响政策的制定和民族关系的进程。

这里还要指出，在民族工作的管理问题上，苏联也存在不少问题，有许多教训值得吸取。苏联过分看重以联邦制形式实行国家管理，只注重形式，而在实践中又忽视共和国和其他联邦主体的民族特性，造成体制规定与实际工作的脱离，其结果是随着民族地区经济、文化的发展和民族精英的形成，民族之间的关系不是越来越和谐，而是在很多问题上分歧越来越大，包括对民族历史的解释、经济利益的冲突等，致使苏联后期分立问题始终成为苏联当局防范的重点，和谐局面难于形成。戈尔巴乔夫的"政治民主化"带来的民族分裂活动愈演愈烈，最终导致苏联

解体，不能不认为苏联处理民族关系犯了重大错误。

如何纠正错误？首先，在民族关系问题上，要尽量做到体制、政策和实际工作的统一，并使上下的看法一致，认真执行。其次，坚持教育、引导和管理的方针，不能实行所谓"民主化"。在民族关系问题上实行"民主化"，就会导致各大小民族对本民族利益的无序追求，不能顾全大局，既影响民族团结，又可能使某些民族的利益得不到保证。利益的失衡，会导致民族矛盾的加剧，民族关系的恶化。无序的民族追求不是社会主义的民族关系准则。在社会主义初级阶段，还是要遵循列宁提出的解决大小民族关系的原则，这就是在民族平等的前提下"大民族要让小民族"，不能机械地理解"民族平等"。正因如此，国家的作用在于对各民族进行广泛深入的教育和有序的管理，要明确说明。讲民族平等不是绝对意义上的平等，有时对弱势民族还要多加关照，解决它们的困难、促进它们的发展。这是社会主义民族关系的体现。同时，也要防止民族极端势力做出有损于国家统一的事情。回顾苏联历史，斯大林过于强调对民族事务的严管，戈尔巴乔夫则强调"民主化"，或者说是放纵，其结果都不好。前者，苏联虽然存在，但却留下了民族积怨；后者则成为导致苏联解体的原因之一。这些都是社会主义民族工作应吸取的教训。

五 社会主义民族工作需要用科学发展观加以指导，中国在吸收苏联民族工作的经验和教训基础上，建立了具有中国特色的社会主义民族理论和政策，是对马克思主义民族理论的贡献

中国是社会主义国家，而且是处在社会主义初期阶段的国家。中国也是由56个民族组成的多民族国家。民族工作对于维护国家统一、保障社会主义建设事业的顺利进行十分重要。中国共产党和中国政府历来十分重视民族工作，并逐渐形成了具有中国特色的民族关系理论和民族政策。关于这一点，在胡锦涛同志所做的十七大工作报告中有明确的阐述。他指出，民族区域自治制度是中国长期坚持的国家制度之一，中国执行

"各民族一律平等"的政策并努力构建"平等团结互助和谐"的民族关系。应该说，中国的民族政策与苏联的民族政策有相同点，但也存在明显的区别，中国的民族政策具有自己的特色。

首先，中国坚持民族区域自治制度，而不实行联邦制。这种体制既有利于发挥各民族的积极性，使其能平等地参与国家和地方管理，又有利于维护民族团结和国家统一。苏联实行的联邦制曾发挥了将行将破碎的沙俄帝国整合成苏联的作用，并在社会主义建设中发挥了取长补短和共同御敌的作用。但是不可否认，苏联宪法中规定的允许各民族共和国自由退出苏联的规定，为后来苏联解体提供了法律支持。事实证明，当苏共中央出了问题、国家控制能力减弱时，联邦制就很容易造成国家分裂，使社会主义事业受挫。中国的民族区域自治制度则能防止发生苏联那样的事情，有利于国家的统一和稳定。

其次，任何事业都需要科学地发展，民族工作也不例外。上面已经提到，苏联在社会主义建设阶段不是对民族地区经济和文化发展毫不重视，所缺乏的是如何科学发展、持续发展、协调发展。苏联解体后新独立的国家对当年苏联政策的指责，多与苏联政府的缺乏科学的领导和指挥有关。例如，在中亚咸海地区存在严重的生态灾难，至今仍是困扰中亚地区发展的难题之一。咸海地区生态问题与当年苏联在中亚开凿卡拉库姆大运河，大规模开发棉田和农田，使阿姆河和锡尔河河水流入咸海的水量大量减少有关。不能说，当年苏联致力于发展农业是不对的，但由于缺乏长远的眼光，尤其忽视了生态问题，从而留下了今日的恶果。又如，苏联有关部门在哈萨克斯坦从事有色金属和黑色金属开采和冶炼，此举确实带动了当地经济的发展，但是，环境问题却被忽视，致使环境污染严重。这一点也为新独立国家指责苏联当局提供了口实。诸如此类的事例还可以举出不少。苏联经济是以粗放发展而闻名于世的，缺乏科学的态度和论证，不考虑长远的可持续发展，在苏联民族地区加大投入的同时又留下诸多问题，这个教训是深刻的，也是我国应引以为戒的。胡锦涛同志提出的"科学发展观"，就是以人为本，惠及子孙后代，使人和自然环境友好相处。中国要为自然资源丰富的少数民族地区留下青山绿水、美丽家园，不至于为短视行为留下永久的遗憾。这不仅是经济问题，对于民族地区来说，也是政治问题和民族关系问题。

至于上面提到的苏共所犯的超越发展阶段的急躁冒进问题，我国已注意到这些错误理论和政策带来的严重后果。因此，胡锦涛同志在十七大报告中一再强调我国仍处在社会主义初期阶段。为此，我国的各项工作包括相关政策都要体现和适应这个时期的特点，民族工作亦然。我党坚持民族区域自治制度，并写进宪法和党纲，就是从我国的实际出发。这一点将会长期坚持，不会改变。

十七大规定的现阶段民族政策，即"平等团结互助和谐"，与苏共主张的"民族融合"有重大的不同。首先，我党坚持民族平等思想，这是继承了马克思主义民族观的核心。"互助"是指中国56个民族是一家，少数民族离不开汉族，汉族离不开少数民族。要相互依靠、相互支持、相互帮助。这与苏联长期存在的大俄罗斯沙文主义的表现划清了界限。而"团结""和谐"是为民族工作确定了目标和检验民族工作成绩的标准，当然也是对民族工作的最终要求。其中"和谐"更重要。当前中国正在建设和谐社会，民族关系的和谐应成为构建和谐社会的重要组成部分。中国作为多民族国家，没有民族关系的和谐，就谈不上整个社会的和谐。没有民族关系的和谐也无法体现社会主义民族政策的本质。

总之，在社会主义的民族关系中，民族平等是基本原则和要求；各民族相互帮助和全面发展是实现民族平等的条件和保证；而民族团结和民族和谐则是社会主义民族关系的最终要求和体现。在一个多民族组成的国家中，实现民族关系长期和谐，这不仅仅是各民族的福祉所在，也是建设强盛国家的保证。

十月革命开辟了人类历史上的新纪元。苏联经过70多年的社会主义实践，留下了宝贵的经验和深刻的教训。虽然社会主义在列宁的故乡暂时受挫，但它开辟的道路并没有终结。中国共产党今天仍高举马克思主义的大旗，正在建设具有中国特色的社会主义。在建设社会主义和谐社会的过程中，中国的社会主义民族关系是构成和谐社会的一部分，全党和全国人民都要予以高度的关注，并在实践中不断充实和发展。

——载李慎明主编《十月革命与当代社会主义》，社会科学文献出版社2008年版